imaginist

想象另一种可能

理
想
国

imaginist

『无责任』的帝国

近代日本的扩张与毁灭 1895—1945

商兆琦 ◎ 著

上海三联书店

图书在版编目（CIP）数据

“无责任”的帝国：近代日本的扩张与毁灭 1895—1945 / 商兆琦著. -- 上海：上海三联书店，2023.7

ISBN 978-7-5426-8019-8

Ⅰ. ①无… Ⅱ. ①商… Ⅲ. ①对外政策—研究—日本— 1895-1945 Ⅳ. ① D831.30

中国国家版本馆 CIP 数据核字 (2023) 第 039432 号

“无责任”的帝国

近代日本的扩张与毁灭 1895—1945

商兆琦 著

责任编辑 / 苗苏以
责任校对 / 张大伟
特约编辑 / 张　妮
装帧设计 / 陈超豪
内文制作 / 陈基胜
责任印制 / 姚　军

出版发行 / 上海三联书店
（200030）上海市漕溪北路331号A座6楼
邮购电话 / 021-22895540
印　　刷 / 肥城新华印刷有限公司

版　　次 / 2023 年 7 月第 1 版
印　　次 / 2023 年 7 月第 1 次印刷
开　　本 / 1230mm × 880mm　1/32
字　　数 / 345千字
印　　张 / 16.125
书　　号 / ISBN 978-7-5426-8019-8/D · 569
定　　价 / 88.00元

如发现印装质量问题，影响阅读，请与印刷厂联系：0533-8510898

目 录

第二章　大正时代的光与影（1912—1926）

第三章　昭和时代的暗云（1926—1936）

第四章　走向崩溃（1937—1945）

序言

近代日本的成功与挫折

——从明治维新到“二战”战败

一

中日两国迥然相异的近代命运，曾让我困惑不解。常有人说，中日一衣带水，同文同种。两国不仅毗邻而居，在文化上也相互接近，同属汉字文化圈和儒学文化圈。直至近代，中国一直是“导师”，日本则是“学生”，日本不仅从中国输入了汉字、佛教、儒学和律令制，还曾数次加入朝贡体系，对中国表示过臣服。

那么，在大致相同的历史条件下，两国为何走上截然不同的近代之路？为什么明治维新可以帮助日本成功转型，而洋务运动、戊戌变法乃至辛亥革命都无法改变中国积贫积弱、备受欺凌的悲惨命运？为什么国土面积仅相当于云南一省的日本，能够击败中国和俄国，成为东亚霸主？为什么仅有中国五分之一人口的日本[1]，能够侵占中国的半壁江山，又将半个亚太收入囊中？日本帝

1　据估计，1928 年中国总人口为 4.7 亿。1930 年日本的本土人口约为 6500 万，海外殖民地人口约为 2500 万。参见内政部统计司编：《民国十七年户口调查统计报告》，内政部统计司，1931 年，第 632—634 页；伊藤隆監修，百瀬孝：《事典 昭和戦前期の日本——制度と実態》，吉川弘文館，1990 年，5 頁。

国的野蛮性和侵略性是什么？其近代化的经验和教训又是什么？

带着种种疑问，我开始学习日本历史。经过十多年的学习，我逐渐意识到，这种提问方式或许存在问题。因为中日两国虽然拥有相似的历史遗产，但在政治制度、思想文化和社会形态上差异巨大，简直如同两个世界。

首先，在明清中国，皇权主宰一切，由于缺乏挑战，整个体制如同铁板一块，除非改朝换代，否则很难松动。相比之下，德川时代的日本是个大名联合国家，将军执掌中央政权，大名控制地方权力。中央政权统治弱化之时，地方大名可伺机而起，抗衡中央。国家权力的多元和分散为政权的自我更新提供了契机。

其次，明清中国的统治阶层是士大夫，而德川日本的统治阶层是武士。儒学是中国的官方学问，也是统治思想和主流价值观。受制于儒学的大一统地位，中国士人很难改变思维模式，接受近代的科学精神。在德川时代的日本，儒学的影响虽然不小，但它既不是官方学问，也不是统治意识形态。[1]因此，在遭受外来文化冲击后，日本武士能够迅速转向西方文明。

最后，常被拿来比较的明治维新和洋务运动，尽管发生在同一时期，也都是由统治阶级发起的自救运动，但洋务运动旨在维护旧制度和旧文化，明治维新则旨在建立新制度和新文化。洋务运动的领导者是传统社会的受益者和捍卫者，明治维新的领导者则是传统社会的受害者和破坏者。洋务运动只在军事和经济方面采用了某些西方技术，但未触及政治制度、经济结构和思想文化本身。明治维新则在诸多方面进行改革：在政治方面，废除了封

1 参见渡边浩著，区建英译：《东亚的王权与思想》，上海古籍出版社，2016 年。

建领主制，创建了集权统一的国家，并导入了君主立宪制和民选议会制；在制度方面，废除了旧的法制，编制了新的法典，并对司法机构进行了改革；在军事方面，引入了征兵制度，建立了国家常备军；在社会和文化方面，废除了武士阶层的世袭地位，倡导四民平等，并努力学习西方的器物和文化；在生活方式方面，还确立了新的历法和时间标准。[1]相比之下，洋务运动只不过是一场改良，明治维新却是一场革命。

由于明治维新在军事、政治和经济方面的巨大成就，日本迅速由一个封建岛国转变为一个近代国家，并在19世纪“西力东渐”的惊涛骇浪中成长壮大。至1912年明治时代落幕之时，日本不仅捍卫了本国的独立和自主，还跻身于世界列强之列。因此，明治维新后的日本，往往被认为是19世纪唯一成功实现近代化的非西方国家。

二

事实果真如此吗？如果明治维新是成功的，日本为何后来会异变为一个法西斯主义国家？为何在战败之后需要重启近代化之路？要知道，从明治落幕的1912年至战败投降的1945年，其间仅仅相隔33年。考虑到这一事实，我们或许只能说，由明治维新开启的日本近代化遭遇了巨大的挫折。

日本近代化失败的原因纷繁复杂，可从多个角度进行解释。

1　渡边浩：《明治革命·性·文明——政治思想史の冒険》，東京大学出版会，2021年，第2章第4、5節。

简单地说，实现近代化是一项漫长的工程，需要个人、社会和国家这三方的相互配合，缺一不可。在个人的近代化实现之前，社会和国家的近代化无法得到保障。“二战”之前，日本的国力虽然增强了，但并未培养出具有近代精神的国民，也未形成健全的国家机构。

明治维新的元勋们想建立一个平等、自由和繁荣的近代社会，又想捍卫国家的独立和自主，使日本跻身于列强之列。为了实现这双重目的，他们以天皇为核心，组织了强大的中央政府和军队；为了赋予该政权以正统性，他们要神化天皇的历史（当时的普通日本人早已不知道天皇的存在）；为了唤起日本人的国家认同感，他们还塑造出所有日本人同属一个祖先的假象。他们以皇室为机轴，将国家、政治、社会、历史和文化统合起来。他们对内改革，推动政治、社会和经济的近代化；对外扩张，追求亚洲乃至世界霸权。在此过程中，军国主义和极端民族主义的思潮蔓延开来，不断压制自由主义与和平主义的声音。这就造成了政府、官僚机构和军队的权力过于强大，而社会和人民的力量相对弱小。明治维新后成立的新政府，远比它推翻的德川政权更强大、更集权、更具侵略性。

但是，将日本步入法西斯歧途的责任都归咎于专制政权和暴虐的军队，也并非公允之论。因为在日本转向法西斯的过程中，不健康的民主主义也难辞其咎。

明治维新推翻了封建制度，打破了身份限制，废除了等级差别，带来了相对的平等和更大的自由。明治政府开放舆论，允许民间办报和自由结社，并逐步放宽选举限制，这些政策使得国民大众有机会参与政治生活。就整个历史进程来看，大众崛起值得肯定，但这一趋势既可以构成政治民主化的基础，也可能倒向极权主义和民粹主义。尤其是在赢得甲午战争和日俄战争之后，日本民众产生了“一等国”的民族虚荣感，并开始盲信军事的力量。此后，每当外交出现挫折时，民间就会形成用武力解决的强大呼声。民众利用舆论和选票给政府制造压力，给野心家以可乘之机。

此外，作为民意代表机构的议会和政党，到了昭和时代变得越来越堕落。政治家与财阀勾结，漠视大众的普遍利益；议会丧失了监督政府的职能，沦为权力分赃的交易所。为了获得更大的利益，政党不惜与军方和右翼联手，破坏议会政治。持续性的社会分化和间歇性的经济危机，加深了社会各阶层之间经济和文化的鸿沟，也加剧了民众之间的对立情绪。出于对现状的焦虑，以及对政党政治的失望，越来越多的民众转而支持民粹主义和极端民族主义。

民粹主义把社会问题归结为腐败、邪恶、不具民意代表性的少数阶层，与善良、正义、有民意代表性的多数阶层之间的冲突，从而激发国民大众对精英阶层的嫉恨。极端民族主义则渲染敌人打压、入侵的恐惧，怂恿国民憎恶他国政权和他国民众，以向外宣泄不满情绪。[1] 嫉恨和恐惧的大肆泛滥，为社会的持续动荡提供了心理动力，也为法西斯思想的蔓延提供了温床。

可以说，“二战”前的日本只得了民主制度的外壳，并未得到民主的精神。日本的民主制度先天不足，缺乏坚实的历史基础，一旦遭遇危机，很容易被法西斯主义和军部势力劫持，并最终沦为帝国主义的帮凶。

1　参见蒂姆·瓦茨著，李尧译：《金色国度》，青岛出版社，2020 年，第 146 页。

说起来，我最初对日本历史感兴趣，是想要了解日本成功的秘诀，但到后来，反而对日本的失败更感兴趣。这是因为，成功的经验往往可以被复制，而失败的教训却总是被遗忘。正因人类不愿意吸取教训，历史才经常上演重蹈覆辙的悲剧。

三

本书讲述的是近代日本如何扩张和毁灭的历史，时限上起1895年，下至1945年。

甲午战争结束于1895年，清朝败给了日本，这标志着东亚传统国际秩序的崩溃和日本霸权的初步确立。之后，经过日俄战争、“一战”和“二战”，日本不断扩张其领土和势力范围。从“满洲”[1]到朝鲜半岛，从库页岛到南太平洋群岛，从华北、华东到东南亚的广大地域，日本的版图扩张在1942年达到了顶峰。但在此之后，日本节节败退，不断收缩其势力范围，直至1945年8月，在世界反法西斯同盟的强大攻势下，日本宣布投降。战败后，日本不仅要归还甲午战争之后侵占的所有领土，还要接受盟军的占领，日本的版图又恢复到了1895年之前的状态。可以说，日本在50年中经历了一个历史轮回。而正是这个历史轮回，为我们理解近代日本的整体面貌提供了极佳的素材。

关于这50年的历史，我们一方面了解得很多，但另一方面又知之甚少。我们对于甲午战争、日俄战争、“二十一条”、九一八

1 在“二战”之前，中国东北地区在日文文献中被称为“满洲”，东北与内蒙古东部地区被合称为“满蒙”，作者并不同意这些称谓，只为还原历史情境，本书沿用此称谓。

事变、七七事变、抗日战争、太平洋战争等历史事件，就算讲不出来龙去脉，也有大致的印象。不过，关于这些事件的成因、事态发展的过程、主要人物的动机和构想，及其推动事态发展的手段，我们就不甚明了了。如果进一步追究这些历史事件背后的深层动因和发生机制，那就需要更加专业的研究和分析。

有人会说，日本对外侵略的理由显而易见，因为日本人是诡计多端的阴谋家和处心积虑的侵略者。不过，用侵略者的秉性来解释侵略行径，反过来又用侵略行径证明侵略者的秉性，这种解释只是循环论证，并不能提供真正有效的知识分析。而且，如果将所有事件的起因都归结于特定的阴谋和野心，也会掩盖其曲折起伏、消长、代兴的历史演变过程。另外，将战前日本政府视为一个步调一致、行动统一的整体，也不符合历史事实。因为尽管战前日本的执政者征服中国的动机大致相同，但他们对于如何实现这一目标的构想却存在深刻差异。至 20 世纪 30 年代，正是由于政府的分裂和权力的多元分割，使得执政层最终失去了对局势的控制，加速了日本向战争体制的迈进。因此，为了分析日本为何以及如何侵略的问题，我们需要深入到历史场景和脉络中去，从国家制度和权力构造、从政治和军事精英的构想、从云谲波诡、充满变数的内政和外交局势中寻找答案。

介绍这样一部历史，如同在迷雾中攀登一座大山，为了不迷失方向，需要循着一些线索。本书提供了内政、外交、战争和历史人物等四条线索，并尝试将这四个侧面编织起来，以构成一幅完整且立体的历史画卷。

简单来说，内政是国内体制和政策，外交是对国际秩序的应对，战争是有组织的暴力冲突。战争又可分为内战和外战，内战的目的是改变国内的体制和政策，外战的目的是改变他国的体制和政策。日本在这 50 年中发动过数次对外战争，但未发生过内战。不过，如果将军事政变视作内战，那么日本的内战不可谓不多。最后还有历史人物。历史是一拨又一拨的人物进行角色扮演的剧场。各种角色之间自觉与不自觉的相互作用，以及他们与观众和舞台（包括大众、时代趋势、环境和命运）之间的互动过程，驱动了历史的发展。

人天生既是政治性动物，也是社会性动物，创造历史的并非个体，而是群体。牵引日本这 50 年历史发展的，有这样几种集团力量：

其一，以天皇为代表的宫廷集团；其二，由元老和重臣组成的功勋集团；其三，以内阁为首的中央政府；其四，由陆军省、海军省、参谋本部和军令部构成的军部；其五，政党、议会和财界。如果仔细观察，我们还会发现，在这些核心力量中还存在不同的势力和派别。在元老之中，有长州阀和萨摩阀的对立；在中央政府之中，有藩阀和政党的对立；在政党之中，先有自由党和改进党的对立，后有政友会和宪政会（民政党）的对立；在军部之中，有陆军和海军的对立；在陆军之中，有统制派和皇道派的对立；在海军之中，又有舰队派和条约派的对立。这 50 年中的日本，正是在各种政治力量的反复斗争与协调中摇摆着前行的。

一般来说，对外关系是国内政治的延续，内政决定外交走向。但与此同时，外交往往也会牵制内政，两者之间存在密切的互动关系。在这 50 年的历史中，最能展示日本兴衰过程的，便是日本的对外关系。

19 世纪 90 年代，日本与中国争夺朝鲜半岛。1900 年前后，日本与俄国争夺朝鲜半岛和“满洲”。相继击败中国和俄国之后，日本成为世界八强之一。与此同时，以英国为中心的国际秩序在东亚的扩张，给了日本“搭便车”的机会，日本借助“日英同盟”壮大自身实力并提高了国际地位。“一战”的爆发进一步提升了日本的国际地位，使其跻身于世界五强之一（海军实力世界第三）。但“一战”之后，国际格局再次变动：一方面是美国确立的“华盛顿体系”逐步取代以欧洲为中心的旧有国际秩序，另一方面是苏联作为社会主义大国崛起，不断挑战西方世界的游戏规则。为摆脱“华盛顿体系”的束缚以吞并中国，并应对与苏联和美国可能发生的战争，日本相继发动了九一八事变和七七事变，并最终挑起了太平洋战争。

我们很难说日本有一以贯之的侵略东亚、称霸亚太的详细蓝图，因为从微观视角来看，这 50 年的历史充满了偶然事件和意外转折。但就宏观视野而言，又有其必然性。这是因为日本的扩张冲动由来已久，有清晰的脉络可循；屡次的侵略战争也都是日本作为整体在国家层面上推动的。可以说，日本的对外扩张和自我毁灭是必然性与偶然性相互交织的历史过程。这个过程就像是吹气球，气球吹得越大，就越接近破裂。当日本将其版图从区区四岛扩张到半个亚太之时，也就是它行将破裂成碎片的时刻。

揭示日本帝国形成、发展和崩溃的变化轨迹，分析诸多历史现象背后的特殊性与逻辑关联，便是本书的主要内容。

四

关于这 50 年的历史，日本和中国学界都已积累了大量深刻扎实的研究成果。这些研究既可以帮助日本人反省历史，也可以帮助我们理解中国历史。因为无论这是多么苦痛的回忆，它都是与我们关系最密切的一段外国历史。此外，被广泛讨论的战争遗留问题，也提醒我们这段历史仍未过去。

克罗齐有句名言“一切真历史都是当代史”，因为如果历史不能激起读者的想象力，让他们思考人性并认识世界，那么它就没有生命力。但另一方面，我们也必须意识到，如果只按照当下的标准去撰写历史，那么历史将被扭曲得毫无价值。如何将切实的现实关怀与纯粹的历史研究深度融合，是所有历史学者都必须面对的课题。

本书旨在对这段历史展开全景式叙述的同时，将相关成果整合起来，通俗易懂地介绍给读者。但因相关文献卷帙浩繁，几乎无人可以通晓穷尽；层出不穷的先行研究也令人应接不暇；更因笔者水平和视野所限，挂一漏万，自不待言。因此，尽管本书追求字字都有出处，但笔者深知，这些论述并非颠扑不破的最终论断，而仅是依据有限的问题意识，从浩如烟海的史料和研究中，汲取出来的粗糙标本和片段而已。在行文中，我会尽量标记出重要引用的出处，但考虑到通史的体例，并非所有引用都有详细注释。

本书的目标读者是对日本历史感兴趣的普通读者，而非日本史领域的专家学者。尽管如此，出版这样一本入门著作，对于一个入行不久的后学晚辈而言，仍是轻率且鲁莽的举动（毕竟入门书更应由权威学者所写）。如有冒犯，恳请各位先贤谅解。

本书得以面世，要特别感谢王前老师、梁文道先生和“看理想”团队的支持。本书源自 2020 年在“看理想”平台上推出的 50 集音频节目。在撰稿过程中，我得到杨公振先生、王雪绯女士的协助。

在修订成书的阶段，又得到理想国张妮女士的鼎力相助。我还要特别感谢宋成有和王新生两位教授通读了本书草稿，并在诸多方面提供了重要的修正意见。冯玮教授、刘峰副教授、崔金柱博士和丁晨楠博士也慷慨地阅读了全部或部分草稿，并提供了宝贵的反馈。本书部分内容在复旦大学的课堂上也曾讲授，学生们的提问和讨论都让我受益匪浅。本书若有任何可取之处，应归功各位师友多年来的教诲，若有任何疏漏缺失，则全是我的责任。

九年来，妻子尹月在学习、工作和生活上给予我最多的支持，在本书的文字斟酌和篇章布局上也提供了很多建议，对此我深表感激。三岁的儿子启予与这本书一同成长，我敲打键盘的声音伴他入睡，他咚咚的脚步声拯救我的枯坐。

第一章

明治的遗产（1895—1912）

一　天皇制的双重性格

理解日本近代史，需要把握几个关键词：天皇、元老、内阁、官僚、政党、议会和军部。先来分析天皇。

在战前的日本，天皇是权力来源、制度基石、秩序核心和国家象征，如有人否定或挑战天皇制，则会以颠覆国家政权的重罪被论处。因此，把握天皇制的特征，有助于理解日本战前权力构造的基本特点。那么，天皇制有哪些特征？我们来看下面三个故事。

昭和天皇怒斥田中义一

第一个故事发生在1929年6月，是昭和天皇与首相田中义一之间的对话。这段对话非常有名：天皇一发怒，田中内阁便垮台了。

天皇之所以发怒，是因为皇姑屯事件。众所周知，皇姑屯事件是指关东军炸死张作霖的事件，主谋是关东军高级参谋河本大作。关于此事的来龙去脉，后文会有介绍。其实案情并不复杂，但该事件的善后，却产生了很大的影响。河本等人的计划是炸死张作霖后制造混乱，趁机出兵占领东北。但这个计划太过拙劣，马上就露出破绽，所有的疑点都指向了关东军。

1928 年 12 月 24 日，田中义一进宫上奏。他说：“张作霖横死事件的罪魁祸首，似乎与我国军人有关。目前，陆相正在进行调查。待调查结束后，陆相会汇报详细情况。”张作霖虽说是军阀，但却是当时北京政府的首脑，关东军在中国刺杀了北京政府的首脑，这件事一经证实，必将在国际社会引起轩然大波，还会极大地恶化中日两国的关系。田中与元老西园寺公望等人商议后决定，如果关东军的嫌疑被证实，他们将揭露真相，并向中国道歉，以维持国际声誉。

昭和天皇此时二十六七岁，刚刚即位，踌躇满志，一心想做个明君。对于陆军的桀骜不驯，他早有不满，所以他也想要借此整顿军纪。当月 28 日，陆相白川义则进宫上奏：“陆军已对张作霖事件展开调查。”天皇告诫他要严格维持军纪。[1]

虽然田中义一承诺调查，相关工作却迟迟没有进展。这是因为在提交内阁讨论时，他的彻查提议遭到多位阁僚的反对。这些阁僚认为，家丑不可外扬，一旦真相大白，势必危及南满铁路的权益和关东军的地位。陆军与右翼政客也四处游说，向内阁施压。田中没有办法，决定将关东军与此事撇清关系。1929 年 6 月，田中再次上奏称：“关于张作霖事件，已经命令陆军、关东厅和满铁公司进行调查。幸运的是，没有在陆军中发现嫌疑人。”[2]

1 原田熊雄：《西園寺公と政局》第一卷，岩波書店，1950 年，5 頁。
2 同上，10 頁。

天皇拥有自己的情报网，他知道陆军的所作所为，知道田中的困境，甚至对田中即将上奏的内容也了如指掌（因为在上奏之前，首相需要知会天皇近臣相关内容，以便天皇准备提问和意见）。但是，田中出尔反尔和试图欺骗自己的做法，令他无法忍受。在与近臣商议后，天皇决定追究田中的责任。[1]

因此，听到田中的上奏后，天皇便厉声质问道："你说的岂不前后矛盾？你递交辞呈如何！"[2]在天皇的震怒下，田中惊慌失措地哀求道："关于此事，请容我细禀。"天皇愤怒地说："不必再说了。"[3]田中只能恹恹地退下。田中离开后，天皇还对侍从长铃木贯太郎发牢骚："田中语无伦次，我再也不想听他说话了。"[4]田中从铃木那里听到这句话后，只好含着眼泪递交了辞呈，并在两个月后，死于心脏病发作。

这件事在中国人看来稀松平常。中国的皇帝一言九鼎，他一生气，宰相和大臣就会被免职，甚至被砍头。但在当时的日本，天皇训斥首相是极为罕见之事。这是因为此时的日本形式上是个君主立宪制国家，天皇直接问责首相的做法，打破了长久以来天皇不过问政治的惯例。得知田中辞职后，"最后的元老"西园寺公望便劝告天皇："作为一位立宪君主，你不应该直接表明态度，不应该反对内阁的决定。"

什么是立宪君主？这个问题十分复杂，三言两语无法解释清楚。但就其基本特征而言，立宪君主意味着天皇不干预政治运营，

1　伊藤之雄著，沈艺等译：《元老：近代日本真正的指导者》，社会科学文献出版社，2019年，第230頁。

2　寺崎英成：《昭和天皇独白錄：寺崎英成御用掛日記》，文芸春秋，1991年，22頁。

3　原田熊雄：《西園寺公と政局》第一卷，10頁。

4　同上，11頁。

一旦内阁形成决议，天皇只能同意。天皇尽管拥有否决权，却从不使用。因为一旦行使否决权，就等于否定了内阁的工作，进而否定了该制度的有效性。而且，如果天皇随意干涉政治，内阁也无法承担责任。由此，西园寺才会说，斥责首相是不合适的做法。

“二战”结束后，昭和天皇回忆称，对于怒斥田中义一导致内阁倒台之事，他一直深感内疚。田中内阁倒台后，他便决定对于内阁上奏之事，无论是否同意，都给予裁可。[1] 由此以来，天皇便树立起置身事外、沉默不语的个人形象。

二二六兵变与昭和天皇

对于战前的政治运营，昭和天皇果真置身事外吗？要回答这个问题，需要看第二个故事——二二六兵变。

二二六兵变是昭和时代最大的一次军事政变，主导者是陆军青年军官，目的是废除立宪制度以确立君主专制。换句话说，青年军官希望推翻现有制度，使天皇从幕后走向前台，主动指导政治运营。但是，天皇得知兵变后特别愤怒，他根本不想亲政。不过为了镇压兵变，他倒是亲政了一回。

1936 年 2 月 26 日清晨，1400 多名士兵在 20 多名青年军官的带领下，在东京发动政变。他们占领了首相官邸、国会、陆军省、参谋本部和其他中央机构，并兵分多路去刺杀元老、重臣、首相、藏相、陆军教育总监。青年军官们认为，这些人是天皇身边的奸臣，他们对外出卖国家利益，对内蒙蔽天皇。政变发动后，青年军官

---

1 寺崎英成 :《昭和天皇独白録 : 寺崎英成御用掛日記》，22 頁。

们发表声明，要求改革内政，成立一个天皇亲政的新政府。

对于这次政变，陆军高层一开始并不想镇压，因为不愿见到陆军自相残杀，甚至有些高级将领还比较同情叛军。但是，当天皇听到辅佐自己多年的股肱老臣惨遭杀害后，愤怒地说："将朕最为信赖的老臣都杀死了，这和用软刀子对付朕没有区别。"据侍从武官长（天皇的专职军事顾问）本庄繁回忆，兵变发生后，天皇每隔数十分钟就召见他一次，询问是否已出兵讨伐。在2月27日这一天，本庄竟被召见12次之多。天皇甚至放出狠话："如果军方不肯出动，朕将亲率近卫师团剿灭叛军。"[1]在天皇的压力下，陆军统帅部派出重兵围困叛军，令他们投降，并逮捕了为首的青年军官们。

由此可见，对于二二六兵变的处理，天皇并非置身事外，而是亲身参与其中。还有一件事，昭和天皇也曾深入参与，那便是第三个故事——"圣断"投降。

"圣断"投降

至1945年上半年，"二战"局势已经明朗。5月，德国投降，欧洲战场的战事结束。7月26日，美、英、中联合发布《波茨坦公告》，敦促日本投降。日本政府对此不予理会。8月6日，美军以原子弹轰炸广岛，将其瞬间化为火海。尽管日本军方故作冷静，但天皇已经动摇，他告诉首相铃木贯太郎：战争无法继续。9日，苏联对日宣战，百万苏联红军进攻盘踞在"满洲"的关东军。铃

1　本庄繁：《本庄日記》，原書房，1989年，276頁。

木首相立即召开内阁会议，希望以苏联宣战为契机，接受《波茨坦公告》。

但问题在于，即使天皇和首相有意投降，如果其他大臣不同意，日本政府也无法投降。根据《明治宪法》第55条规定，停战决议需要内阁成员的一致同意，即“凡法律敕令及其他关于国务之诏敕，须经国务大臣副署”。如果你见过《终战诏书》就能发现：在诏书的最后，除天皇的签名和印章外，还有所有内阁大臣的副署。如果缺少一个签名，这份诏书就是无效的。

很不巧，在当时的内阁之中，有些大臣是死硬派，如陆相阿南惟几。阿南主张，日本不能束手就擒，要向同盟国提条件，如果同盟国不答应，陆军就发动本土决战。阿南甚至说：“即使1亿国民全部战死，我们也必须保全大义，将战争进行到底。”[1]（不知道什么“大义”能让1亿人都战死？也不知道阿南哪来的勇气，能把1亿人的生命据为己有！）由此，围绕是否提出投降条件，以及提出哪些条件的问题，各大臣之间意见纷纭。就在他们争论不休时，第二颗原子弹轰炸了长崎。

到了这时，日本政府终于意识到他们已无力再战。但尽管如此，陆军的态度依旧强硬，一些少壮派军官甚至策划政变，推翻铃木内阁，建立军人政权。内阁的意见不统一，又面临政变的危险，铃木首相举棋不定，只得请求天皇裁决。但是，首相请求天皇裁决的做法一反常规，因为这显示了内阁的无能。更严重的问题是，一旦让天皇做出裁决，就有可能让天皇承担责任。而《明治宪法》

1 《保科善四郎手記》载佐藤元英：『御前会議と対外政略』I，原書房，2011年，595—596頁。转引自小関素明：《近代日本の公権力と戦争「革命」構想》，《立命館大学人文科学研究所紀要》（117号），2019年，178頁。

第3条明文规定，天皇不承担任何责任。但危急关头，铃木首相顾不上那么多了。

在御前会议上，大臣们又争论起来。外相主张，只要附上“不变更天皇权力”的条件，日本就应接受《波茨坦公告》（不变更天皇权力，便不能惩罚天皇。在付出310万军民的生命后，日本首要保护的竟仍是天皇一人！）。但陆相、参谋总长和军令部总长则主张，应该再增加几个条件。双方争论激烈，互不相让。最后，铃木首相请求天皇“圣断”。一直沉默不语的天皇终于开口：“我同意外相的意见。”所谓纶言如汗，天皇一经表态，便是最后决定。这样，内阁终于通过了接受《波茨坦公告》的决议。

消息传出后，陆军中仍有人不死心，他们试图发动军事政变，推翻内阁决议，甚至想绑架天皇，让他收回成命。随后，天皇以大元帅身份下令结束战争，并首次通过广播向全国宣告投降。总的来说，天皇在日本投降中发挥了重要作用。

天皇制的双重性格

通过上述三个故事，我们可以发现，天皇拥有至高无上的权力，他的一句话就能让内阁倒台、终止战争。但在大部分时间里，天皇极少动用这项权力。这反映出战前天皇的“双重性格”：他既是绝对君主，又是立宪君主。那么，这种“双重性格”是如何形成的？要回答这个问题，我们需要回到《明治宪法》那里去。

《明治宪法》颁布于1889年，就性质而言，它是神权绝对主义和立宪君主制的奇妙折中。《明治宪法》的告文和发布敕语宣称，天皇的权力渊源于“皇祖皇宗之神灵”。天皇的统治万世一系，其权力至高无上，其裁定为最终决定。宪法第1条还规定：“大日本帝国由万世一系之天皇统治。”就此而言，天皇可谓是“君权神授”的绝对君主。然而，尽管第1条有此规定，第4条却规定了相反的内容：“天皇为国家之元首，总揽统治权，依此宪法条规行之。”换言之，尽管天皇是国家元首，总揽统治大权，但他必须按照宪法的规定行使权力。可如果天皇权力受到宪法限制，那么他就不是绝对君主，而是立宪君主了。由此一来，天皇拥有绝对权力，但无法独断专行，只有在政府各机关和维新元老的“辅弼”（帮助和同意）下，他才能行使政权。从原则上来讲，天皇可以依据君主大权否决政府的决策（如昭和天皇怒斥田中义一），只不过这种事情极少发生。久而久之，便形成了天皇既是绝对君主又是立宪君主的双重特征。

战前天皇制的暧昧性格时常被用作政治斗争的工具。从大正至昭和前期，军部和右翼等保守派推崇宪法第1条，并努力削弱第4条的限制。他们对天皇顶礼膜拜，并且强行要求民众尊敬天皇，从而利用这份尊敬来发号施令。[1]他们想在日本实现君主专制，对内集权，扩充军备；对外武力扩张，并积极准备与中国、美国和苏联的战争。与此相反，元老、重臣和政党政治家等上层的“自由主义者”则提倡宪法第4条，努力以其制衡第1条。他们要求天皇保持“自我克制”的统治姿态，以推进民主化，增进社会的自主性，并释放国民的潜力。他们想在日本实现立宪政治，对内分权，削减军备；对外推进国际合作，扩大海外市场，以贸易立国。在日本近代史上，围绕宪法第1条和第4条的争论背后，始终存

1 参见坂口安吾著，丁灵译：《续堕落论》，载《都会中的孤岛》，现代出版社，2018年。

在着保守派和进步派之间的明争暗斗。

关于这种状况，日本政治学者丸山真男曾以一则寓言加以说明：一个头发花白的男子有两个情人，一个比他年轻，一个比他年长。年轻的女子不喜欢自己的恋人是个老头，于是每次约会时她都要一点点地拔去男子的白发。而年长的情人不想让别人知道男友比自己年轻，于是她不断地拔去男子的黑发。到最后，男子成了秃头。[1]

丸山指出，这样一来，天皇一方面丧失了作为绝对君主的神授君权，另一方面他作为立宪君主的国民亲近性趋向稀薄。在昭和时代，天皇制的暧昧性格屡屡被政治斗争所利用，成为日本政治体制不稳定的根源之一。

二　多头一身的怪物（上）：元老、内阁与官僚

上文提到，战前的天皇拥有最高权力，但他很少干预政治运营，保持着对权力“自我克制”的姿态。昭和天皇曾说，只要是内阁做出的决定，即使他不同意，也不会反对。近代史上的另一段对话似乎可以印证这一说法。

“太平洋很辽阔”

1941 年 9 月，日本政府计划对美国开战。首相近卫文麿将该

1　丸山真男著，陈力卫译：《现代政治的思想与行动》，商务印书馆，2018 年，第 121 页。

计划上奏昭和天皇，天皇不放心，于是召见参谋总长杉山元和军令部总长永野修身，询问他们作战准备。

天皇先问杉山：“如果与美国开战，陆军计划用多长时间结束战斗？”杉山答道：“回禀陛下，在南洋战场（今马来西亚和菲律宾等地），陆军计划在三个月内结束战斗。”天皇不信，继续问道：“1937年，中国事变（即七七事变）爆发时，你是陆相，当时你告诉我，一个月内就能解决。现在四年过去了，问题不是还没解决吗？”杉山一下子被问住了，只能辩解道：“中国腹地辽阔，无法按原计划作战，所以拖了这么久。”天皇一听就生气了，追问道：“你说中国腹地辽阔，那太平洋岂不更辽阔？你是怎么算出来三个月就能解决问题的？”杉山理屈词穷，低头不语。

天皇继续大声问：“是否有绝对的把握打败美国？”杉山答道：“只能说有胜算，很难说必胜。但如果在外交上对美国屈服，也仅能维持一年半载的和平，接下来还会面临更大的困难。日本的眼光应该更长远，谋求20年、50年的和平。”天皇听到这里，大声说：“啊！知道了。”

旁边的永野修身一看情形不妙，赶紧打圆场：“禀告陛下，统帅部有自己的考虑和立场。比方说，有个小孩得了阑尾炎，如果不去管的话，他肯定会死。如果做手术，也只有三成的把握。但这种情况下，小孩的父母会毅然决然选择做手术，不会白白看着他送死。”

杉山和永野的潜台词是：日美对峙已成骑虎之势，日本无论如何都要赌上一把。由于日军提前做足了准备，在西太平洋占据优势。如果继续拖延，日本的优势将逐渐消失，最终只得不战而降。日军要趁美军立足未稳和美国国力尚未发动之际，给对方以沉重的打击，然后坐下来谈判，日本就有优势了。

听到这里，天皇不置可否，或许他并未被说服。不管昭和天皇是要逃避责任，还是性格软弱，抑或抱着侥幸心理，他都没有明确表达反对意见。次日，日本召开御前会议，讨论对美谈判的底线及开战预案。在会上，昭和天皇从怀里掏出明治天皇的一首和歌念了起来："四海之内皆兄弟，何以风波乱世间。"[1]

昭和天皇并非和平主义者，也不像某些右翼学者宣传的那样无须承担战争责任。这是因为，他尽管遵循了某些立宪君主的做派，但其作为绝对君主的特质根深蒂固，不容挑战。我们甚至可以说，在战前天皇制的框架下，立宪君主制只不过是绝对君主制的保护罩。另外，天皇尽管对政治事务往往保持沉默，但却可以对军事事务详加垂询。就此而言，日本所有的对外战争都以天皇的名义发动，也都经由天皇的同意才能发动，如果天皇决心阻止战争，那他一定可以做到。

多头一身的怪物

昭和天皇默许了内阁的开战决定，主要是由于缺乏勇气和责任心，或许还因为心存侥幸。但在决策过程中，天皇要明确反对内阁的决定也存在一定困难。因为《明治宪法》的制度设计允许天皇大权独揽，但天皇又要依据宪法总揽大权，并在内阁大臣的辅弼下行使权力。

---

1 井上清著，吉林大学日本研究所译：《天皇的战争责任》，商务印书馆，1983 年，第 123—127 页。

比方说，天皇掌握着象征最高权力的传国玉玺，而大臣们负责制订治国方案。大臣们拟定好方案后，经由内阁上奏给天皇，请他盖章。只有经过天皇裁可、盖章的方案，才能往下执行。在此过程中，有两点值得注意：首先，如果天皇不盖章，则任何文件都没有法律效力；其次，如果大臣不准备文件，即使天皇想盖章也不行。[1]在《明治宪法》、君主立宪原则及近千年“不亲政传统”（准确地说，是身处政治之外的传统）的多重约束下，天皇需要保持置身事外的超然立场（当然，政府在制定政策的过程中，会不断揣摩天皇的“圣意”，并与天皇近臣交换意见）。

因此，尽管天皇拥有至高无上的权力，却无法任意使用这些权力。各项权力看似集中于天皇一人之手，但实际上却分散于元老、内阁、官僚、众议院、贵族院和军部等权力机构中。没有这些政治力量的协助，天皇便无法行使任何权力。但与此同时，这些机构彼此竞争，相互牵制，既实现了势力均衡，又确保了天皇大权不受侵蚀。

1887年，明治思想家中江兆民将明治政府形容为“多头一身的怪物”[2]。“多头一身的怪物”一般指神话中的三头狗或九头蛇。神话中强调这些怪兽“多头一身”，是为了形容它们的凶猛，而中江兆民称明治政府“多头一身”，则是为了形容政坛上的权力分散和山头并立。这些“山头”相互对立、彼此掣肘，但又依附于同一个躯干上，那便是扮演“国家机轴”的天皇。

---

1 伊藤隆、児島襄、秦郁彦、半藤一利：《座談会〈独白録〉を徹底研究する》，载寺崎英成：《昭和天皇独白録：寺崎英成御用掛日記》，文春文庫，1995年。

2 中江篤介：《中江兆民全集》第十一卷，岩波書店，1984年，43頁。

作为国家机轴的天皇

无论是天皇制的“双重性格”，还是“多头一身”的构造，都与《明治宪法》相关。《明治宪法》的设计之所以如此独特，乃是因为它试图同时解决多个课题，如维持国家的统一、组织稳固的政权，以及确保该政权必须符合宪政原则等。

为应对这些课题，《明治宪法》确立了以下原则。首先，天皇必须拥有最高权力，以维护主权的统一和政权的稳定。其次，尽管天皇拥有最高权力，但他不能成为绝对君主，因为绝对君主会阻碍日本的文明开化。最后，不允许天皇成为绝对君主也是保护天皇的最佳策略。因为绝对君主需要进行政治决策，一旦决策失误，则会对其权威造成冲击，而立宪君主置身事外，可以回避政治责任。基于这些考虑，《明治宪法》便设计出如下制度：天皇总揽统治权，但所有事务都委托内阁大臣处理，相应的责任也由他们承担。一旦出现问题，内阁辞职担责，不会波及天皇。同时，为防止首相垄断权力，还要将权力分散至各个机构，使它们之间相互制衡。

由此可知，天皇制的“双重性格”乃是宪法设计者有意为之。他们要以绝对君主的权威维持政权统一，又要以立宪君主的制度实施宪政。在审议宪法草案的阶段，伊藤博文的一次演说鲜明地表示了这种考虑：

> 正如各位所知，虽说至本世纪欧洲各国无不行宪法政治，然宪法政治无不成立于历史沿革之中，萌发于远古往昔之时。相反，在我国则全属新鲜事物。因而，现在要制定宪法，首先不得不寻找我国之机轴，确定何为我国之机轴。无机轴而

> 任由人民妄议政治，则政失其统纪，国家亦随之废亡。假如国家要作为国家存在而统治人民的话，理应深思熟虑，以期不失统治之功能。说起来，宪法政治之萌芽在欧洲已存在千余年，不仅人民熟悉此制度，且有宗教为其机轴，深刻浸润人心，人心皆归于此。然在我国，宗教力量薄弱，无一可作为国家之机轴。佛教曾一度兴盛，联系过上下人心，然至今日已趋衰退。神道虽基于祖宗遗训并祖述之，但作为宗教缺乏使人心归向之力。在我国，可成为机轴者，唯有皇室。是以，此宪法草案专门用意于此点，力求尊重君权，并尽量不加束缚。[1]

伊藤说，制定宪法的目的在于强化君权，以确立国家秩序和国民精神的“机轴”。但确立“机轴”不仅是为了统一国家秩序与统合国民精神，还在于实施宪政，以向欧美先进国家看齐。很显然，这里存在君权与民权、集权与分权、专制与宪政的矛盾。伊藤等人想要通过精巧的制度设计，同时解决这两方面的问题。为确保宪法解释的灵活性，伊藤在起草时还确立了“宪法可以根据国家形势的发展伸缩自如”的基本方针。[2]但就历史效果而言，这种尝试并不成功。《明治宪法》模棱两可的规定和自我矛盾的性格，自其诞生那刻起便困扰着它，并且不断腐蚀着国家的制度框架。

在伊藤等人的设计下，《明治宪法》赋予天皇各项大权，包括行政权、立法权、文武官员任免权、军队指挥权、宣战权、媾和权、对内戒严权、荣典权和大赦权。由此一来，天皇便承担起

1 伊藤博文 :《枢密院会议笔记》，1888 年 6 月 18 日。

2 衆議院憲法調査会事務局 :《明治憲法と日本国憲法に関する基礎的資料(明治憲法の制定過程について)》，2003 年，36 頁。

了“国家机轴”的关键角色。为了保护该“机轴”不受任何威胁，《明治宪法》还以立法的形式免除了天皇的法律责任。宪法第3条明文规定：“天皇神圣不可侵犯。”这意味着任何法律都不能问责天皇，任何人都不得冒犯天皇的身体（连侍从和侍医在触碰天皇身体时，都要佩戴手套）。任何关于天皇的指责、批评和议论，都不被允许。[1]

天皇拥有至高无上的权力，却不主动干预政治运营，对权力保持着“自我克制”的姿态。这种设计便构成了战前日本政治构造的骨干，即“多头一身”中的“一身”。

“超宪法”的权威——元老

天皇远离公开的政治舞台，隐藏于幕后。代替天皇行使统合政权职能的，是元老和内阁。我们先来看元老。

所谓元老，是指明治维新时立下汗马功劳的功臣。他们活跃于明治至昭和初期，位居政界最高层。最初的元老包括伊藤博文、黑田清隆、山县有朋、松方正义、井上馨、西乡从道和大山岩，他们都曾是倒幕志士和明治政府的缔造者；至大正初期，又加上了西园寺公望。此外，关于桂太郎和大隈重信是否应被视为元老，学界有不同意见。除西园寺出身京都贵族、大隈重信出身佐贺藩外，其他人都来自萨摩藩和长州藩。一般认为，能否得到天皇下发的“元勋优待诏书”，是判断元老资格的法定依据。但根据伊

1　伊藤博文著，牛仲君译：《日本帝国宪法义解》，中国法制出版社，2011年，第4页。

藤之雄的研究，最重要的因素不是诏书，而是能否获得天皇和元老集团的认可。[1]

作为天皇的高级顾问，元老的主要任务是推荐首相人选。从1885年首届内阁成立至1937年西园寺辞去奏荐继任首相的职责为止，日本共产生了32届内阁。其中，24届首相均由元老推荐产生（现任首相辞职时，也可指名继任首相人选）。在明治时代，元老们常常亲自出马担任首相等要职，如伊藤博文就曾四次出任首相。即使不参加内阁，元老也要扮演监督内阁、在各机关之间穿针引线、维持权力分立与制衡的角色。

元老是“超宪法”的权威，因为元老不是法律规定的官方职位，而是一种约定俗成的存在。元老通过集体领导控制着内阁、贵族院、枢密院、军队和宫廷，在宣战、媾和以及制定外交政策上，他们也拥有最重要的发言权。以萨长元老为中心形成的政治势力被称为“藩阀”，由他们组织的政府被称为“藩阀政府”。藩阀以共同的出身和利益关系为纽带，其特点是排他性和闭锁性，其弱点在于难以自我更新。

至大正时代，元老的影响力日渐衰落。由于年事已高，元老很难直接掌握政权，只能通过操纵藩阀来影响政局。然而藩阀是个封闭的集团，难以补充进新鲜血液，存在后继乏力的问题。元老们陆续去世后，藩阀的权力便渐渐转移至政党、军部和贵族院手中。至1924年，元老只剩下西园寺公望一人。以此为契机，内大臣开始参与后继首相的遴选工作。[2]而后，前首相们和枢密院议

1 伊藤之雄著，沈艺等译：《元老：近代日本真正的指导者》，社会科学文献出版社，2019年。

2 同上，第221页。

长也加入进来。但尽管如此，首相人选的最终决定权，一直掌握在西园寺手中。1937 年，身心疲惫的西园寺决定隐退后，奏荐首相的工作便落在了重臣会议上。重臣是指前首相和天皇近臣（包括枢密院议长和内大臣），没有具体的名额，他们的权威虽然比不上元老，但影响力也不容忽视。

“走马灯”的内阁

元老们的“超宪法”权威需要经过内阁决策，才能转化为具体的权力。在形式上，内阁是总辖各项国家事务的最高权力机构，但在性质上，内阁与议会、军部相同，同属协助天皇行使大权的辅弼机关。[1]

内阁是各省厅长官商议施政方针的决策机构，其成员包括外务、内务、大藏、陆军、海军、司法、农商务、文部和递信（管理铁路、航政、邮政、电报等）等多位大臣。他们的领班是负责统辖各项事务的内阁总理大臣，也就是首相。首相并非由选举产生，而是由天皇任命。不过天皇的任命只是个形式，首相人选实际由元老和重臣决定。一般来说，元老集团作为首相的“生身父母”，与内阁的关系融洽。在多数情况下，元老都扮演着“内阁监护人”的角色。

《明治宪法》规定，各省大臣要群策群力，共同辅弼天皇治理国家。首相和大臣效忠的对象是天皇，而不是国民或议会。这一规定再次体现了天皇制的绝对君主性格。为防止首相垄断“辅弼

1　大塚桂：《明治国家の基本構造》，法律文化社，2002 年，41 頁。

之权”，宪法还规定，辅弼天皇的职责由首相和各省大臣各自单独负责（《明治宪法》第 55 条）。所谓“各自单独”，是指各省大臣对于主管事务平行施政，各负其责。由此，尽管首相扮演最重要的辅弼角色，但权力不会集中于他一人之手。另外，内阁决议采用全体一致的表决方式，而不是简单多数表决。内阁成员之间任何细微的意见不一致，都蕴含着内阁垮台的危机。

首相是内阁的首脑，实际上也拥有决定内阁成员人选的权力，但各省大臣直接隶属于天皇，并不对首相负责。首相与其他大臣处于平级地位，无权罢免他们，反倒是如果某位大臣辞职，而首相又找不到继任者的话，那么他必须一起辞职。在日本近代史上，首相的位置非常不稳固，从 1885 年第一届内阁成立至 1945 年铃木内阁的 61 年里，共产生了 41 届内阁。换算可知，每届内阁的平均寿命只有一年半。

稳固的官僚集团

内阁掌握决策大权，但负责行政的却是各个省厅及其下属机构。换言之，内阁拥有统治权，而省厅拥有治理权。如内阁更迭，各省大臣随之更换（不过，陆海相往往可以留任），但次官和局长以下的职业官僚往往稳如磐石。[1] 官僚的职位来自天皇的任命，既不依附内阁存在，也不因内阁倒台而被替换。官僚们操纵着复杂而巧妙的行政机器，管理着庞大的国家机构，他们才是国家的

1 秦郁彦著，梁鸿飞、王健译：《日本官僚制研究》，生活 · 读书 · 新知三联书店，1991 年，第 3 章。

主人。

在明治时代，身居要职的军政官僚多来自萨摩和长州。他们凭借在维新中的功绩和人际关系稳步晋升，控制着外务、内务、大藏、陆军、海军等省厅的核心部门。然而，在明治末年和大正时代，萨长出身的“维新官僚”逐步被“学历精英”取代。[1]这是由于政府在1887年建立了任命中高级官僚的考试制度，并最初给予帝国大学毕业生免试录取的特权。从那时起，政府高级官僚多出身于帝国大学，尤其是东京大学法学部。

在当时，有抱负的年轻人经过刻苦学习考取帝国大学，他们一旦通过了高等文官的考试，就如同鲤鱼跳龙门一样，步入飞黄腾达的人生快车道。他们进入某一省厅工作，然后凭借着出色的成绩迅速晋升。最优秀的职员可以从课长、局长稳步升任次官。[2]外务省和内务省官僚还有望被提拔为驻外大使或县知事，而最有能力的官僚则可以转身成为政治家，担任内阁大臣，乃至问鼎首相宝座。[3]

官僚并不仅仅是接受行政命令、协助各级政府执行政策的被动角色，由于直接参与决策过程，他们对国家政策的制定和实施有重要影响。

战前日本采用“禀议制”的决策方式。政府如要制定一项政策，首先由分管部门的初级职员起草计划，并依次提交给该部门的各

1　清水唯一郎：《近代日本の官僚―維新官僚から学歴エリートへ》，中公新書，2013年。升味准之辅著，董果良等译：《日本政治史（1—4卷）》，商务印书馆，1997年，第383页。

2　秦郁彦著，梁鸿飞、王健译：《日本官僚制研究》，第109页。

3　梅棹忠夫著，杨芳玲译：《何谓日本：近代日本文明的形成与发展》，百花文艺出版社，2001年，第56—57页。

位课长和局长，由他们审议并盖章。其后，计划按顺序提交给其他相关各部门，由这些部门的职员、课长、局长进行另一轮的审议和盖章。最后，计划送至最高决策机构，由次官和大臣审议和批准。在这一过程中，既没有决策权也没有领导地位、但拥有专业技术且经验丰富的基层官僚，实际上最有发言权。这是因为每个阶段的审议都是个人审议，而不是集体讨论。而且，受小团体主义影响，各部门之间隔阂很深，对其他部门起草的计划明确提出质疑并不容易。而作为决策者的次官和大臣，既没有精力也没有能力修改计划。对他们来说，“闭目盖章”或许才是最优选择。[1]长此以往，官僚机构的领导权持续下移，决策者往往沦为被下属操纵的傀儡。战前官僚机构（尤其是军部）中长期存在的“下克上”(rule from below）现象，正根植于这种决策方式。

正如马克斯·韦伯所言，官僚制是近代化不可避免的产物，近代社会的诸多成就要归功于官僚制，但种种问题也多根源于官僚制。

三 多头一身的怪物（下）：政党、议会与军部

上节介绍了战前日本的天皇、元老、内阁和官僚，接下来将继续介绍另外几个核心机构：政党、议会和军部。

1 辻清明著，王仲涛译：《日本官僚制研究》，商务印书馆，2010年，前篇第4章。

政党与众议院

在明治时期，元老和藩阀的挑战者是政党。所谓政党，是指拥有某种政治纲领并为之活动的组织。在战前日本，主要的政党先有自由党和改进党，后有政友会和宪政会（民政党）。政党以执掌政权为目标，这就与企图垄断政权的元老和藩阀发生了冲突。

日本政党运动的理论基础来自明治政府的建国宣言——《五条御誓文》。1868 年 3 月颁布的《五条御誓文》宣告："广兴会议，万机决于公论。"也就是说，破除德川时代的专制制度，广泛召开各级会议，使各项事务都取决于公众意见。萨长藩阀尽管在革命阶段做出了如此慷慨的承诺，但在成功夺权后，他们便出尔反尔，严禁他人染指政权了。为打破藩阀对政权的垄断，在"失意士族"的领导下，出现了声势浩大的自由民权运动，并诞生了诸多政党。这些政党普遍要求开放选举权、制定宪法和开设国会，最终目标则是要推翻藩阀，建立民选政府。在民权运动的压力下，政府逐步放宽了限制，先开设地方县市议会，后开设全国议会，并在 1890 年举行了第一次大选。

经过 20 余年的发展，政党的实力不断增强，成长为可与藩阀相抗衡的重要力量。小型政党经合并重组，集结为两大政党：自由党和改进党。自由党成立于 1881 年，总理是板垣退助。次年，改进党成立，总理是大隈重信。1890 年，日本举行首次众议院大选，共设 300 议席，自由党获 130 席，改进党获 41 席，两党联手，议席过半。众议院从诞生那刻起，便一直是政党的地盘。

政党政治家在选举中获胜，便可当选为议员。议员在众议院里辩论，通过协商和表决达成共识，进而形成国家意志，即各种法律和政策。议员是职业政治家，与官僚不同。官僚是经由考试选拔、在政府各部门工作的公务员；而议员则是通过选举产生、活动在议会的政治家。官僚也被叫作技术官僚，因为他们拥有管理国家所需的专业技能。议员则被认为是民意代表，他们擅长的是组织、动员、演说和鼓动。

政党的撒手锏

日本现今实行议会内阁制，由大选中获胜的议会最大党党首出任首相。议会内阁制的优势在于，执政党可以同时控制立法机构和行政机构，以发挥强有力的政治指导作用。但战前日本的政治制度却并非如此：首相人选由元老和重臣决定，不被选举结果左右，也不对议会负责。当时议会的权限尽管弱小，但也拥有与藩阀政府相抗衡的撒手锏——预算审议权，也叫财政监督权（《明治宪法》第 64 条）。

任何政府都有行政活动和相应的财政支出，如基础设施投资、军事费用、教育费用、社会保障费用，以及公务员工资和退休金等。政府以征税筹集财政资金，并编制预算以合理地分配资金。据《明治宪法》规定，年度预算必须经由议会审议，不经议会同意，政府不能发行国债，不能缔结增加国库负担的各种契约，也不能随意增加预算外支出。[1]一般来说，政府希望预算越多越好，因为钱多好办事。而议会则希望预算越少越好，因为预算越多，税赋越重，

1　武寅著：《近代日本政治体制研究》，中国社会科学出版社，1997 年，第 77 页。

国民的负担也越重。两者的意愿相悖，政府的预算案往往会遭到议会的否决。

不过，即使议会否决了次年的预算，政府仍可按照今年的预算规模运营（《明治宪法》第71条）。这是因为议会审议的主要是新增预算，即明年比今年增加的部分。即便如此，这项新增预算的审议权也能束缚住内阁的手脚，使其动弹不得。在明治时代，政党以议会为阵地，以预算审议权为武器，与藩阀政府展开了十余年的斗争。

历史之所以有趣，在于事情总在变化。政党与藩阀并非一直对立，它们也可以合作、交易，和相互渗透，而政党之间虽然倾向于合作，但因处于竞争关系，往往会反目成仇。在早期议会中，自由党与改进党屡屡联手对抗藩阀政府。但没过多久，它们就或主动或被动地向政府靠拢，并通过与政府合作来打压对手。至此时，两大政党之间反倒水火不容了。后来，自由党与改进党衰落，政友会强势崛起，垄断议会霸权，其总裁屡屡问鼎首相宝座。反政友会的政党势力集结为宪政会，坚持在野抗争。至昭和初期，日本形成两大政党制，政友会和宪政会交替执政，政党政治盛极一时。

不过，政党掌权后极易腐化堕落。各家政党为谋求私利，不择手段抹黑对手，互相倾轧。政治家上台前滥开空头支票，上台后漠视大众诉求，眼中只有私利党益，没有公利国益。至20世纪30年代，由于对政党和议会失望，民众转而支持军部和法西斯主义，政党势力便日薄西山了。

贵族院——保守派的大本营

战前日本实行两院制，除了众议院外还有贵族院。贵众两院的最大不同在于议员的产生方式：众议院议员由选举产生，而贵族院议员则来自世袭和任命。

贵族院由皇族、华族和敕任议员组成。皇族即皇室成员，皇室男性成员达到一定年龄后自动成为贵族院议员。华族则是明治政府在1884年创设的贵族阶层，主要包括曾经的堂上公卿、旧大名和维新以来的文武功臣。堂上公卿和旧大名本就是贵族，但维新以来的文武功臣，如伊藤博文、山县有朋多出身于下级武士。明治政府授予他们华族身份，乃是为了奖励他们对国家的功劳。此外，为国家创造巨额税收的大地主和企业家，劳苦功高的军政官僚，以及在研究领域有卓越贡献的学者，也可通过天皇的任命成为贵族院议员。

贵族院作为既得利益者的聚集地，政治倾向较为保守。正如鲁迅所说，曾经阔气的要复古，正在阔气的要保持现状，未曾阔气的要革新。明治政府在开设国会之前先确立华族制度，并以之为基础成立贵族院，正是为了将其变成保护天皇制、对抗民主主义的屏障。

除了议员产生方式不同外，两院的权力也有所不同。众议院拥有预算先议权，年度预算案编制完成后，必须先送至众议院审议。就规格而言，贵众两院平等，但因众议院拥有预算先议权，其政治地位更加重要。但是，贵族院可以否决众议院已经通过的预算案，所以它可以对众议院形成牵制。

不断膨胀的军队

在战前日本，军部是实力最强的官僚机构之一。战前日本逐步转向军国主义的过程，实际上也是军部逐步取代重臣、政党和议会，成为国策决定中心的过程。军部势力的不断膨胀和肆意妄为，促成了日本帝国的扩张，也导致了它的自我毁灭。

富国强兵是明治政府成立以来的夙愿。1871 年，日本创设直属天皇的军队，次年实施征兵制，建立国民常备军。其后经过数次战争，日军军力迅速膨胀。

以陆军为例，1894 年甲午战争爆发时，常备兵力为 7 个师团 6 万余人。战时编制下兵力翻倍，达到 12 万人。[1]1904 年日俄战争爆发前夕，扩编至 13 个师团 30 余万人。战争期间，由于兵力不足，又紧急扩编了 4 个师团，并大量征招预备役入伍。日俄战争持续了 19 个月，日军投入的总兵力高达 100 万人。战后，为防止俄军复仇，又增设了 4 个师团，变成 21 个师团。在大正时代，陆军在全球裁军风潮中裁撤 4 个师团，保留 17 个师团 20 余万人的编制。1937 年七七事变爆发后，师团数量立即翻番，常备兵力翻倍。随着战事不断升级，陆军继续扩充军力。1941 年日美开战后，已扩编至 66 个师团、200 余万人。截至 1945 年 9 月日本投降，陆军共有 192 个师团，总兵力高达 550 万人。[2]

这仅是陆军的情况，此外还有海军、预备役以及后勤人员。管理和指挥这支庞大军队的机构便是军部。

1　日本防卫厅战史室编，天津市政协编译委员会译：《日本军国主义侵华资料长编（上）大本营陆军部摘译》，四川人民出版社，1987 年，第 22 页。

2　伊藤隆監修，百瀬孝：《事典 昭和戦前期の日本——制度と実態》，298 頁。

军政和军令

在形式上，军部等同于一般的国防部门，但两者的实际角色定位非常不同。

首先，军部并不是指一个部门，而是对陆军省、参谋本部、教育总监、海军省、军令部、元帅府、军事参议院等多个军事机构的统称。在这些机构里，陆军省、参谋本部、海军省和军令部最为关键。一般而言，军部就是指这四大机构。

其次，这四大机构可分为军政机关和军令机关。陆军省和海军省是军政机关，负责管理编制装备、财政预算、军需采购、医护培训、后勤物流、退役军人安置等各项事务。其最高长官是陆相和海相。参谋本部和军令部是军令机关，负责制订作战计划并指挥军队作战。军队以作战为第一要务，为了准备作战，军队需要研究国防方针、制定战术战略、收集情报、动员军队、管理兵站。一旦战争爆发，还需部署军队、指挥行动，并保障运输和通讯。其最高长官分别是参谋总长和军令部长（后改称军令部总长）。这四大机构并列存在，互不隶属。

最后，就权力结构而言，军部与议会和内阁并列，四大机构的最高长官与首相和贵众两院议长平级。不过，陆相和海相也是内阁成员，内阁可以通过他们与陆海军协调。但反过来，陆海军也可以通过陆海相对内阁施加影响。

军部三大特权

在战前日本，作为中央政府的内阁无权直接管辖和指挥军队，军部反倒有三大特权可以要挟内阁。

“统帅权独立”是军部的第一大特权，也是其他两项特权的来源。《明治宪法》第 11 条和第 12 条规定：军队直属于天皇，只服从天皇的命令，不受内阁、议会和任何行政机关辖制，也只有天皇可以决定常备军的编制和规模。这一规定确保军队在日常运营和军事行动中拥有自主性和独立性，不受内阁和议会的控制。[1]

不过，尽管军部的运营不受内阁干涉，但军费问题却需要与内阁磋商。因为军队不事生产，不创造财富，必须依靠国家财政。如果内阁不能满足军队的军费要求，军队便会抬出天皇大权进行抵抗。如果内阁擅自削减军费，限制军备，军部甚至可以以搞垮内阁相威胁。严格来讲，天皇要在内阁大臣的辅弼下行使统治大权（《明治宪法》第 4 条、第 55 条），那么天皇对军队的统帅和指挥理应也受到内阁的辅弼。尤其是在军事预算上，除军部之外，首相和藏相也应有较大的发言权。但因军事活动的机密性和专业性，“统帅权独立”向来被认为是不容挑战的军部特权，又因统帅权经常被军人扩大或含糊地使用，从而导致军部日益成为独立王国。[2]

“统帅权独立”的本意是使军事事务与政治事务区分开来，防止军队成为政治斗争的工具，同时禁止军人干政。但基于此产生的第二项特权——“军部大臣现役武官制”，却使得军部干涉政治成为可能。这项制度规定，只有现役武官才有资格担任陆海相。由此一来，陆海相的选任权便牢牢掌握在军队手中。内阁更迭时，

1　缬缬厚著，顾令仪、申荷丽译：《近代日本政军关系研究：日本发动侵华战争的历史渊源》，社会科学文献出版社，2012 年，第 3 页。

2　伊藤隆監修，百瀬孝：《事典 昭和戦前期の日本——制度と実態》，256 頁。

如果对首相人选不满，军部可以拒绝推荐现役武官来阻挠组阁。如对现任内阁不满，军部也可以通过让陆海相辞职，并拒绝推荐后继者的方式来搞垮内阁。

军部的第三项特权是“帷幄上奏权”。这项特权是指军部的战争计划、国防方针和军事行动可以直接上奏给天皇，内阁无权干涉。如果军队准备作战，参谋本部和军令部可直接向天皇提交作战计划，经天皇裁决后，便可下发至陆相和海相，陆海相只需事后报告给首相即可。[1]

当代战争绝非仅是军队的事情，战争一旦爆发，便关系到国民生活的诸多方面。因此，按照明治时代以来的惯例，日军出动需要经过一系列手续：陆军首先制订出兵计划，内阁会议同意并通过预算后，由首相将计划上奏天皇，在天皇敕裁的基础上，陆军向天皇提出申请，天皇再下令出兵，出兵程序才能完成。[2] 如果内阁不同意，军部则难以挑起战争。然而，军队中的冒险派可以先挑起战争，制造既成事实，然后以帷幄上奏获得天皇批准，从而迫使内阁事后承认。

政务与军务的分裂

陆海军的最初领导者是萨摩藩和长州藩出身的军政官僚。大体而言，萨摩藩控制海军，长州藩控制陆军。伊藤博文、山县有朋等元老在世时，他们能够同时控制政府和军队，因此，政府与

1 大塚桂：《明治国家の基本構造》，法律文化社，2002 年，42 頁。
2 伊藤之雄著，沈艺等译：《元老：近代日本真正的指导者》，第 246 页。

军队之间的分裂尚未凸显。例如，伊藤博文虽是文官，但可以通过多种渠道对军队施加影响。甲午战争中，他以文官身份出席大本营会议，并参与军事机密的讨论。[1] 大正时代之后，元老们相继去世，军队的管理者开始由萨摩和长州的“维新精英”转变为陆海军大学出身的“学历精英”。因不再受其他政治力量的制约，这些新型的军事官僚便积极以“统帅权独立”为屏障，排斥文官政府的干预。

到了昭和时代，政治事务与军事事务之间的分裂问题愈演愈烈。举例来说，东条英机于 1941 年出任首相，为了出席大本营会议，他必须兼任陆相；为了在会上获得发言权，他还要兼任参谋总长。东条以现役陆军大将身份出任首相，尚且遭到军部以“统帅权独立”为武器的信息屏蔽，昭和时代政务与军务隔阂之深，由此可见一斑。

战前权力结构的缺陷

如前所述，在《明治宪法》的规定下，天皇集各项大权于一身，具有绝对君主的侧面。但与此同时，天皇对于大权保持着“自我克制”的姿态，很少主动参与政治运营，从而又具备了立宪君主的侧面。这种制度设计的目的有三。其一，为了让天皇既能独揽大权，又能避免政治责任；其二，为了遵循近千年的“天皇不亲政”传统；其三，为了让天皇扮演国家“机轴”和最高裁决者的角色。

天皇对统治权的行使，是通过将其委托给各个国家机构来实

1　大谷正著，刘峰译：《甲午战争》，社会科学文献出版社，2019 年，第 65 页。

现的。这种制度设计导致政坛上存在多个“山头”——元老、内阁、官僚、政党、众议院、贵族院和军部。这些机构直属天皇，但彼此平行施政，缺乏横向联系。如果缺乏强力政治家的协调（如元老和首相），政府将面临无尽的分裂危机。在和平时期，这样相互制衡的权力构造或可维持政治运营，但需要对国家进行强力控制之时，这样的组织形式就不合时宜了。也正是由于战前多元分裂的政治构造，导致日本最终步入歧途。

正如托克维尔所言，一个国家正确的集权方式应当是一元化的政治领导（政府集权）与多元化的地方自治（行政分权）的有效结合。一个国家若没有强大的政治领导，便不可能生存，更不可能享受安宁和繁荣。但同时，政府权力如果无限膨胀，便会不断消磨国民的公共精神，使他们萎靡不振。[1]战前日本政权结构的病症在于，虽然政府实施中央集权，但却缺乏一元性和统合性，一再陷入多元脆弱的分裂状态；尽管政府推进地方分权，却又不愿真正对国民和社会开放权力，而施加警察国家式的干涉。这种“双重错误”一直困扰着日本政府，而且越到后期便越加严重。[2]

伊藤博文、山县有朋等元老在世时，他们控制着内阁、官僚、军部，并与政党和议会进行协调，对国政实行统一领导。当元老们年老体衰时，依附于他们形成的藩阀势力在议会势力的配合下仍能控制中央政权。经过长期冲突与协调，政党终于在大正年间

1　托克维尔著，董果良译：《论美国的民主》（上），商务印书馆，2002年，第97—98页。

2　丸山真男著，区建英译：《福泽谕吉与日本近代化》，北京师范大学出版社，2017年，第73—77页。

取代藩阀，控制了中央政府，并涌现出原敬、加藤高明等强力政治家。原敬和加藤等人加强政府集权的同时，逐步放大行政分权，从而成功塑造了大正民主化时代。

经历大正民主化时代后，日本似乎已步入集权与分权有效结合的发展之路，而结果恰恰相反。政党政治达到顶峰之后，便开始走下坡路。由于腐败、堕落和无休止的内讧，政党逐渐失去了民心。至昭和时代，军部通过操纵各项特权，并制造内外危机，不断胁迫和侵蚀文官政治。九一八事变、五一五事件后，政党政治名存实亡。二二六兵变之后，军部开始主导政权运营，并推进国家政权的法西斯化。七七事变之后，军部和日本政府便将全体国民捆绑在战车和战船上，推向了害人害己的自我毁灭之路。

四　甲午战前的东亚政局

甲午战争是本书所有故事的起点。这场战争不仅改变了中国、日本、朝鲜的国际地位和历史命运，还给了俄国可乘之机，使其进一步向东亚扩张。

影响深远的甲午战争

从长远来看，没有甲午战争，就不会有“满洲”和朝鲜问题。没有“满洲”和朝鲜问题，就不会有日英同盟。没有日英同盟，就不会有日俄战争。没有日俄战争，就不会有关东军。没有关东军，就不会有九一八事变。没有九一八事变，就不会有伪满洲国。没有伪满洲国，就不会有七七事变和太平洋战争，更不会有日本的战败和投降。当然，历史不能用如此线性的发展观来描述。但甲午战争引发的连锁反应，无疑构成了日本帝国兴亡进程中的重要开端。

日本是这场战争的最大受益者。它战胜了东亚的主要对手，攫取了2.3亿两白银，割占了中国台湾岛和澎湖列岛，并迫使清政府开放通商口岸。甲午战争使日本在朝鲜建立了优势地位，为15年后吞并朝鲜奠定了基础。同时，日本也让西方列强认识到，在远东地区崛起了新兴的强国，与顽固不化的清政府相比，它更愿意接受西方的游戏规则，是一个值得拉拢的对象。

对中国而言，甲午战争终结了中朝之间数百年的宗藩关系，清政府势力就此退出朝鲜，东亚传统世界秩序宣告瓦解，中国的国际地位进一步下降。甲午战败还深深地刺激了中国的政治家和知识分子，他们开始寻求变革，救亡图存。另外，清政府为筹备巨额对日赔款（几乎是年收入8900万两白银的近三倍）而大举借贷。以此为契机，西方列强对中国的经济侵略进一步加剧。

对朝鲜而言，甲午战争切断了它与中国的宗藩关系，使其周边的国际环境更加险恶。日本一心想要吞并朝鲜，对朝鲜内政蛮加干涉，引发朝鲜国内的反日和恐日情绪。在俄国联合法国、德国迫使日本归还辽东半岛后，朝鲜政府开始倒向俄国，俄国在朝鲜的影响力迅速增加。

最后，俄国通过主导“三国干涉还辽”参与到东亚国际政治和经济竞争中来。清政府决定联俄拒日，1896年6月，双方签订密约防御日本。中国允许俄国修建纵贯黑龙江与吉林通往海参崴的“中东铁路”[1]，俄国则提供大量贷款，协助中国提前偿还了对日本的赔款（从 7.5 年提前到 3.5 年还清，从而节省了部分利息）[2]。1898 年，俄国强行租借旅顺和大连，并于 1900 年侵占“满洲”。此后，日本和俄国围绕朝鲜和“满洲”展开激烈争夺，最终引发了日俄战争。

这场意义深远的战争是如何开启的？回答这个问题，首先要了解当时的日本局势。

“剃刀大臣”陆奥宗光

日本从 1885 年起实行内阁制，第一位首相是伊藤博文。其后，黑田清隆、山县有朋、松方正义等元老也曾担任首相。但他们的任期都不长，主要原因是与政党不和。政党利用预算审议权对内阁发难，内阁则利用手中的警察权干预选举。双方争持不下，摩擦不断，国政运营举步维艰。

1892 年，元老们为了打破僵局，推举伊藤再次组阁。伊藤说：“我可以出来，但你们也要支持我的工作，否则恕难从命。”[3] 于是，山县有朋、黑田清隆、井上馨、大山岩等人纷纷出马，一起入阁担任大臣。这届内阁实力超强，被称为“元勋内阁”（1892 年 8 月—1896 年 9 月）。不过，内阁成员中有一个例外，那就是外相陆奥宗光。

陆奥既不是元老，也不是藩阀，为什么能担任外相这一要职？

1　王芸生著：《六十年来中国与日本》第三卷，生活·读书·新知三联书店，1980 年，第 17 章。

2　王绳祖主编：《国际关系史》第三卷，世界知识出版社，1996 年，第 224 页。

3　春畝公追頌会編：《伊藤博文伝》中卷，春畝公追頌会出版，1940 年，856 頁。

那是因为他既聪明又有才干，深受伊藤博文的青睐。陆奥才思敏锐，手腕凌厉得像剃刀一般，时人称他为“剃刀大臣”[1]。

陆奥的一生颇具传奇色彩。他生于和歌山藩，与坂本龙马是密友，两人一起参加明治维新，龙马被刺杀后，陆奥曾为他寻仇。明治维新后论功行赏，他也被授予过重要的官职。然而没过多久，便因对明治政府的施政不满而辞职。几年后，西乡隆盛在鹿儿岛发动叛乱，陆奥积极响应，阴谋颠覆政府，事败后被逮捕，处以五年监禁。在狱中，他翻译了英国哲学家边沁的名著《道德与立法原理》。

陆奥入狱四年后，蒙天皇大赦，提前获释。伊藤认为陆奥是难得的人才，劝他去欧洲游学。到欧洲后，陆奥勤思苦学，迅速掌握了现代国家运作的基本原理。回国后，他在伊藤的安排下进入外务省，很快被提拔为驻美公使。另外，陆奥有个门生叫星亨，是自由党的高级干部，在陆奥的运作下做过众议院议长。伊藤邀请陆奥入阁，也是想利用陆奥和星亨的私人关系，寻求与自由党的合作。

陆奥没有辜负伊藤的厚望，在外交事务上取得累累硕果，被视为现代日本外交的奠基人，位于东京霞关的外务省入口处至今仍矗立着他的铜像。陆奥还是位慧眼识珠的政坛伯乐，他发掘过星亨、原敬和加藤高明这三位政治天才。星亨是明治后期最强力的政党政治家，而原敬和加藤高明则作为首相主导了大正民主化进程。

1　安岡昭男：《陸奥宗光》，清水書院，2012年，85、122頁。

内阁与政党的对立

甲午战争爆发前，内阁与政党关系险恶。政党要求节减行政经费，休养民力，内阁无法同意。而内阁想增加预算，必须通过议会这关。在审议预算时，政党屡屡作梗，连续击垮了两届内阁。预算案通不过，元老们很是焦躁。东亚国际形势紧迫，尤其是来自中国和俄国的军事压力，让他们产生了危机感。

先说俄国。俄国此时正向远东地区扩张。1891 年 5 月，横跨欧亚大陆的西伯利亚铁路动工，这条铁路连接了莫斯科和海参崴，可以运输军队，也可以输送资源。1892 年，俄国又着手在海参崴建设军港，并派舰队驻扎于此。随着欧亚陆海两路的贯通，日本感到来自北方的威胁剧增。

再看中国。北洋舰队已两次到访日本，名义上是访问，实际上是示威。[1] 北洋舰队拥有两艘 7000 吨级的德制铁甲舰——“镇远”号和“定远”号。第二次访问时，北洋舰队还邀请日本议员和记者登舰参观，展示舰队威容。日本人对这两艘巨舰既羡慕又恐惧，因为国小民穷，他们买不起这么大的军舰。尽管日本一心要将朝鲜纳入自己的势力范围，但有北洋舰队在，他们就无法得逞。

为了对付中国和俄国，内阁在 1891 年提出了军备扩张计划，但相关的海军预算一再被否决。伊藤第二次出山担任首相，并且邀请多位元老入阁，为的就是解决海军扩军的问题。

1　姜鸣著：《龙旗飘扬的舰队：中国近代海军兴衰史》，生活 · 读书 · 新知三联书店，2008 年，第 330—332 页。

此时的议会第一大党是板垣退助和星亨领导的自由党，面对元老倾巢而出的伊藤内阁，他们认为这是与藩阀一决胜负的好时机，于是坚决抵制伊藤内阁的预算案。自由党并非是倡导和平主义的政党，他们对外扩张的野心一点儿不比藩阀政府逊色。自由党也乐意看到海军强大，甚至制定了建造10万吨军舰的政党方针，但他们坚决反对增税，并提出“节减政费，休养民力”的口号。[1]

自由党反对增税，是因为它代表着大地主和大商人的利益。当时只有高额纳税的地主和商人才有选举权，如果内阁增税，负担必然落在他们身上。自由党不敢得罪支持者。那么，又要建造军舰，又不能增税，钱从哪里来呢？自由党要求内阁削减行政经费和官员工资。对此，伊藤内阁无法同意。双方僵持不下，议会便要弹劾内阁。

面对自由党咄咄逼人的攻势，伊藤内阁一筹莫展。此时，井上毅献上一计：以天皇下诏的形式打破僵局。[2]伊藤于是联合众元老请求天皇下诏，命令议会与内阁妥协。如果议会无视天皇权威，顽抗到底，伊藤则决定解散议会，重新大选（根据宪法，首相有权解散议会并重新举行选举，以打破僵局）。重新大选对政党也是考验，因为不仅要消耗巨大的精力和金钱，还极有可能落败。

1893年2月10日，明治天皇召集元老、内阁大臣和贵众两院议长开会。天皇在会上发出御旨，要求内阁与议会同心协力、

1 自由党《党报》25号，1892年11月25日。

2 佐々木隆：《明治人の力量》，講談社，2002年，101頁。

和衷共济。天皇说："国防是生死攸关的大事，耽误一天便会遗恨百年。既然现在各方都缺钱，那朕做个表率，今后六年，每年从皇室经费中拨出 30 万，用于补充造舰的费用。此外，所有文武官员今后六年也要拿出十分之一的俸禄来建造军舰。"

明治天皇下诏后，内阁和议会开始妥协。内阁满足了议会的一些要求，如推进行政改革和减少行政开支，而议会则同意重新审议预算案。海军预算在稍做削减后，最终获得通过。

甲午战前的国际局势

在 19 世纪中期之前的东亚，以中国为中心的国际秩序被称为宗藩秩序或朝贡体系。朝鲜、琉球、安南（今越南）、暹罗（今泰国）等藩属国定期派使节到北京朝觐皇帝，献上贡品表示臣服，中国皇帝则会册封藩属国国王，并赏赐前来朝贡的使节。因为赏赐的礼品远远超过朝贡的贡品，藩属国都愿意来北京"打秋风"，而清朝也乐意享受"万邦来朝"的优越感。

不过，两次鸦片战争之后，这个古老的秩序在西方列强和日本的侵蚀下，朝不保夕，日渐崩溃。1873 年，法国侵占越南；1879 年，日本吞并琉球。这给清政府连敲了两记警钟。为了强化对朝鲜的控制，清政府将朝鲜事务交给北洋大臣主要负责。1882 年，清政府还借平息朝鲜内乱之际，派吴长庆率六营清兵（3000 人）进驻朝鲜，并与朝鲜签订了《中朝商民水陆贸易章程》，重申"朝鲜永列藩封"。[1]

---

1 石源华著：《近代中国的周边外交》，中华书局，2019 年，第 1 章第 2 节。

与此同时，日本一直试图打破中朝之间的宗藩关系：先将其转换成西方的条约关系，再将朝鲜纳入自己的势力范围。日本处心积虑要吞并朝鲜，一是为了巩固国防，二是为了获得向大陆扩张的跳板。而且，至 19 世纪中叶，列强进入帝国主义阶段，日本也想紧随其后，在东亚掠夺殖民地。

明治政府一成立，就制订了以武力征服朝鲜的计划。不过由于国力微弱，征朝计划被搁置。1876 年，日本强迫朝鲜签订了《江华岛条约》，其中规定“朝鲜国系自主之邦，保有同日本国同等之权”[1]，这就是要否定中朝之间的宗藩关系。

宗藩关系 VS 条约体系

近代国际秩序以条约体系为基础，其特征是国家主权至上，属国无外交。在条约体系下，如果朝鲜是中国属国，它就没有外交主权；如果它拥有外交主权，那它就不是中国属国，不存在第三种可能。然而，清政府和朝鲜认定的宗藩关系并非如此。清政府主张，尽管朝鲜是中国属国，但它却拥有独立的外交主权。这种暧昧定位既可以维护宗藩关系，又可以规避涉朝外交纠纷。但这种特殊关系却一直难以被西方国际社会所接受。[2]

1882 年，清政府为制衡日本，授意朝鲜政府与美国签订《朝美修好通商条约》。清政府认为，一旦签约，如果日本对朝鲜有所企图，则可能引发美国的干预。在条约草案中，李鸿章要求写入

---

1 王芸生著：《六十年来中国与日本》第一卷，第 135 页。

2 冈本隆司著，黄荣光译：《属国与自主之间：近代中朝关系与东亚的命运》，生活·读书·新知三联书店，2012 年。

"朝鲜为中国属邦，而内政外交事宜向来均得自主"的条文，间接要求美国承认朝鲜是中国属国。对于李鸿章的要求，美国代表认为不合常规，拒绝接受。[1]后来李鸿章放弃该条文，改由以朝鲜国王照会美国总统的方式，声明其为中国属国。[2]

后来，日本挑起事端，正是打着帮助朝鲜独立的旗号。尽管日本讲得冠冕堂皇，但实质上是要吞并朝鲜。不过，日本的旗号因为较符合近代国际社会的游戏规则，反而更能为西方列强所接受。因此在法理认知上，清政府先输了一筹。

甲申政变与《天津条约》

面对中日两国的明争暗斗，朝鲜政府做何反应？朝鲜政府高层此时分为两派，一派是守旧的"事大党"，主张坚持传统，继续奉中国为宗主国；另一派是激进的"开化党"，主张脱离宗藩关系，以日本为榜样，推进文明开化。

1883 年，中法战争爆发后，中国内地防备空虚。1884 年 8 月，清政府命令吴长庆率驻朝鲜的三营清兵回撤，留下袁世凯和余下的三营清兵继续驻守。12 月，金玉均等开化党人认为有机可乘，于是联合日本驻朝公使和驻军发动政变。他们占领王宫，杀死大臣，挟持国王，成立开化党政府。政变后的第三天，25 岁的袁世凯带兵入宫，击败开化党人和日军，夺回了国王。在混乱中，日本军营和公使馆也被朝鲜民众焚毁，代理公使和开化党人狼狈地逃到

1　冈本隆司著，黄荣光译:《属国与自主之间:近代中朝关系与东亚的命运》，第 2 章。王芸生著 :《六十年来中国与日本》第一卷，第 195 页。
2　戴鞍钢著 :《1882 年朝美条约的缘起与影响》，《韩国研究论丛》，1996 年。

了日本。1884年是甲申年，这次政变被称为“甲申政变”。

冲突结束后，双方和谈。1885年4月，李鸿章与伊藤博文在天津谈判。双方约定同时撤兵，今后如向朝鲜派遣军队，要事先通知对方。就结果而言，清政府做出巨大让步。事变之前，驻朝清军有3000人，而驻朝日军不足1000人[1]。《天津条约》生效后，中国失去了兵力上的优势。而且，“如果朝鲜将来发生动乱，中日两国可同时出兵”的规定也遗患无穷。清政府之所以让步，与东亚局势密切相关。中法战争刚刚结束，清政府正与法国进行严重交涉，英国和俄国对朝鲜半岛也蠢蠢欲动，形势甚为复杂。在此情形下，清政府力求尽快平息事端，不希望事态扩大，尤其不愿看到日本与法国联手。

《天津条约》签署后，中日两国在朝鲜相安无事了10年之久。在这十年里，日本尽管承认中国在朝鲜的优势地位，但并不承认中国对朝鲜的宗主权。为了打破宗藩体制，日本积蓄力量，准备再次挑战中国。结果，朝鲜内部的一场动荡提供了机会。

五　大清是怎样输给日本的？

上节介绍了日本和东亚的局势，接下来两节将介绍甲午战争的前因后果，并分析清朝战败的原因。

1　日本通过1882年的《济物浦条约》获得在朝鲜驻兵权，最初驻扎步兵两个中队，后来减至一个中队。参见信夫清三郎编，天津社会科学院日本问题研究所译：《日本外交史》，商务印书馆，1980年，第195页。

清军出兵朝鲜

1894年4、5月间，朝鲜爆发东学党运动。东学党与义和团类似，都有宗教运动和农民运动的色彩。东学党兴起之后，一时势不可挡，先是占领全罗道和忠清道，然后挥师北上，逼近汉城。朝鲜政府无力镇压，只得向中国求援。清政府于是派兵到了朝鲜，并按《天津条约》的约定，将出兵消息照会给了日本政府。

收到中国即将出兵的消息后，日本政府立即决定出兵。陆奥宗光认为，中国在朝鲜已经占据优势，现在又出兵，会强化既有优势。为了维持在朝鲜的势力均衡，日本也要出兵。[1] 此时的首相正是10年前与李鸿章签署《天津条约》的伊藤博文。伊藤认为，日本出兵后，可以武力为后盾，打破中朝之间的宗藩关系。不过，虽说伊藤决心派兵，但尚未决心开战。他只是认为，清军已经出动，日军也要出动，在朝鲜有驻兵就有谈判的筹码。至于接下来怎么办，只能走一步看一步了。[2]

尽管伊藤是个机动灵活、稳健务实的现实主义者，舆论却更加激进。日军一出动，日本国内各家报纸便呼吁对中国强硬。在战争氛围浓烈的环境中，媒体的态度越激进，便越容易吸引读者。为了拓展报纸销路或者标榜己方的爱国立场，各家报纸纷纷要求开战，以颠覆中国在朝的优势地位。[3]

1　陆奥宗光：《新訂 蹇蹇録——日清戦争外交秘録》，岩波文庫，1983年，24頁。

2　高橋秀直：《日清戦争への道》，東京創元社，1995年，317—336頁。

3　关于此时日本的舆论动向，可参考檜山幸夫：《日清開戦と国内世論（上）》，《中京法学》第22卷第2号，1988年。《日清開戦と国内世論（中）》，《中京法学》第22卷第3、4合併号，1988年。

言辞上的手脚

1894年6月，伊藤内阁以保护日本侨民的财产和人身安全为由，派出了军队。出兵前有个小插曲，值得品味。

甲午战争的两大主谋是参谋次长川上操六和外相陆奥宗光。在决定出兵方案的内阁会议之前，两人曾交换意见。川上估计，在朝清军不足5000人，为获得优势，日军要派遣8000人。但派遣这支大军入朝，有可能招致伊藤的反对。伊藤此时尚未决心开战，或不愿激化矛盾。为了顺利派出这支军队，川上和陆奥准备在言辞上做点手脚。

在决定出兵方案的内阁会议上，伊藤询问川上计划派遣多少军队。川上答道，准备派遣一个混成旅团，伊藤听了，以为是3000人。因为按照当时的编制，一个旅团大约是3000人。但伊藤不知道的是，战时编制下的混成旅团可以扩充至8000人。与会者之中，了解这一点的除了川上和陆奥之外，只有山县有朋。山县当晚告诉陆奥，一旦点破兵员数字，伊藤可能会取消出兵计划，所以他也默不作声。[1]

陆奥宗光的外交策划

日本刚刚派出军队，朝鲜局势便发生了变化——东学党运动平息了。

1　林董:《後は昔の記 他》，平凡社，1970年，75—76、255—257頁。转引自岡義武:《明治政治史》(下)岩波文庫，2019年，47頁。

朝鲜政府得知日本出兵的消息后非常不安。他们担心，清军和日军一旦交火，朝鲜将沦为战场。朝鲜国王急忙派人与东学党领袖讲和，东学党也很知趣，而且此时临近农忙时节，农民军归乡心切。在此情形下，双方订立和约，宣布停火。东学党运动平息后，朝鲜国内局势日趋平稳，日本出兵的借口不复存在。驻朝公使电告政府，要求推迟行动，以免引发与西方各国的外交纠纷。

不过，此时日本的政党政治家却极力煽动战争气氛，他们批评内阁行动迟缓，态度软弱。不管政党政治家是否真心想要开战，但凡是可以挑剔和攻击内阁的机会，他们都不愿放过。[1] 在此情形下，伊藤和陆军商议后，决定维持现状，不撤兵，已登陆的日军暂时驻扎在仁川。得知这一决定后，陆奥表示了异议。

陆奥说，如果日军停在仁川，便会错失开往汉城的机会。如果让清军占领汉城，日本在政治上和军事上都会处于劣势。如果出兵无功而返，内阁必然会遭到政党和舆论的严厉质疑。日军的当务之急是寻找时机开往汉城。只要占领了汉城，那么无论是战是和，日本都拥有优势。伊藤也要考虑出兵的政治和经济成本，于是支持陆奥的意见，要求军队开往汉城。[2]

面对日本的步步紧逼，清政府和朝鲜政府提出抗议，要求日本撤兵。清政府甚至提议，中日两国军队同时撤出朝鲜，恢复动乱前的状态。伊藤和陆奥认为该方案于日本不利。因为清军是应邀而来，而日军是不请自来，这一客观事实已经成立。即使清军撤离，也已保护过朝鲜，这就在事实上巩固了中朝的宗藩关系。

---

1 陆奥宗光 :《新訂 蹇蹇録》，22—25 頁。

2 同上，49—51 頁。信夫清三郎编，天津社会科学院日本问题研究所译 :《日本外交史》，第 262 页。

陆奥主张，在打破宗藩关系的目标实现之前，日本绝不能撤兵。

川上操六的军事策动

对于甲午战争的爆发，除陆奥的外交策划外，川上操六的军事策动也至关重要。在此时的参谋本部，皇族有栖川宫炽仁亲王担任总长，川上担任次长。但皇族军官凭借血统晋升，没有真才实学，也不负责具体事务，川上实际上就是参谋本部的最高长官。

川上出身萨摩武士，参加过倒幕战争和西南战争。他认为，日本要在东亚崛起，终需对清一战。自从“甲申政变”失败以来，陆军积极准备，改革军制、充实军备、整顿兵力、完善后勤和指挥系统，准备与清军再决雌雄。经过 10 年的力量积蓄，两国的军力此消彼长。1893 年，川上还亲自访问中国，见到清廷国防松懈，几乎没有对日作战的准备，这更加坚定了他的信心。因此，川上主张调集军队，在朝鲜抢占先机，伺机挑起战争。

6 月 15 日，伊藤放弃和谈路线，决心开战。但挑起战争需要借口，此时保护侨民的借口已经不复存在，他们又找了新借口：帮助朝鲜改革。日本提出，要向朝鲜政府派遣顾问、提供贷款、修筑铁路、架设通信网。毫无疑问，日本的提议并非助人为乐，而是要扩大在朝权益。日本甚至建议与清政府携手，改革朝鲜内政，但如果清政府拒绝，日本便单独行动。[1]

清政府自然不愿将朝鲜拱手让人，请来俄国和英国居中调节，

1 陆奥宗光：《新訂 蹇蹇録》，55—57 頁。信夫清三郎编，天津社会科学院日本问题研究所译：《日本外交史》，第 262 页。

可收效甚微。日本的态度越来越强硬，7 月下旬，日军在汉城发动攻击，占领王宫，随后挟持国王发布命令，要求清军撤离。等到日军占领王宫，李鸿章才如梦方醒，意识到一场恶战在所难免。他急忙调集部队，但为时已晚。7 月 25 日，日军不宣而战，在丰岛海面偷袭清军运兵船，甲午战争爆发。

大清为何会战败？

关于甲午战争的过程，各种书籍多有介绍，此处略过不叙。其实经过洋务运动，清军的账面实力并不差。论武器，清军也有坚船利炮和后膛快枪；论兵力，清军更胜一筹；论人口数量和国土面积，两国更不可相提并论。那么，清军为何会一败涂地？

简单来说，军队是社会的产物，作为一个前近代的国家，清朝不可能拥有一支近代的军队。福泽谕吉曾指出，一国的军事力量只是表面现象，其根基在于社会和经济力量。英国之所以是世界霸主，从表面上来看，是因为它拥有上千艘军舰，但根本原因在于，“英国拥有千艘军舰，并不是仅仅有此千艘军舰，既然有千艘军舰，就必然要有万艘商船，有万艘商船必然要有十万海员，培养海员也不能没有学问，因此，学者也要多，商人也要多，法律也要完备，商业也要发达等等，举凡人类社会所需要的一切事物都完全具备，恰好能够适应千艘军舰的需要，所以才能拥有千艘军舰”[1]。

清朝在甲午战争中的惨败，印证了福泽的判断。如果没有政治、

1　福泽谕吉著，北京编译社译：《文明论概略》，商务印书馆，1959 年，第 189 页。

经济和思想文化上的近代化，没有完备的政治、经济制度和成规模的工商业，那么无论拥有多少先进的武器和装备，都无法建设一支近代的军队。相比之下，以英国为发展模板的日本，经过近三十年的努力，逐步拉开了与清朝的距离。这表现在以下几个方面。

在政治体制方面，中国实行皇帝专制，是一个达官贵人和士绅的国家。民众只管缴税纳粮，心中没有国家和民族的观念，他们不知战争为何而打，也不关心输赢。与之相比，明治政府用了近三十年的时间，塑造了拥有民族认同感的国民，又在开战前五年颁布宪法、开设国会，使部分民众拥有了参政权力。这使得国民意识到自己身为国家的一分子，对于国家既有权利又有义务，甲午战争是属于他们自己的战争。

从作战指挥的角度来看，清政府存在指挥权分散、政出多门的问题。光绪帝尽管已经亲政，但掌权的仍然是慈禧太后。光绪帝之下，有主管军务的军机处，有主管军政的兵部，有主管外务的总理衙门，而指挥作战的是北洋大臣李鸿章。这几家往往各自为政，缺乏有效配合。[1]在战争前期，清军主力是李鸿章的淮军和北洋舰队，大后方是直隶（今京津冀），清朝的其他军事力量，如南洋水师竟会袖手旁观。相比之下，1894年9月，明治天皇宣布御驾亲征，并在广岛设立大本营，确立了全国动员的战时体制。议会中的各政党也是全力支持内阁，无论要多少军费都慷慨应允。

在军事制度方面，日本实行征兵制，国民都进行户籍登记，每三年都会有一批农民、渔夫和手工业者被培养成合格的士兵。因此，尽管现役士兵数量有限，但预备役规模庞大，一旦发生战

1 原田敬一：《日清 · 日露戦争》，岩波新書，2008年，69頁。

事，兵力可以得到源源不断的补给。相比之下，不管是淮军还是北洋舰队，都是脱胎于地方团练的旧式军队，而且还是“兵为将有”的半私人武装，他们往往既缺乏对国家的忠诚感，又缺乏纪律。[1]而马克斯·韦伯指出，近代军队的打击力量基于纪律。[2]没有严明的纪律，军队就不会有战斗力。

近代军队是由专业技术人员管理的复杂组织[3]，决定战场胜败的不仅有武器装备，还有军事技术和管理系统。一支有战斗力的军队，除了多兵种协同作战之外，还应该有工兵、辎重兵、运输队和医疗队来保障后勤。此外，战场外的训练、动员、情报、通信、兵站也至关重要。日本政府通过聘请欧洲教官、派遣留学生以及兴建军校，培养了一批精通近代军事科学、擅长指挥的军事人才。相比之下，淮军的武器装备水平可能超过了日军，但在军事技术、管理系统和指挥水平上，均远远落后于日军。

清军惨败的最后一点原因是误判形势，准备不足。清军出动前，李鸿章根据驻日公使汪凤藻的报告，认为日本内阁与议会冲突不止，自顾不暇，无对外生事之余力。[4]日军出动后，李鸿章感到事态日益严重，但又一心避战求和，他寄希望于“以夷制夷”的老办法迫使日本屈服，结果延误了备战，白白错失了战机。战场形势瞬息万变，一旦落入下风，就难以扭转劣势。

1894 年 9 月，日军占领平壤。两天后，联合舰队在黄海海战

1　冯兆基著，郭太风译：《军事近代化与中国革命》，上海人民出版社，1994 年。

2　马克斯·韦伯著，林荣远译：《经济与社会（下）》，商务印书馆，1998 年，第 736 页。

3　参见鲍威尔著，陈泽宪、陈霞飞译：《1895—1912 年中国军事力量的兴起》，中国社会科学出版社，1979 年。

4　包遵彭等編：《中國近代史論叢第一輯第六册——第一次中日戰爭》，正中書局，1981 年。

中重创北洋舰队，胜败局势开始明朗。10月，山县有朋率领第一军攻占九连城和凤凰城。11月，日军攻占旅顺，并制造了惨绝人寰的旅顺大屠杀。[1]次年2月，日军攻占威海卫军港，北洋舰队全军覆没，日军控制制海权。3月，大山岩率第二军占据辽东。同时，日本还派联合舰队及一个旅团在澎湖列岛登陆，准备入侵中国台湾。

六 三国干涉与卧薪尝胆

尽管在战场上节节获胜，但日本并非无所顾忌。西方列强在中国有着千丝万缕的利害关系，如果清政府垮台，他们不会坐视不管。因此，伊藤博文希望在西方列强介入之前，迫使清政府签署条约，将到手的利益落实下来。

伊藤博文的反对

1894年冬，日军制订了进攻直隶的作战计划，准备在华北平原捕捉清军主力，进行决战。在这个节骨眼上，伊藤表示反对，他的理由有二。

第一，中国北方太冷，冬季作战有困难。陆军7个师团，其中5个已经投放战场。如果战线继续延长，兵力配置和补给都会出现问题。另外，清军已改变战略。李鸿章在平壤失守、黄海海

1 参见井上晴树著，朴龙根译：《旅顺大屠杀》，大连出版社，2001年。

战失利之后，上奏光绪皇帝，要求调动全国力量，进行持久战。[1]在近代史上，因受制于国力，日本向来追求速战速决，不愿意陷入持久战。

第二，日军如果攻占直隶，清政府或将土崩瓦解。清政府倒台后，日本将与谁谈判来结束这场战争呢？更何况西方列强在中国的利益盘根错节，清政府一旦崩溃，他们没有坐视不管的道理。此时的日本无力对抗西方列强，更无力独占中国，因此保留清政府作为利益代理人，才是更为明智的选择。[2]

日本通过美国向清政府提议和谈，清政府积极回应。日本提议和谈是为了见好就收，清政府则一开始就不想打，现在有了和谈的机会，更是求之不得。

下关谈判

1895 年 1 月 31 日，清政府派出两名代表前往广岛议和。为了刁难清政府，日方以两人不具全权资格为由，拒绝谈判。清政府随后表示，将任命李鸿章为全权大臣。3 月 14 日，李鸿章来到日本，日本任命伊藤博文和陆奥宗光为全权大臣。20 日，双方在山口县下关市（当时称马关）进行谈判。

李鸿章与伊藤博文是老相识，他以为或许可以套套近乎，于是提议先休战，再和谈。但伊藤毫不客气地表示：如果休战，日军要占领大沽、天津和山海关，这三地的清军要把武器弹药和军

---

1 原田敬一：《日清·日露戦争》，70—71 頁。

2 春畝公追頌会編：《伊藤博文伝》下卷，134—138 頁。岡義武：《明治政治史》（下），60 頁。

需物资移交给日军，天津至山海关的铁路也要移交给日本，清政府还必须承担休战期间的日军军费。[1]

大沽、天津和山海关是拱卫京城的咽喉要地，要是让日军占领这三地，无异于给清政府头上架了一把刀。如此苛刻的条件李鸿章当然不敢答应。李鸿章提出休战是缓兵之计，伊藤拒绝休战，则是为了要个好价钱。因为边打边谈，战场上的军事优势，马上就能变成谈判桌上的政治优势。李鸿章没有办法，只好同意立即会谈。但就在此时，发生了小山丰太郎枪击李鸿章的事件。

小山丰太郎是日本民间“爱国愤青”的一个代表。他对伊藤选择和谈感到恼火，他希望日军能攻占北京，耀武扬威。他担忧和谈之后，清军东山再起，对日本复仇。为了破坏和谈，他决定刺杀李鸿章。3 月 24 日傍晚，小山埋伏在李鸿章回旅馆的途中，开枪击中了他。李鸿章面部中弹，当场昏厥。这一下，日本政府可慌了。

《马关条约》

战争爆发后，日本一直密切关注国际舆论动向。日本发动战争名不正言不顺，现在清朝的全权代表又遇袭受伤，让日本很没面子。日本担心李鸿章会借机博取西方列强的同情，而列强会以此为借口出手干涉。为尽快平息事件影响，日本决定放低姿态。陆奥向伊藤提议，为表示日方的痛心，应该无条件答应李鸿章的休战要求。伊藤认为言之有理，于是请天皇下令，休战三周。

---

1 陆奥宗光 :《新訂 蹇蹇録》，258 頁。

此时，日本舆论也发生转变，原来讥讽李鸿章的日本国民，在刺杀事件发生后，变得同情起他来。陆奥回忆道："自开战以来，我国各种报纸自不待言，即便是公私集会，对于中国官民的弱点，莫不夸大其词，极尽谩骂诽谤之能事，甚至对于李鸿章也痛加诋毁，发出不堪入耳之词。但是这些人，今日却对李鸿章遇袭表示惋惜，往往还说出类似于阿谀的溢美之辞。甚至还有人列举李鸿章以往的功业，说出'东方将来的安危系于李鸿章安危'这种话来。"[1] 不过，与其说是日本舆论惋惜李鸿章的遭遇，倒不如说是担忧因此而来的外来责难。

伊藤和陆奥决定利用国内舆论转向、西方列强尚未干涉之时，对李鸿章施压，要他尽快签约。3 月 30 日开始休战，只用了两周多，双方便签订了《马关条约》。

日本通过《马关条约》割占了中国台湾岛和澎湖列岛，领土增加了十分之一，人口增加了三百万。此外，《马关条约》还要割占辽东半岛。这引起了北方一个大国的嫉恨，从而极大地改变了历史的进程。

三国干涉

1895 年 4 月 23 日，即《马关条约》签订后的第六天，俄、法、德三国的驻日公使前往外务省，当面劝告日本归还辽东半岛，并威胁道：如果日方拒绝，三国将采取军事行动。此即"三国干涉还辽"事件。

1　陆奥宗光：《新訂 蹇蹇録》，265—266 頁。

俄国之所以反对日本割占辽东，其表面理由有二：一、辽东毗邻北京，日本占领此地会威胁清朝首都的安危；二、日本发动甲午战争的“大义名分”是帮助朝鲜独立，如果日本占据辽东，会使朝鲜的独立变得有名无实。俄国看似深明大义，要帮助中国主持公道，可事实上，俄国和日本乃一丘之貉，都对中国北方领土欲壑难填。

前文提到，俄国从1891年开始修建西伯利亚铁路，要将国土的欧洲部分、中部、西伯利亚与太平洋贯穿起来。作为一个大陆国家，俄国一直渴望在太平洋拥有出海口。1860年，作为斡旋中英、中法《北京条约》的报酬，俄国从清政府手中获得了海参崴。俄国在此开港，命名为符拉迪沃斯托克（意为征服东方）。不过，海参崴并非不冻港，冬季出航需要破冰。俄国于是觊觎辽东半岛的不冻港旅顺和大连。甲午一战，日本人抢走辽东半岛，这让他们非常不满。

如果说俄国采取行动“有理有据”，那法国和德国为何也要参与其中？法国的目的在于维护法俄同盟。法俄联盟始于1891年，3年后又达成军事同盟。俄国要对日干涉，法国选择共同行动。又因法俄结盟在欧洲对德国不利，德国千方百计要将俄国的注意力转移至远东，所以主动提出一同行动。而且，德国还想通过施惠于中国以换取在华权益。果不其然，1895年，清政府同意在天津和汉口开辟德租界，以感谢德国介入“还辽”有功。

伊藤和陆奥一直担忧列强的干涉，结果怕什么来什么。面对这种状况，他们要如何应对？

日本的应对

此时，天皇、伊藤、山县等人仍在广岛大本营，陆奥因身患肺结核，前往神户疗养。伊藤、山县等人经过商议，制订了三种方案：

一、拒绝。要我们放弃辽东，问问我们的军舰和大炮同不同意。

二、谈判。召开国际会议，请各国来评判。

三、接受。归还辽东，以示对清朝的恩惠。

伊藤等人围绕三种方案展开商议。如果拒绝，可能与三国开战，但此时日军主力尚在中国，国内防备空虚。而且经过10个月的战斗，军队已经筋疲力尽，无力对抗三国。如果接受，又心有不甘。经过多方权衡，他们准备采取第二种方案。

陆奥在神户得知该决定后，立刻表示反对。他说，召开国际会议，只会招致更多的干涉。陆奥提议以同盟对抗同盟，拉拢美、英、意对抗俄、法、德。日本政府立即电令驻外公使，打探英美等国的态度，结果发现英美中立、意大利支持俄国。陆奥一计不成又生一计，向俄国提议只保留旅顺和大连，归还其余领土，俄国对此断然拒绝。

5月4日，陆奥与伊藤在京都会面。陆奥说，事到如今不宜拖泥带水，趁着事态尚未升级，应该爽快接受三国劝告。目前最重要的是让《马关条约》尽快被批准，如果再有变故，就得不偿失了。伊藤也怕夜长梦多，于是表示同意。两人立即起草了答复三国的通告，并上奏天皇裁可。次日早晨，日本政府致电俄、法、德三国，表示接受劝告，归还辽东。作为补偿，清政府又追加了三千万两白银的“赎辽费”。

卧薪尝胆

《马关条约》签订后，日本国民得意扬扬，陶醉于胜利的狂热之中。结果三国干涉的消息传来，犹如半空中浇下一盆雪水，心情顿时转入低谷。虽然伊藤和陆奥等人知道见好就收，但国民大众却感到愤恨和屈辱。“卧薪尝胆”一词迅速流传开来，成为国民的座右铭。鉴于民情激愤，明治天皇特地发布了一道诏书，以安抚民众的情绪。

德富苏峰曾回忆说，甲午战争时，他是随军记者，在旅顺听到归还辽东的消息时欲哭无泪。这件事带给他巨大的冲击，让他从倡导民权的自由主义者转变为鼓吹国权的民族主义者。他说：“什么人类正义、国际公道，一文都不值，如果没有实力，什么都是空话，无论经过 10 年、20 年还是 100 年，日本都要报仇雪耻。”[1]

无政府主义者大杉荣少年时就读于名古屋陆军幼年学校。他回忆道：“有一次大家在讲堂集合，讲堂前方悬挂着一张巨大的亚洲地图，辽东半岛被涂成了和日本一样的红色。教导主任在讲台上演讲，告诫学生们要卧薪尝胆，报仇雪恨。会后，他们还被带到军队的墓地。教官告诉他们，为了告慰这些忠魂，必须向俄国复仇。”此时，大杉荣与五六个朋友组织了一个读书会，他们在会上讨论最多的便是三国干涉之事。有一次，他演讲了一篇名为《卧薪尝胆》的文章，大家听后都深受感动，流着眼泪发誓要刻苦自励，发奋图强。[2]社会主义运动家荒畑寒村也回忆道，三国干涉事件让

---

1 德富蘇峰：《蘇峰自伝》，中央公論社，1935 年，310 頁。

2 大杉栄：《自叙伝》，岩波文庫，1971 年，56 頁。

他埋下了强烈的敌忾之心。他发誓迟早要为之复仇，并立下了加入海军的志向，但最终因为父亲反对而作罢。[1]

值得留意的是，这里列举的“卧薪尝胆”的说法都来自知识分子的回忆录。不过三国干涉之时，大杉荣只有 10 岁，荒畑寒村只有 8 岁，都是小学生。也许正因年龄幼小，才对该历史事件印象深刻。德富苏峰尽管已经 32 岁，但此人一向夸大其词，三国干涉之时，他早已不是“自由主义者”了。

如果翻阅 1895 年 5 月份的日本报纸便能发现，关于“卧薪尝胆”的讨论只维持了一个月，其后便消失无踪了。日本再次讨论“三国干涉”和“卧薪尝胆”，乃是到了 10 年后的日俄战争前夕。就此而言，广为人知的“卧薪尝胆”传说，或是为了激发对俄国的敌忾之心创造出来的历史记忆吧。

七　“暴发户”的战后经营

讲完了甲午战争，接下来介绍战后日本国内政坛的动向。

暴发户

甲午战前，日本政府的财政拮据，年度预算只有 8000 万日元，为建造军舰，连天皇都要“节衣缩食”。战争获胜后，日本一夜暴富，从中国攫取的赔款高达 3.6 亿日元，相当日本四年半的国家

1　荒畑寒村 :《寒村自伝》，平凡社，1977 年，9 頁。

预算总额。那么，这笔巨款是如何支出的?

首先拨付2亿以扩充军备，又以8000万抵补临时军费，再以3000万用作军舰补助金，这三笔军费总计超过了3亿，占总额的80%。三国干涉后，俄国成为日本的最大威胁。为了对抗俄国，日本制订了陆军增设6个师团、海军7年扩编的计划。甲午战争赔款便构成了相关预算的主要财源。此外，还有2000万献给天皇，1200万用于对中国台湾的殖民经营，1000万用作灾害准备金，1000万用作教育经费。[1]

在这种情况下，政府预算迅速从8000万膨胀到1.5亿，甚至接近2亿。由于财政收入有限，无法承担如此巨额的预算支出，只能以赔款填补缺口。赔款虽多，但坐吃山空，总有用完的一天。到那时，政府又会面临财政问题。[2]

政党和内阁的关系此时有所改善。甲午战前，内阁希望增加预算以扩充军备，但政党不同意。而政党要求放宽选举限制和增加地方投资，内阁也拒绝答应。双方争执不休。战争爆发后，内阁和政党立即休战，政党极力满足内阁的预算要求。战争结束后，内阁和政党开始意识到，如果整日争吵则一事无成，双方只有密切配合，国政才能顺利运营。为了实现这一构想,伊藤博文考虑与自由党联手。

摇摆的政客

此时的政治家多是表里不一的政客。他们在野时，总是攻击

1 佐々木隆:《明治人の力量》, 153頁。
2 勝部真人:《日清戦後経営と国家財政——税制改革の歴史的意義》,《史学研究》179，1988年。

藩阀政府的独断专行，但如果政府向他们提供高官厚禄，这些政客也会欣然接受。由此来看，政党政治家厌恶的并非权力，而是掌权的并非自己。

政党政治家辛辛苦苦参加选战，并非为了进入议会批评政府，而是为了参与权力的运作。但为了获得实权，必须进入行政机构，因此，政党政治家都以入阁担任大臣为最高目标。如果当不上大臣，退而求其次，可以谋求省厅次长或局长的职位。如果想在国外任职，可以追逐驻外公使的职位。如果热衷地方行政，还可以谋求出任县知事。在当时，政治家千方百计追求官职的活动被称为"猎官运动"[1]。

其实，在议会内阁制度下，议员以成为掌握行政权的高级官员为目标倒也无可厚非。但在当时的日本，元老和藩阀垄断中央政权，政党政治家可以被选为议员，却难以染指中央政权。这种状况对政党政治家产生了双重影响：一方面是对权力的鄙夷和抨击，另一方面是对权力的嫉妒与渴求。

驻美公使星亨

伊藤博文以高官厚禄来怀柔政党领袖，其首个目标便是自由党干将——星亨。

星亨 1850 年生于江户，父亲是位优秀的建筑工匠，为大名和豪商建造房屋赚了很多钱。不过，由于挥霍无度，家里负债累累。星亨 2 岁时，父亲留下大笔债务后人间蒸发。为了还债，星亨的

1　中村隆英：《明治大正史》（下），東京大学出版会，2015 年，25—28 頁。

两个姐姐一个被卖身为娼，一个被送到别人家做女佣。星亨跟随母亲，改嫁了一位赤脚医生。[1]星亨从小学医，但他学的不是汉方医，而是西医。西医是当时的新兴学问，相关著作都以外语写成。为了学医，星亨开始学习英语，后来则放弃了医学，专攻英国之学。经过多年的努力，星亨成为当时稀有的英语教师。[2]

明治维新后，日本竭力向西方学习，外语人才倍受重用，甚至连多位元老都学习过外语。伊藤博文懂英语，桂太郎精通德语，西园寺公望精通法语。在这种情形下，英语熟练的星亨拥有了出人头地的关键技能。一个偶然的机会，星亨结识了陆奥宗光。陆奥赏识星亨的才能，推荐他在大藏省担任官僚、在横滨担任海关关长。星亨后来去英国留学了3年，并成功取得出庭律师资格，从而成为日本历史上首位诉讼律师。

星亨回国后，开办律师事务所。由于当时律师稀缺，而各种法律纠纷，尤其是涉外法律纠纷层出不穷，星亨既懂法律又懂外语，帮客户打官司赚了很多钱。而且他酷爱读书、口才出众、文章漂亮，又擅长交游，1881年自由党成立时，他应邀成为首批党员。此后，他积极参加民权运动，四处演讲、创办报纸、筹集资金，推动自由党势力壮大，并逐渐成为党内的核心人物。

日本开设国会后，星亨当选为议员。在陆奥宗光的运作下，他还当选过众议院议长。[3]在自由党中，他是四大派阀之一的关东派的领袖。因为有钱、有能力，又喜欢张罗，他的手下聚集了一批门生。然而1896年前后，星亨在党内斗争中失势。伊藤为了拉

1　野沢鶏一：《星亨とその時代（2）》，平凡社，1984年，391頁。

2　有泉貞夫：《星亨》，朝日新聞社，1983年，第1章。

3　同上，164頁。

拢他，推荐他去美国担任公使。星亨把关东派的部下们托付给陆奥宗光后，便到华盛顿上任去了。[1]

板垣入阁与山县阀的诞生

1896 年 4 月，自由党党首板垣退助也投入伊藤内阁的怀抱。板垣是民权领袖，伊藤是藩阀首领，两人是“政敌”，此时为何能握手言和？这是因为双方只是“政敌”，而非“私敌”，在共同利益的驱动下，他们可以化敌为友。伊藤和板垣约定：自由党在议会支持内阁，作为交换，板垣入阁担任内相。

由板垣担任内相的决定，招致内务省官僚的极大不满。内相位高权重，不仅可以任命县知事、监督选举，还主管治安和警察系统。长久以来，警察和政党是死对头。政党举行演说、游行、集会、示威或办报抨击政府，警察就会出手干涉。政党不愿任人宰割，也会组织“别动队”进行反击。一些激进党派甚至以炸弹和刀剑进行暴动，策划颠覆政府。在数十年的自由民权运动期间，政党与警察一直发生流血冲突，积怨甚深。此时伊藤竟然空降老对手板垣来当顶头上司，内务省官僚对此无法容忍。

此外，官僚每日兢兢业业地伏案工作，为的是能够稳步晋升：从课员到课长，从课长到局长，最优秀的人还可能晋升为次长，乃至问鼎大臣宝座。但伊藤为了笼络政党政治家，将省厅要职分配给既无技能又无经验的政客，从而引发了官僚的极大不满。为

1　有泉貞夫：《星亨》，朝日新聞社，1983 年，205—214 頁。

了表示抗议，他们纷纷辞职，转投山县有朋旗下。[1]山县不喜欢政党，对伊藤收买政党的做法不以为然。这些官僚聚集在他周围，日后形成了藩阀势力之中的重要派系——山县阀。[2]

第二次伊藤内阁倒台

伊藤“收买”自由党两大领袖后，与政党进入了“蜜月期”。内阁与政党的密切合作，也对国家的政策方针和利益分配产生了影响。

与自由党结盟后，伊藤操纵议会的能力有所提升。此时，围绕“三国干涉”问题，舆论正在猛烈抨击伊藤内阁的外交失误，大隈重信的改进党也在议会穷追猛打。但在自由党的支援下，伊藤顺利过关。[3]在另一方面，通过与政府合作，自由党也收获颇丰。除板垣出任内相、星亨被任命为驻美公使外，板垣还利用大臣权限接连任命亲信党员担任要职，如内务省秘书官、县治局局长、山梨县知事、群马县知事。[4]自由党还获得政府资助，缓解了政治资金困难的问题。

但好景不长，伊藤内阁又面临新的问题。“三国干涉”之后，为了扩充军备，伊藤计划发行国债来弥补财源的不足。由于藏相能力不足，国债发行计划遇挫，藏相引咎辞职。此前，陆奥宗光

1　中村隆英 :《明治大正史》(下)，27 頁。

2　坂野潤治 :《明治憲法体制の確立》，東京大学出版会，1971 年，123—124 頁。

3　伊藤之雄 :《第二次伊藤内閣期の政党と藩閥官僚》，《名古屋大学文学部研究論集》(113)，1992 年。

4　信夫清三郎著，吕万和等译 :《日本政治史》第三卷，上海译文出版社，1988 年，第 318 页。

也因肺结核恶化辞去了外相的职位。由此，伊藤内阁改造的问题浮出水面。

伊藤希望借内阁改造之机，邀请大限重信和松方正义担任外相和藏相，以组织“举国一致”内阁。这样既可以牵制自由党对政府要职的瓜分，又能缓解与山县派官僚的紧张关系。最重要的是，伊藤希望集结长州、萨摩、自由党和改进党的力量，一举解决增税难题。[1]

得知伊藤的内阁改造计划后，板垣退助表示强烈反对。这是因为自由党和改进党由于竞争议席，现已形同水火。板垣强烈反对大限入阁，并宣称如果大限入阁，他就辞职。但另一方面，松方又表态称，如果大限不入阁，他也拒绝入阁。伊藤无法说服这三位大佬，只好于 1896 年 8 月向天皇递交辞呈，解散了内阁。[2]

松方正义内阁

伊藤辞职后，继任首相是松方正义（1896 年 9 月—1898 年 1 月间任职）。此时，长州阀与萨摩阀交替执政，长州元老辞职后，要由萨摩元老接任，这是元老集团选择松方的第一个原因。此外还有一个原因，那便是松方是财政专家。伊藤内阁因发行国债受挫，导致最终瓦解，而松方最擅长的莫过于财政，大藏省和日本银行（即中央银行）都是他的地盘，三菱财阀也支持他。

松方也知道，想得到议会的协助，必须与政党建立良好的关系。

1　伊藤之雄 :《第二次伊藤内閣期の政党と藩閥官僚》,《名古屋大学文学部研究論集》(113)，1992 年。

2　伊藤之雄 :《伊藤博文——近代日本を創った男》，講談社，2009 年，372 頁。

伊藤与板垣的自由党合作，他便选择与大隈重信的进步党（1896年3月，由改进党吸收数个小党后而成，在议会拥有100个席位，与拥有109席的自由党势均力敌）合作。松方邀请大隈入阁担任外相并兼任农商相。在大隈和进步党的支持下，松方内阁的预算案在议会获得通过。作为回报，松方内阁向进步党提供了大批显官要职。

在大隈主政的外务省和农商务省，进步党获得了农商务省次官、工商局局长、矿山局局长、山林局局长以及外务省通商局局长等一系列要职。此外，大隈派还瓜分了4名参事官和8名地方县知事的职位。由此，进步党在政官两界的势力大增。[1]

松方内阁的倒台

在进步党的支持下，松方内阁开始时较顺利，但后来遇到了问题：一是双方关系恶化，二是增税难题。

松方正义和萨摩阀毕竟是保守的官僚集团，他们对进步党大量瓜分政府要职非常不满。同时，进步党却认为到手的官职还远远不够。由于“僧多粥少”，未获要职的干部多有怨言。进步党继续向松方内阁施压，要求得到更多的官职，松方内阁则想方设法加以阻挠。双方冲突不断，关系逐步恶化。

另外，“三国干涉”之后，充实对俄军备成为日本国防的第一要务。然而来自中国的赔款此时几近枯竭，举债也只能解决燃眉之急，为了一劳永逸地解决财政问题，松方内阁计划将当时2.5%

1　升味准之辅著，董果良等译：《日本政治史（1—4卷）》，第303页。

的土地税一次性提高到4%。这一决定最终导致了与进步党的决裂。

日本政府为何一定要增加土地税，而不能增收关税或工商业税？

首先，增收关税非常困难。在幕末时期，日本签订了诸多不平等条约，以至于丧失了关税自主权。经过几十年的努力，日本直到1911年才恢复关税自主。其次，就产业结构而言，当时的日本仍是一个农业国。“二战”前的几大支柱产业，如缫丝、纺织和军工，此时尚不发达。针对工商业的税收制度，如个人所得税和营业税，直到1887年和1897年才得以建立。最后，由于担心西方列强的经济侵略，日本此时也不愿借入太多外债。相比之下，土地税根据地价估算，是稳定的财政来源。据统计，明治政府前期，土地税占全国税收的70%～80%。甲午战争后，土地税约占40%，仍是第一大财源，其次是酒税（约30%）、关税、烟草税和糖税（约4%～5%）。[1]

不过，松方内阁的增税计划遭到大限的激烈反对。之前提过，自由党和进步党都是“地主党”[2]。在当时的选举制度下，只有高额纳税的地主和商人才有选举权，如果得罪了他们，政党等于自寻死路。为了党派的利益，大限以辞职反对增税，随后又与自由党联手，在议会中击垮了松方内阁。

伊藤博文的无可奈何

萨摩元老辞职后，又轮到长州元老出面组阁。

1　吉田義宏：《租税構造の発展とわが国の租税構造》，《広島経済大学経済研究論集》10(3)，1987年。

2　岡義武：《明治政治史》（下），115頁。

此时的长州阀有三位元老：伊藤、山县和井上馨。山县不喜欢政党和政党政治家，认为他们都是空话连篇、精于算计的小人物，他更信任拥有技术专长、纪律严明、能处理具体事务的精英官僚。为了对抗政党，他正忙于在内务省、司法省和陆军省培植自己的势力。之前提过，伊藤第二次内阁期间，许多内务省官僚辞职以抗议板垣入阁，从而转投山县麾下。随后，山县便以这批人为基础，加上身边的军政、司法官僚以及贵族院议员组成了“山县阀”。不过，此时山县阀羽翼尚未丰满，山县不愿意出山。另一位元老井上馨一直不肯出任首相，伊藤于是第三次组织内阁（1898年1月—6月）。

伊藤想要同时拉拢自由党和进步党，于是向板垣和大隈提供了法相和农商相的职位，但两人都想担任内相。联合执政计划流产后，伊藤内阁的地税增收法案也遭自由党和进步党的联手阻击。作为《明治宪法》的起草者，伊藤深知政党在政治运营中的重要，但既有的政党，无论自由党还是进步党，都有根深蒂固的反体制倾向。伊藤于是计划组建自己的政党，一个既能代表民意协调与政府的关系，又能将公利公益置于首位的新型政党。[1]

得知伊藤组建新党的计划后，山县表示强烈反对。伊藤是首席元老，如果由他出面，肯定可以组建一个强力政党。如果伊藤以该新党为后盾运营国政，必将为政党政治开创先河。山县认为，政党政治弊端重重，政党领袖的权力野心难以遏制，必将带来无休止的政坛争斗。这不仅会威胁藩阀对中央政权的垄断，还会危及天皇制的稳固和国家的长治久安。

---

1 泷井一博著，张晓明等译：《伊藤博文》，江苏人民出版社，2021年，第4章第5节。

面对山县的激烈反对，伊藤说："这个首相我没法干了，要不山县阁下你来干？"山县当然不愿意。他又询问其他元老，也没人愿意接手。伊藤于是说："现在只有板垣和大隈两人可以控制议会，除了向天皇推荐此二人，别无他法。"[1]

隈板内阁的成立

1898 年 6 月 25 日，板垣和大隈终于等来了执政良机。两人大喜过望，表示将不计前嫌，肝胆相照。为了能合作无间，他们还各自解散了自由党与进步党，合并为宪政党。一周后，天皇大命降下，大隈任首相，板垣任内相，隈板内阁成立（1898 年 6 月—11 月）。然而，大隈和板垣的联合执政并未持续太久，由于两派人马相互算计，这种貌合神离的合作很快就破产了。

大隈组阁的首个挑战是军部大臣的人选问题。陆海军是藩阀地盘，政党可以在议会中刁难藩阀，藩阀同样可以在军部大臣人选上为难政党。特别是参谋总长川上操六敌视政党，阴谋将这届内阁扼杀在摇篮里，于是策动陆军拒绝推荐陆相人选。大隈好不容易等到的组阁机会，眼看就要溜走了。不过伊藤认为，政党和藩阀必须休战，否则政府将难以运作，他请求天皇下令，要求前任陆海相留任。在伊藤的协助下，大隈内阁才得以组建。

大隈和板垣获得政权后，立即开始瓜分"战利品"。在这届内阁中，除陆海相，其他阁僚均来自政党。8 个内阁席位中，"大隈派"占据 4 席，分别是首相、法相、文相和农商相，"板垣派"占据 3

1　春畝公追頌会編：《伊藤博文伝》下卷，377—380 頁。

席，分别是内相、藏相和递相，只有外相人选悬而未决，暂时由首相兼任。此外，内务、外务、文部、农商务、递信等五省的次官，大藏省的监督局局长，东京、大阪和北海道的知事，以及警视厅的警视总监均由政党成员担任。[1] 隈板内阁是国会开设 8 年以来成立的首个政党内阁，也是几十年来自由民权运动取得的显著成就，但是，政党政治用人唯亲、用人唯党的问题也开始暴露出来。

分赃不均的内斗

尽管与军部的问题平息了，隈板内阁很快又因“分赃不均”内斗起来。进步党和自由党往日里是竞争对手，为了夺权才勉强联合起来，但两派终究是同床异梦，很快就因外相的职位闹翻了。

在内阁中，外相是仅次于首相的重要职位，相当于副首相，成为外相也意味着进入首相接班人梯队，很多人都觊觎这个职位，最为势在必得的是星亨。星亨有能力、有野心，现在美国担任公使。当他得知宪政党组阁的消息后，未获批准就迫不及待地登船回国了。

“板垣派”向大隈表示，希望由星亨担任外相，但大隈却有自己的考虑。内阁成员中，“大隈派”与“板垣派”的席位比是 4:3，如果星亨入阁，双方将势均力敌。大隈不愿意与“板垣派”平起平坐，更不愿意将外相的职位让给劲敌星亨，所以他决定继续兼任外相。

对于大隈的做法，星亨心怀怨恨，于是寻找时机阴谋倒阁。这时恰巧大隈的一位部下惹了麻烦，给了星亨机会。

1　佐々木隆：《明治人の力量》，195 頁。

“共和演说事件”与星亨造反

闯祸的是文相尾崎行雄。尾崎在近代史上因两件事知名：一是从 1890 年至 1952 年的 63 年间，连续 25 次当选国会议员，在日本被誉为“宪政之神”；二是他出版过一本名为《中国处分案》的著作，在中国引发过轰动。该书赤裸裸地鼓吹分割中国，但也准确地指出了中国社会的一些弊端，这就让当时的中国人既痛恨又警醒。[1]

尾崎担任文相时年仅 40 岁，被誉为“政坛的麒麟儿”，他擅长演说和煽动，但言多必失，祸从口出。在一次演讲中，为了批评当时的拜金风潮，他讲了句：“尽管日本不太可能成为共和国，但如果有一天日本实现了共和政治，那么三井和三菱的富豪们将出来竞选总统吧。”这句话犯了大忌，落下了把柄。

这句话的问题出在“共和政治”四个字上。我们一直强调，天皇制存在两个侧面：一是君主立宪制，一是绝对君主制。但无论是立宪君主还是绝对君主，它们都是君主制，而共和政治则要废除君主，由人民投票选举总统。如果尾崎说日本可能实现共和政治，岂不否定了万世一系的皇统，冒渎了皇室的尊严？

星亨和藩阀抓住时机，攻击尾崎对皇室大不敬。尾崎百口莫辩，只好引咎辞职。文相位置空缺后，星亨和板垣推荐了己方人选，并向大隈开出条件：也可不任用此人，但作为交换，必须将外相职位让给星亨。大隈对此置之不理，又推荐了另一位部下犬养毅

1　刘岳兵著：《近代以来日本的中国观》第三卷，江苏人民出版社，2012 年，第 366—372 页。

出任文相。

犬养毅接任文相后，星亨的计划再次落空。因在人事问题上连续败北，星亨愤然带领旧自由党势力造反，与“大隈派”分了家。“板垣派”阁僚也一并辞职，大隈失去了执政的同盟力量，只得解散内阁。在内部纷争和藩阀的反击下，日本历史上首届政党内阁从6月30日成立至10月31日倒台，仅仅维持了124天。

政友会成立

此时，伊藤博文正在中国游历，元老会议推荐山县有朋第二次组阁（1898年11月—1900年10月）。

山县曾于1891年第一次组阁。当时围绕预算问题，山县内阁与政党发生了激烈冲突。山县历经千辛万苦，最终靠着离间收买反对党议员才脱离困境。山县在第一次内阁辞职后，便在陆军省、内务省和贵族院潜心经营，培养了大批心腹官僚，组成“山县阀”。据说，在当时的中央省厅中，山县阀无法渗透之地，只有萨摩藩控制的海军省以及松方正义的地盘大藏省。距离首次组阁7年后，鉴于山县阀羽翼渐丰，山县有朋决定再次出山。[1]

尽管山县厌恶政党，但为了控制议会，他也要与政党结盟。山县与星亨的旧自由党势力合作，双方一时间配合得风生水起，甚至解决了多年以来悬而未决的增加地税难题（从地价的2.5%提高到3.3%）。但随着时间的推移，问题再次浮现出来。星亨协助山县内阁，为的也是瓜分官职，而山县对此百般阻挠。山县内阁

1 岡義武：《明治政治史》（下），124—129頁。

特意修改了《文官任用令》，提高各省次官、局长和地方知事的任用门槛，以限制政党政治家转身为高级官僚。[1]对于山县内阁的“恩将仇报”，星亨和他的手下深感愤慨。

时间来到了1899年。伊藤博文放出风声，准备成立自己的政党，星亨闻风而动，准备与山县决裂。为了促使合作破裂，星亨提出新的合作条件：要么让内阁成员入党，要么让本党党员入阁。[2]山县拒绝后，星亨便率领部下加入了伊藤新党——政友会。政友会成立次月，山县辞职，伊藤便以政友会为基础组织了第四次也是最后一次内阁（1900年10月—1901年6月）。

政友会的成立意义重大，因为它取代了自由党和进步党，成为议会中的主要势力。从1900年至1915年，政友会一直是议会第一大党。值得注意的是，政友会并非由下而上形成的政党势力，而是由元老伊藤博文自上而下创立起来的。可以说，政友会自诞生那刻起，便带有与藩阀相协调的色彩。

八 围绕朝鲜半岛的日俄交涉

上节介绍了1895年至1900年间日本国内政坛的变动。接下来，我们介绍甲午战争之后日本与俄国围绕朝鲜展开的争夺。

1 升味准之辅著，董果良等译：《日本政治史（1—4卷）》，第316页。
2 有泉貞夫：《星亨》，290頁。

大院君与闵妃

此时的朝鲜国王李熙，庙号高宗（1863—1907年在位），生于1852年，与明治天皇同岁。李熙虽是国王，但不掌实权。朝鲜王朝从1800年以来王权弱化，权臣和外戚把持朝政，史称“势道政治”。在高宗统治前期，掌权者分为两派：一派是国王的生父兴宣“大院君派”，另一派是王妃“闵妃派”。两派互相倾轧，斗得不可开交。

高宗本是旁支末裔，因老国王哲宗无子而逝，他11岁入嗣继承大统。大院君作为高宗的生父，算是“父以子贵”。高宗即位时年幼，大院君临朝摄政，培养了自己的政治势力。闵妃出身骊兴闵氏，自幼父母双亡，被养育在亲戚家，1866年被立为王妃。大院君选择她当王妃，正因看中了她的门第脆弱。然而他未曾料想，高宗长大成人后渴望亲政，并在1873年瞒着自己宣布亲政。为对抗大院君势力，高宗扶植闵妃家族参与朝政，闵氏外戚集团做大后，便将大院君派驱逐出了中央。[1]

相较而言，高宗亲政前，大院君派掌握朝政，奉行闭关锁国的守旧政策。高宗亲政后，闵妃一族主掌大权，推行的是开国和开化政策。大院君和闵妃两派之争，表面上来看是路线之争，实质上是权力之争。为了争权夺势，两派人马进行了殊死斗争，其间发生了数次政变，双方甚至互派刺客暗杀对方。为了平息朝鲜内乱，清政府作为宗主国曾经诱捕大院君，并将其监禁在保定府

1　赵景达著，李濯凡译：《近代朝鲜与日本：岩波新书精选10》，新星出版社，2019年，第13页。

3 年。后来，因朝鲜政府显露亲俄倾向，清政府又将大院君送回，以牵制闵氏集团。

闵妃杀害事件

前文提到，日本挑起甲午战争有两个目的：第一，切断中朝间的“宗藩关系”，将中国势力逐出朝鲜；第二，逐步将朝鲜变成日本的保护国，进而得到向亚洲大陆扩张的跳板。《马关条约》签订后，日本实现了第一个目标，但将朝鲜变为保护国的目标却迟迟未能实现。这是因为朝鲜半岛上走了大清，来了沙俄。

甲午战争爆发前夕，日军在汉城发动突然袭击，占领王宫，随后废除闵氏政权，扶植大院君傀儡政权。日本很快发现大院君不堪重用，于是又迫使他隐退，另择他人成立亲日派政府。甲午战争期间，日本派遣顾问指导朝鲜政府进行改革，从而确立了在朝鲜的优势地位。

不过，“三国干涉”之后，俄国在朝鲜的影响力大增。高宗和闵妃以俄国为靠山，逐步夺回政权，朝鲜王宫内部亲俄反日的氛围浓厚。时任驻朝公使三浦梧楼认为，如不除掉闵妃，朝鲜势必落入俄国的控制。1895 年 10 月，三浦率日本驻军和“大陆浪人”[1]伪装成大院君人马，趁夜色攻入王宫。他们惨杀闵妃后，成立亲

1　指以“经略大陆”和“扩张国权”为己任，来到中国和朝鲜等地从事政治策动、舆论宣传和情报收集的日本人。在日本帝国主义侵略亚洲的过程中，他们往往扮演着尖兵的角色。参见章开沅、赵军著：《日本“大陆浪人”与中国辛亥革命》，《文献》1989 年第 3 期。趙軍：《近代日本と中国の一接点—大陸浪人、大アジア主義と中国の関係を中心として—》，《駒沢女子大学研究紀要》第 2 号，1995 年。

日派政府，并迫使高宗废除闵妃的身份。这便是“闵妃杀害事件”。[1]

“闵妃杀害事件”在性质上与1928年的“皇姑屯事件”同样恶劣。它们都是日本野心家在他国领土公然刺杀他国政要的事件，是赤裸裸的国际恐怖主义行径。该事件被曝光后，日本遭到国际社会的一致谴责。日本希望杀死闵妃以获得优势地位，结果适得其反，日本的处境变得更为不利。

竹篮打水一场空

时值伊藤第二次内阁期间，伊藤接到报告后，深恐事态扩大，于是召回三浦等人，同时向国际社会保证，这次事件与日本政府无关，日本无意干涉朝鲜内部事务，并即将从朝鲜撤军。[2] 为平息事态影响，伊藤内阁还罢免了三浦等人的职务，并委托广岛法院对他们进行审判。但在朝鲜亲日派政府的配合下，三浦等人未受任何惩罚，便以“证据不足”为名得到释放。[3]

由于“闵妃杀害事件”，朝鲜民众对日本和亲日派的反感达到了顶峰。1896年初，朝鲜各地发生暴动，反抗亲日派政府。2月，乘着形势动荡的间隙，亲俄派大臣与俄国公使联手，安排高宗和世子从王宫逃脱，躲进了俄国使馆，史称“俄馆播迁”。

高宗在俄国使馆发布命令，罢免亲日派官员，并宣告了他们的罪行。愤怒的民众涌上街头殴打亲日派官员，有人被活活打死，

1　关于闵妃杀害事件的过程，参见和田春树著，易爱华、张剑译：《日俄战争：起源和开战》上卷，生活·读书·新知三联书店，2018年，第205—211页。

2　同上，第217页。

3　伊藤之雄：《伊藤博文——近代日本を創った男》，358—362頁。

有人逃亡到了日本。"闵妃杀害事件"后建立的亲日派政权，仅维持4个月便倒台，日本对朝鲜的影响力一落千丈，俄国开始在朝鲜建立优势地位。[1]

日本对朝鲜内政的粗暴干涉，充分证明了日本所谓"帮助朝鲜独立"口号的虚伪。日本官方公然刺杀闵妃的残暴行径，引发了朝鲜人对日本极大的反感和恐惧。

对朝外交路线的转换

日本当时的新公使原敬到任后，日朝间的紧张关系才出现转机。与星亨一样，原敬也是被陆奥宗光发掘和培养的政治天才。原敬是大正民主化时代的主要推动者，在他出任首相期间，甚至建立起足以与元老相匹敌的影响力，而担任驻朝公使，正是原敬的第一份要职。

原敬到任后，放弃了之前粗暴干涉朝鲜内政的做法，不再逼迫朝鲜政府满足日本的要求。同时，日本政府还请求天皇颁布敕令，严禁"大陆浪人"前往朝鲜。"闵妃杀害事件"正是日本公使联合浪人发动的，为了防止类似恶性事件再次发生，天皇颁布了这条敕令。[2]

1896年5月，日本与俄国谈判并达成协议，正式承认俄国在朝鲜拥有和日本同样的利害关系，并允许俄国向朝鲜派兵（《小村-韦贝备忘录》）。又过了一个月，山县有朋利用参加尼古拉二世加

1　赵景达著，李濯凡译：《近代朝鲜与日本》，第134页。
2　佐々木雄一：《帝国日本の外交　1894—1922》，東京大学出版会，2017年，194頁。

冕典礼的机会，提议由日俄两国共同保护朝鲜，不过俄国没有同意。此前，俄国已与朝鲜政府签订了保护朝鲜国王、提供军事和财政援助的秘密协定。在朝鲜保持优势地位的俄国，不愿意与日本平分秋色，直到 1898 年。[1]

俄国主动妥协

1898 年，列强掀起瓜分中国的狂潮，导致东亚国际形势发生剧变，进而影响了朝鲜局势。

1897 年 11 月，两名德国传教士在山东被杀，德国以此为借口出兵占领胶州湾和青岛炮台。12 月，俄国军舰以保护中国免遭德国侵略为由，驶入旅顺和大连。次年 3 月，德国获得胶州湾 99 年租借权和胶济铁路修筑权。同月，俄国获得旅顺和大连 25 年的租借权，以及南满铁路的修筑权。7 月，英国以抗击俄国为借口，分别租借威海卫 25 年、九龙 99 年，又将长江流域划为势力范围。1899 年 11 月，法国租借广州湾 99 年。在此期间，日本也迫使中国承诺，不向他国割让福建省，以为台湾殖民地的屏障。

俄国租借旅顺和大连后，其远东政策的重心随即转移到此。为了防止日本干预，俄国准备在朝鲜问题上对日妥协。俄国主动提议继续磋商朝鲜问题，其潜台词是，如果日本不反对俄国占领旅顺和大连，那么俄国可在朝鲜作出让步。

俄国之所以主动安抚日本有两点考虑。一是对日本的“愧疚感”，1895 年俄国以维护中国领土完整为名，迫使日本人归还辽

1 信夫清三郎编，天津社会科学院日本问题研究所译：《日本外交史》，第 295 页。

东半岛。但不到三年，俄国便强夺旅顺和大连。二是日本大规模的军备扩张，已到了俄国无法忽视的程度。[1]

日本备战

“三国干涉”之后，日本的首要假想敌变为俄国。为抗衡俄军，日军大肆扩张。海军于1896年制订了“六六舰队计划”，计划在10年内装备6艘战列舰和6艘巡洋舰。甲午战争时，“定远”舰和“镇远”舰的吨位最大，为7000吨。而日本计划装备的这6艘战列舰，吨位均达到1.5万，而且航速更快、火力更强，其中包括著名的“三笠”舰。陆军在3年间将兵力扩充一倍，从7个师团扩编至13个师团。一个师团的常备兵力约1万人，战时编制下约为2万人，13个师团的总兵力接近30万人。[2]日本一边建造军舰，一边增设师团，耗费了巨额的财政预算。据统计，从1896年至1903年，国家预算中的军事费用超过40%。[3]

与日本相比，俄国的人口更多，国力更强，可动员的陆军总兵力（包括预备役和后备役人员）高达350万，是日本的两倍有余。[4]但此时部署在远东的俄军仅有4万人[5]，西伯利亚铁路尚未竣工，俄军难以在远离欧洲的地域大规模作战，所以俄国暂时不愿激化与日本的矛盾。

1　信夫清三郎编，天津社会科学院日本问题研究所译：《日本外交史》，第298—300页。
2　和田春树著，易爱华、张剑译：《日俄战争：起源和开战》上卷，第225—226页。
3　山室信一：《日露戦争の世紀》，岩波新書，2005年，86頁。
4　横手慎二著，吉辰译：《日俄战争：20世纪第一场大国间战争》，社会科学文献出版社，2019年，第35页。
5　信夫清三郎编，天津社会科学院日本问题研究所译：《日本外交史》，第300页。

当然，对于日本的扩军备战，俄国也并非无动于衷。1897 年，俄国政府制订了新建或购买 6 艘战舰的计划。不过，至日俄战争前夕，日本已提前完成“六六舰队计划”，而俄国尚有多艘军舰未完工。

“满韩交换”

尽管军队随时准备作战，但政治家和外交官的视野更宽广，策略更灵活。“三国干涉”之后，日本的一些领导人非但不痛恨俄国，反而想与之结盟。例如，山县有朋就主张，与其与英国结盟，不如与俄国保持良好关系。[1] 而且，此时日本的外交重心仍在朝鲜，对于俄国租借旅顺和大连的举措没有太大危机感，如果俄国能在朝鲜作出让步，日本何乐而不为呢？

俄国既然表示了让步意愿，日本便要得寸进尺，于是提出了“满韩交换”方案。“满韩交换”的意思是，如果俄国把朝鲜让给日本，那么日本将承认“满洲”为俄国的势力范围。[2]

对于日本的提案，俄国坚决拒绝。对俄国来说，“满洲”的权益和朝鲜的利益都不能放弃。俄国对日本让步的底线，只不过是在朝鲜的势力均衡。经过一系列的讨价还价，到了 1898 年 4 月，双方签订了一项新协议，即《西–罗森议定书》。由此，日本在朝鲜的影响力恢复到与俄国对等的水平。

---

1 佐々木雄一：《帝国日本の外交 1894—1922》，49—52 頁。
2 和田春树著，易爱华、张剑译：《日俄战争：起源和开战》上卷，第 314 页。

九　日英同盟

上节介绍了甲午战争之后日俄围绕朝鲜展开的争夺。双方你来我往几个回合后，俄国占据了优势。1898 年，俄国租借旅顺和大连，并主动向日本让步，双方在朝鲜形成势力均衡的局面。这一节，我们将继续介绍东亚国际局势的变动，尤其是日英同盟的形成。

义和团运动与俄国侵占“满洲”

俄国和日本在朝鲜势力均衡的局面，维持了不到两年。义和团运动爆发后，俄国出兵占领了“满洲”。为了经营“满洲”，俄国从朝鲜抽出手来。朝鲜半岛上留下的权力真空，立即被日本填补。

1899 年，伴随着列强瓜分中国的危机，山东地区爆发了义和团运动。义和团以“扶清灭洋”为口号，反对帝国主义和基督教，并排斥外国人和外来器物。由于义和团与教堂、教民的冲突不断，西方列强要求清政府严加取缔。清政府尽管满口答应，实际上却放任自流。义和团运动越燃越烈，从山东蔓延到京津地区。

义和团爆发前一年，慈禧太后刚刚镇压了戊戌变法，并囚禁了光绪皇帝。慈禧认为，维新派和光绪帝崇洋媚外、试图变更清朝的祖制，实在罪不可赦。慈禧不仅砍了维新派的脑袋，还准备废黜光绪帝。对于这个计划，西方列强反对，国内舆论不服，慈禧太后在内外压力下，被迫屈服。由于戊戌变法和立储受挫，慈禧太后和守旧派大臣对西洋人恨之入骨，于是准备利用义和团教训他们。

1900年5月，西方列强见清政府迟迟不肯镇压，便要亲自动手。列强以保护侨民为旗号，派出军舰和陆战队在大沽登陆，准备进攻北京。得知列强进攻大沽炮台后，慈禧大发雷霆，向列强宣战，并命令清军和义和团围攻东交民巷的外国公使馆。[1]

清政府向列强宣战后，俄国找到了占领“满洲”的良机。沙皇以义和团破坏铁路为名，调集了10余万大军，兵分多路，进攻“满洲”。从7月开始进攻，8月上旬就占领了哈尔滨和营口，下旬又攻占了齐齐哈尔。10月1日，俄军占领奉天。至此，“满洲”全境都落入俄军手中。在此期间，俄军屠杀手无寸铁的中国居民，制造了海兰泡惨案等多起罪案。[2]

英俄竞争

获悉俄军入侵“满洲”后，英国焦虑万分，赶紧怂恿日本出兵。英国和俄国此时正在亚洲各地展开激烈博弈，英国不希望俄国在中国一家坐大。

之前谈过，俄国作为大陆强权帝国，一直渴望拥有制海权。如果看一下世界地图就能发现，俄罗斯大陆周围有四片海洋：北边的北冰洋，东边的太平洋，西边的波罗的海以及西南方向的黑海和地中海。对俄国而言，北冰洋位置偏远，缺乏不冻港。彼得

1　萧一山著：《清史大纲》，上海古籍出版社，2005年，第246页。佐藤公彦著，宋军、彭曦译：《义和团的起源及其运动：中国民众 Nationalism 的诞生》，中国社会科学出版社，2007年，第8章。

2　和田春树著，易爱华、张剑译：《日俄战争：起源和开战》上卷，第370—388页。王芸生著：《六十年来中国与日本》第四卷，第19章。鲍里斯·罗曼诺夫著，陶文钊译：《俄国在满洲：1892—1906》，商务印书馆，1980年，第5章。

大帝从瑞典手中夺得圣彼得堡后，通往波罗的海的航线是畅通的，但沿途有英德等强敌环伺，所以并不安全。为了控制黑海海峡，俄国发动了克里米亚战争。为了进入印度洋和波斯湾，俄国还积极向阿富汗渗透。为了通往太平洋，俄国抢占海参崴，并强行租借了旅顺和大连。

沙俄的大肆扩张导致了与英国的激烈冲突，英国从各个方向围堵俄国。为了阻止俄国进入地中海，英国帮助奥斯曼土耳其抗击俄国；为了阻止俄国进入波斯湾和印度洋，英国扶植波斯（今伊朗）；为了阻止俄国势力进入南亚，威胁印度，英国还试图控制阿富汗以建立屏障；在远东地区，英国寄希望于日本能够出手来牵制俄国。[1]

收到英国的邀请后，首相山县有朋认为这是增进东亚事务发言权、促进与英国关系的良机。于是他召开内阁会议，决定先派兵 3000 人。但英国立即表示 3000 人的兵力不够，希望日本能派出更多军队。事实上，山县也想多派兵，因为派兵越多，攫取的利权就越多。山县考虑最多可派遣两个师团，但他又担心中了英国的计谋，得罪了俄国。在此时的国际舞台上，列强各怀鬼胎，钩心斗角，彼此之间不断试探，从未真正信任过其他国家。

八国联军侵华与《辛丑条约》

日本决定继续观察。7 月 2 日，山县召开内阁会议，讨论增

1　彼得 · 霍普柯克著，张望、岸青译：《大博弈：英俄帝国中亚争霸战》，中国青年出版社，2016 年。

兵与否。伊藤态度慎重，反对大规模增兵。次日，英国再次来电敦促增兵。日本于是询问列强是否反对日本增兵。得知列强均无异议后，日本立即派出大军。[1]

就这样，到了7月6日，山县内阁增派了18艘军舰和第五师团的2.2万人。因此，在进攻北京的八国联军之中，日军数量最多。其次是俄军，共有10艘军舰和1.2万人。不过，这仅指进攻北京的俄军，正在“满洲”烧杀抢掠的10多万俄军并未计入其中。8月14日，八国联军攻占北京，慈禧太后仓皇逃往西安。逃离北京前，她任命李鸿章为钦差大臣，负责与八国联军谈判。1901年9月，清政府与列强签订《辛丑条约》。

《辛丑条约》的屈辱内容影响深远。该条约规定，清政府赔偿列强4.5亿两白银，相当于让4.5亿中国人每人赔偿一两。列强的分赃情况是，俄1.3亿、德0.9亿、法0.7亿、英0.5亿、日0.34亿、美0.32亿、意0.26亿，比、奥（匈）、荷、西、葡等共得0.15亿。清政府无法筹集这笔巨款，只能分期付款。年息4厘，39年付清，本息合计达到了9.8亿两白银。列强还获得了在北京、天津和山海关附近驻兵的权力，导致京师门户洞开。而驻扎在京津一带的2000余名日军，正是1937年7月7日挑起卢沟桥事变的那支日军的前身。而且，《辛丑条约》也没有解决俄国占领“满洲”的问题。此后，日本和俄国围绕“满洲”展开激烈争夺，最终引发了1904年的日俄战争。

1 佐々木雄一：《帝国日本の外交 1894—1922》，第2章第4节。

日本试图占领福建

八国联军侵华的两大主力是俄国与日本。俄国在北方大肆扩张之时，日本也准备在南方下手。

八国联军攻占北京后，清朝有土崩瓦解之势，山县于是提出“北守南进”的外交策略。所谓“北守”，是指在北方守住在朝鲜的权益，避免与俄国正面冲突。所谓“南进”，是指如果列强瓜分中国，那么日本要在列强势力薄弱的南方，割占一块领土。[1]基于该外交政策，日本计划趁机吞并福建，并以之为据点向浙江和江西扩张。

1900 年 8 月，日本军部蓄意在福建厦门挑起事端，自导自演了一场日本寺庙被焚毁的事件。日本以此为借口，出兵占领厦门。不过，英、美、德国对日军提出警告。此时的日本重视与列强协调，尤其重视英国的意见，于是撤回军队，暂缓“南进”。[2]

日本之所以特别重视英国的态度，是因为英日拥有共同的敌人——俄国。俄军占领“满洲”后，日本感到非常紧张。“满洲”毗邻朝鲜半岛，而朝鲜半岛靠近日本列岛。盘踞在“满洲”的 10 万俄军，随时可以南下，威胁日本本土。日本需要帮手以对抗俄国，而英国此时也在远东物色帮手。双方一拍即合，于 1902 年成立日英同盟。

日英同盟从 1902 年缔结至 1923 年废止，前后维持了 20 年。这 20 年的同盟关系对于日本的大国崛起至关重要。无论是 1904

1　信夫清三郎编，天津社会科学院日本问题研究所译：《日本外交史》，第 317—318 页。

2　佐々木雄一：《帝国日本の外交　1894—1922》，104—105 頁。

年的日俄战争、1910年的吞并韩国、1915年的对华“二十一条”，还是1919年的巴黎和会，均与之关系密切。那么，这个同盟是如何建立的?

日英同盟的成立

1901年4月，日本驻英公使收到一条重要情报：由于担忧俄国在远东的扩张，德国主张英、德、日三国结盟，以维持东亚势力的均衡。在德国的提议下，英国和德国已开始磋商。[1]内阁收到驻英公使的报告后如获至宝。英国是世界第一强国，拥有最强大的舰队。而且自拿破仑战争以来的百年间，英国一直奉行“光荣孤立”的外交政策，从未与他国结盟。现在竟然透露出与日本结盟的意向，着实让日本感到惊喜。

英国之所以有意与日本结盟，首先是因为它在亚洲的利益面临俄国南下的威胁。英国拥有印度这块最重要的殖民地，在中国也有很深的利害关系，尽管英国海军强大，但一旦远东局势不稳，海军无法及时赶来。此外，英国此时正在南非与荷兰殖民者的后代争夺黄金和钻石(布尔战争)，无暇顾及东方。而且，在远东地区，英国能找到的最佳帮手只有日本。法国不行，因为俄法之间有同盟；德国也不行，尽管德国一开始态度积极，但由于它在亚洲的利益薄弱，所以很快退出谈判（也有人认为，德国积极推动日英同盟，正是为了遏制俄法同盟、激化日俄矛盾，以坐收渔翁之利）[2]；美国

1　佐々木雄一：《帝国日本の外交　1894—1922》，125—126頁。

2　植田捷雄：《日英同盟——その成立過程と意義》，《一橋論叢》57（3），1967年。

也不行，因为它奉行“孤立主义”的外交政策，一向不参与欧洲的外交事务；只有日本有意愿和能力对抗俄国。[1]

尽管日本内阁结盟的意愿强烈，但具体推进过程却非常慎重。由于国际社会上的情报真假难辨，外交上的合纵连横千变万化，日本不知是英国真心要结盟，还是想要激化俄日矛盾。内阁命令驻英公使反复打探英方的意图，然后通过一次次谈判推进同盟条约的签订。

伊藤博文的“神助攻”

日英同盟的最终成立有些戏剧性，因为真正促成结盟的，反倒是最不主张结盟的伊藤博文。

伊藤一贯主张日俄协商，反对对俄强硬。他担心，日英一旦结盟，将导致日俄间的军事冲突。但随着1901年下半年伊藤第四次内阁倒台，日俄协商的外交路线出现调整。继任首相桂太郎、外相小村寿太郎、元老山县有朋以及陆海军首脑都对日英同盟态度积极。桂太郎内阁决定，要将外交路线的重点从日俄协商转变为日英同盟。

日本准备与英国结盟的消息让伊藤放心不下。1901年9月，他以个人身份出访海外。名义上是旅行和疗养，实际上是刺探俄国的意向，寻求日俄妥协的可能性。日本政府此时正加速与英国谈判，以尽快签约。为了防止伊藤搅局，外务省特派驻英公使林

1　信夫清三郎编，天津社会科学院日本问题研究所译：《日本外交史》，第320—322页。

董前往巴黎拦截。林董告诉伊藤，英国已拿出了同盟条约的草案，事已至此，日本政府不能收手。桂太郎也电告伊藤，日英同盟势在必得，日俄谈判只能做做样子。在政府的压力下，伊藤被迫放弃了与俄国妥协的计划。[1]

11 月底，伊藤抵达圣彼得堡，相继会见了沙皇尼古拉二世、俄国外交大臣和财务大臣。这些会面都属私人性质，伊藤没有公职，自然也没代表官方做任何承诺，但伊藤访问圣彼得堡对英国是一个刺激。这让英国政府以为，如果不尽快与日本签约，日本或将倒向俄国。由此，英国加快谈判速度。1902 年 1 月，双方正式签约。

《日英同盟条约》规定，英国支持日本在朝鲜的特殊权益，如果两国中的一方与其他国家发生战争，另一方应严守中立，并且防止第三国参战。但如有第三国参战，那么另一方也有义务参战。同盟条约还包括秘密条款，其中约定两国海军将协同行动，以保持在远东海域的优势地位。

十 日俄开战

俄国占领“满洲”后，便一直以撤兵为交换条件，要求清政府出让“满洲”利权。在日本和英国的支持下，清政府顽强抵抗，一再拒绝俄国的要求。日英同盟成立后，俄国开始寻求妥协方案。围绕“满洲”和朝鲜问题，日俄展开多轮谈判。但谈判最终失败，日俄战争爆发。

---

1 和田春树著，易爱华、张剑译：《日俄战争：起源和开战》上卷，第 463—464 页。

俄军撤离

1902年1月，日英结盟的消息公布后，俄国顿感不妙。7年前，俄国曾与法德联手，迫使日本归还辽东，可如今轮到日本与英国联手要求俄国撤出“满洲”。《日英同盟》签订2个月后，俄国表示将从“满洲”撤兵。4月，俄国与清政府签订了《撤兵协议》。俄国承诺，10万大军将分3批从南到北撤出“满洲”，每6个月撤走一批，18个月后全部撤离。条约签订后，俄国履行了第一个阶段的撤兵计划。[1]

这样一来，东北亚局势有所缓和。日本希望通过和谈解决“满洲”和朝鲜问题，俄国的主和派也希望和谈以避免武装冲突。尽管双方都有意和谈，但各自的目标差异明显。日本希望一揽子解决“满洲”和朝鲜的问题，俄国则主张要把“满洲”和朝鲜分割开来。在朝鲜问题上，俄国可以作出让步，但在“满洲”问题上，俄国拒绝妥协。

这种目标上的差距，源于双方实力的不对等。在朝鲜，日本和俄国各自拥有势力范围。在“满洲”，俄国有10万大军，而日本没有一兵一卒。在朝鲜问题上，日本必须与俄国磋商，但在“满洲”问题上，俄国没必要与日本交涉。[2]

俄军拒绝继续撤离

俄国本应在1903年4月前撤出第二批军队，但此时却改变了

1　信夫清三郎编，天津社会科学院日本问题研究所译:《日本外交史》，325—326页。
2　佐々木雄一:《帝国日本の外交　1894—1922》，136頁。

主意。这是由于撤兵开始后，俄国发现日美向清政府提出在“满洲”开港和开市的要求。由于不具有经济优势，俄国难以与日美进行商业竞争。俄国担心一旦撤离，“满洲”将逐步沦为日美的势力范围。因此，俄国决心以政治和军事手段，弥补经济竞争力上的劣势。

因此，俄国的远东政策从“和平渗透”变为了“武力压服”，主张和谈的财政大臣维特下台，新任远东总督准备用武力恐吓中国和日本，以攫取更多的利权。[1] 为防止日美势力进入“满洲”，俄军又重新占领了奉天和营口，还将军队推进至鸭绿江畔，以构筑对抗日本的“防波堤”。[2]

由于俄军拒绝撤离，日本的一些政治家、知识分子、社会团体和新闻报纸纷纷呼吁对俄强硬。此时有户水宽人等七位博士上书首相，要求不惜一战将俄军逐出“满洲”。他们担心，俄国在朝鲜已与日本平分秋色，一旦占据“满洲”，将很快南下吞并朝鲜，并对日本的国家安全造成直接威胁。因此，有必要趁着俄军立足未稳，以强硬手段迫使他们离开。[3]

主权线与利益线

日本如此忌惮在“满洲”的俄军，与其国家安全理念的两个核心概念密切相关：主权线和利益线。

日本是个岛国，国土狭长，缺乏战略纵深，如果敌军登陆突

---

1 信夫清三郎编，天津社会科学院日本问题研究所译:《日本外交史》，第 327—328 页。

2 苏俄国家中央档案馆编，吉林省哲学社会科学研究所翻译组译：《日俄战争：库罗巴特金、利涅维奇日记日记摘编》，商务印书馆，1976 年，第 17—30 页。和田春树著，易爱华、张剑译：《日俄战争：起源和开战》下卷，第 533—534 页。

3 和田春树著，易爱华、张剑译：《日俄战争：起源和开战》下卷，第 578—579 页。

破了第一道防线，那么就难以组织反击。因此，为保卫日本本土，必须在国土周边建立据点。山县有朋在1890年发表的《外交政略论》中提到，“国家独立自卫之途有二，一曰防守主权线，不容他人侵害；二曰保护利益线，不失形胜地位。何谓主权线，国家之疆土是也；何谓利益线，与我主权线安全紧密相关之区域是也”[1]。也就是说，为维护领土安全，日本不仅需要保卫主权线，还必须保护在朝鲜的利益线。

按照这“两条线”的战略方针，日本积极向朝鲜和中国扩张。日本在甲午战争后开始控制朝鲜，但外交上的失误导致朝鲜倒向俄国。俄国此时不仅扩大了在朝鲜的势力，还强行租借了旅顺和大连，并且利用八国联军侵华的时机占据了“满洲”。俄国以数十万大军将西伯利亚、“满洲”和朝鲜半岛连成一体，与日本列岛隔海相望。在俄国的军事压力下，日本感到不仅利益线被突破，就连主权线都受到威胁。

在这种情形下，日本朝野上下的态度强硬起来，不惜一战，也要阻止俄国占领“满洲”。

日俄军事力量对比

1903年2月，两国军方都开始制订作战计划，并进行沙盘推演。

俄国人口是日本的三倍有余（1.4亿对4400万），可以动员的兵力是日本的两倍有余。[2]但俄军的弱点在于兵力分布不均衡，其

1　大山梓編：《山県有朋意見書》，原書房，1966年，196—200頁。
2　横手慎二著，吉辰译：《日俄战争：20世纪第一场大国间战争》，第35页。

主力部队部署在欧洲，如向远东运兵，必须依赖西伯利亚铁路。而西伯利亚铁路此时尚未竣工，且是单轨运输，运力有限。考虑到后方补给（包括兵员、枪支弹药和军需品），日本参谋本部估计俄军在远东最多可以部署 30 万人。日军与俄军相比，即使不占优势，至少也是势均力敌。[1]

在海军方面，据 1903 年 9 月 26 日《东京朝日新闻》报道，俄国太平洋舰队拥有 16 艘战舰，包括 9 艘排水量在 1 万至 1.2 万吨之间的主力舰，大部分是舰龄超过 10 年的旧舰。日本海军则拥有 17 艘战舰，其中主力舰 12 艘，包括 6 艘排水量高达 1.5 万吨的战列舰，以及 6 艘排水量略小于 1 万吨的巡洋舰，其中多是新型舰船。[2]

日本海军的规模更大、舰船更新、航速更快、火力更强。俄国太平洋舰队实力稍逊，且分散在海参崴和旅顺两地，容易被逐一击破。波罗的海舰队又远在欧洲，无法立即赶来增援。俄国新建的几艘战舰还未下水，西伯利亚铁路尚未竣工。考虑到这些情况，俄国军方计划在 1905 年准备充分后开战。[3]可日本才不愿坐失良机。

最后的谈判

至 1903 年，日本的对俄方针基本明确：以备战为主，和谈为

---

1 藤原彰著，张冬译：《日本军事史》，解放军出版社，2015 年，第 78 页。不过，随着战争的进行，俄国千方百计提高西伯利亚铁路的输送能力，将越来越多的俄军输送到前线，形成对日军的兵力优势。

2 和田春树著，易爱华、张剑译：《日俄战争：起源和开战》下卷，第 665—667 页。

3 同上，第 505—510 页。

辅。而俄国政府却优柔寡断，既想要避免战争，又没有和平的决心。俄国宫廷的权力斗争错综复杂，政府的远东政策飘忽不定。直至1903年9、10月间，双方谈判仍未取得任何进展。日本军部异常焦躁，认为俄国正采用拖延战术，以消耗日军的优势。

为此，日本在随后的谈判中要价很高：在朝鲜边境设置军事缓冲区；俄国承认朝鲜是日本的保护国；保障日本在“满洲”的商业利益等。日本之所以如此强硬，正是为了促使谈判破裂。而谈判一旦破裂，日军可以立即发起进攻。

俄国政府未料到日本的开战决心如此之大，他们以为谈判仍有希望，或至少能争取多一点的备战时间。1903年12月，日本终于收到俄国的答复。俄国尽管作出让步，仍然坚持将中立区设在北纬39度以北的朝鲜。此时，参谋本部敦促政府尽快开战，以免贻误战机。

开战

1904年2月3日，首相和外相向明治天皇汇报了对俄开战的准备和计划，并提请召开御前会议。次日召开的御前会议上，全场一致通过对俄开战决议。会议结束后，明治天皇含着眼泪对侍从讲：“朕不愿打这场战争，但事已至此，又能怎样呢？万一输了，朕要如何面对皇祖皇宗和臣民呢？”为了抒发此时的忧郁心情，明治天皇写下了著名和歌：“四海之内皆兄弟，何以风波乱世间。”之前提过这首和歌，昭和天皇在日美开战前也念过一遍。

尽管明治天皇对开战犹豫不决，但元老、内阁和军部决意开战，民间的开战论调也很高涨，他没有办法反对。与日本天皇相比，俄国沙皇非常不同。俄国没有内阁，沙皇是最高领导者，行使一切大权。不过，2 月 3 日这天，沙皇还在剧院欣赏柴可夫斯基的芭蕾舞剧《睡美人》呢。[1]

2 月 6 日，日本通知俄国中止谈判，断绝两国关系。两天后，日军在仁川登陆，并偷袭了旅顺港的俄国舰队。10 日，日本正式对俄宣战。俄国被打了个措手不及，沙皇震惊不已：战争尚未准备好就打响了。

日本的战略目标明确，首先偷袭旅顺港以夺取制海权。此时的俄国太平洋舰队兵分旅顺和海参崴两地。日本海军的计划是先消灭旅顺舰队，然后再解决海参崴舰队。

偷袭旅顺舰队

1904 年 2 月 8 日，日本联合舰队发动夜袭，重创旅顺舰队的两艘战列舰和一艘巡洋舰。次日上午 11 点半，联合舰队司令东乡平八郎升起标语旗帜：“皇国兴废，在此一战；全体将士，奋力杀敌。”

旅顺舰队尽管遭到偷袭，但实力尚存，随时都可出击。但因敌强我弱，旅顺舰队选择固守港内，等待增援。日军将计就计，尝试炸沉旧舰船以堵塞港口。但旅顺港港阔水深，无法堵塞。封锁作战失败后，日军便在港口密布水雷。作为反制，俄军也在港外布雷。

4 月中旬，联合舰队的水雷炸沉了旅顺舰队的旗舰，并炸死了他们的司令官。不过，到了 5 月 15 日，旅顺舰队的水雷也炸沉

1　和田春树著，易爱华、张剑译：《日俄战争：起源和开战》下卷，第 812 页。

了日本的2艘万吨级战舰。在当时,日本仅有6艘万吨级别的战舰,结果一天之内就损失了2艘。为了不影响士气，军部禁止国内报道这一消息。虽然旅顺舰队被围困，动弹不得，但海参崴舰队还有4艘万吨级的军舰，它们不时出击，屡屡骚扰日军的海上航线。

陆军进攻

海战进行的同时，陆战也在进行。参谋总长山县有朋主持制订的作战计划是:第一军驱逐朝鲜半岛上的俄军,北上进入“满洲”;第二军在辽东半岛登陆,继而在辽阳附近捕捉俄军主力,寻求决战。日军想要速战速决，一举击溃俄军，但事实证明，这仗可不好打。

1904年4月，第一军共3个师团4万余人，由朝鲜半岛北上，在鸭绿江沿岸击败俄军后进入辽东。第二军3个师团在辽东半岛登陆后，又增添2个师团和1个骑兵旅团，以3倍兵力围攻旅顺俄军,并于5月26日攻陷旅顺的南山阵地。第二军此役损失惨重,死伤4300余人，乃木希典的长子也丧命于此。

随后，第一和第二军绕过旅顺要塞，北上追击俄军。由于兵力不足，陆军又组建第三军4个师团和第四军2个师团、1个旅团投入战场。可即便如此，兵力依旧吃紧，大本营因而决定延长兵役年龄，又紧急增设4个师团（第13至第16师团）。由此，日军战前13个师团的编制扩充到了17个。[1]

8月下旬，第一、第二和第四军在辽阳集结，13.5万日军对阵22万俄军，双方展开“辽阳会战”。尽管俄军兵力占优，但因

1　原田敬一:《日清・日露戦争》，210頁。

连战连败，士气低落，又因俄军将领高估了日军兵力而伺机撤退，战况于俄军不利。8 月 28 日，日军发起总攻。9 月 3 日，俄军退至奉天，日军占领辽阳。据日方记载，此役日军死伤 2.3 万人，俄军死伤约 2 万人。[1]10 月上旬，俄军组织反击，但被日军击退，战况胶着。

由于担心留守旅顺要塞和旅顺港的俄军会威胁日军后背，大本营命令乃木希典率第三军围攻旅顺。乃木希望尽快攻陷旅顺，然后北上参加决战，但他碰到的是一块货真价实的“硬骨头”。

十一　第零次世界大战

日俄战争开战后，日军的进展较为顺利。日本海军偷袭了旅顺舰队，一开始就确立了制海权，陆军则以少胜多，13 万日军击败了 22 万俄军。不过日军也有后顾之忧，那就是旅顺要塞和旅顺舰队。

旅顺舰队的末路

对日军来说，如不消灭旅顺舰队，他们就无法放手与俄军决战。但旅顺舰队躲在港口里，不出来迎战，日本海军无计可施。此外，由于陆海军之间存在隔阂，海军不愿向陆军求援。不过，当大本营得知俄国已派出波罗的海舰队赶来增援后，认为事态紧迫，必

1　横手慎二著，吉辰译：《日俄战争：20 世纪第一场大国间战争》，第 89—92 页。

须尽快消灭旅顺舰队。在大本营的授意下，海军于7月向陆军请求协助，要求陆军从陆上配合进攻，以尽快攻陷旅顺。

8月10日早晨，被围困多日的旅顺舰队秘密出港，准备北上突围至海参崴，结果被等候多日的联合舰队发现。旅顺舰队在前逃窜，联合舰队在后追赶。傍晚时分，联合舰队利用航速优势追上了旅顺舰队，发起了炮战，击中了旅顺舰队的旗舰，舰长和舵手当场阵亡。旅顺舰队失去指挥，无法保持战斗队形。这时夜幕降临，旅顺舰队四处逃散。一些舰船逃回旅顺港，其他舰船则逃到了青岛、上海和荷属东印度（今印度尼西亚）。联合舰队赢得海战胜利，并趁机消灭了前来接应的海参崴舰队。

尽管一些俄舰逃回旅顺港，但它们已经丧失作战能力，舰船上的火炮被拆卸下来用于陆上防御。但日军并不了解这一内情，继续猛攻旅顺港，势必要让旅顺舰队葬身海底。[1]

旅顺要塞的血战

在陆上，旅顺要塞也在进行激烈的攻防战。旅顺要塞拥有完整坚固的近代化工事，这让日军吃尽苦头。俄国租借旅顺之后，利用旅顺群山环抱的地形特点，沿山修筑混凝土堡垒、永久炮台以及四通八达的堑壕、地道和铁丝网。驻守于此的俄军装备了数百门各种型号的榴弹炮、马克沁机枪、手榴弹和无线电设备。依靠强大的防御工事，俄军构筑了机枪和炮兵阵地，给以人海战术突击的日军造成了巨大伤亡。

---

1 横手慎二著，吉辰译：《日俄战争：20世纪第一场大国间战争》，第99—100页。

乃木希典指挥第三军发起了三次总攻，历时4个月，伤亡近3万人，但仍未攻克旅顺要塞。11月，大本营预测波罗的海舰队将于2个月后抵达战场，为了让联合舰队腾出手来准备迎战，大本营要求第三军尽快攻陷旅顺要塞，或者至少先用重炮从陆上摧毁旅顺舰队，以免联合舰队遭到夹击。

在此情形下，第三军改变策略，主攻能够俯瞰旅顺港的203高地。经过一周血战，日军终于攻占203高地。据日方统计，这个标高只有200米的山头，让日军付出了5000人战死的惨重代价，其中包括乃木希典的次子。

日军在203高地部署重炮，居高临下地炮击旅顺港内的残余俄舰，将它们逐一击沉。次年1月，旅顺要塞的俄军投降，旅顺要塞战结束。据日方统计，第三军投入兵力13万人，其中1.5万人阵亡，4.3万人负伤，还有约3万人因病减员，战损率超过60%。乃木希典的两个儿子全部战死。8年后，乃木切腹自杀，为刚刚去世的明治天皇殉葬，同时也为旅顺战役的指挥不力赎罪。

奉天会战

攻克旅顺要塞后，联合舰队回到九州佐世保基地休整，强化针对波罗的海舰队的训练。在陆军方面，乃木希典的第三军终于腾出手来，北上参加奉天会战。

奉天即今日之沈阳，25万日军在此与30万俄军对垒。1905年3月，日军发动进攻，试图围歼俄军主力，但因兵力不占优，未能成功。俄军尽管处于守势，但依靠西伯利亚铁路可以源源不断地增兵。不过，在日军成功迂回至俄军背后，并开始威胁哈尔滨至奉天间的铁路线之后，俄军出现动摇。由于担心后援被切断，落入包围圈，俄军总司令下令全线撤退，日军占领奉天。根据日方记载，此役日军伤亡7万人，俄军伤亡约9万人。[1]

日军尽管占据优势，却始终无法捕捉俄军主力。而且，日军此时已经精疲力竭，兵力、弹药供给和军费支出都已达到极限，无法发动新的攻势。日本政府请求美国出面调停，与俄国和谈，但沙皇拒绝了这一提议。由于俄军主力仍在，沙皇幻想着波罗的海舰队的到来将扭转战局。

波罗的海舰队的覆亡

可是，仓促成军的波罗的海舰队，根本不是严阵以待的联合舰队的对手。这支临时拼凑起来的舰队有38艘军舰和1万多名船员，尽管规模不小，但是舰船有大有小、有新有旧、有快有慢，军官素质不高，很多水兵没受过正规训练。

波罗的海舰队于1904年10月起航，从波罗的海出发，经德意志海、北海和大西洋，浩浩荡荡开往太平洋，最初的目的地是旅顺，中途得知旅顺陷落后，改为了海参崴。当时，巴拿马运河尚未建成，苏伊士运河又窄又浅，大型军舰无法通过，只好绕道非洲好望角。通过好望角后，舰队疲惫不堪，在马达加斯加休整。

1905年3月，波罗的海舰队继续起航，穿越印度洋，经马六甲海峡，前往法属印度支那的金兰湾。对俄国人来说，这是一条无比糟糕的航线。在漫长的海上航行中，补给困难，士气低落，

1　横手慎二著，吉辰译：《日俄战争：20世纪第一场大国间战争》，第120—124页。

连船只的维修都成了问题。在法属印度支那金兰湾短暂休整后，波罗的海舰队继续向北航行。

离开金兰湾后的俄舰行踪，对于准备截击的联合舰队来说至关重要。此时，军事间谍、三井物产上海分店职员森恪利用精通汉语的优势，伪装成中国船员，在海上航行一周后，终于追踪到了俄舰的动向。森恪判定俄舰最终会驶向对马海峡，于是电告日本军方，为海战胜利做出贡献。这是本书首次提到森恪，他后来成为三井财阀的中国事务专家。辛亥革命期间，他曾为孙中山斡旋借款，条件是革命成功后将“满洲”租让给日本。[1]1918 年，森恪参加政友会，1920 年，当选为国会议员，进而出任外务省政务次官。20 世纪 30 年代前后，他是侵略中国的急先锋，在九一八事变前后扮演过重要角色。[2]

经过 3 万公里和 220 天的航行，历经千辛万苦的波罗的海舰队终于抵达日本海海域。这支舰队在穿越对马海峡时，遭到联合舰队的狙击，全军覆没。俄军战死 5045 人，而日军仅损失了 116 人，这便是著名的“日本海海战”。

日本海海战后，日本再次请求美国斡旋，劝告俄国和谈。日本急于和谈，是因为兵力和财源已经枯竭，无力维持战争。波罗的海舰队的覆没，加上国内局势的不稳，也使得沙皇政府无法拒绝和谈。随后，双方在美国的一个小军港朴次茅斯进行谈判。

1　杨天石著：《孙中山与租让满洲问题》，载《国民党人与前期中华民国》，中国人民大学出版社，2007 年。

2　天津编译中心编：《日本军国主义侵华人物》，中国文史出版社，1994 年，第 199—208 页。

总体战

日俄战争是人类历史上第一场总体战，预示着“一战”和“二战”的残酷，因此也被称为“第零次世界大战”。

在日俄战争中，战争的形态发生了变化。战争不仅是军队之间的较量，还涉及政治、经济、社会、意识形态和文化等各个方面。在以往的战争中，士兵在战场上作战，平民并不参与。但在日俄战争中，平民也被动员起来为战争服务。19 世纪的战争理论大师克劳塞维茨说，战争是政治的工具，为政治目的服务。而“一战”的德国将军鲁登道夫却说，20 世纪以来，政治和战争的性质已经发生变化，政治必须要为战争服务。[1]换句话说，军事成为政治的中心，为了在战场上获胜，军队需要支配和管理国民的生活。

日俄战争历时 19 个月，日军累计动员 100 万人，战死 8.4 万人，负伤 14 万人。[2]军费开支高达 18 亿日元（来自英美金融界的借款高达 8 亿），是 1903 年国家预算（2.5 亿日元）的 7 倍有余。为了维持这场昂贵的战争，政府动员所有国民参与。他们要么作为士兵直接参战，要么作为士兵的亲属留在后方；要么生产和运输军需物资，要么购买战争公债，要么参加各种集会声援战争。此外，藩阀与政党、官僚与议会也实现了妥协，从而构筑了“举国一致”的战时体制。这种调动全国所有人力和物力、整合所有政治力量进行的战争就是总体战。

1　鲁登道夫著，戴耀光译：《总体战》，解放军出版社，1998 年，第 7、11 页。

2　日本防卫厅战史室编，天津市政协编译委员会译：《日本军国主义侵华资料长编（上）大本营陆军部摘译》，第 80 页。

总体战的另一个特征是伤亡人数的急剧增加。随着两次工业革命带来的科技进步，武器的破坏力大大增强。碉堡、战壕、重机枪、大口径火炮、手榴弹、鱼雷和水雷悉数登场，陆海军联合作战，杀伤力惊人。日俄战争持续了一年半，双方的伤亡人数都超过了20万人，这也预示着20世纪战争的血腥和残酷。

《朴次茅斯和约》

日俄代表团在朴次茅斯唇枪舌战了一个多月都无法达成协议，争论焦点在于割地和赔款。俄国代表团出发前，沙皇下过一道死命令：“一个卢布都不赔，一寸土地都不割让。”因此，俄国代表的态度异常坚决，即使谈判破裂也绝不让步。

为协商对策，日本召开有元老出席的秘密会议。会议得出结论：日本已经没有兵力、补给和军费继续作战，谈判必须成功。后来，在美国总统西奥多·罗斯福（“二战”期间美国总统富兰克林·罗斯福的远房堂叔）的调解下，日本和俄国各让一步：日本放弃赔款，俄国割让了南部库页岛。其实日本政府已经电讯代表团，即使放弃割地要求，也要达成和约。俄国竟然同意割地，已经是日方的意外收获。9月1日，双方休战，5日，代表团签订《朴次茅斯和约》。

该条约内容如下：一、俄国承认日本是朝鲜的保护国；二、俄国将大连和旅顺的租借权转让给日本；三、俄国将修建的中东铁路长春至旅顺段（后改称南满铁路）转让给日本；四、俄国将南部库页岛及附近海域割让给日本。此外，日俄还擅自约定了在中东铁路沿线每公里派驻15名士兵的条款。之所以说是擅自约定，因为中国政府从未承认过日俄在东北的驻兵权。[1]南满铁路长约700公里，沿线最多可部署1万余人。这支以保护铁路为名驻扎的日本军队，后来演变为挑起九一八事变的关东军。

《朴次茅斯和约》是赤裸裸的帝国主义交易，日本和俄国交战，竟然拿中国的港口、城市和利权作为谈判的筹码。在帝国主义时代，弱国无外交，对于日俄之间的交易，清政府根本就是无能为力。

影响

这场战争获胜后，日本再次扩张了领土和势力范围。甲午战前，日本领土是37万平方公里。甲午战后，通过割占中国台湾岛和澎湖列岛，日本增加了十分之一的领土和近300万的人口。《辛丑条约》签订后，日本获得在北京的驻兵权。日俄战争之后，通过吞并南部库页岛，又增加了十分之一的领土。同时，日本还获得了旅顺、大连以及南满铁路的租借权。日本以港口和铁路为据点进行殖民扩张，蚕食中国东北的各项权益，而且还加快了吞并朝鲜的进程。

日俄战争还提高了日本的国际地位。战争之前，日本和欧美各国之间不被允许互派大使，只允许交换公使。在以欧洲为中心构建的国际社会中，日本尚处于二等国的地位。战争获胜后，日本的驻外公使馆被升级为大使馆，日本开始在国际社会中被视为一等国。美术家冈仓天心曾感叹道：当日本沉浸于优雅和平的技艺时，欧美列强一贯视日本为蛮夷之邦，直到日本在“满洲”战

1　加藤陽子：《満州事変から日中戦争へ》，岩波新書，2007年，146—148頁。

场上杀害了无数生灵后，才改口称日本是文明国家。[1]

此外，击败强大的俄国军队，是日军自创建以来最辉煌的战绩。为了纪念日俄战争的胜利，海军将日本海海战获胜的 5 月 27 日定为海军纪念日，陆军则将奉天入城的 3 月 10 日定为陆军纪念日。日俄战争给了日军信心，也给了他们挑战世界的狂妄。“二战”末期，美国曾派出 300 架 B29 轰炸机轰炸东京，一夜之间将其化为焦土，令 10 万人葬身火海。而美军选择轰炸东京的日期，正是 3 月 10 日。

日俄战争对俄国的影响同样深远。俄国作为传统的欧陆强国，在优势兵力下竟被东亚小国日本击败，俄国人的自尊心受创，沙皇的统治权威也遭到质疑。日俄战争期间，俄国爆发了一连串的反政府示威活动。1905 年 1 月，俄国军警在圣彼得堡屠杀游行群众一千余人，制造了“血腥星期日事件”。该事件导致了一系列的总罢工、示威和农民暴动。6 月 14 日，黑海舰队战舰“波将金”号上发生叛变，俄国的局势急转直下。[2]

战争失败后，俄国在远东的扩张势头受挫，于是集中精力向欧洲发展。俄国与法国和英国结盟，并最终卷入了第一次世界大战。“一战”进一步加剧了沙皇俄国的危机，从而引发了 1917 年的二月革命和十月革命。其后，以列宁为首的苏维埃俄国政府成立。日俄战争是 1905 年俄国反政府运动的直接原因，而 1905 年的反政府运动又是 1917 年十月革命的先声。[3]就此而言，尽管日本击

1 冈仓天心著，谷意译：《茶之书》，五南文库，2009 年，第 32 页。

2 不容忽视的是，这些反政府运动的背后，都有日本军事间谍的身影若隐若现。参见前坂俊之：《明石元二郎大佐》，新人物往来社，2011 年。

3 列宁著：《关于 1905 年革命的报告》，《列宁全集》第 23 卷，人民出版社，1958 年。

败了沙皇俄国，加速了它的灭亡，却为自己树立了一个更加强大的对手——苏联。

“满洲”门户开放问题

日俄停战时，俄军和日军分别占据北满和南满，据《朴次茅斯和约》规定，双方军队应于条约生效后 18 个月内撤离。也就是说，1907 年 4 月之前，日军应该从南满全部撤离。但从战争结束至 1906 年春，日军对南满实行军事管制，禁止他国商人进入“满洲”。这一做法让美国人和英国人很是恼火，因为日军的做法违反了“门户开放”原则。[1]

什么叫“门户开放”？前文提过，1898 年，列强掀起了瓜分中国的狂潮，纷纷划定势力范围，只有美国和西班牙未参与其中。1898 年正值美西战争的高潮，两国为争夺殖民地大打出手。1899 年战争结束，美国姗姗来迟，提出了在华“门户开放”宣言。

该宣言的要点有二：一、各国在华商业机会均等，利益均沾，不得在势力范围内设置贸易壁垒，不得对他国商品实行差别待遇；二、各国要保障中国的主权和领土完整。美国提出这一宣言，一是为了促使列强在华势力均衡，防止任何一方独霸中国，二是为了确保中国市场的统一和安定。在“门户开放”的原则下，各国必须放弃军事手段，只能以经济手段在中国展开竞争。美国认为，凭借着其强大经济实力，它可以占领世界上最大的

1　信夫清三郎编，天津社会科学院日本问题研究所译：《日本外交史》，第 345—346 页。

潜在市场。

英国与日本结盟，并提供借款，是为了阻止俄国吞并“满洲”；美国积极斡旋日俄和谈，是为了在“满洲”实现“门户开放”；日本对俄国开战，也是打着维护中国领土完整和“门户开放”原则的旗号。可是在俄国人被赶走后，日本人又显露出霸占“满洲”的野心。英国和美国三番五次提出抗议，甚至警告称：俄国想要独占“满洲”的前车之鉴，日本已经忘了吗？[1]

1906年1月7日，第一次西园寺公望内阁成立。西园寺内阁成立后，立即着手处理开放“满洲”的问题。外相致函陆相，要求就该问题进行协商，但陆军根本不予理会。外相别无他法，只能请元老们出面调解。2月，伊藤博文召集元老和政府高级官员，就此事进行磋商。山县有朋、大山岩、井上馨等元老，首相、外相和陆军参谋总长悉数到场。但是，参谋总长在会上坚决反对“门户开放”，不同意英美商人在日军撤离前进入“满洲”。外相劝说无效，只得向首相递交了辞呈。在英美外交部的反复抗议下，外务省承受了巨大的压力，但陆军却丝毫不为所动。

日军最终撤离

5月，在伊藤的要求下，政府再次召开会议，继续讨论“门户开放”的问题。该问题事关最高国策，元老、首相、陆相、海相、藏相、外相、参谋总长、陆军大将和海军大将等悉数出席。

参谋总长儿玉源太郎在会上表示，陆军希望扩大在“满洲”

1 外務省編：《日本外交年表竝主要文書》（上），原書房，1965年，259—261頁。

的权益，如有可能，夺得对“满洲”的统治权。他说，从“经营满洲的立场来看，旅顺和大连应由日本独占，而不能像汉口和上海那样由列强共管。为实现这一目标，日本最好在满洲设置一个政府派出机构，将整个满洲的主权委交给该机构的长官，由他处理一切事务”。[1]

针对陆军的观点，伊藤慷慨陈词地进行反驳。他说：“依我所见，陆军方面对于日本在满洲的地位有所误解。日本在满洲的权益仅限于《朴次茅斯和约》规定的内容，即旅顺、大连的租借权以及南满铁路的权益。战争期间，一些人吵着要‘经营满洲’。今天，一些官员和商人仍在吵着要‘管理满洲’。但是，满洲绝非我国领土，而纯粹是中国领土。我们没有对他国领土行使主权的道理。”[2] 尽管陆军桀骜跋扈，不把首相和外相放在眼里，但对于伊藤还是有所忌惮。此外，陆军大佬山县有朋也表态支持伊藤，这才使得陆军同意撤销军管，允许英美商人进入“满洲”。9月，日本在“满洲”撤销军管，设置关东州，11月，设置南满洲铁道株式会社（即“满铁”）。

伊藤的考量和事件的影响

伊藤极力抑制日军吞并“满洲”的欲望，维护中国的主权，尽管值得赞扬，但实际上，与其说伊藤尊重中国的主权，倒不如说他对国家利益的“边界”有着清醒的自觉意识。在国际关系上，保护得到他国恰当理解的国家利益，抑制盲目的扩张冲动，这正

1　外務省百年史編纂委員会編：《外務省の百年》上，原書房，1969年，507頁。
2　同上，507—508頁。

是政治领导者必备的素质。

伊藤认为，如果在“满洲”谋求超出《朴次茅斯和约》的利益，势将破坏日本的国际声誉，进而对日英和日美关系产生不良影响。第一，日本之所以能够战胜俄国，英美对战争经费的支持至关重要，如果俄国卷土重来，日本还需要英美的支持。第二，日本在战时背负了巨额外债，战后必然面临财政危机。如要应对财政危机，就必须维持与英美的良好关系。第三，日本刚刚加入英美主导的世界秩序，为了获得更多的安全和发展空间，必须维护这一秩序。因此，从长远来看，与英美维持良好外交关系，远远超出眼下独占“满洲”的利益。[1]

尽管在伊藤的压制下，陆军最终被驯服，但在此过程中，有两点问题暴露出来。首先，“双重外交”的迹象开始初步显露，即内阁有内阁的外交方针，而陆军有陆军的对外政策。当元老们在世时，他们可以凭借权威来制服陆军。但随着元老们陆续过世，“双重外交”的问题也会越发严重。尤其是到了昭和时代，陆军往往无视内阁的外交方针，自行其是，造成了国家意志的不统一，从而深刻地影响了历史进程。其次，从日俄战争开始，陆军吞并“满洲”的欲望不断膨胀并世代相传。陆军认为，“满洲”是他们浴血奋战夺取的“战利品”，必须留在自己手中。[2] 进入昭和时代后，占领“满蒙”便成了陆军的基本政策，进而导致了 1931 年九一八事变的爆发。

1　外務省編：《日本外交年表竝主要文書》（上），261 頁。

2　日本读卖新闻战争责任检证委员会著，郑钧等译：《检证战争责任：从九一八事变到太平洋战争》，新华出版社，2007 年，第 133 页。

十二　桂园体制的形成

1901年5月，伊藤第四次内阁解散，日本政治进入“桂园时代”。“桂园”是指1901年至1913年的12年间交替执政的两位首相——桂太郎和西园寺公望。这两人相互配合，轮流“坐庄”，一共出任了5届首相。桂园时代的成立，标志着政党与藩阀的斗争告一段落，桂太郎代表的藩阀、官僚和陆军势力，与西园寺公望代表的政党和议会势力建立起了“情投意合”的合作体制。桂园体制是藩阀与政党之间的协调，同时也是“大正民主时代”的前奏。要了解该体制的确立过程，需要从政友会的组建开始讲起。

星亨被刺

伊藤博文数次组阁，但苦于没有自己的政党，在议会屡屡受挫。1900年9月，伊藤终于组建了自己的政党——政友会。政友会成立后的第二个月，山县内阁解散，伊藤以政友会为基础组织了第四次内阁。

伊藤虽是政友会的总裁，但实权却掌握在星亨手中。这首先是因为政友会由伊藤派官僚和旧自由党势力组成，而旧自由党的成员多是星亨的旧部。据统计，政友会成立后在众议院共有152个议席，其中111席来自旧自由党，占比高达73%。[1]其次，伊藤天性淡泊，虽善于与人周旋，却不擅长组织和动员，而星亨有数十年政党运营经验。因此，伊藤委托星亨负责政友会的日常运营。

1　伊藤之雄：《伊藤博文——近代日本を創った男》，440頁。

之前介绍过星亨，他是陆奥宗光的门生、旧自由党的高级干部，担任过众议院议长和驻美公使。大限重信内阁时，他觊觎外相的职位。后因未能如愿，他策划倒阁，将大限赶下了台。后来，他带领自己的部下支持过山县内阁，又因瓜分官职的问题，与山县决裂。1900 年，伊藤组建新党时，星亨便率领手下加入政友会。星亨有魄力和人望，善于组织和动员，多年来靠着“利益诱导”的手法，不断壮大自己党派的势力。

众所周知，在近代国家，公共财政是最庞大的经营投资，对国民经济影响至深。而所谓“利益诱导”，是指利用政府的产业振兴政策，诱使公共财政向本选区倾斜，以换取选票和民众支持的做法。这样一来，政治家以资金换取选票，以选票换取权力，再以权力分配利益。

比方说，政府计划修筑一条铁路，命令官僚和工程师进行规划和设计。由于官僚和工程师是中立的，铁路建在哪里与他们没有利害关系，本着专业精神和荣誉感，他们会综合水文、地理、投入和产出等条件，设计出一条最合理、最经济的路线。然而，星亨却有自己的打算，他要尽一切可能让铁路修在自己的选区。这样既可以取悦当地的选民，又可以促进选举地盘的经济发展，增强支持层的实力。为此，星亨会与内阁进行交易：以在议会中的支持为条件，换取中央政府对本党地盘的公共投资。这种以政治为手段发展经济，然后以经济为手段扩大权力的模式影响深远，开创了大正至昭和时期“金权政治”的先河。[1]

---

1 北原聡：《星亨のインフラストラクチュア構想》，《三田学会雑誌》89（3），1996 年。小牟田哲彦：《鉄道と国家——「我田引鉄」の近現代史》，講談社，2012 年。

星亨处理党务、组织竞选、豢养部下，需要经手大量的政治资金。于是，社会上流传着许多星亨贪污受贿的丑闻。星亨在主政东京市议会时，的确也染指过许多市政工程，尽管星亨坚称自己清白，但还是辞去了东京市议会议员和递相的职务。即便如此，民愤仍无法平息。结果在 1901 年 6 月，星亨被一位要“替天行道”的剑术老师刺杀。星亨尽管有贪污受贿的嫌疑，但他并没有私产，死后只留下 1 万余册的藏书和不少的债务。

原敬出场

星亨死后，原敬接手政友会。原敬与星亨一样，都是陆奥宗光发掘和培养的政治天才。

原敬于 1856 年生于盛冈藩(岩手县盛冈市)。盛冈藩地处东北，地理位置偏僻，因是幕府拥趸，在明治维新后备受冷遇。当时有钱有权之人，几乎都出身萨摩和长州，原敬这样的东北人总被人瞧不起。明治人嘲讽东北“一山百文”，意思是说，东北土地贫瘠、文化落后，一百文就能买一座山。对于这种地域歧视，原敬很不服，索性自号“一山”。

原敬生于高级武士家庭。从出身上讲，他远高于伊藤和山县等人，但因在变革中站错了队，家财尽失，还落了个“朝敌”的罪名。明治维新后，原敬四处辗转，坚持求学，后来进入法国人开办的神学校，以学仆身份学习法语。20 岁时，考入司法省法律学校，3 年后，因参加学生运动被勒令退学。其后当过记者，做过官僚，凭借着出色的法语能力，进入外务省工作，后又转任农商务省。在此期间，他得到时任农商务相陆奥宗光的赏识和提拔。

此后，原敬追随陆奥左右，出任过外务省次官和驻朝公使。1897 年，陆奥去世，原敬辞官。1900 年 9 月，政友会成立时，原敬应伊藤博文邀请就任事务局局长，随后入阁担任递相。星亨被刺之后，原敬就成了政友会实际上的领导人，时年 44 岁。

伊藤第四次内阁只维持了半年多，又面临增税问题。增税法案尽管在众议院获得通过，却遭到贵族院的阻击。控制贵族院的藩阀势力不愿见到政友会的壮大，于是处处使绊子。尽管在天皇的干预下，贵族院放过了伊藤，但阁内又出现意见分歧，政友会内部也有混乱。伊藤难以约束部下，精疲力竭，于是再次请辞。

桂太郎上台

此时，各位元老年岁见长，体力和精力有所不济，难以承担首相重任。他们反复讨论了一个月，依然找不到合适的首相人选。最后，山县有朋推荐桂太郎组阁（第一次桂内阁，1901 年 6 月—1906 年 1 月）。

桂太郎是山县的“左右手”，长州人，陆军军人。他生于 1848 年，在戊辰战争中立过战功。维新后，他自费前往德国留学三年半，学习军事，回国后成为军政官僚。他曾历任驻德武官、参谋本部局长、陆军省总务局局长和次官等职。甲午战争中，他率领第三师团入侵辽东，因战功晋升为大将。1898 年，从伊藤博文第三次内阁起，他连续担任过 4 届陆相，时年 54 岁。[1]

---

1 千葉功：《桂太郎——外に帝国主義、内に立憲主義》，中公新書，2012 年，第 1、2 章。

1901 年 6 月，桂太郎接任首相时，舆论普遍不看好他。在时人眼中，桂太郎内阁充其量是个“二流内阁”。这届内阁中既没有元老，也没有政党政治家，主要成员是山县阀的官僚，因此被叫作“小山县内阁”。尽管舆论不看好这届内阁，但结果证明桂太郎做得不错。他笼络元老、操纵政党、缔结日英同盟、扩充军备，并赢得了日俄战争。其后，他又两次出任首相，总任期长达 8 年。在很长一段时间里，他都是日本史上任期最长的首相，直至 2019 年 11 月被安倍晋三所取代。

桂太郎难题

桂太郎上台后面临两个课题：一是与政友会合作，在众议院通过预算案；二是削弱政友会，使伊藤博文与政友会脱离关系。

桂太郎内阁扎根于官僚系统和贵族院，在众议院势单力薄时，桂太郎必须与政友会合作，才能维持政权。此时正值日俄战争前夕，桂太郎想要增税以扩充海军，于是去找伊藤商议，请求政友会的协助。双方约定：不增税，但可以发行公债。在此约定下，伊藤授意政友会支持内阁，桂太郎勉强过关。[1] 不过，政友会的成员多是民权健将，他们喜欢自由讨论和民主决策，不喜欢伊藤“说一不二”的总裁专制。[2] 因此，一些党员对伊藤心怀不满，希望他赶紧让位。[3]

与此同时，桂太郎也希望伊藤与政友会尽早脱离关系。他向

1　升味准之辅著，董果良等译：《日本政治史（1—4 卷）》，第 324—326 页。
2　同上，第 321 页。
3　同上，第 328 页。

山县表示，伊藤统领政友会，是对自己的巨大威胁。山县向来厌恶政党，而伊藤作为首席元老，竟然担任议会第一大党的总裁，令他无法忍受。山县和桂太郎密谋为伊藤找份“新工作”，迫使他脱离政友会。

于是，山县上奏明治天皇，要求任命伊藤为枢密院议长。枢密院是直属天皇的咨询机构，负责审议宪法、紧急敕令和对外条约。议会通过的法案和决议，也必须交由其审议同意。因直属天皇，枢密院必须不偏不党，议长自然不能有政党色彩。伊藤一旦出任枢密院议长，也就意味着与政友会断绝关系。对于这一任命，伊藤很犹豫。不过，既然天皇下了命令，伊藤只得照办。伊藤离开政友会，标示着元老们全部退居二线，从权力的直接掌握者变成了权威。

西园寺公望出场

伊藤卸任后，西园寺公望继任政友会总裁，此人便是“桂园”的“园”。

西园寺公望原姓德大寺，2 岁时过继到了西园寺家。不管是德大寺还是西园寺，他们都是京都公家。所谓公家，与武家相对。一个是公卿贵族之家，一个是武士之家。在德川时代，武家的领袖是将军，公家的核心是天皇。西园寺家七八百年间世代侍奉天皇，是数一数二的贵族之家。

明治维新时，西园寺立过军功。22 岁时他前往法国留学，在巴黎一住就是 10 年。西园寺聪明有才干，而且出身高贵，深受伊藤博文的赏识。他在伊藤内阁中历任要职，也协助伊藤组建了政友会。西园寺不仅出身高贵，而且有钱。他有个富豪弟弟，名叫德大寺友纯，是住友财阀家的女婿。由于住友家缺少男性继承人，所以友纯入赘后便成了第15代家主——住友友纯。这兄弟二人一个在官界，一个在财界，呼风唤雨，相得益彰。但西园寺生性散漫，缺乏韧劲和热情，喜好游山玩水。政友会的工作，主要还是由原敬负责。

伊藤和山县等人退居幕后之后，接替他们的便是桂太郎、西园寺公望和原敬。在接下来的十多年间，他们主导了日本政局的走向。

日比谷事件

桂园体制的形成，与日俄战争关系密切。如前所述，日俄战争之前，政党和藩阀一直分分合合，冲突不断。但战争爆发后，双方立即休战，政党和议会全力支持内阁，构筑起了“举国一致”的战时体制。此外，在政府的诱导下，新闻报纸吹嘘日军骁勇善战，赞颂日军的无畏牺牲，民间团体也以各种方式支援战争。这些活动刺激了国内民族主义的高涨。

不过，政府对于民族主义的煽动向来是一把双刃剑。因为民族主义尽管可以激发国民对国家的归属感和认同感，但随之产生的对国家的责任感和荣誉感，也可能转化成对政府的不满情绪。战争结束后，如何收拾在战争期间泛滥的民族主义热情，便成了桂太郎内阁的一项艰巨课题。

在议和阶段，民众强烈要求俄国多割地、多赔款，以弥补战时的牺牲。例如，东京大学教授户水宽人提出，俄国应赔款30亿日元并割让贝加尔湖以东70万平方公里土地的议和条件。由于这个条件太过离奇，时人戏称他为“贝加尔博士”。然而，前面提过，俄国代表在谈判桌上的态度异常坚决，即使谈判破裂也绝不割地赔款。

一方面是国内要求割地赔款的狂热舆论，另一方面是俄方绝不割地赔款的坚决态度，桂太郎内阁在这双重压力下举步维艰。为达成协议，他们最终不得不放弃赔款要求。尽管如此，《朴次茅斯和约》还是让日本得到了近半个库页岛（南半部及其附近岛屿）、旅顺、大连和南满铁路，但日本国民依然不满足。对于十年前甲午战争后从中国获得的巨额收益，他们仍然记忆犹新。在付出了六倍伤亡[1]和约八倍军费后[2]，日本国民无法接受没有一分钱赔款的现实。最终，民间的不满情绪演化为大规模的反政府骚乱。

1905年9月5日，数万民众聚集在日比谷公园，举行反对媾和条约的示威。内务大臣事先命令警察封锁公园，但愤怒的民众破门而入。在议员河野广中等人的煽动下，民众与警察和宪兵爆发冲突。结果，示威变成了骚乱，并从日比谷公园蔓延至整个东京。示威民众接连袭击了内相官邸、外务省、警视厅、政府御用报社和教堂。入夜后，民众又开始纵火焚烧有轨电车和派出所，东京顿时沦为无政府状态。桂太郎内阁请求天皇颁布戒严令，并委托军部镇压。17人在骚乱中丧生，500余人负伤。这便是历史上的“日

1　甲午战争的阵亡人数是1.4万，而日俄战争的阵亡人数是8.4万，后者是前者的六倍。参见加藤阳子著，章霖译：《日本人为何选择了战争》，浙江人民出版社，2019年，第141页。

2　甲午战争持续10个月，每月军费平均支出为2334万日元。日俄战争持续19个月，每月军费平均支出高达9612万日元。总量上，后者是前者的近八倍。参见岡義武：《明治政治史》（下），232頁。

比谷事件”。

遍布日比谷公园的示威标语，如“十万碧血如何”“风萧萧兮易水寒”“呜呼大屈让”“吾有斩奸剑”[1]，似乎是爱国精神和民族主义高涨的有力证明。然而，这种民族主义是非常偏狭和不健康的。首先，只有那些由政府组织和引导的民族主义运动才被允许，这反映了日本民族主义的“官办性格”。其次，按照丸山真男的讲法，民族主义应该是自由主义的孪生兄弟[2]，因为民族主义不仅要求国家主权的完整和统一，而且要求国民（针对内外权威）的独立和解放。只有那些将公民的爱国心与国民主权原理结合起来的人，才是真正的现代民族主义者。不过，日本的民族主义长期以来与国民主权和自由主义相分离，反过来又经常以国家统一的名义牵制国民独立和解放的课题，并与帝国主义紧密勾结在了一起。[3]

桂原密约

其实，早在日比谷事件爆发半年前，桂太郎已经预见到民众的不满，并着手谋求应对之策。

1905 年 3 月的奉天会战之后，日本的兵力和财力已经耗尽，无力发动新攻势。4 月，桂太郎秘密会晤原敬，寻求收拾战局的对策。原敬说：“这场战争持续无益，应尽快收拾战局。不过，由于牺牲太大，无论缔结什么样的和约，民众都会不满。如果内阁不与政友会联手，政友会只能支持民众的呼声。”桂太郎回答说：“我

1　王芸生著：《六十年来中国与日本》第四卷，第 206 页。
2　丸山眞男：《丸山眞男集》第三卷，74 頁。
3　丸山真男著，陈力卫译：《现代政治的思想与行动》，第 157—160、295—296 页。

可以想见国民的强烈不满，不过，我已将生死置之度外。我辞职之后，一定推举西园寺公望为继任首相。”言下之意，桂太郎愿意与政友会结盟，以换取支持。8月，日俄代表团在朴次茅斯谈判之际，桂太郎与原敬进一步约定，无论谈判的最终结果如何，政友会都将支持现内阁渡过难关。作为交换，桂太郎辞职后，要推荐西园寺为继任首相。[1]

这便是著名的“原敬与桂太郎密约”，记载在《原敬日记》中，当时只有极少数人知晓，甚至瞒过了山县有朋。后来密约曝光，山县大发雷霆，认为桂太郎背叛了他。桂太郎一边道歉一边辩称，并非将政权“禅让”给了政友会，只是“禅让”给了西园寺而已。[2] 9月，在日本举国反对《朴次茅斯和约》之时，政友会表态支持桂太郎，让他平安着陆。12月，桂太郎宣布内阁总辞职，然后按照密约，指定政友会总裁西园寺为继任首相。

1906年1月7日，以政友会为班底的第一次西园寺内阁成立（至1908年7月）。这也标志着藩阀和政党、山县阀和政友会联合执政体制的确立。藩阀和政党经过几十年的对抗，至此进入到“情投意合”的妥协期。需要留意的是，桂园体制不仅是政党政治的努力成果，其实也是日俄战争的副产品。为了处理战后遗留问题，并做好与俄国再战的准备，日本需要整合各种政治力量以继续构筑“举国一致”体制。在这种情况下，桂园体制应运而生。

---

1 关于原敬与桂太郎的几次秘密会晤，参见松岡八郎：《第一次桂内閣と立憲政友会》，《東洋法学》10（3），1967年。

2 伊藤之雄：《山県有朋——愚直な権力者の生涯》，文芸春秋，2009年，354頁。

十三　“一等国”的诞生：日韩合并

幕末以来，日本深受不平等条约的束缚。经过多年努力，日本终于在 1911 年废除了所有不平等条约。但是，日本追求本国独立自主的同时，却又不断蚕食中国和韩国的主权。这一节介绍“日韩合并”的历史。

日本的强盗逻辑

1895 年，日本公使主导了“闵妃杀害事件”。次年，高宗躲进了俄国使馆。高宗在俄国使馆躲了一年多后，返回王宫。为了修复受损的王权，高宗于 1897 年 10 月正式称帝，并改国号为“大韩”。闵妃和大院君死后，他成了唯一的主权者，为了挽回国家命运的颓势，他曾经推行改革和新政，但终归于失败。

日俄战争爆发前夕，韩国宣布局外中立，但日本却强行以“保护韩国”为名对俄国宣战。战争爆发后，日军在韩国各地展开行动，并迫使韩国签署《日韩议定书》（1904 年 2 月 23 日）。该条约规定：日本有权保护韩国的独立及领土完整，并有权征用土地建造军事设施和运输线。由此，韩国成了日本对俄作战的大后方。5 月底，日本内阁确定了吞并韩国的初步方针，即在政治、军事上获得保护权，并在经济上扩张利权。[1]

日本为何如此执着地要“保护”韩国？其理由是：韩国与日本唇亡齿寒，绝不允许他国染指；又因韩国无力维护自身的独立

1　赵景达著，李濯凡译：《近代朝鲜与日本》，第 174—175 页。

和秩序，日本“不得已”才要将其保护起来。按照日本的说辞，无论是甲午战争还是日俄战争，都是为了保卫韩国的独立，进而保护日本的国家安全才发动的防御性战争。[1]这种唯我独尊的说辞既荒谬又无耻。“因为需要，所以要拿”的思维方式，正是日本对外侵略时一以贯之的强盗逻辑。而且，这个逻辑可以不停地延展，既推动了日本帝国的不断扩张，也导致了它的最终灭亡。

起初，为确保本土安全，日本要控制朝鲜，于是发动了甲午战争。为确保朝鲜的安全，又发动了日俄战争。吞并朝鲜后，日本继续向“满蒙”扩张，发动了九一八事变。为了扶植伪满洲国，日本需要控制华北，于是挑起了七七事变。再后来，为了朝鲜、伪满洲国和中国占领区的安全，日本计划入侵外蒙古和西伯利亚。在诺门罕惨败后，日本北上势头受挫，不得不掉头南下。到最后，为了确保其本土、殖民地及占领区的安全，日本就不仅需要东南亚的资源，还需要确保其在太平洋的霸权。

但是，每一场战争都在为下一场战争铺路，每一次成功都让人渴求更大的成功。日本对领土贪得无厌，既是由于欲壑难填，也是因为如果不能继续扩张，之前侵占的领土也将无法维持。[2]因此，日本以“保卫国家安全”为名，与韩国人交战、与中国人交战、与俄国人交战、与英国人交战、与美国人交战，在残害了国内外数以千万计的宝贵生命后，最终战败投降。之前一次次吞并的海外领土，也都如数奉还。按这种逻辑推演下去，日本除非占领全世界，否则永远不会感到安全。

---

1 佐々木雄一：《帝国日本の外交 1894—1922》，203 頁。

2 参见霍布斯著，黎思复、黎廷弼译：《利维坦》，商务印书馆，1986 年，第 72 页。

然而，安全只是一个相对的概念，不存在绝对安全。正如人类无法消除生活中的所有病菌和风险一样，国家也无法消除所有的潜在威胁以及对威胁的担忧。古人云：过犹不及。国际政治是多方互动的过程，任何一方过分追求主观上的安全，往往会适得其反。

与列强的利益交换

在奉行丛林法则的帝国主义时代，列强对弱国残酷无情，但列强之间会相互协调，以避免不必要的冲突。为了吞并韩国，日本先后征求了美国、英国和俄国的同意。

1905 年 1 月，《日英同盟》签署已满 3 年，日英双方考虑续约。英国担忧俄国在远东的扩张势头受挫后会转向印度，于是期待日军继续牵制俄军。而日本则担心俄国复仇，期待英国海军的支持。双方各取所需，同年 8 月签署了第二次同盟条约。该条约规定，英国承认韩国是日本的保护国，日本则支持英国对印度的殖民统治（韩国—印度交换）。几乎同时，日美之间也达成协议，日本承认美国对菲律宾的统治；作为交换，美国承认韩国是日本的保护国（韩国—菲律宾交换）。1905 年 9 月，日俄缔结《朴次茅斯和约》后，俄国也承认韩国为日本的保护国。[1]

第一、二次《日韩协约》

获得列强默许后，日本以三次《日韩协约》完成对韩国的吞并。

1　赵景达著，李濯凡译：《近代朝鲜与日本》，第 196 页。

1904年8月签署的《第一次日韩协约》规定：韩国政府要雇佣日本政府推荐的财政顾问和外交顾问（这些人名义上是顾问，实际上是监管者）；韩国在与他国缔结条约前，要事先与日本协商；韩国政府还要任用日本人为警察、军事和交通机构的顾问。此外，日本还利用投资和贷款控制了韩国的金融系统。

1905年4月，奉天会战获胜后，日本内阁立即通过“确立韩国保护权”的决议案，着手剥夺韩国的外交主权。该决议案称：韩国外交是东亚国际形势不稳的祸根，正因韩国三心二意地周旋于中国、日本与俄国之间，才引发了甲午战争和日俄战争。为“保护”韩国，日本必须全面接管韩国的外交，禁止其未经许可与他国缔结条约。

9月，《朴次茅斯和约》签订后，驻韩国的日军增加至2个师团2.3万人，其中4000人部署在汉城。[1]在强大的武力压迫下，11月，日本迫使韩国政府签订《第二次日韩协约》，全面接管韩国的外交主权，并设置“统监府”监管韩国内政，伊藤博文担任初代统监。[2]《第二次日韩协约》签订后，韩国丧失国际身份，所有外交关系都移交至日本外务省，各国外交使团也纷纷从汉城撤离。

海牙密使事件

面对日本的步步蚕食，韩国人民掀起了激烈的反日运动，高宗也不愿坐以待毙。1907年4月，他秘密派出三名代表，携亲笔信前往荷兰，打算利用各国在海牙召开和平会议之机，向列强求援。

---

1 赵景达著，李濯凡译：《近代朝鲜与日本》，第197页。

2 佐々木雄一：《帝国日本の外交 1894—1922》，204—205頁。

6 月 24 日，三位代表抵达海牙后，向各国代表递交“申述书”。他们指责日本的种种不法行径，同时宣称《第二次日韩协约》无效，日本无权剥夺韩国的外交主权。但是，当韩国密使要求与俄、英、美、荷的代表会面时，都被以“韩国无外交权”为由一一拒绝。其实，日本早已通过利益交换与各国打通了关系，列强不愿因此得罪日本。这便是韩国史上的“海牙密使事件”。[1]

得知密使事件后，伊藤博文恼羞成怒。与此同时，他又将其视为一个机会。至此时，日本已掌握韩国的外交权，在内政方面掌握财政、金融、警察和交通等权力，只剩下税权、军事权和裁判权尚未到手。伊藤于是向日本政府建议：趁机全面接管韩国的内政。内阁立即同意了伊藤的建议，并下令由他全权办理。[2]

7 月 3 日，伊藤入宫斥责高宗：“以阴险手段拒绝日本的保护权，不如直接对日宣战更干脆。”[3]6 日，伊藤再次恫吓高宗道：“陛下的行为对日本表示了公然的敌意，违背了《第二次日韩协约》，因此，日本有权对韩国宣战。”[4]伊藤还指使亲日派大臣逼宫，要求高宗引咎退位。在伊藤的高压下，高宗被迫于 7 月 20 日退位，将皇位让与太子。

《第三次日韩协约》

高宗让位三天后，伊藤博文迫使韩国政府缔结《第三次日韩

1　王芸生著：《六十年来中国与日本》第五卷，第 58—59 页。赵景达著，李濯凡译：《近代朝鲜与日本》，第 212—213 页。

2　伊藤之雄：《伊藤博文——近代日本を創った男》，531—531 頁。

3　春畝公追頌会编：《伊藤博文伝》（下），原書房，1970 年，751 頁。

4　信夫清三郎编，天津社会科学院日本问题研究所译：《日本外交史》，第 353 页。

协约》，其主要内容如下：

一、统监府拥有韩国内政指导权，包括制定法令、任免官员、指导行政、雇用外国人的权力；二、韩国政府各部的次官（相当于副部长）均由日本人担任，警务局局长和总税务司也由日本人担任；三、日本人担任各道观察府的书记官、警察部部长，各府郡的主事；四、日本人担任大审院院长和检事总长，控诉院、地方法院也大量聘用日本人；五、解散韩国军队。[1]如此一来，伊藤成了韩国的“太上皇”，掌握所有内政与外交大权，韩国正式沦为日本的殖民地。[2]

即便如此，日本仍不满足。1909 年 4 月，桂太郎向伊藤建议：“在适当的时候，应果断吞并韩国。”一向谨慎的伊藤欣然同意。6 月，伊藤辞去韩国统监一职，就任枢密院议长。7 月 6 日，日本通过内阁决议：找机会果断吞并韩国。[3]10 月，韩国志士安重根刺死了伊藤博文。

伊藤殒命

自从 1878 年大久保利通死后，37 岁的伊藤博文便成了明治政府事实上的最高指导者。他缔造了《明治宪法》、修订了不平等条约、签署了《马关条约》、四次担任首相、担任首代韩国统监，

1　赵景达著，李濯凡译：《近代朝鲜与日本》，第 214 页。李成市、宫嶋博史、糟谷憲一編：《朝鲜史 2 近現代》，山川出版社，2017 年，62—63 頁。高丽大学校韩国史研究室编，孙科志译：《新编韩国史》，山东大学出版社，2010 年，第 226—227 页。

2　信夫清三郎编，天津社会科学院日本问题研究所译：《日本外交史》，第 353 页。

3　佐々木雄一：《帝国日本の外交 1894—1922》，212—213 頁。

还创建了政友会。伊藤有才华、有主见、有领导力。少年时代的导师吉田松阴曾称赞他“质朴无华,有周旋的才能”[1]。在伊藤的一生中，他以坚韧的态度和公正的立场周旋于各种势力、各种意见之间，善于化敌为友，化繁为简。

伊藤早年是攘夷志士，火攻过英国公使馆，刺杀过敌对阵营之人（他或许是日本史上唯一亲手杀过人的首相）。[2]后来，他被派往英国留学，在目睹西方文明后，他立即将攘夷思想抛至九霄云外。他热衷于西方的生活方式，穿西服、抽雪茄、喝葡萄酒，还能讲英语。伊藤的私生活很不检点，从年轻时便流连于花街柳巷，直至晚年都没有改变。别人嘲讽他，他也不以为意，甚至自诩“醉卧窈窕美人膝，醒掌堂堂天下权”。由于观感不好，连明治天皇都劝他收敛。1909 年 10 月，伊藤在哈尔滨火车站被安重根刺杀，他身中三枪后神志依然清醒，问道：“谁开的枪？”得知是韩国人后说了句：“这样啊，混账东西。”半小时后，伊藤殒命。[3]

伊藤是个奇妙而复杂的人。他自幼学习亚洲文化，年轻时经历过西方列强的入侵，内心深处存在某些“亚洲一家”的情结。但与此同时，他又是一个崇拜西方近代文明的政治家和热衷于军事扩张的帝国主义者。伊藤与李鸿章关系良好，他还支持过百日维新，也想协助韩国文明开化，甚至与俄国宫廷的关系都不错。伊藤重视日本在亚洲和国际社会的声誉，反对日军无视国际法则的肆意妄为。但正是在伊藤的指挥下，爆发了甲午战争，也正是在伊藤的主导下，日本吞并了韩国。

---

1 久米正雄著，林其模译：《伊藤博文传》，团结出版社，2003 年，第 35—36 页。
2 泷井一博著，张晓明等译：《伊藤博文》，第 3—4 页。
3 久米正雄著，林其模译：《伊藤博文传》，第 334—336 页。

伊藤一方面想要帮助东亚国家，另一方面又想支配它们，这实际上是战前日本亚洲主义者的共同特征。这些亚洲主义者认为，日本仅仅捍卫本国的独立和自主是不够的,作为“黄种人”的代表，日本还有责任领导东亚抵御“白人世界”的侵略。为了将“东洋”从“西洋”的压迫下解放出来,日本需要帮助中国和韩国推进改革，并建立东亚同盟。这些帮助一开始是援助性的建议，后来则变成了强制性的要求，到最后就变成了武力入侵和直接吞并。在这一切的背后，都隐藏着日本想要成为亚太地区霸主，建立殖民帝国的野心。

日韩合并与“一进会”

伊藤死后，日本加速对韩国的吞并。1910 年 8 月 22 日，日本以重兵围困汉城,迫使韩国签订《日韩合并条约》。该条约规定：“大韩帝国皇帝将有关大韩帝国的一切统治权完全且永久地转让给日本天皇陛下。”[1]

8 月 29 日，“日韩合并”的消息公布后，日本人欣喜若狂，家家户户张灯结彩，山呼万岁。自 1895 年甲午战争获胜以来，经过 15 年的准备，日本终于完成了对韩国的吞并。然而，对外侵略向来是一剂毒药，它不仅会毒害被殖民者，也会毒害殖民者自己。时至今日，日本和韩国之间的种种纠纷，依然根源于“日韩合并”。

在另一方面，韩国人民备受打击，有人以死殉国，有人流亡反抗，更多的人是茫然无措。当然，既然有反日的韩国人，就有

1 赵景达著，李濯凡译 :《近代朝鲜与日本》，第 256—258 页。

亲日的韩国人。此时，最著名的亲日团体是“一进会”，该会在日韩合并过程中扮演了自亡其国的角色。

历史中充满了讽刺。我们或许难以想象，亲日团体一进会其实脱胎于反日团体东学党。甲午战争之后，东学党被日军镇压，转入地下。教主流亡日本后，目睹了日本的近代化成就，于是转向开化主义。1904 年日俄战争爆发后，东学党组织进步会与另一亲日团体合并，成立一进会。一进会成立后，以东学党为基础，在韩国各地迅速扩张。[1]一进会的成员多是贫困农民，干部多是反体制的官员和知识分子。因对传统制度和儒家文化感到绝望，又因周边国际环境险恶，他们认为韩国不可能独力步入文明社会，只有接受日本的援助和保护，才能实现文明开化。

为了制造合并的正当性，日本政府操纵一进会向韩国政府请愿，要求“日韩合邦”。一进会尽管亲日，但不见得赞成日本吞并韩国，他们希望日韩能够“对等合邦”，组织一个奥匈帝国式的联合王国。一进会原以为日本意在“合邦”[2]，于是积极响应。但《日韩合并条约》公布后，一进会目瞪口呆地发现：韩国亡国了。日本利用完一进会后马上勒令其解散，并发放遣散费 15 万日元。一进会共有 10 万名会员，每人平均分得 1.5 日元。直至今日，一进会的干部仍被韩国政府认定为卖国贼，他们的财产被没收，子孙后代也抬不起头来。

吞并韩国后，日本又增加了三分之二的国土和近两千万人口，加上在甲午战争中吞并的中国台湾岛和在日俄战争中割占的南部库页岛，日本在短短 15 年内将领土扩张了一倍。此外，日本还占

1　赵景达著，李濯凡译：《近代朝鲜与日本》，第 183 页。

2　升味准之辅著，董果良等译：《日本政治史（1—4 卷）》，第 411—412 页。

据着旅顺和大连，在“满洲”拥有经济优势，在北京有驻兵。此时的日本变得更像一个帝国了，而明治时代也来到了它的终点。

十四　明治的落幕与大正的开场

日韩合并后，明治时代也步入尾声，但有一位重要人物尚未出场，此人便是明治天皇。

明治天皇与“机要六条”

1868 年，幕府政权瓦解后，明治天皇名义上成为日本的最高统治者。然而，15 岁的天皇没有任何政治能力，拥有实权的是曾经的倒幕派、现在的维新元勋。明治天皇的主要任务是接见外宾、与欧洲皇室交往和巡幸各地。他以此展示自己对外是日本主权的代表，对内则是统一政权的象征。

明治政府成立时曾宣布：天皇成年后将亲裁万机。不过天皇成年后，掌握国家实政的仍是公卿和藩阀。30 岁之后，明治天皇一度有过“亲政”的想法。1884 至 1885 年间，明治天皇常常“称病不出宫”，以示对其无法发挥政治影响力的不满。由于许多政治活动需要天皇参加，天皇的“不配合”给国政运营造成了困难。在此期间，伊藤博文向明治天皇反复解释了“君主立宪制”的精髓，并逐渐获得天皇的谅解。1886 年，以与伊藤约定的“机要六条”为标志，明治天皇确立了成为立宪君主的决心，并离开了公开的政治舞台。

“机要六条”的主要内容包括：天皇是否出席内阁会议，以首相的请求为准；天皇垂询政务，要以主管大臣或次官为对象（其目的是排除宫中势力，使权力集中于内阁）；天皇在必要时可以去地方巡幸，并准许内外人士拜谒和陪餐（其必要性由内阁决定）；如国务大臣提出拜谒要求，天皇必须准其拜谒等。[1]

在该约定的束缚下，天皇虽说不是被内阁操纵的牵线木偶，但对内阁的活动要尽力予以配合。

躺赢的“明治大帝”

明治天皇嗜酒，即使晚年患上糖尿病，还是杯不离手。到了后来，天皇的身体非常糟糕，但他仍坚持出席枢密院会议。尽管天皇每会必到，却从不讲话。1912 年 7 月的一天，天皇竟在会上打起了瞌睡。山县有朋见状后，用军刀“咚咚咚”地杵地板，将天皇吵醒。[2] 几天后，天皇吃完饭后又喝了两杯酒，当他准备起身时，“咣”的一声倒在地上。天皇在病床上躺了 10 天后，告别了人世。太子即位，日本进入大正时代。

明治天皇往往被尊称为“明治大帝”（Meiji the Great），但他的一生究竟有什么成就？他没有带兵打过仗，没有主持过政治改革，甚至没有主动做过政治决定。历史上著名的大帝，如亚历山大大帝、君士坦丁大帝、彼得大帝都有丰功伟绩。与他们相比，明治天皇可以说什么都没做。其实，正因明治天皇什么都没做，

---

1 参见坂本一登：《伊藤博文と明治国家形成：「宮中」の制度化と立憲制の導入》，吉川弘文館，1991 年。

2 井上寿一：《山県有朋と明治国家》，NHK 出版，2010 年，153 頁。

他才成为了一代大帝。

明治天皇15岁继位，60岁去世，在位45年。在这45年中，他的主要工作是参加各种典礼和去各地视察。他虽然拥有最高权力，但从未主动使用过。管理国家的是伊藤、山县等元老，他们以辅佐天皇的名义对日本实施集体领导。而明治天皇与其说是权力的行使者，不如说是权威的象征。

之前谈过，《明治宪法》确立了立宪政体，实现了权力的分立，也带来了权力的分散。只有在内阁（政府）、议会（政党）、元老（藩阀）之间出现无法调和的冲突之时——这种状况并不经常发生——天皇才是最高裁决者。因是裁决者，天皇无法主动指导政治运营。

明治天皇的角色

为什么天皇有权力却不行使，仅满足于作为“权威”存在呢？正如之前所说，战前的天皇制存在立宪君主和绝对君主的“双重性格”。而这“双重性格”的形成原因在于，明治国家的缔造者们想要同时解决两个课题。

一是利用天皇的权威来扫荡大大小小的割据势力。明治维新之前，日本有260多个藩国，就有260多个割据政权。只有消灭这种分裂割据的局面，日本才能建立中央集权国家。为了达到这一目的，他们需要树立天皇的绝对权威。但国家的统一只是第一步，为了使日本在世界上崛起，他们还要推进富国强兵、文明开化和殖产兴业。为实现这些目的，日本就要引入西欧的立宪制度、政党制度、议会制度和法律体系。要实行近代的民主制度，自然又需要限制天皇的独裁权力。

伊藤等人为解决这双重的课题，便设计出一种既尊崇皇权又限制皇权的制度。在这种制度安排下，天皇不需要出色的执政能力，只需要保持权威即可。无论是怎样的问题，元老们制订出相关方案后，天皇只管同意就行（当然，元老们也不会公然违背天皇的意愿）。明治天皇不直接参与政治运营，但这些行动都以他的名义进行。在政府不断地塑造和宣传之下，明治天皇化身为日本的主权象征，化身为历史、文化与传统精神的象征，化身为统揽大权的“神圣君王”，化身为国民的“完美的父亲”。由此，明治天皇具备了无与伦比的“卡里斯玛”（即指超凡魅力）性格，尽管他几乎什么都没有做。在国力蒸蒸向上的烘托下，更在甲午战争和日俄战争的胜利下，一切的成就和荣耀都归给了天皇。“统而不治”的天皇成为统合国民的“机轴”，也就成了“明治大帝”。

八八舰队与二十五师团

明治天皇去世后，日本进入大正时代。大正时代被称为“民主化时代”，但这一时代实际上是由军备扩张开启的。

日俄战争后，日军占领区扩大到南部库页岛、辽东半岛和朝鲜半岛。由于防线扩张，军部在山县有朋的授意下，制定《帝国国防方针》（1907 年 4 月），决定继续扩军。此时，海军的首要假想敌从俄国变成了美国，战略目标变为“南进”。因为俄国舰队被消灭后，太平洋上最强大的海军只剩下日军和美军。日本渴望获得西太平洋的制海权，控制这一地区的贸易和航运。不过，与美军相比，日本海军尚处于劣势。日本海军高层研究后认为，日军必须保有美军 70%的战力才可与之对抗。

为何是70%？日本国力薄弱，海军不可能横跨太平洋进攻美国，其主要任务在于近海防御。一旦日美开战，美国舰队从夏威夷基地开到日本近海的距离为3000海里，每航行1000海里，舰队的战斗力就会因磨损、船底污泥、士气下降而减少10%。当它抵达日本近海时，战斗力只剩70%。因此，日本舰队必须保有美国舰队70%的战斗力，才能在决战时与之势均力敌。根据这一战略方针，海军制订“八八舰队计划”，即新建8艘2万吨级别的战列舰和8艘1.8万吨级别的新型巡洋舰。[1]

与海军不同，陆军的首要假想敌国仍是俄国，战略目标还是“北进”。在日俄战场上，日军尽管占据上风，但由于兵力和弹药不足，无法捕捉俄军主力。日俄战争后，俄国在远东囤积重兵，并提升了西伯利亚铁路的运力。为了防备俄军的复仇，陆军计划将当时17个师团的常备军扩充至25个师团。一旦发生战争，增调预备役入伍，可立即扩充至50个师团。一个师团的常备兵力约为1万人，战时编制可达2万余人，50个师团的总兵力将超过100万人。[2]

帷幄上奏

陆海军都要扩军，双方统一步伐，在山县有朋的推动下，陆海军首脑绕过首相、内阁和议会，进行秘密磋商。双方商定，海军建设“八八舰队”，陆军扩军至25个师团，海军不扯陆军后腿，

1　麻田贞雄著，朱任东译：《从马汉到珍珠港：日本海军与美国》，新华出版社，2015年，第58—60页。

2　歴史学研究会編：《日本史史料4 近代卷》，岩波書店，1997年，274—275頁。另可参考《山縣有朋意見書》，原書房，1966年，277—290頁。

陆军也不找海军的麻烦。双方达成一致后，将扩军计划上奏给了天皇。该计划得到天皇的批准，又经元帅府（直属天皇的最高军事辅佐机关，由元帅组成）审议后，最终确定下来。直到这时，陆海军才把扩军方案拿给首相看，说："我们要增设师团和建造军舰，天皇已经同意了，你拿钱吧。"[1]

之前介绍过，军部在作战用兵上拥有独立权限，他们制订国防计划无须征求文官政府的意见。这种绕开内阁和议会，直接征求天皇同意的做法叫作"帷幄上奏"，是军部三大特权之一。特别是在日俄战争后，陆海军单独商议制订国防计划，获得天皇裁可之后再告知首相的做法，成了一种惯例。

但在这时，政府面临严重的财政困难。在日俄战争中，为筹集战争经费，日本欠下了巨额外债，又未获得任何赔款。据统计，日俄战争爆发前，日本的国债总额为5.3亿日元，战争结束后猛增至19.6亿。其中外债从0.97亿增至9.7亿，激增至10倍。战后经济低迷，外贸不振、赤字严重，政府财政苦不堪言。[2]

内债还好说，可以多印纸币，以通货膨胀来应付。但外债需要用外汇和黄金储备偿还，则不得不健全财政。此时陆海军狮子大开口，使西园寺内阁十分为难。经过讨价还价，也是在桂太郎等人的调解下，陆海军同意分阶段扩军。陆军同意先增设2个师团，等到财政状况好转后，再增设余下的师团。海军则同意将建造3艘战列舰和4艘巡洋舰的计划，改成先建1艘战列舰和1艘巡洋舰。[3]

1　关于《帝国国防方针》的制定过程，可参考纐纈厚著，顾令仪译：《田中义一：日本总体战体制的始作俑者》，社会科学文献出版社，2016年，第55—58页。

2　岡義武：《明治政治史（下）》，264—265頁。

3　平野龍二：《第一次西園寺内閣の国防政策——軍備拡張の抑制と積極的外交政策》，《法学研究》92(1)，2019年。

即便如此，军事负担依然沉重。据统计，在1910年的年度预算中，军事开支占32.5%，公债开支占30.2%，两者之和超过6成。1911年，未清偿的国债总额高达25.5亿日元，年利息高达1.4亿。[1]可是陆海军才不管财政问题，他们不达成扩军目的，便不会善罢甘休。

陆军倒阁

1911年8月，第二次西园寺内阁成立（至1912年12月）。这届内阁将整理财政、减轻债务列为主要施政方针。然而，陆海军却无视内阁方针，继续要求扩军。海军提出7年3.5亿日元的预算要求，在藏相的抵制下，被削减到7年8000万。为了与海军攀比，陆军要求7年5000万的预算，用以增设两个师团，但被内阁拒绝。[2]

1912年，新任陆相上原勇作上台，继续要求增设两个师团。他的扩军理由是：一、合并韩国后，防线扩大；二、俄国在远东囤积重兵，扩建西伯利亚铁路，有必要防范俄军的复仇；三、辛亥革命发生后，中国出现新形势。[3]

考虑到财政拮据，西园寺难以满足增师要求。为了疏通与陆军的关系，他多次与山县有朋和桂太郎协商。山县说：“内阁财政紧张，我也能理解。但扩军是既定方针，如果陆军能够自己筹到

---

1 由井正臣：《二個師団増設問題と軍部》，《駒澤史学》（17），1970年。

2 升味准之辅著，董果良等译：《日本政治史（1—4卷）》，第436页。

3 今井清一著，杨孝臣等译：《日本近现代史》第二卷，商务印书馆，1992年，第65页。纐纈厚著，顾令仪译：《田中义一：日本总体战体制的始作俑者》，第138—141页。

钱（比如减少其他开支），内阁应该同意。如果一举增设两个师团困难，可以先增设一个师团或半个师团，总不能让上原大臣空手而归。”[1] 尽管山县的态度和缓，但桂太郎和军务局长田中义一却蠢蠢欲动。他们要破坏陆军与内阁的关系，于是唆使上原勇作与陆军中坚力量强推增师方案。面对陆军的无理要求，西园寺内阁的态度也日趋强硬，双方对峙，形势急转直下。[2]

上原勇作见到增师无望，于是动用“帷幄上奏权”，向大正天皇请辞。其实，陆军大可不必如此，事情并非没有转圜余地。陆军之所以与西园寺内阁决裂，是因为在扩军过程中海军更受优待，“陆主海从”的国防政策有可能被翻转为“海主陆从”。为了遏制海军的扩张势头，陆军决定大闹一场。[3] 而且，陆军还认为政友会有意打压军部，试图一举奠定政党内阁的基础。[4] 此外，已经两度组阁的桂太郎还想重回首相宝座，他与陆军合谋，策划了这次事件。[5]

上原辞职后，陆相的职位出现空缺。西园寺找人接任，但陆军拒绝推荐人选。内阁凑不齐人选，只能解散。

---

1 伊藤之雄：《山県有朋——愚直な権力者の生涯》，375—376 頁。

2 参见纐缬厚著，顾令仪译：《近代日本政军关系研究——日本发动侵华战争的历史渊源》，第 1 章。

3 信夫清三郎著，周启乾译：《日本政治史》第四卷，上海译文出版社，1988 年，第 91 页。

4 今井清一著，杨孝臣等译：《日本近现代史》第二卷，第 65—66、74 页。纐缬厚著，顾令仪译：《近代日本政军关系研究：日本发动侵华战争的历史渊源》，第 85—86 页。

5 伊藤之雄：《山県有朋——愚直な権力者の生涯》，376—377 頁。

第三次桂太郎内阁

第二次西园寺内阁倒台后，元老们商讨继任首相的人选问题。由于缺钱，难以满足军队的要求，无人愿意接手这个烫手山芋。山县有朋无计可施，不得已把桂太郎找来，让他第三次出面组织内阁（1912 年 12 月—1913 年 2 月）。

之所以说“不得已”，是因山县此时已不再信任桂太郎。桂太郎虽是山县一手提拔起来的，但他在羽翼丰满之后，便不受山县操控了。而且，桂太郎还有仿照伊藤博文创设新党的计划，这使得山县更为不满。但此时的山县别无选择，只得继续推荐桂太郎。[1]

桂太郎一上台就宣布，陆军暂停增设师团，但为了公平起见，对海军的资助也要中止。眼看煮熟的鸭子飞走了，海军极为不满。海相激烈反对，甚至以辞职做威胁。桂太郎见状不妙，于是请天皇出面挽留。与此同时，又拨付了一笔经费给海军，这才平息了此事。[2]

与海军的纠纷平息后，桂太郎与政友会的矛盾又凸显出来。桂太郎和政友会本来关系尚可，但现在双方已经闹翻。桂太郎与陆军倒阁，将西园寺赶下了台，就已经得罪了政友会。为了打破政友会一党独大的态势，桂太郎还要挖政友会的墙脚，以组织自己的政党，这更加激怒了政友会。政友会立即组织反击，以“打破阀族，维护宪政”为口号，发起了打倒桂太郎内阁的运动。

1　伊藤之雄：《山県有朋——愚直な権力者の生涯》，374—376 頁。
2　升味准之辅著，董果良等译：《日本政治史（1—4 卷）》，第 441 页。

大正政变

此次打倒桂太郎内阁的运动声势浩大，除政友会外，还有其他几种力量参与其中：一是工商业者联合会，他们反对扩充军备，要求政府量入为出，并废除营业税；二是政友会的盟友——新闻报社和杂志社；三是被动员起来的国民大众。在这些力量的支持下，政友会在议会提出内阁不信任案，要求弹劾桂太郎。

1913 年 2 月 5 日，尾崎行雄在国会中发表演说，指责桂太郎狐假虎威，利用天皇权威实施专政。“每当他们一开口，就自称忠君和爱国，好像忠君爱国是他们的专属物一样。但看他们的所作所为，只不过是躲在王座后面向政敌打冷枪。难道他们不是以王座为胸甲，以圣旨为子弹，来打败他们的政敌吗？”尾崎的演说精彩生动，很有号召力，而且揭示了一个重要道理：对国家的忠诚并不等于对政府的消极恭顺，“据理力争”往往更能展现国民的责任感和爱国心。

果不其然，桂太郎见势不妙，立即请求大正天皇出面干预。大正天皇与桂太郎私交甚好，于是召见政友会总裁西园寺公望，要求政友会撤回不信任案，并下令议会休会。对于天皇的命令，西园寺不敢不从，只能保证撤回议案。

对于桂太郎的做法，政友会干部感到愤慨。他们认为，箭在弦上不得不发。因此，尽管西园寺向天皇保证撤回议案、议会休会，但第二天，政友会议员还是奔向国会，继续弹劾桂太郎。此时，大批民众包围国会，要求桂太郎下台。东京及其他城市发生暴动，警局、派出所、亲政府报社和桂派议员住宅陆续遭到袭击。在这重重的压力下，成立仅两个月的桂太郎内阁只能黯然宣布解散。[1]

第三次桂内阁垮台后，政友会重掌政权，这便是日本史上的“大正政变”。“大正政变”不仅标志着“桂园体制”的崩溃，也意味着天皇权威的急速下坠。与明治天皇不同，病弱的大正天皇缺少“卡里斯玛”性格，也欠缺政治经验。桂太郎试图利用天皇的权威来驯服议会（在这点上，他似乎在模仿伊藤博文），却惨遭失败。桂太郎的鲁莽既葬送了自己的政治生命，也暴露了大正天皇的无能。由元老、藩阀和官僚主导的政治体制进一步松动，日本开始进入“大正民主化时代”。

1　升味准之辅著，董果良等译：《日本政治史（1—4卷）》，第441—459页。

第二章

大正时代的光与影（1912—1926）

十五　《千本樱》与大正时代

大正时代仅有短短 15 年，却扮演了承前启后的重要角色。大正是对明治的继承和反动，而昭和又是对大正的继承和反动，历史在此形成了螺旋上升的运动。大正时代有四大特征：社会生活上的欧化风格、政治上的民主主义、民众的崛起和社会文化上的自由主义。关于当时的欧化风格，让我们从《千本樱》这首歌说起。

《千本樱》

《千本樱》的旋律轻快，歌词奇妙，深受日本网民喜爱。前几句歌词是这样的："大胆无畏，洋化革命，光明磊落，反战国家，骑着日之丸印的自行车，恶灵退散，ICBM。"这歌词有些不知所云，却能引人遐想。且不管其含义为何，单就表现形式而言，《千本樱》爆红的一个原因是歌词和 MV 中加入了不少"大正浪漫"的元素。而大正时代的浪漫元素，正来自其"大胆无畏，洋化革命"的时代特征。

大正时代是日本自明治维新以来学习欧洲文明的顶峰，在这一期间，出现了政党政治、城市文化和大众消费文化。无论是生活习惯、家居住宅、言谈举止还是衣食住行，大正时代都是日本努力向西方看齐，同时又想融合传统文化与西方文化的阶段。

《千本樱》所展现的正是传统与现代、东方与西方等不同文化要素交融的样态。在配乐上，有日本传统音乐，也有西方近代音乐的元素。在服饰上，MV 中的人物有的穿和服，有的穿西装，有的穿“和洋混杂”的服装：明明穿的是传统的“褶裙”，头上却戴着一顶西洋“制服帽”。在建筑物上，也是既有西式砖瓦洋房，又有日式的石灯笼和神社，以及象征文明开化的路灯、邮箱、咖啡和甜点。所有这些都标示着大正日本在物质和精神上向欧洲文明靠拢，又努力折中东西方文化的时代特征。

政治上的民主主义

上章末尾介绍了大正元年（1912 年）的陆相倒阁事件。陆相倒阁相当于陆军倒阁，而陆军的后台是长州藩。由于此事做得太露骨，引发政友会和民众的极大不满，最终导致了大正政变。

第三次桂太郎内阁倒台后，元老会议推荐萨摩藩出身的海军大将山本权兵卫为继任首相。山本权兵卫势单力薄，在政友会的协助下组织了内阁（1913 年 2 月—1914 年 4 月）。山本内阁之中，除首相、陆海相和外相之外，其余阁僚全部来自政友会。山本内阁看似是萨摩阀内阁，实质上却是政友会内阁。

关于从明治至大正的权力转移过程，我们可以做一个简述。

在明治时代，与其说是天皇掌权，不如说是元老在主导政治。进入大正时代后，由于大正天皇病弱，加上元老们相继去世（桂太郎 1913 年、井上馨 1915 年、大山岩 1916 年、山县有朋 1922 年、松方正义 1924 年），藩阀势力大幅衰退，就变成了既非由天皇亦非由元老，而是逐步由内阁来主导政权。又因政党和议会对内阁的影响逐步增加，后来则完全控制内阁。由此以来，日本便逐步走向政党政治和议会政治。

除了政党的努力外，选举权的不断扩大也是政党政治得以确立的重要原因。1889 年，日本举行首次众议院大选时，仅有 1.14% 的人有选举权。由于选举权与纳税额挂钩，只有那些纳税大户，如大地主和大商人才能投票选举议员。1900 年，选举权有所扩大，也仅有 2.2% 人拥有选举权。1919 年，选民人数增加了一倍，占比 5.5%。随后，在政党和社会力量的推动下，选举权进一步扩大。至 1925 年，日本通过《普通选举法》，凡年满 25 岁的男子均有选举权。

普选权为国民大众参与政治开辟了空间，民主主义由此迅速扩展开来。随之而来的则是大正时代的第三个特征——民众的崛起。

民众的崛起

福泽谕吉曾说："今日进步之世界，人民掌握了思想通达之利器，犹如人类添了羽翼。若把十八世纪之人民比作毛虫，把十九世纪之人民比作蝴蝶，可知以制御毛虫之制度习惯来制御蝴蝶何其难也。"换句话说，如果说 18 世纪以前的人民是"毛毛虫"，那么19世纪的人民在新知识和新技术的武装下，已经进化成了“蝴蝶”。与行动迟缓的“毛毛虫”不同，翩翩飞舞的“蝴蝶”越来越不受政府摆布。随着工业社会的兴起和新式教育的普及，人民在物质上和精神上获得飞跃发展，广大“群众”登上政治舞台已成了必然之势。[1]在日本，民众作为政治势力首次登上历史舞台，发生于1905年日俄和谈期间。

日本在《朴次茅斯和约》中放弃了赔偿，和约公布后，民众甚为不满。他们在东京、横滨、神户、大阪等地制造骚乱，警察在骚乱中拘捕多人。根据警方统计，参加骚乱的主要有两类人：一是城市下层民众，如店员、工人、日薪族、人力车夫、手艺人和城市贫民等；二是城市中小工商业者，如中小工厂主、中小店主、包工头等。前者是后者的雇员，后者是前者的老板。

下层民众对和约不满，一是因为战争期间物价上涨，生活水平下降；二是借机发泄对生活的不满。为了筹措军费，政府一方面大量发行公债，另一方面又增加了地租、营业税和所得税。这三项税收都是直接税，与下层民众关系不大。但直接税增加后，间接税也会随之增加，负担最终会被转嫁到下层民众身上。为了补充财源，政府还对烟草、烧酒、砂糖等消费品进行增税。下层民众多是体力劳动者，他们需要这些消费品来补充能量。在战争期间，为了前线的胜利，他们可以忍受高物价的生活。他们以为击败了俄国就能获得巨额赔偿，生活还会恢复原貌，但战争结束后，日本没有得到赔偿，物价也没有下跌，所以他们倍感失望。

1　参见丸山真男著，区建英译：《福泽谕吉与日本近代化》，北京师范大学出版社，2018年，第62页。

另外，下层民众多是进城务工人员，生活多有困顿，摩登洋气的城市生活可望不可即，因而产生怨愤情结。[1]而且，随着技术和产业的革新，老旧行业不断被淘汰，许多人面临失业危机。下层民众既没有选举权，又没有渠道发声，只能通过打砸抢等极端手段宣泄不满。[2]

参加骚乱的第二类人是城市里的小老板。他们大多事业小成，生活相对富裕，但在战争中负担最重，直接承担了大部分的军费。战争期间，在媒体的宣传下，他们相信日本军队战无不胜，俄国军队不堪一击。他们对战争结果的期望最高，而未获任何赔款的事实让他们非常愤慨。他们认为政府软弱无能，挥霍国家财富却一无所得，于是心怀怨恨。

与下层民众不同，城市小老板有家有业，有一定的社会身份，他们不会上街打砸抢，但可以利用手中的选票影响政治家。他们与记者、律师、地方政治家联合起来，批评政府，要求减税和行政改革。战前工商业阶层对于军事活动的感情复杂，他们既支持日军的海外扩张，又不愿花太多钱供养军队。[3]

1905 年爆发反对日俄和约运动后，又接连发生了“大正政变”（1912—1913 年）和“米骚动”（1918 年）等民众运动。大正时代蓬勃发展的民众运动，令藩阀政府认识到了民众的巨大力量。为了将不断觉醒的民众力量吸纳进政治运营中来，日本政府被迫不断扩大选举权，推动政党政治和议会政治的展开。

1　藤野裕子：《都市と暴動の民衆史——東京 1905—1923 年》，有志舍，2015 年。

2　成田龍一：《大正デモクラシー》，岩波新書，2007 年，6—7 頁。

3　同上，7、9、11—15 頁。

社会文化上的自由主义

最后看第四个特征——社会文化上的自由主义。自明治中后期起，在强势政府的干预下，学问、教育、文艺等领域都开始带有“国家主义”色彩。但至大正时代,则出现了新的社会文化氛围。这些领域开始摆脱政府的掌控而自由发展，并涌现出了诸多倡导自由主义的思想家和学者，如美浓部达吉与吉野作造。[1]

美浓部是东京帝国大学的宪法学教授，他的主要贡献是“天皇机关说”，该学说的主要论点如下。

第一，有国民才有国家，日本这个国家之所以存在，不是为了天皇，而是为了全体国民。国家是全体国民的共同财产，而不是天皇的私有财产。第二，既然国家是全体国民的共同财产，那么统治国家的权力就属于作为“法人”的国家自身，天皇只是行使国家主权的最高机关。第三，虽然天皇是国家的最高机关，但仅凭他一个人无法管理国家，协助天皇管理的是内阁。内阁主导政治运营，天皇对内阁的决议给予裁可。第四，除内阁之外，众议院和政党也扮演重要角色。众议院是负责预算审议和立法的民选机构，没有众议院的协助，任何内阁都无法顺利开展工作。[2]

美浓部的“天皇机关说”影响广泛，不仅统治了宪法学界，还成了大正和昭和初期国家公务员考试的标准答案，进而构成了

1 三谷太一郎 :《大正デモクラシー論——吉野作造の時代》，東京大学出版会，1995 年，1 頁。

2 長尾龍一 :《美濃部達吉——日本憲法学の国家論》，载小松茂夫、田中浩編 :《日本の国家思想 下》，青木書店，1980 年。古川江里子 :《美濃部達吉と吉野作造——大正デモクラシーを導いた帝大教授》，山川出版社，2011 年，36—44 頁。

政党政治与议会政治的理论基础。

与美浓部达吉不同，吉野作造更关心的不是宪法理论，而是政治实践。由于探讨国家主权的来源和归属的问题非常“敏感”，吉野将其束之高阁，而讨论主权如何应用的问题。吉野以“民本主义”而非“民主主义”移译“democracy”，并努力倡导之，这正是为了规避与《明治宪法》的冲突。因为“民主主义”意味着“主权在民”，这在法理上与《明治宪法》规定的“天皇总揽统治权”相抵触。[1] 吉野的“民本主义”要点有二：一，在政策制定过程中，决定权属于人民；二，从实践上来讲，政府要为人民服务。

具体来说，首先，政府的政策制定取决于民众的意愿。明治时代的国家意志往往来自元老、藩阀、官僚、军人和富人，而不是国民大众。吉野认为，政府需要更加尊重国民大众的声音，并利用选举和议会过滤和整合民众的意愿，将其反映为国家意志。其次，政府活动的目的是保障民众权利，为民众谋取福利。政府不应是元老、藩阀、官僚、军人和富人等特权阶级的政府，而应是国民大众的政府。最后，既然是民众的政府，那么民众也应该参与对国家事务的管理和对国家权力的行使。[2]

众所周知，林肯在葛底斯堡演说中提出过“民有、民治、民享”的主张，吉野倡导的“民本主义”与之类似。孙中山非常赞赏吉野作造的“民本主义”，还亲自写过一块“天下为公”的匾额送给了他。

1　参见近代日本思想史研究会著，李民等译：《近代日本思想史》第二卷，商务印书馆，1991 年，第 169—170 页。

2　武田清子：《吉野作造——天皇制下のデモクラシー》，载朝日ジャーナル編：《新版　日本の思想家　中》，1975 年，280 頁。三谷太一郎：《大正デモクラシー論——吉野作造の時代》，東京大学出版会，1995 年，第 5 章。

民主主义的夭折

日本战前的民主主义在大正时代达到顶峰。三浦铁太郎、石桥湛山等知识分子在此期间提出了“小日本主义”和“贸易立国”的口号，试图改变明治以来“军事立国”的发展路线。在国际政治舞台上，日本政府也努力改变其好战的形象，转而树立奉行和平主义、自由主义的国家新形象，如组建国联、加入华盛顿体系、签订裁军条约，并向中国归还青岛和胶济铁路等。

不过，大正民主化进程并未持续很久，到了昭和时代便宣告失败。追根究底，这是因为日本的民主主义先天不足，后天发育不良。大正民主主义未能有效回应国民大众的需求，也未能解决种种社会问题。多数政党政治家软弱无能，面对军部和右翼的进攻节节败退；国民大众也没能形成健全的公民意识，他们将自由理解成了随心所欲，将民主理解成了唯我独尊。

吉野作造喜欢打一个比方。他说，民众和由他们选举产生的议员之间的关系，类似于病人和医生的关系。病人知道自己病了，而医生知道如何医治他。那么，有选举、议会和政党就能解除民众的痛苦。[1]但历史证明，许多议员都是不知民间疾苦、自私自利的“庸医”。国家赋予议员特权和名誉，是希望他们能够尽到为民请命的责任，但这些议员计较个人的利害得失，漠视社会和民众的利益。为了在选举中获胜，他们与财阀勾结，向军部低头。到了昭和时代，在经济危机的冲击和政党腐败的影响下，民众迅速

---

1 吉野作造:《無産政党問題に対する吾人の態度》，载岡義武編:《吉野作造評論集》，岩波書店，1975 年，219 頁。

放弃对民主主义和自由主义的支持，反而支持法西斯主义和国家主义。

此外，大正民主主义就其本质而言，也是“对内的民主主义，对外的帝国主义”[1]。无论是政党还是民众,他们都有根深蒂固的自我中心观念。政党一方面要求国内民主，另一方面又积极要求对外扩张；国民大众也是既要维护自身权益，又要侵害他人和他国的权益。在大正时代，要求对外扩张的声音虽然遭到压制但异常顽固，而要求和平的自由主义声音尽管高亢却一向软弱。随着国内外形势的变迁，帝国主义的主张逐步压倒民主主义的主张，政党政治的和平发展路线只能宣告失败。

大正时代只有短暂的 15 年，处于全力以赴建设新国家的明治时代与激荡的昭和时代之间。大正时代一方面是明治维新以来不断学习欧洲文明的一个顶峰，另一方面又是逐渐怀疑、抛弃欧洲文明，滑向军国主义和法西斯主义的一个开端。日本历史在大正时代开始转折，带来了民主与和平的一丝曙光，但最终却没能成功转型。

十六　辛亥革命与一战的“天佑”

前文介绍了日俄战争的影响，如桂园体制的形成、陆海军的扩军以及大正民主化运动等。事实上，日俄战争的影响不仅限于国内，还波及中国，尤其是推动了清末新政的展开和辛亥革命的爆发。

1　成田龍一：《大正デモクラシー》，32 頁。

留日学生与辛亥革命

对清政府而言，日俄战争是个巨大的冲击。近代以来，黄种人首次战胜白种人的事实，让他们深受震撼也备受鼓舞。日本何以变得如此强大？他们分析后认为：日本是宪政国家，而俄国是专制帝国，立宪政权较专制政权更先进，也更强大。[1]战争一结束，清政府立即派人去日本“考察宪政”，同时派遣大批留学生前去学习军事和科技。据统计，日俄战争前后，留日学生增加百倍，从数百人激增至1.3万人。[2]清政府原本希望这些人能在留学回国后报效清廷，但事与愿违，许多留学生反倒都成了革命党。

考察清末革命党的履历便能发现，他们几乎都曾在日本留过学。这些人在留学期间，深受日本政治、社会、思想和文化的熏陶。一经对比他们就发现，清朝是处处不如人，于是便产生改变体制的觉悟。这些留学生组织各种革命团体，积极策划革命活动。由于他们经常穿着有铜扣的学生制服四处活动，这种日式学生制服，后来竟被称为“革命服”。

北一辉说：“日本人对中国革命之贡献，非在于直接之物质援助，或妓楼置酒而争功者之个人交游；实际乃在于因日本国势兴隆及其思想所促发之中国国家民族主义。以不佞于上海亲见之事实说明之。当时出入于秘密机关者几乎全为留日学生，而参加袭击机器局之大军，其服式俱为结襟金扣。当听闻武汉突变之消息，

---

1 程为坤著：《日俄战争与清末立宪运动》，《清史研究》（第七辑），光明日报出版社，1990年10月。

2 实藤惠秀著，谭汝谦、林启彦译：《中国人留学日本史》，生活·读书·新知三联书店，1983年，第36页。

即马上各自奔赴本省与同志汇合，率先打破各省革命之障碍者，彼于昨日仍为寄宿东京神田公寓而未经告假之士官学校学生，留日学生的制服，甚至被称作革命服。”[1]

1911年10月10日，武昌起义拉开了辛亥革命的序幕，最终推翻了清王朝。中国政治局势的变动，也极大地牵扯了日本的关心。日本政府处心积虑，趁着革命爆发，企图扩张各项权益。

日本的如意算盘

辛亥革命一爆发，日本政府便重新制定了对华方针：“日本在中国无论是政治上还是经济上都有密切的利害关系。因此，日本要在中国维持优势地位，并且趁机解决满洲问题。”这段话讲得冠冕堂皇又欲言又止，但其中有两个要点不难理解：一是确保原有权益，二是继续扩大这些权益。

所谓“在中国的利害关系”，实际上是指通过不平等条约攫取的各种利权，尤其是指南满铁路、旅顺和大连的租借权。日本政府担忧如果中国“改朝换代”，新政府将拒绝承认这些条约。其次，所谓的“解决满洲问题”的潜台词是，中国形势出现动荡，这正是进一步入侵“满洲”的好时机。[2]

尽管方针已经确定，但内阁和陆军在行动中却有分歧。辛亥革命爆发后，中国出现南北对峙的局面，是支持北方的清政府还是拉拢南方的革命党，内阁和陆军的态度并不一致。

1　实藤惠秀著，谭汝谦、林启彦译：《中国人留学日本史》，第350页。

2　佐々木雄一：《帝国日本の外交　1894—1922》，218頁。信夫清三郎编，天津社会科学院日本问题研究所译：《日本外交史》，第365—366页。

割裂中国的阴谋

此时正值第二次西园寺内阁时期。西园寺内阁的对华方针是拉拢清政府，在维持“满洲”现状的基础上谋求更多权益。辛亥革命爆发后，西园寺内阁应清政府请求提供枪支弹药，以镇压革命党。不过为掩人耳目，这批军火是通过民间商会秘密提供的。尽管内阁支持清政府，陆军却押宝于革命党，秘密向南方的革命党提供武器。鹿死谁手尚不得知，日本要脚踩两只船。[1]

陆军支持革命党，并非同情中国的革命事业，而是希望清政府与革命军大打特打。中国的政治局势越乱，日本就越容易获利。参谋本部有位名叫宇都宫太郎的军官，此时便提出了非常露骨的分裂中国方案。

他说：“从日本的立场来看，中国的疆域太大、人口太多，将来可能成为我们子孙后代的隐患。对日本来说，最理想的状态是让它分裂成若干个独立的国家。如果革命发展下去，有希望促使其分裂成一个满族人的国家和一个汉族人的国家。但这个方案实施起来有些困难，因为公然分裂他国，在国际社会上不被允许。所以日本不能明目张胆，表面上仍要维持与清政府的友好关系，帮助清政府镇压革命党。但是在暗地里，日本必须积极向革命党提供援助，增强他们的势力，以便他们能与清政府抗衡。当双方势均力敌时，日本出面调停，让中国一分为二，成立两个国家。然后，日本同时与这两个国家保持特殊关系，使其中之一变成被保护国，另一个变

1 臼井胜美著，陈鹏仁译：《中日关系史（1912—1926）》，水牛出版社，2003年，第3—6页。

成盟国。作为回报，这两个国家会把满洲割让给日本。”[1]

宇都宫太郎代表着陆军的主流意见，但西园寺内阁认为宇都宫太郎的计划过于激进，所以没同意。[2]可尽管这样，陆军仍不顾内阁反对，继续对革命党提供援助。

西园寺内阁最初认为，革命党难成气候，所以选择支持清政府，但随着革命浪潮不断高涨，清政府的统治摇摇欲坠。为了应对新形势，西园寺内阁于11月底制定新方针，敦促清政府和革命党各让一步，既不实施共和政治，也不维持专制制度，而是选择协调二者的君主立宪制度。日本还向英美建议共同干涉中国内政，但被英美以坚持中立为由加以拒绝。[3]

借款还是出兵

陆军对内阁的稳健路线甚为不满，数次要求出兵，以扩大在华利权。山县有朋主张利用中国的乱局，以维护秩序为名向南满派遣一到两个师团，并与俄国一道划分“满蒙”的势力范围。但因西园寺内阁态度消极，西方列强也强烈反对，陆军和山县的计划未能实现。[4]但他们仍不死心，继续采取小动作，如利用“大陆浪人”川岛浪速策动清朝皇族和蒙古王公分裂“满蒙”。这个计划

1　宇都宮太郎関係資料研究会：《日本陸軍とアジア政策 1—陸軍大将宇都宮太郎日記》，岩波書店，2007年，483—484頁。

2　佐々木雄一：《帝国日本の外交　1894—1922》，219—220頁。

3　臼井胜美著，陈鹏仁译：《中日关系史（1912—1926）》，第8—10页。王芸生著：《六十年来中国与日本》第六卷，第1—3页。

4　信夫清三郎编，天津社会科学院日本问题研究所译：《日本外交史》，第371—373页。

失败后，他们于1913年再次策划“满蒙”独立，最后也归于失败。

1912年2月，末代皇帝溥仪退位，清朝灭亡。南方的革命党与北洋军议和，孙中山辞职，袁世凯就任大总统，中华民国北洋政府成立。袁世凯政府成立后面临严重财政危机：军队要发饷，文武百官要发工资，裁遣军队要发放遣散费。日、俄、英、法、德、美于是组成“六国借款团”（美国后退出），提供2500万英镑的贷款，帮助袁世凯政府渡过难关，并换取更多的利权。[1]

其实此时的日本并没有能力借款给中国，他们欠下的外债仍未还完。但为了不落后于其他列强，宁肯自己欠债，也要借钱给中国。[2]在中国历史变革时期，日本是绝不愿袖手旁观的。

二次革命与日本

1913年3月，中国局势又有变动。宋教仁遭人暗杀，国民党人群情激愤，指责袁世凯是幕后黑手。7月，袁世凯罢免江西都督李烈钧，国民党掀起二次革命。孙中山、黄兴等人要求日本政府提供援助，但因顾及与袁世凯和西方列强的关系，日本政府没有同意，但陆军仍然秘密向国民党提供了援助。由于双方实力悬殊，二次革命最终失败。长江上的日本军舰不顾外务省的反对，帮助黄兴从南京逃到上海，然后又将他和孙中山安全护送到了日本。[3]

日军协助孙中山、黄兴等人外逃，引发了北洋政府的极大不满。北洋军的一些将领认为，日本存心在中国捣乱，此时便发生了多

1 臼井胜美著，陈鹏仁译：《中日关系史（1912—1926）》，第28—30页。
2 同上，第32—33页。
3 同上，第40—45页。

起北洋军队殴打和监禁日本军人事件（有日本军人参加了二次革命）。其中，以江苏督军张勋在进攻南京时，手下的乱兵杀害三名日本人的事件最为严重。[1]

张勋军队杀害日本人的消息传回国内后，引发舆论的一片哗然。右翼团体、在野党和陆军纷纷批评内阁的态度软弱，有损国威。由于不满外务省对此事的处理，1913 年 9 月 5 日，发生了右翼青年于光天化日之下刺杀外务省高官阿部守太郎的事件。[2] 行凶者分别是 18 岁和 21 岁的青年，一人随后被捕，另一人端坐于中国地图上切腹自杀。[3] 两天后，右翼团体举行集会，要求政府对中国出兵。

外务省高官被刺后，日本内阁倍感压力。日本公使面见袁世凯，要求赔偿、道歉并解除张勋的职务。袁世凯政府稍做抵抗后，立即应允。外界传闻，如果延迟答复，日本或将提出更大的要求，如将大连和旅顺的租借期限从 25 年延长至 99 年。[4]

近代以来，只要中国发生内乱，日本既支持当权派，又支持革命党。日本处心积虑浑水摸鱼，想方设法要在中国获得好处。二次革命后没多久，第一次世界大战爆发，世界局势发生翻天覆地的大动荡，日本获得继续在中国扩张的“天赐良机”。

日本加入“一战”

“一战”持续了 4 年，由于忙于作战，欧洲列强不得不从东亚

1　臼井胜美著，陈鹏仁译：《中日关系史（1912—1926）》，第 45—47 页。

2　信夫清三郎编，天津社会科学院日本问题研究所译：《日本外交史》，第 382 页。櫻井良樹：《辛亥革命と日本政治の変動》，岩波書店，2009 年，177—232 頁。

3　臼井胜美著，陈鹏仁译：《中日关系史（1912—1926）》，第 47—48 页。

4　同上，第 48—49 页。

抽出手来。对日本而言，这正是向中国扩张和经济大发展的绝佳良机。所以元老井上馨说：“‘一战’的爆发对于日本的国运发展来说，是天佑良机。”

日本向中国扩张的最有效方法是出兵。无论什么地方，一旦被日军占领，那日本就获得与中国交涉的最大筹码。但日本面临师出无名的难题，“一战”在欧洲战场上进行，日本没理由在中国挑起战端。

为了解决这一问题，日本利用了“日英同盟”。英国现已对德国和奥匈帝国宣战，根据《日英同盟》的规定，日本有义务援助英国。在英国的提议下，并经过多轮磋商后，日本着手攻击德国在中国山东的租借地胶州湾。1914 年 8 月 15 日，日本向德国发出最后通牒，声称日本有义务维护东亚和平，要求德军撤出中国，并将其在胶州湾的租借权无条件地转让给日本，以便将来能归还给中国。[1]

事实上，日本何曾考虑过要协助中国收回胶州湾？从一开始，他们就打算抢夺胶州湾后自己占领，或者作为延长旅顺、大连和南满铁路租期的筹码（如不延长，将分别于 10 年和 20 年后归还中国）。“一战”结束后，日本拒绝归还胶州湾，从而引发了“巴黎和会”上的山东问题。

日军占领青岛

日本向德国提出最后通牒，但德国并未理会。8 月 23 日，日

1　臼井胜美著，陈鹏仁译：《中日关系史（1912—1926）》，第 64—66 页。

本对德宣战。袁世凯政府对此无可奈何，只得效仿清政府在日俄战争时的做法，将胶州湾 50 公里内划定为交战区，然后宣布局外中立。

1914 年 9 月 1 日，日军在远离胶州湾的龙口登陆。龙口距离青岛 500 里，远远超出了交战区范围。更奇怪的是，日军登陆后不向德军驻守的青岛进军，反而沿着胶济铁路线向西，先占领了潍县火车站，后又占领了济南火车站。日本军队声称，胶济铁路由德国人出资修建，因而也是德国的军事设施。[1]

这些行动暴露出日本的侵略野心，日军何止是占领青岛，他们想要控制整个山东，将其变成第二个"满洲"。中国外交部提出抗议，但也无济于事。日本外务省也反对陆军的擅自行动，陆军却充耳不闻。日军在山东各地展开军事行动，两个月后攻占了青岛要塞。

除进攻青岛外，日军还攻占了德国在太平洋上的殖民地，即马里亚纳、加罗林与马绍尔三大群岛。这些岛屿分布于从夏威夷、关岛至菲律宾的航路两侧，一旦被建造成军事基地，便会对美国海军构成威胁，这也为以后的日美冲突埋下了隐患。[2]

日本经济的腾飞

日俄战争结束后，日本未获一分钱赔款，还欠下了近 20 亿的巨额债务。在"一战"前夕，由于偿还外债以及陆海军耗巨资从

1　臼井胜美著，陈鹏仁译：《中日关系史（1912—1926）》，第 67—72 页。

2　岡義武：《転換期の大正 1914—1925》，東京大学出版会，1969 年，103 頁。

国外采购军事装备，日本的国际收支持续入超，黄金和外汇储备面临枯竭。

为了赚取外汇，日本政府大力推动生丝和纺织品的出口。“一战”爆发后，日本商品难以运输至欧洲，与此同时，日本从欧洲进口的商品也相应减少。在当时，日本从欧洲进口的主要是重工业产品，如机械、化工原料、化肥、药品、电动机、发电机、变压器以及钢铁制品。由于德国潜艇封锁西欧海岸线，欧洲产品难以运出，日本只能进行仿制。这反倒促进了日本机械工业和化学工业的国产化。“一战”之前，欧洲和美国基本完成第二次工业革命，大量的新科技和新技术应运而生，日本马不停蹄地引进了这些先进技术。现今日本的一些大公司，如日立和东芝，最早都是“进口替代型”企业。[1]

此外，日本的海运业和造船业也有长足发展。在“一战”中，数以千万吨的欧洲商船被潜艇击沉，国际航运费用激增，日本的造船和海运公司大发横财。造船业的繁荣催生出对钢铁的巨大需求，这进一步推动重化学工业的成长。

另一方面，由于向欧洲出口受阻，日本商品转向美国、中国、东南亚和南亚市场。这些市场原被欧洲列强霸占，日本商品难以立足。现如今，欧洲列强将产能转向军需产品，海外市场出现空缺，日本的纺织品和工业制品得以乘虚而入。以中国市场为例，1913年，日中贸易总额占中外贸易总额的19%，至1918年，这一数据攀升至38.7%，高居各国之首。[2]

---

1 中村隆英著，许向东译：《日本经济史6：双重结构》，生活·读书·新知三联书店，1997年，第36—38页。

2 孙建华著：《近代日本在华交易所（1906—1945年）》，社会科学文献出版社，2018年，第108—109页。

由于出口繁荣，顺差扩大，日本积累了大量的外汇和黄金，很快从债务国变成了债权国。据统计，1914 年，日本有外债 19 亿日元，债权（海外投资和外汇储备）8 亿。至 1920 年，外债减少至 16 亿，而债权则激增至 43 亿，盈余高达 27 亿日元。[1]

伴随着经济规模的膨胀，资金需求量增加，货币供应量随之增加。据统计，日本的本位币（黄金和外汇储备）从 1914 年末的 3.4 亿日元，上升到 1920 年末的 21.78 亿日元。纸币发行量也从 1914 年末的 3.86 亿日元，上升至 1919 年末的 15.55 亿日元，增长了约 4 倍。[2]在经济繁荣和货币超发的背景下，许多人利用股票上涨进行套利。由此，主要股价指数迅速飙升，以 1914 年 7 月为基准 100，1918 年 11 月升至 180，1920 年 1 月则攀升至 250。[3]

"大战景气"让日本经济取得了亮眼的成就，但由于是特殊状况下的经济繁荣，其中隐藏着很多泡沫，从而为 20 世纪 30 年代的经济危机埋下了祸根。

十七　"二十一条"与中日关系的转折

这一节先来看"一战"前后日本国内政局的变动，然后介绍日本在 1915 年提出的对华"二十一条"。

1　升味准之辅著，董果良等译：《日本政治史（1—4 卷）》，第 504 页。

2　浜野洁等著，彭曦等译：《日本经济史：1600—2015》，南京大学出版社，2018 年，第 150—151 页。

3　望月和彦：《第一次大戦終結期における金融政策》，《桃山学院大学総合研究所紀要》30 (3)，2005 年。

山本权兵卫

第三次桂太郎内阁倒台后，元老会议推荐萨摩阀的海军大将山本权兵卫为继任首相。

之前提过，在明治时代，长州和萨摩出身的元老们交替执掌中央政权。一开始，萨摩强过长州。明治维新中功劳最大的“维新三杰”之中，西乡隆盛和大久保利通都出身萨摩，而出身长州的只有木户孝允。但随着时间的推移，尤其是在西南战争之后，长州势力兴盛起来。至明治后半段，长州元老掌握中央政权和陆军，萨摩势力主要集中在海军和警察系统。萨摩唯一能与伊藤和山县相抗衡的只有松方正义。松方是财政专家，其影响力在大藏省和日本银行，他曾两次组阁但都不太成功。海军大将山本权兵卫正是萨摩阀着重培养的第二代领袖。

山本权兵卫在日俄战争期间担任海相，其最大的贡献是临阵换帅，提拔东乡平八郎为联合舰队司令。这一任命出人意料，因为东乡此前虽说不是默默无闻，但也没有什么显著的成绩。对于这次任命，明治天皇有点不放心，还特地询问山本缘由。山本回答：东乡此人的运气很好。结果证明山本的眼光不错，在东乡的领导下，日本海军大获全胜。

到了20世纪10年代，从资历、能力、威望和人脉各个方面来看，山本担任首相的机会都已成熟，政友会也支持他，山本因此顺利组阁（1913年2月—1914年4月）。从表面上看，山本内阁是阀族内阁，但实质上已是政党内阁。因为除了首相、外相和陆海相之外，其他的内阁成员都是政友会党员。这也是日本即将形成政党政治的一个重要的信号。

山本内阁与西门子事件

山本内阁成立后完成了三项工作，分别是废除军部大臣现役武官制、修订《文官任用令》和调整陆海军预算。

军部大臣现役武官制确立于1900年，时值山县第二次内阁期间。这一制度规定，军部大臣只能由现役大将或中将担任。1912年底，由于增师未果，陆相辞职，将西园寺公望和政友会赶下台，展示了该规定的威力。这次政友会卷土重来，首先要废除的就是这项规定。

山本内阁的新法案规定，陆海相的任用不仅限于现役大将和中将，也可从已退役的大、中将中遴选，这使得人选范围扩大了不少。在日本近代史上，其实从未有过退役军人充当陆海相的案例。不过，这一改革还是打击了陆军的专权，削弱了山县阀。1936年的二二六兵变之后，日本才恢复了军部大臣现役武官制。

第二次山县有朋内阁还曾修改《文官任用令》，以限制政党政治家转身为高级官僚。与之相对，山本内阁和政友会则再次修改《文官任用令》，放宽对政党政治家成为高级官僚的限制。这条法案被提交至枢密院讨论时，山县有朋企图加以阻挠，但在社会舆论的支持下，这条法案终获通过。

在军事预算方面，山本内阁一方面扩大海军预算，另一方面又压制陆军的要求。要按陆军以往的脾气，他们早就闹起来了。但在最近的大正政变中，元老、长州阀和陆军成了众矢之的，所以他们只能隐忍不发，等待反击的时机。果然没过多久，他们就等来了机会。

1914年1月，媒体曝光了日本海军高官受贿的丑闻——西门子事件。由于列强进行军备竞赛，纷纷花费巨资采购军舰。而日本的海军官员，在采购过程中拿了回扣。海军腐败的消息曝光后，社会舆论一片哗然。民众原本以为陆军肆意妄为，海军恪尽职守，但现在发现海军并没那么好。山本权兵卫首相作为海军的大后台，首先遭到冲击。紧接着，与海军联手的政友会也遭了殃。

长州阀、陆军以及在野党联合起来，一同向山本内阁发难。民众举行集会，包围议会，袭击政友会的总部。这场景如同一年前大正政变的重演，只不过政友会当时是进攻的一方，现在则变成被攻击的一方。不过，政友会的态度强硬，先是凭借着议会的过半席位，否决了在野党的弹劾案，内相原敬又动用警力驱散国会外的示威民众。可尽管如此，众议院通过的预算案在贵族院遭到否决，使山本内阁陷入窘境。山本内阁仅维持了一年多，就因西门子事件和藩阀的反击倒台了。[1]

重出江湖的大隈重信

接下来由谁接任首相呢？元老们一开始推荐贵族院议长德川家达，但德川家达是贵公子出身，不愿意干这等苦差事。元老们于是又推荐长州阀干将清浦奎吾。清浦虽然愿意接任，但却找不到合适的海相人选。这再次反映出长州陆军与萨摩海军之间的深刻对立。

经过考虑，山县有朋和井上馨推荐老牌政治家大隈重信出任首相。之前谈过，1898 年，大隈重信曾与自由党联手组织过内阁，不过因为内讧很快倒台。大隈下台后，由于党势长期不振，他从

1 升味准之辅著，董果良等译 :《日本政治史（1—4 卷）》，第 461—462 页。

政界隐退，到早稻田大学当校长。从 1898 年到 1914 年，大隈已远离权力中心长达 16 年。此时山县和井上请他出山，是为了与他携手打倒政友会。

山县和大隈一定要扳倒政友会，主要有三点原因：首先，由于政友会一再阻挠，增师方案迟迟无法通过，陆军对此极为不满；其次，在政友会主导的大正政变中，元老制度受到质疑，山县阀遭到攻击，山县等人心生怨恨；最后，政友会长期把持议会，其他政党长期受压制，心怀不满。[1] 因此，山县、井上和大隈联合起来，以求打破政友会对议会的长期垄断，将它从头号政党的位置上拉下来。[2]

反政友会势力大集结

大隈第二次组阁（1914 年 4 月—1916 年 10 月）后，在内政方面确立了两大目标：一是击垮政友会，二是通过增设两个师团的预算案。大隈上台后解散了政友会占多数的第 35 次议会，并宣布在 1915 年春季举行大选。

为了打赢这场选战，大隈亲自到各地去拉票。他此时已是 77 岁高龄，且只有一条腿（1889 年，他遭遇右翼的炸弹袭击，被截去了右腿），但仍马不停蹄地乘火车到各地演讲。在一站演讲后，便立即前往下一站。有时甚至不出站，直接在站台上演讲。可即便如此，仍有一些地方无法到达，于是他使用那时刚刚出现的唱

1　伊藤之雄：《山県有朋：愚直な権力者の生涯》，395—396 頁。
2　升味准之辅著，董果良等译：《日本政治史（1—4 卷）》，第 465—466 页。

片机录制演讲唱片，然后四处散发。大隈内阁的各位大臣也分头行动，前往各地拉票。大隈内阁还通过三菱财阀筹措了大笔竞选经费，为胜选准备了充足的政治资金。

进入大正时代后，民众的政治参与热情逐日高涨，选民数量也越来越多。西门子事件后，曾经支持政友会和海军的选民倍感失望，于是投票给大隈以惩罚政友会。大隈是位资深政治家，却又远离权力中心 16 年之久。正因远离权力中心，多年来没有任何污点和丑闻，因而在民众中颇受欢迎。大隈几十年来经营早稻田大学，也培养了一批又一批的早大校友，这些校友在各地组织大隈后援会，动员民众进行投票。

大隈召集旧部，并整合了加藤高明的立宪同志会、尾崎行雄的中正会等在野势力，创建了对抗政友会的统一战线。同时，他还试图分化政友会，如贿赂政友会成员，诱使他们叛变或者造反。后来此事曝光，几乎导致大隈内阁倒台。[1] 在另一方面，由于受西门子事件的影响，此时政友会的声誉不佳，又赶上党内新老交替，总裁西园寺公望辞职退休。结果，政友会在此次选举中大败，丢掉了第一大党的位置。[2]

大隈执政联盟（立宪同志会、无所属团、中正会）在议会中的势力过半，于是顺利通过了陆军增设两个师团的预算案。困扰日本政坛 3 年之久，导致 3 届内阁倒台的增师悬案，就此落下帷幕。

---

1 伊藤之雄：《大隈重信（下）「巨人」が築いたもの》，中央公論新社，2019 年，224—230 頁。岡義武：《転換期の大正 1914—1925》，38—42 頁。

2 玉井清：《第一二回衆議院議員総選挙と政友会》，《法学研究》66（6），1993 年。

“三菱家的大掌柜”——加藤高明

大隈内阁在外交上也有两大举措：一是参加“一战”，占领胶州湾；二是向中国提出“二十一条”。这两件事的关系在于，日本把胶州湾作为要挟中国接受“二十一条”的筹码，如果中国要收回胶州湾，就必须同意“二十一条”。

“二十一条”的主导者是外相加藤高明。加藤自幼学习英语，21岁时以年级第一的成绩从东京大学法学部毕业后，进入三菱公司工作。由于才华出众，很快得到三菱创始人岩崎弥太郎的赏识，被派往英国留学。在那里，他遇到了正在英国游历的陆奥宗光，并得到陆奥的青睐。由于能力突出，加藤在25岁时晋升为三菱公司的副总经理。26岁时，与岩崎弥太郎的长女结婚。由于这层关系，他的政敌都称他为“三菱家的大掌柜”。

27岁时，加藤因“到处向人点头哈腰的买卖干够了”，弃商从政，并在陆奥宗光的协助下进入外务省。此后，他凭借着才能步步高升，多次出任驻英公使，并从1900年起三次出任外相。1912年，桂太郎组建新党之际，他获邀担任要职。桂太郎在1913年去世后，加藤便出任桂新党——立宪同志会的党首。1914年4月，大隈重信第二次内阁成立，加藤应邀担任外相。1916年10月，立宪同志会、中正会、公友俱乐部三党合并为宪政会，加藤又被推选为首任总裁。其实在大隈重信组阁前，加藤也被列入了首相候选人名单。不过，由于元老们当时力挺大隈，加藤只能暂居次席，担任相当于副首相的外相。[1]

1　豊田穣：《加藤高明と大正デモクラシー》，講談社，1984年。

加藤推崇英国的政治制度，不喜欢藩阀和元老等传统势力。在政治运营方面，他试图推进英国式的政党政治，以摆脱元老的影响。在外交政策制定上，他也坚持外务省的主导地位。依据明治以来的惯例，外交机密文件需送给元老传阅，并听取他们的意见。但在加藤主政外务省的阶段，他不愿意与元老们协商。在加藤的推动下，大隈内阁史无前例地未征求元老的意见就决定对德开战。山县等人则认为加藤独断专行，没把他们放在眼里，因此心有不满。[1]

“二十一条”

加藤是促使日本参加“一战”的最大推手，也是向中国提出“二十一条”的关键人物。日军占领青岛后，在加藤的主持下，大隈内阁立即制定了“二十一条”要求。[2]

“二十一条”共分五大项：一、将德国在山东的所有特权转让给日本，并增加在山东各地通商、定居和铺设铁路的权益；二、将旅顺、大连和南满铁路的租期从25年延长到99年，并允许日本人在南满和内蒙古东部无限制地移民和开采矿产；三、中日合办“汉冶萍公司”（由湖北汉阳铁厂、大冶铁矿和江西萍乡煤矿组成的联合公司）；四、中国沿岸港口和岛屿不得割让给其他国家；五、聘用日本人担任政治、军事和财政顾问，在中国的日本医院、寺院、学校享有土地所有权，警察局和军械厂由中日合办，中国政府向日本采购军械，允许日本在福建筹办铁路、矿山、港口和船厂，

1 伊藤之雄著，沈艺等译：《元老：近代日本真正的指导者》，第141—151页。

2 王芸生著：《六十年来中国与日本》第六卷，第310页。

允许日本人在中国传教。[1]

1915 年 1 月，日本驻华公使向袁世凯提出了“二十一条”，并威胁道：“革命党正策划推翻袁政府，如果你不同意这些要求，日本将支持革命党；如果同意，日本可以协助你取缔革命党。”[2] 二次革命失败后，孙中山和黄兴等人逃亡至日本。他们在日本创建革命组织，筹集武器和资金，策划推翻袁世凯政府。日本政府对于革命党的活动睁一只眼闭一只眼，一心盘算如何加以利用。与此同时，日本又担心如果条款泄露，将引发欧美列强的干涉，因此要求袁世凯政府尽快秘密谈判。

中国的抵抗

袁世凯在中国近代史上声名狼藉，因为他镇压革命，逆施倒行，企图称帝。但对于日本如此明目张胆的侵略，袁世凯也是很愤慨。他对手下的日本顾问坂西利八郎说：“中国和日本是邻邦，日本应把中国作为平等友好的邻居来对待，却为何总把我们当作猪狗和奴隶呢？”[3] 据坂西观察，袁世凯有意接受“二十一条”中的某些条款，但另外一些条款，袁世凯绝不会轻易答应。

袁世凯不敢答应的是“第五项”条款。袁世凯很清楚，如果同意了“第五项”，中国将沦为第二个韩国。日本正是通过派人担任韩国政府的顾问，得以逐步掌握外交、内政和军事大权。为了应付日本人，袁世凯采取了两项对策。

---

1 王芸生著：《六十年来中国与日本》第六卷，第 74—76 页。
2 同上，第 76 页。
3 外務省編：《日本外交文書 大正四年第三冊》（上），1968 年，115 頁。

一是“拖”。长期以来，中国外交的武器都是“拖”，苦苦周旋，苦撑待变。在谈判时间上，日本代表日置益要求速战速决，提议每天会谈并尽快签约，以免引起国际干预，中国代表陆征祥则坚持每周会谈一次。后来，双方达成妥协，约定每周谈3次，每次3小时。每次会谈开场后，陆征祥先讲开场白，然后命令侍者上茶献烟，并尽量拉长喝茶的时间，以此消耗会谈时间。[1] 中日双方围绕“二十一条”的谈判从2月2日持续到4月26日，历时84天，举行的正式、非正式的会谈总计近50次，可见谈判之艰辛。[2]

二是“以夷制夷”。日本要求袁世凯对条款内容保密，而袁世凯则故意将其泄露出去。条款内容一经泄漏，欧美列强纷纷质问日本，尤其是“第五项”条款引发美国的极大不满。这项条款暴露日本独占中国的野心，与美国主张的“门户开放”原则严重冲突。[3] 迫于列强的压力，日本改口称“第五项”不是“要求”而是“希望”。反正外交辞令神通广大，怎么解释都可以。

日本提出“二十一条”的消息传出后，被袁世凯通缉流亡海外的革命党人黄兴、李烈钧、陈炯明等人联名通电，提出“暂停革命，一致对外”的口号。他们主张，在危急关头应暂停反袁，以免妨碍袁世凯政府对日交涉。黄兴还劝告孙中山“慎勿驱虎进狼”。[4]

另一方面，为了迫使袁世凯尽快屈服，日本政府增调军队进

1 顾维钧著，中国社会科学院近代史研究所译：《顾维钧回忆录》卷一，中华书局，1983年，第123页。

2 臼井胜美著，陈鹏仁译：《中日关系史1912—1926》，第89页。

3 顾维钧著，中国社会科学院近代史研究所译：《顾维钧回忆录》卷一，第123页。

4 冯自由著：《林故主席与美洲国民党》，载《革命逸史》（下），新星出版社，2016年，第638—639页。

行恐吓。此时驻扎在山东半岛和辽东半岛的日军多达6万，随时可以夹击北京，袁世凯政府承受着巨大的压力。在日本以最后通牒威胁并主动撤去“第五项”条款后，袁世凯政府最终于1915年5月25日签约。1915年是民国四年，所以这项条约被称为《中日民四条约》。

《中日民四条约》

与“二十一条”原案相比，《民四条约》在危害程度上有所削弱，但还是严重侵害了中国的主权。尤其是围绕旅顺、大连和南满铁路的租期从25年延长到99年的问题，后来引发了一系列纠纷。

正因《民四条约》危害巨大，中国朝野不断抵制，试图将其变成一纸空文。袁世凯政府在签约后的第二个月，立即发布限制日本人在“满蒙”租借土地、房屋或移民的法令：擅自向日本人出售土地的行为最高可判处死刑（《惩治国贼条例》《商租地亩须知》）。[1]1917年8月，段祺瑞政府克服重重障碍参加“一战”，也是希望在“一战”获胜后，能以战胜国的身份修订不平等条约。1919年，中国代表团参加巴黎和会时，提出收回德国在山东的各项利权的要求，而日本则以《民四条约》为依据，主张接管德国在山东的权益，这便形成了巴黎和会上的“山东问题”。

在巴黎和会上，欧美列强对日妥协，默许日本接管山东半岛，

1　唐启华著：《被“废除不平等条约”遮蔽的北洋修约史（1912—1928）》，社科文献出版社，2019年，第5章。

这一消息传到中国后，引发了“五四运动”。在国内舆论的压力下，中国代表团拒绝签署和约。又过了两年，在1921年11月开始的华盛顿会议上，中日双方经过3个月的谈判，中国终于成功收回了青岛和山东的各项权益。

“二十一条”对中日关系影响巨大。1895年甲午战败之后，中国朝野虽然憎恨日本，但开始将日本视为学习对象，大批士人东渡留学。即使后来日本参加八国联军，与中国签下了《辛丑条约》，但双方还是维持着较平稳的关系。1905年日俄战争后，中国向日本学习的意愿变得更加强烈。有学者甚至将1898年至1907年这段时间形容为中日关系的“黄金十年”[1]。

然而，“一战”爆发后，日本强占青岛、侵略山东、提出“二十一条”，这使得中国社会对日本产生了极大的不信任感。1919年“五四运动”爆发后，日本成了中国人民心中最大的威胁，并引发了一波又一波的反日浪潮。中国知识分子从昔日的“以日为师”一转为“以欧美为师”或“以俄为师”[2]。“二十一条”彻底暴露出日本灭亡中国的野心，中国人民的抗日热情也由此被点燃。

十八　出兵西伯利亚

对华“二十一条”的主要目的，是将“满蒙”变成日本的殖

1　任达著，李仲贤译：《新政革命与日本：中国，1898—1912》，江苏人民出版社，2010年。

2　参见罗志田著：《救国抑救民？“二十一条”时期的反日运动与辛亥五四期间的社会思潮》，载《乱世潜流：民族主义与民国政治》，中国人民大学出版社，2013年。

民地。事实上，日本的侵略野心不仅限于“满蒙”，他们还想继续向北方扩张。之前介绍过日俄战争时的“贝加尔博士”户水宽人，他曾要求日本割占贝加尔湖以东的西伯利亚地区。这个要求在当时被认为是天方夜谭，但仅在十多年后，“贝加尔博士”就看到了梦想实现的机会，这便是“出兵西伯利亚事件”。

十月革命与日本的反应

“一战”分为协约国和同盟国两个阵营，英法俄日属于协约国，德奥意属于同盟国，后来意大利被英法收买，叛变至协约国阵营。俄国是协约国的重要成员之一，负责在东线作战。但到了 1917 年，俄国接连发生二月革命和十月革命。二月革命后，统治俄国 300 年之久的罗曼诺夫王朝崩溃。后来，二月革命发展为列宁领导的十月革命。1917 年 11 月 7 日，诞生了世界上第一个社会主义国家——俄罗斯苏维埃社会主义联邦共和国，简称“苏俄”。

对于俄国国内的动向，日本甚为敏感。二月革命爆发后，参谋本部立即派人前去调查。日本政府根据这些人的调查报告设想了两种可能。

可能性之一是苏俄与德奥停战和谈，那么德奥军队可以借道西伯利亚铁路南下“满洲”。为防止这种情况发生，日本计划占领“满洲”北部直至贝加尔湖沿岸的俄国领土。可能性之二是苏俄不退出“一战”，继续与德奥作战。即便如此，日本也想利用俄国政权更迭的机会，将“满洲”北部和西伯利亚纳入势力范围。日俄战争结束后，日本和俄国在“满洲”和蒙古地区形成了南北对峙的势力格局。俄国革命爆发后，沙俄政权土崩瓦解，“满蒙”和西伯利亚出现力量真空，日本试图乘虚而入。[1]

无论是入侵苏俄还是抵御苏俄，日军都不可避免地要经由中国。日本陆军便想利用中国军队共同对抗苏俄，同时将中国军队变成日本的附庸军。在“二十一条”最致命的第五项条款中，日本就曾尝试控制中国的军警系统。第五项被迫取消后，日本仍不死心，继续诱使北洋政府签订《中日共同防敌军事协定》，以推进中日间的军事合作。

《中日共同防敌军事协定》

此时，北洋政府已对德宣战，并加入协约国阵营，与日本处于暂时的盟国关系。日本政府向北洋政府表示：为了遏制苏俄和德国对于“满洲”的野心，日中应当联手；中国军队缺少枪械和资金，日本可以提供；中国军队指挥水平低，日本可以派遣军事教官进行指导。日本希望以这种方式，在军事上逐步取得对中国军队的控制权和指挥权。[2]

尽管北洋政府觊觎日本的资金和武器，但又担心日本会趁机控制整个“满洲”，正如1914年日本以抵御德军为由占领青岛，进而提出“二十一条”那样。经过反复斟酌，段祺瑞政府决定：中日之间的军事合作仅限于国境以外，国境以内的防务由中国军队独自承担。[3]

1　信夫清三郎编，天津社会科学院日本问题研究所译：《日本外交史》，第429—430页。

2　同上，第430—431页。

3　臼井胜美著，陈鹏仁译：《中日关系史：1912—1926》，第178—179页。

1918 年 3 月 25 日，段祺瑞政府与日本签署《中日共同防敌军事协定》。该协定声称，鉴于德国势力正在俄国境内蔓延，威胁远东的和平，中日将联手对抗德国。条约签署后，日本政府很高兴，向段祺瑞政府提供了一批贷款和武器。

打水漂的“西原借款”

日本此时的首相是寺内正毅，与桂太郎一样，寺内出身长州，在陆军中成长，属于山县有朋的嫡系。1916 年 10 月，围绕着预算审议等问题，大隈内阁与贵族院的矛盾激化，最终导致内阁解散。元老们推荐寺内正毅继任首相，组织新内阁（至 1918 年 9 月）。

寺内认为，上一届的大隈内阁强迫中国接受“二十一条”是失策的，不仅在中国引发反日浪潮，还招致欧美列强的猛烈抨击。寺内内阁主张改弦易辙，以经济手段取代强力手段，循序渐进地控制中国。[1] 他们认为，如果亲日派政权能够统一中国，那么日本在“满蒙”的利权就会得到保障。此外，在“大战景气”中，日本经济迅速膨胀，黄金和外汇储备急剧增加。但由于国内消费不足和市场规模有限，大量的资金出现剩余，这就使得寺内内阁向中国输出资本成为可能。

寺内内阁对段祺瑞政府寄予厚望，向其提供大量借款，以充实其军事和政治力量。寺内内阁对段政府的借款总额达 1.45 亿日元，段政府则以铁路、铁矿、有线电信和森林开采等权益为担保。

1　臼井胜美著，陈鹏仁译：《中日关系史：1912—1926》，第 146 页。

但另一方面，寺内又担心政府借款将招致西方列强的怀疑，于是找来了好友西原龟三主持借款。因此，这些借款在历史上被称作“西原借款”。

“西原借款”是日本对华经济侵略的典型代表。西原龟三曾说：“许多人主张以武力吞并中国400万平方英里的土地，使4亿中国人沐浴在天皇的‘德政’之下，并获得日本发展所需的资源。对于这种主张，我不敢持异议。但如果采取军事行动，日本每年至少要负担20亿日元的支出，还要赌上国家命运。如果能以更柔和的手段达成同样的目的，且不激起4亿中国人的怨恨，岂不更好？”[1]换句话说，寺内内阁和西原认为，与其采用军事和外交手段进行压迫，不如采用经济手段进行“和平收买”。“日元外交”不仅更划算、更安全，而且同样可以征服中国。[2]

不过，段祺瑞政府迅速垮台，其后中国历届政府都不承认这些借款。又因“西原借款”是打着经济借款旗号的政治借款，在国际社会上理亏（“五国借款团”规定对中国的政治借款需要全体一致同意），大部分借款也就成了呆账。日本舆论大骂寺内正毅卖国媚中，中国的革命党也大骂段祺瑞卖国求荣。《中日共同防敌军事协定》和“西原借款”并未使日本实现控制中国的目标，反而刺激了中国的反日运动。

1　参见波多野善大：《西原借款の基本的構想》，《名古屋大学文学部十周年記念論集》，1959年。中译文见波多野善大著：《西原借款的基本设想》，载《国外中国近代史研究》第1辑，中国社会科学出版社，1980年。

2　高橋秀直：《寺内内閣期の政治体制》，《史林》67（4），1984年。

出兵西伯利亚的借口

1918年3月，苏俄与德国缔结《布列斯特—立托夫斯克和约》，不惜割让西部126万平方公里的广阔领土，来换取新生政权所需的喘息之机。东线战事消失后，德国便腾出手来，将东线兵力调集至西线。

英法与德国苦战三年之久，他们不仅担心德国从东线调兵，更担心俄国倒向同盟国阵营。不少西方人还怀疑布尔什维克受到了德国的资助，而俄国的上亿人口和数百万军队一旦转而支持德军，势必扭转整个战局。[1] 为防止该事态的发生，协约国需要让俄国重新开战。为了颠覆苏俄政权，英、法、美寄希望于俄国的反革命势力，即由效忠于沙皇的将军、保皇党和地主武装等组成的“白卫军”。

英法之所以反对苏俄政权，意识形态上的尖锐对立也是重要原因。英法奉行的是议会政治、自由主义和资本主义，而俄国苏维埃政权则信奉马克思主义和共产主义，并主张消灭帝国主义。十月革命爆发后，英法担心俄国的革命思想会蔓延开来，在本国引发革命，在殖民地引发反抗。[2]

不过，英法在欧洲作战，对苏俄鞭长莫及。因此，英法希望美日能向海参崴派兵，从东部协助白卫军。为了出兵干涉，协约国找到一个“奇妙”的借口，即营救被困在西伯利亚的捷克军团。这件事有些离奇，捷克地处东欧，捷克军团为何被困在西伯利亚呢？

1　亚当·图兹著，陈涛、史天宇译：《滔天洪水：第一次世界大战与全球秩序的重建》，中国华侨出版社，2021年，第8章。

2　細谷千博：《シベリア出兵の史的研究》，新泉社，1967年，第1、2章。

神奇的捷克军团

“一战”之前，捷克斯洛伐克是奥匈帝国的组成部分。“一战”爆发后，奥匈帝国组织捷克斯洛伐克人参战，他们被部署在东线与俄军作战。捷克军团的士气低落，他们不愿为奥匈帝国卖命，一交火便整批投降，俄军于是俘获了大批捷克军团的士兵。

协约国与这批战俘谈判：如果捷克军团愿意倒戈，协约国将在战争获胜后协助捷克斯洛伐克独立。这一提议正符合捷克军团的意愿，双方一拍即合。捷克军团加入协约国后作战勇猛，规模不断扩大，最后形成了一支 4 万人的武装力量。

后来，苏俄与德国谈判退出“一战”，捷克军团在东线无用武之地。1918 年 2 月，苏俄与协约国协商，同意捷克军团沿西伯利亚铁路开往海参崴，然后从海参崴乘船经美国返回欧洲，在西线重新加入战斗。但是，捷克军团在前往海参崴途中，与红军发生冲突。捷克军团随即与苏俄政府决裂，并与白卫军联手，沿西伯利亚铁路驱逐红军，占领了贝加尔湖以东的大片领土。[1]

然而，没过多久，苏俄红军一反攻，捷克军团便节节溃败，被困于西伯利亚内陆。于是，英、法、美、日四国就以援救捷克军团为名出兵西伯利亚，干涉俄国革命。

美国提防日本

美国向日本提议，各自派遣 7000 人到海参崴接应捷克军团。

1 細谷千博：《シベリア出兵の史的研究》，165—171 頁。

但日本陆军却主张，除了向海参崴出兵外，日军还要单独出兵西伯利亚。于是日本政府向美国提出两条反建议：一、将派遣军队数量从 7000 增至 1.2 万人；二、一同出兵西伯利亚。美国担忧日本如出兵西伯利亚，会趁机扩大势力范围，进而改变东亚的局势。因此，美国尽管同意增兵至 1.2 万人，但不同意出兵西伯利亚。在美国的压力下，日本政府承诺不出兵西伯利亚。

日本政府之所以屈从美国的意见，是因为美国此时的国际发言权显著增强。"一战"是日本的天佑良机，更是美国的天佑良机。美国本就资源丰富，人口众多，市场广阔，又远离欧洲战场。"一战"爆发后，欧洲各国急需军需物资和资金储备。通过向英法出口武器和军需物资，美国经济得到飞速的发展。"一战"使英法德等老牌列强元气大伤，却使美国的工业利润大幅增长。在"一战"中，英国损失了四分之一的海外投资，法国损失了三分之一，德国损失了全部，而作为"军需工厂"的美国经济却取得了长足的进步。

"一战"给美国带来大量财富和声望，使其从债务国变成了债权国。据统计，1914 年美国欠欧洲的债务高达 40 亿美元。1919 年，欧洲反而欠了美国 40 亿美元。到了 1930 年，欧洲欠美国的债务更是攀升至 88 亿美元。[1]"一战"期间，英法在远东地区的影响力迅速下降，而美国的影响力不断攀升。由此，尽管日本对远东抱有很大的野心，但一直忌惮美国的态度。

1　斯塔夫里阿诺斯著，黄书慧等译：《全球通史：从史前史到 21 世纪（第七版）》，北京大学出版社，2005 年，第 657 页。

日军在西伯利亚

根据《中日共同防敌军事协定》，日本可以在中国境内调动军队。于是，日军将驻扎在满铁沿线的部队调至满洲里，随后跨过国境线开进俄国境内，夺取西伯利亚的大片领土。占领这些地方后，日军扶植白卫军组织傀儡政权。后来，在西伯利亚展开行动的日军总数达到 7.2 万。[1]这完全背离了出兵 1.2 万人的承诺，从而招致美国的强烈抗议。1918 年 11 月，日军抵达贝加尔湖西岸。短短两个多月内，日军便侵占了贝加尔湖以东的广大领土[2]，“贝加尔博士”的梦想眼看就要实现了。

然而，此时的国际环境却出现了两个重要变化。首先，1918 年 11 月，德国投降，“一战”结束，捷克斯洛伐克获得独立。得知该消息后，捷克军团立刻失去战斗意愿，他们与苏俄和谈，苏俄同意他们从海上回国。由此，日本和美国援救捷克军团的借口就消失了。

另外，苏俄红军在内战中不断壮大，开始不断打击远东地区的白卫军。在红军的追击下，白卫军一路溃败。随着红军的节节获胜，苏维埃政权逐渐稳固，协约国企图颠覆苏俄的目标也越来越渺茫。而且，参与干涉的各国之间由于目的和利益不同，也产生了重重矛盾。

1　日本防卫厅战史室编，天津市政协编译委员会译：《日本军国主义侵华资料长编（上）大本营陆军部摘译》，第 115 页。

2　升味准之辅著，董果良等译：《日本政治史（1—4 卷）》，第 503—504 页。

日军被迫撤退

1920 年 6 月，美、英及其他协约国军队纷纷从西伯利亚撤军，只有日军还驻扎在原地。日军不仅不撤离，反而出兵占领了北部库页岛。但随着苏维埃力量在远东不断壮大，红军游击队四处出击，给日军造成重大伤亡，日军被迫收缩防线。欧美列强质疑日本的扩张野心，美国更是不愿看到日本吞并东西伯利亚，于是提出强烈抗议。军事挫折和国际抗议，让日本政府承受了巨大压力。

在 1921 年 11 月至 1922 年 2 月的华盛顿会议上，英、美、法、日签署《四国条约》，不承认日本对西伯利亚的占领，并一致要求日本撤军。至 1922 年 6 月，首相加藤友三郎最终宣布从西伯利亚撤军。

除红军的攻势和国际环境的压力外，国力不堪重负也是日本撤军的重要原因。在出兵西伯利亚的四年零两个月，以及在北库页岛驻军的七年里（日军直至 1925 年才从北部库页岛撤走），日本共耗费了 9 亿日元军费，派出了超过 10 万人的军队，并付出了数以千计的伤亡。[1] 日本的代价巨大却一无所获，还深深得罪了苏俄。

十九　米骚动与巴黎和会

上文介绍了“一战”期间日本的内政、外交和军事活动，接

1　藤原彰著，张冬等译：《日本军事史》，第 105—106 页。

下来将介绍“一战”结束前后国内外局势的变动，包括“米骚动”和巴黎和会。

“米骚动”为何发生?

在“一战”结束前夕，由于大米价格上涨，日本爆发了一场名为“米骚动”的社会骚乱。大米是日本人的主食，而此时大米价格飞涨，给人民带来诸多不便。据统计，1915 年 10 月，在东京，一石米（一个成年人一年的基本口粮）的价格是 11 日元。从 1917 年起，米价开始迅速上涨。至 1918 年 6 月，一石米的价格飙升至 28 日元，是 3 年前的 2.5 倍，从而引发了粮食恐慌。[1] 许多人走上街头抗议，要求降低米价。后来，抗议变成了抢米暴动，引发了一系列骚乱。

此时米价暴涨的根本原因并不是稻米歉收，而是经济的畸形发展。“一战”期间，日本经济突飞猛进。趁着欧洲列强忙于厮杀，日本商人抢占亚洲和非洲的轻工业品市场，倾销商品，赚取了大量外汇。此外，日本国内的海运业、造船业、钢铁和重化学工业也欣欣向荣，经济形势大好。中央银行增加货币供给量，物价上涨。许多无良商人趁机囤积日用品，导致生活必需品的价格暴涨，尤其是米价出现了大幅飙升。

除了通货膨胀和无良商人的投机行为外，米价上升也与当时的社会变动相关。

1 有馬学 :《日本の近代 4「国際化」の中の帝国日本（1905—1924）》，中央公論新社，1999 年，160 頁。

首先是城镇化的影响。明治维新之后，伴随着经济增长和工业化，城镇化也有了长足进步。许多农民进城务工，做木匠、泥瓦匠、人力车夫、工人或商店职员，从大米的生产者变为消费者。另外，随着米价上涨，农民的收入相对增加，农村生活得到改善，过去吃粗粮的农民也开始吃大米。这样一来，生产大米的人口减少了，而消费大米的人口却增多了。在产量未增加的前提下，整个社会的大米消费大幅增加，从而导致大米的供应相对短缺。

其次是社会分配不均。在"一战"带来的经济繁荣中，大大小小的资本家凭借着股权、债券、分红、利息赚得盆满钵满，但劳动者由于只能出售劳动力，工资十分低廉。又因货币超发，物价上涨，劳动工人的实际工资进一步减少。在这种情况下，下层民众的生活压力很大，他们痛恨那些鱼肉百姓的富豪，尤其是那些暴发户和哄抬米价的粮食商人。

而且此时正值春夏之交，粮食青黄不接，又加上日本政府宣布出兵西伯利亚，大米出现供不应求的情况。众所周知，兵马未动，粮草先行，粮食商人看准时机，大量囤积稻谷，准备卖给军队，从而使得米价进一步攀升。

在这些因素的交互作用下，"米骚动"爆发了。出于对饥馑的恐慌和对现状的不满，民众骚乱从日本中部的富山县开始，然后蔓延至京都、名古屋、东京和其他大都市，随后发展成全国性的大骚乱。

以讹传讹的"女人暴动"

通货膨胀、无良商人的投机和社会习惯的改变，都只是骚乱的间接原因，“米骚动”的直接导火索是几个渔民妻子在井边的聊天。

1918 年 7 月 22 日傍晚，在富山县一个面朝日本海的小镇上，几位渔民的妻子在井边一边淘米洗菜一边聊天。她们抱怨道，男人们都去北海道和库页岛捕鱼了，不知道何时才能回来。家里的钱已经所剩无几，米价又上涨得太快，马上就要揭不开锅了。这时有人突然说，明天又有一艘大船将运走一批米，米价或许还会上涨。听到这个消息后，她们很是愤慨，决定无论如何都要阻止稻米外运。第二天一大早，40 多名渔民的妻女到港口请愿，要求把大米留在当地，阻止运米船出海。[1]

这一事件本来微不足道，但当地报纸却进行了异常夸张的报道——渔民妻女的诉苦被描述为“女人暴动”。“女人暴动”在历史上闻所未闻，该报道一经发表，便引起轰动，各地报纸纷纷转载。所谓“一犬吠影，百犬吠声”，一时间，全国上下都知道富山县有 40 多名渔民的妻女因米价上涨而“暴动”了。[2]

以此事件为契机，日本各地的民众纷纷效仿，从而引发了连锁反应。首先在名古屋，民众抗议米价上涨。几天之内，大阪和神户的民众也开始行动。最后，东京市民也走上街头。有些民众袭击粮店，袭击大米批发商和富豪的店铺、住宅，有些人甚至毁坏房屋、家具，纵火抢劫，形势一发不可收拾。

据统计，全国四分之三的地区都发生了骚乱，包括 1 道 3 府 38 县 49 市 217 町 231 村 29 个煤矿，参与人数多达 100 万。这

---

1 北日本新聞社：《証言米騒動》，北日本新聞社出版部，1974 年，10 頁。

2 升味准之辅著，董果良等译：《日本政治史（1—4 卷）》，第 508 页。

场因米价上涨而引发的全国性暴动持续了 50 天，政府共出动了 10 万军队镇压后才基本结束。在事件中，2.5 万人被捕，7700 多人被起诉，这些人多是日薪族、职工、木工、泥瓦匠等都市下层民众。[1]

除了以强硬手段控制局势外，日本政府也采取了一些温和的对策：紧急措施包括进口大米，低价出售大米，并呼吁富豪捐款赈济；而长期措施包括建立国家储备粮体系，颁布《米谷法》，由政府买卖米谷来平抑米价，并鼓励海外殖民地的大米生产。[2] 时任首相寺内正毅在骚乱平息后辞职，随后，一直静观其变的政友会总裁原敬接任首相。

各怀鬼胎的巴黎和会

讲完国内局势，我们接着看当时的国际形势。1918 年 11 月，“一战”宣告结束，这场史无前例的大战颠覆了世界格局。如何安排战后秩序，便成为列强的主要课题。

1919 年 1 月至 6 月，协约国集团的 27 国在巴黎举行和平会议，即巴黎和会。这次和会以五大列强为中心进行，包括美国、英国、法国、日本和意大利在内的五个大国各派出两名代表，组成一个 10 人的最高委员会，讨论全会的主要议题和全体动议，其他协约国代表只限于参与讨论与本国相关的具体事项。巴黎和会进展缓慢，历时半年之久，主要原因在于列强之间分歧明显，各有各的

1　成田龍一：《大正デモクラシー》，82—89 頁。松山巖：《群衆——機械のなかの難民》，読売新聞社，1996 年，158—170 頁。

2　中村隆英：《昭和史（上）1926—45》，東洋経済新報社，2012 年，47 頁。

打算。[1]

法国是“一战”的主战场，军民死伤多达数百万人，经济遭受重创。法国的目标一是最大限度地肢解德国，二是重建其在欧洲大陆上的霸权。法国要求收回在普法战争中失去的领土，还主张将德国一分为三：在莱茵河左岸建立受法国保护的“莱茵共和国”；在德国南部建立一个独立的“巴伐利亚国”；并将德国东部的部分领土割让给波兰、捷克斯洛伐克和罗马尼亚。为了在经济和军事上摧毁德国，法国还要求巨额的战争赔款，并彻底废除德国军备。

英国在“一战”中损失了四分之一的海外投资，但仍是最强的海上帝国。为了维持世界霸权，英国希望欧洲大陆和亚太地区保持均势和稳定。因此，英国的目标有三：第一，摧毁德国海军，巩固英国的海上霸权；第二，实现欧洲大陆势力均衡，主张维持德国领土的相对完整，以牵制法国、遏制苏俄；第三，利用法、美、日之间的矛盾，维持远东和亚太地区的力量均衡。

具体来说，英国首先利用法美矛盾，联合法国遏制美国称霸世界的野心，同时，联合美国限制法国称霸欧洲的企图。其次，利用日英同盟，对抗美国在远东的扩张。然后利用美日矛盾，与美国联手遏制日本独霸中国的企图。英国作为老牌帝国主义国家，其势力均衡的外交方针、合纵连横的外交策略在巴黎和会上展现得淋漓尽致。

美国是“一战”的最大受益国。“一战”结束后，美国一跃成

1 列强在凡尔赛会议上不同的诉求，参见王红生著：《二十世纪世界史》，北京大学出版社，2009 年，第 116—119 页。

为世界头号经济强国。随着经济实力的增长，美国的政治野心也在膨胀。因此，美国毫无疑问的目标在于建立世界领导权：首先，在西半球巩固其对拉丁美洲的控制；其次，在欧洲保存德国的部分政治和军事实力，以抗衡英国、法国和苏俄；最后，在远东太平洋地区，拆散日英同盟，要求列强承认“门户开放”原则，阻止日本独霸中国。

意大利加入协约国是为了瓜分巴尔干半岛西海岸的领土。1915 年，英法为争取意大利的倒戈，也曾许诺战后将该地割让给意大利。但是意大利国力弱小，国民缺乏尚武精神，军队缺乏武器装备，其战略位置也不理想。北部阿尔卑斯山高耸，同盟国军队沿阿尔卑斯山设防，意大利需要从山脚下发起进攻，战力大受影响。意大利在“一战”中尽管全力以赴，却屡屡受挫，被讥讽为“没打过胜仗的战胜国”。

意大利在和会上的目标是夺取巴尔干半岛，控制亚得里亚海，并在东地中海建立霸权，但英法并未同意意大利的要求。意大利自认为遭到背叛，对英法等国心怀怨恨，于是退出和会。意大利经济在战争中遭到重创，国内局势持续动荡不安，这一切都为墨索里尼率领法西斯党夺权创造了条件。[1]

日本在“一战”中受益颇多：不仅夺取了德国在山东的殖民权益，还占领了德国在太平洋上的三大群岛。由此，日本在和会上的目标一是将战时侵占的利益合法化，特别是将在山东的权益落实下来；二是以“二十一条”独占中国，称霸亚太。但日本的野心与美国的方针严重冲突，并威胁到英国在远东的利益，更不

1　王红生著：《二十世纪世界史》，第 93—99 页。

能被中国接受。

此外，日本还提议将“种族平等”的原则写入国联盟约，以废除“白人世界”对于日本移民的歧视和限制。[1]但实际上，日本尽管期望与欧美人平起平坐，但不愿意对中国人和朝鲜人平等相待。“种族平等”提案作为日本的外交策略，其目的在于增加“山东问题”的谈判筹码。换句话说，日本可以在“种族平等”议案上做出让步，以换取和会对山东权益的承认。

“十四点和平纲领”与山东问题

作为协约国的一员，中国也派出了代表团，中国参会的最大期望是收回山东的利权。

1915 年，日本向袁世凯政府提出“二十一条”，第一条内容便是要求继承德国在山东的殖民权益。袁世凯政府努力周旋，但因实力不济，最终签订了《民四条约》，基本同意了这一点。美国对于日本的做法极为不满，因为这损害了“门户开放”原则。在《民四条约》签订后，美国立即向日本政府发出通告，宣布不承认任何有损美国在华利益、破坏中国政治和领土完整、违反“门户开放”原则的中日合约。[2]

1918 年 1 月，美国总统威尔逊提出了“十四点和平纲领”，树立起了理想主义外交的大旗，也极大地鼓舞了当时的中国政

1 参见徐国琦著，尤卫群译：《亚洲与一战：一部共有的历史》，四川人民出版社，2020 年，第 7 章。

2 臼井胜美著，陈鹏仁译：《中日关系史 1912—1926》，第 112 页。

府。[1]“十四点和平纲领”主张以“公开外交”取代“秘密外交”，反对交涉过程和内容不公开的外交条约。而且，该纲领反对民族压迫，主张民族自决，要求强国尊重弱国的意愿。此外，它还主张成立国际联盟，让各民族及国家，无论大小强弱，均享有自由和平等的生存权利，都能够以公理和公道解决国际争端。

“十四点和平纲领”公布后，中国政府备受鼓舞，尤其是在山东问题上，中国看到了据理力争的希望。首先，中日之间关于“二十一条”的谈判是秘密外交，而且《民四条约》还是在日本的武力胁迫下签订的，根据“十四点和平纲领”的规定，秘密条约无效；其次，随着中国民族主义浪潮的兴起，要求收回山东利权的呼声愈发强烈，国际社会应尊重中国的民意；最后，有了国际联盟，中国就不必担心日本的私下威胁，就可以在国际社会上公开辩论，并要求国际仲裁了。

联美抗日与和会失败

为此，中国外交部加紧与美国的接触，并确立了在巴黎和会上“联美抗日”的方针。[2]

在巴黎和会上，中国代表提出：中国政府已在“一战”中对德宣战，中德之间的条约不再有效，山东半岛的权益应该归还给中国。对于中国的要求，威尔逊表示同情。但英国和法国的态度却有所不同，根据与日本的秘密协定，英法选择支持日本。此外，

1　唐启华著：《巴黎和会与中国外交》，社会科学文献出版社，2014年，第64—68页。

2　同上，第74—82页。

日本政府也指示代表团，如果和会不采纳日方的意见，日本将拒签和约。威尔逊担心日本退出后，国际联盟无法成立，又加之日本向威尔逊承诺，未来将放弃在山东的政治权益，只保留经济权利。为了保全国际联盟，威尔逊选择对日妥协，以中国已在《民四条约》中自愿承认日本继承德国权益为由，放弃对中国的支持。随后，美国、英国和日本达成协议：日本获得在山东的经济利权，日本宣布不再坚持“种族平等”的提案。[1]

中国朝野深感遭到美国背叛，开始追究主持“二十一条”谈判的曹汝霖、陆宗舆、章宗祥三人的责任。国内反日情绪的高涨，引发了五四运动。中国舆论要求拒绝签署《凡尔赛条约》，中国代表团权衡利弊后，最终决定拒签。

回头看来，中国代表团对于威尔逊和他的“十四点和平纲领”期望过高。威尔逊对国际公平和正义的倡导虽然很美好，但国际秩序终究取决于强权国家的利益角逐和实力比拼。在山东问题上，尽管威尔逊同情中国的要求，但建立国际联盟才是他最大的目标，当日本以退出为威胁时，威尔逊便退缩了。

山东问题的解决被推迟至1921至1922年的华盛顿会议上。中日双方在美国调解下签订《解决山东悬案条约》，日本从山东撤出了所有军队，中国政府收回了青岛。

1 唐启华著：《巴黎和会与中国外交》，社会科学文献出版社，2014年，第194—203页。

二十 原敬的梦想

本节将介绍在“一战”前后主导日本政局的首相原敬。

原敬上台

上节说过，“米骚动”是一场全国性的大骚乱，持续了 50 天，政府出动 10 万兵力才平息暴动。事后，首相寺内正毅自觉责任重大，宣布辞职。

在寺内内阁垮台前，山县有朋请西园寺公望接任首相，西园寺以身体有病为由拒绝。山县生气地问："你的病是不治之症吗？"西园寺说："不是，但如果工作繁忙，每周只能工作两天，休息三天。"山县说："躺在床上也能处理政务，我 80 多岁了还担任枢密院议长，经常东奔西走。你还没到 70 岁，即使三天打鱼两天晒网，也应该出来组阁。"西园寺仍坚持说："不干，另请高明吧。"山县不死心，让天皇直接命令西园寺组阁，但西园寺仍坚决拒绝。山县无计可施，于是说："如果你不愿意，那你推选个人吧。"西园寺便推荐了原敬。[1]

原敬是继伊藤博文和西园寺公望之后的政友会第三任总裁。担任总裁之前，他长期担任政友会干事长，十几年来管理党内的大小事务。之前谈过，明治时代最后十年，是长州阀的桂太郎与政友会的西园寺公望轮流执政的“桂园时代”。西园寺出身贵族，生性淡泊，统帅力较弱，不是老谋深算的桂太郎的对手。原敬总担心西园寺与桂太郎交涉时会吃亏，所以西园寺每次与桂太郎会

1 升味准之辅著，董果良等译：《日本政治史（1—4 卷）》，第 513—517 页。

面前，原敬总要叮嘱他说什么、怎么说；西园寺每次与桂太郎进行政权移交时，也总是由原敬出面与桂太郎讨价还价。

山县有朋的态度

政友会在1915年的选举中输给了大隈重信，丢掉了第一大党的位置。不过在原敬的指挥下，仅仅两年后，政友会便夺回议会第一大党的宝座。山县尽管不喜欢政党，但他也意识到，推举原敬就任首相的潮流已不可阻挡。

山县是军人出身，他鄙视民众，认为他们愚蠢、目光短浅，只配被统治，他们选出的政治家都是大话精，同样不可靠。山县信任的是精明强干的官僚和军人。然而，“一战”前后国内外局势的变动提醒了他：民众已经觉醒，对于政府不再逆来顺受，军人和官僚不了解社会运动，无法应对大众社会崛起的现实。刚刚结束的“米骚动”更是让他心有余悸，在很长一段时间里，山县每天都盯着米价，米价一上涨，他就睡不着觉。[1]

山县担心，如果漠视民众的需求，不对民主主义进行疏导，就有爆发革命的危险，与其被迫同意，不如主动给予。为了回应民众的需求，需要实行政党政治和议会政治，由议会第一大党党首出任首相，可以确保政府获得最大多数民意的支持。一旦主流民意发生变动，则进行政权更替。通过这种方式，政府既可以满足民众的变革要求，又可以保持政治稳定。在山县的支持下，政

1 岡義武：《転換期の大正 1914—1924》，126—127 頁。井上寿一：《山県有朋と明治国家》，190—193 頁。

友会总裁原敬于1918年9月接受大正天皇的任命，组织内阁（至1921年11月）。

真正的政党内阁

在日本历史上，原敬是首位以平民身份出任首相的政治家，被称为“平民宰相”。

原敬内阁往往被认为是日本史上首个真正的政党内阁。在原敬组阁之前，日本也出现过数届政党内阁，如伊藤博文第四次内阁、大隈重信内阁和西园寺公望内阁。但这几位首相都拥有爵位，而且尽管他们是执政党党首，但他们自身并不是由选举产生的议员。

相比之下，原敬是议员和政友会的总裁，而政友会是议会第一大党，在国民中拥有最多的支持。原敬担任首相，标志着以议会为中心的政党政治开始确立。这也意味着选民开始成为皇室、元老和萨长藩阀之外的另一个权力来源。原敬以议会第一大党领袖的身份担任首相，也就同时控制了立法权和行政权。原敬以内阁和政友会为后盾，不仅控制了文官系统，而且还尝试掌控陆海军和宫中势力。在此基础上，原敬计划建立一个真正的英国式的政党内阁。[1]

原敬的政治手腕

原敬是陆奥宗光的门生，长期在外务省担任官僚。1900年伊藤博文组织政友会时，他转身成为政党政治家，随后参加众议院

1 伊藤之雄著，沈艺等译：《元老：近代日本真正的指导者》，第176页。

选举，并连续8次当选。从1900年开始的18年间，原敬曾担任递相、铁道院总裁，并三次担任内相。内相主管地方行政、地方财政、公共事业投资和警察系统，权力极大。明治维新后，日本政府在“殖产兴业”的口号下，引进西方的产业技术，设立国营企业并投资公共工程，而内务省正是负责相关事业的主要机构。原敬在担任内相期间，利用政府对地方投资的机会，为政友会的发展壮大奠定了根基。

他的一个著名策略是“铁道政治”。所谓“铁道政治”是指修建铁路以换取政治利益的做法。这与之前谈到的星亨“利益诱导”的做法一脉相承。在战前日本，陆军热衷于增设师团，海军喜欢建造军舰，而政友会最乐意建造基础设施。铁路是重要的基础设施，对国民经济发展至关重要，而原敬曾主政过的递信省、铁道院和内务省，都是负责铁路管理和建设的机构。

原敬通过与内阁的斡旋，使政府的财政拨款向本党选区倾斜，用于建设铁路等基础设施。由于政友会在改善基础设施方面功不可没，当地民众便会投票支持他们。通过这种方式，政友会培养了本党的票仓，建立了地盘。铺设铁路的费用高昂，如不能保证收益，国家不愿意在太过偏远的地方修铁路，可原敬就有办法让铁路七扭八拐地建在自己的地盘上。

《原敬日记》中记载了这样一个故事。原敬执政时，要在他的家乡盛冈市修建一条铁路，这条铁路沿线没几户人家，且到处都是深山老林。在野党的议员在议会中质问原敬：“原总理，你修这条铁路是为了让猴子乘火车吗？”面对这样的质疑，原敬答道：“根据铁道法规，猴子不被允许乘坐火车。”原敬的回答让提问者哭笑不得。但会后，他亲切地拍了拍提问者的肩膀，说：“你刚才的提问很好啊。”由此可见，原敬是个善于拉拢人，有人格魅力的政治家。[1]

发三次红包

原敬的精力过人，可以事无巨细地过问党内事务，而且还能记住各位党员的姓名、长相、背景和长处。原敬会单独倾听每一个人的意见，与他们一一交谈。[2] 关于原敬的另一个著名传说，是他给同一个人发三次红包的事。

日本政坛的长期执政党是自民党，该党于 1955 年成立时的副总裁是大野伴睦。大野伴睦年轻时，是政友会“别动队”的成员。所谓“别动队”，是负责保护本党干部并给敌对党派制造麻烦的外围组织。据说每年 12 月初，大野伴睦就会去原敬那里讨要“红包”。一见到他，大野就一边说“总裁，年底了”，一边伸出手来。这时，原敬会微笑着递给他 100 日元，这相当于大野一个月的工资。到了 12 月 20 日，大野又去见原敬：“总裁，要过年了，”又把手伸过去。原敬笑着说：“上次没给你啊。”接着递过去 100 日元。12 月 29 日，大野第三次拜访原敬，说：“总裁，今天除夕，要过年了。”原敬又笑嘻嘻地拿出 100 日元，什么也没说就递给了他。[3]

原敬非常擅长以政治资金笼络党员，每当党员来拜访他，他总是顺手给他们塞一个红包。如果临近选举，候选人需要竞选资

---

1 《原敬日記》，大正 9 年 8 月 27 日条。

2 理查德·斯梅瑟斯特著，王兢译：《日本的凯恩斯——高桥是清传：从足轻到藏相》，中国华侨出版社，2022 年，第 267 页。

3 加藤陽子，佐高信：《戦争と日本人——テロリズムの子どもたちへ》，角川学芸出版，2011 年，第 1 章。

金，原敬也总是慷慨支援。在担任总裁的10多年间，原敬为政友会筹集了巨额的政治资金。原敬的“金主”是古河财阀、三井财阀、鸿池财阀和大阪财界。[1]原敬去世后，为政友会留下的政治资金仍高达100万日元。[2]

外交贡献

上台伊始，原敬就决定放手一搏、大干一场。因为内阁的寿命普遍很短，山县和藩阀对他虎视眈眈，他并不指望自己能执政个十年八年，如果能在短期内落实一些政策，他就心满意足了。[3]

在外交领域，原敬有两大举措。首先是试图消灭“双重外交”，确立一元化的外交指导体制。前文提到，日本外交经常出现两种声音，一种来自内阁（主要是外务省），另一种则来自陆军，两者之间的不统一造成“双重外交”的问题。原敬上台后，努力排除陆军对外交的影响。[4]但为了避免与陆军的直接冲突，原敬接近山县，并安排山县的嫡系田中义一出任陆相，从而与陆军保持良好关系。[5]在海军方面，原敬还通过海相加藤友三郎将海军置于控制之下。[6]

---

1 季武嘉也：《原敬：日本政党政治の原点》，山川出版社，2010年，53頁。

2 鈴木健二：《続「明治51年」物語：大正デモクラシーの自壊》，《成蹊大学文学部紀要》48，2013年。

3 岡義武：《転換期の大正1914—1924》，97頁。

4 三谷太一郎：《日本政党政治の形成：原敬の政治指導の展開》，東京大学出版会，1995年，310—311頁。

5 三谷太一郎：《日本政党政治の形成：原敬の政治指導の展開》，東京大学出版会，1995年，313—314頁。

6 永田幸久：《第一次世界大戦後における戦後構想と外交展開：パリ講和会議における人種差別撤廃案を中心として》，《中京大学大学院生法学研究論集》(23)，2003年。

其次，原敬确定外交新方向，以“对美协调”取代“日英同盟”。[1]1908 年至 1909 年，原敬在欧美游历了半年，亲身体验了美国的强大潜力。他说，现在的世界霸主是英国，但日本未来唯一畏惧的国家是美国。[2]“一战”爆发后，原敬意识到，远东外交的框架已经发生改变，“对美协调”才能最好地满足国家利益。他对山县说：“日英同盟是靠不住的，日本外交的关键是与美国搞好关系，一旦与美国关系疏远，日本的处境将非常危险。为了维护在中国的权益，日本必须与美国合作，为了扩大在中国的权益，也必须首先取得美国的谅解。只有与美国保持和谐的外交关系，日本才能营造一个宽松、和平的国际环境。”[3]

此时阻碍日美关系的有两大问题，一是西伯利亚撤军问题，二是山东问题。日本在远东的扩张，不仅引发了中国和苏俄的极大反感，还打破了这一地区的势力均衡。美国的一些人士开始将日本视为“第二个德国”——一个潜在的侵略成性的帝国主义国家。[4]为了改善与中国、美国以及国际社会的关系，原敬接掌政权后不久，便发挥强大的政治指导力量，促使田中义一说服参谋本部同意从西伯利亚撤军，并决定归还山东半岛的各项权益。[5]

1　信夫清三郎编，天津社会科学院日本问题研究所译：《日本外交史》，第 444—445 页。

2　川田稔：《原敬と山県有朋—国家構想をめぐる外交と内政》，中公新書，1998 年，17—18 頁。三谷太一郎：《日本政党政治の形成：原敬の政治指導の展開》，308 頁。

3　川田稔：《原敬と山県有朋—国家構想をめぐる外交と内政》，14 頁。

4　参见徐国琦著，马建标译：《中国与大战：寻求新的国家认同与国际化》，四川人民出版社，2019 年，第 7 章。

5　山腰敏寛：《原敬の山東半島還付構想（1）（2）》，立命館経済学 57(4)、58(1)，2009 年。

内政贡献

除了外交领域的举措外，原敬在国内事务上也多有贡献。

第一，扩大选举权。在原敬的推动下，获得选举资格的门槛从每年纳税 10 日元降低到 3 日元，选民人数从 146 万增加至 286 万。[1] 这一改革既扩大了国民的民主权利，又强化了政友会的执政地盘。原敬还导入了对强势政党有利的小选区制，即每个选区选举一名议员，赢者通吃，胜者全取。得益于这些改革措施，政友会在众议院的独大地位更加稳固。

第二，对贵族院展开攻势。此前，贵族院是山县阀的政治据点，与政党尖锐对立。原敬成功拉拢贵族院最大会派“研究会”，邀请其领袖入阁，与其建立同盟关系。由此，原敬内阁能够在贵众两院同时获得多数支持，达成了史无前例的成就。当然，这也是因为政党力量崛起后，贵族院有意改弦更张，与原敬结盟以增强发言权。[2]

第三，提出加强国防、充实教育、完善交通和振兴产业的施政方案。政友会最擅长以积极的财政政策刺激经济发展。原敬内阁计划增发公债，升级和改善铁路、公路、港口、电信网络等基础设施。通过大规模公共投资拉动经济增长，其结果是企业的国际竞争力增强，出口增长、利润增加，国家税收也随之增加。随着时间推移，便能够实现收支平衡。[3] 此外，增设高中和大学不仅

1　有馬学：《日本の近代 4「国際化」の中の帝国日本（1905—1924）》，173 頁。

2　西尾林太郎：《原内閣下における貴族院の動向：会派「研究会」を中心にして》，《愛知淑徳大学現代社会学部論集》9，2004 年。

3　中村隆英：《昭和史（上）1926—45》，45 頁。

可以提高劳动力质量，还可以提高国民的文化素质。

第四，计划对陆军参谋本部进行改造。原敬在日记中写道："参谋本部以山县为后盾，不了解当前形势。在与先帝时代完全不同的今天，滥用统帅权独立是非常危险的。政府对国家完全负责，这样皇室就不会受到影响。这既是宪政的宗旨，也是为了皇室的安危着想。皇室与政治没有直接关系，仅负责慈善和恩赏之事，这样才能长保安泰。然而，参谋本部的军人不了解这一点，动辄抬出皇室以君临政界。这是个太大的错误。"[1] 原敬与陆相田中义一建立合作关系，准备通过田中改革参谋本部，将指挥作战的权力收归陆相，使参谋本部变得有名无实。由此，内阁便可以通过陆相来控制参谋本部。[2]

第五，淡化天皇的绝对君主的侧面，强化其立宪君主的性格。大正天皇的健康状况堪忧，难以承担公务。原敬与山县有朋配合，准备设立太子摄政。裕仁已经年满 20 岁，原敬鼓励他出国游历，在担任摄政之前，学习立宪君主的做法，并培养国际视野。皇太子的生活起居属于宫中事务，应在元老山县有朋指导下由宫内大臣负责，不受政府干预。但是，原敬却通过运作掌握了主导权。在原敬的安排下，裕仁在 1921 年 3 月至 9 月之间，前往欧洲游历半年。

---

1 信夫清三郎著，周启乾译：《日本政治史》第四卷，第 168 页。

2 小林道彦：《政党内閣の崩壊と満洲事変：1918—1932》，ミネルヴァ書房，2010 年，序章。森靖夫：《軍部大臣文官制の再検討：1920 年代の陸軍と統帥権》，《年報政治学》2008（1）。

原敬被刺

原敬内阁维持了三年零一个月，是个长寿政权。不过，在政权末期，政友会连续爆出多起腐败丑闻。原敬为了扩充政友会的实力，吸纳各方力量加入该党。但原敬日理万机，无法严格管束部下。政友会是执政党，党政干部有机会以权谋私，接二连三爆出的丑闻使得原敬内阁的口碑不断下滑。

1921 年 11 月，原敬在东京车站准备乘车时，被一名 19 岁的右翼青年以短刀刺杀。这一刀正中胸口，原敬当场毙命，享年 65 岁。这名右翼青年出庭受审时表示，他之所以刺杀原敬，是因为对政友会的腐败感到愤慨。原敬辜负了国民的期待，只关心本党利益，罔顾国家利益，所以他要“替天行道”“为民除害”。[1]

其实，这种说辞在从事刺杀的激进分子那里经常出现。在日本近代史上，屡屡出现动机纯正、可贵但缺乏政治成熟度的青年，他们聚集到左翼或右翼的激进运动中来，靠着横冲直撞的蛮力，试图打破现状。然而，政治处理的是复杂的人类事务，权力的运用需要高超的智慧和技巧，优秀的政治领导者需要长时间的磨砺，才有能力小心翼翼地驾驶国家之船。对当时的日本而言，真正的国家利益是什么，真正符合国家前途的政策又是什么？关于这些问题，19 岁的青年果真拥有比原敬更出色的判断吗？

原敬凭借着高超的政治手腕和统帅能力，在有限的条件下取得了卓越的成就，但他的被刺身亡给日本的前景带来了变数。原敬死后，日本再也没有出现像他一样强力的政党政治家。这留给

1 信夫清三郎著，周启乾译：《日本政治史》第四卷，第 173 页。

后人无尽的遐想：如果原敬能多活10年，成为西园寺公望那样的元老，日本的近代化能否取得更大的成就，能否避免滑向法西斯主义和军国主义？当然，历史不容假设，我们只能一边继续关注日本历史的变动，一边思考原敬的历史意义。

二十一　华盛顿体系下的日本

原敬被刺身亡的消息传来后，山县有朋非常难过，他含着眼泪说："是政友会的庸俗之辈和贼人害了他。"[1]这句话的意思是，政友会议员因贪污受贿引发了民怨，结果原敬遭了殃。原敬手握重权多年，经手的政治资金不计其数，但死后却只留下了债务。

山县去世

原敬死后不久，山县有朋也告别了人世。山县是明治政府的核心人物，历任初代陆军卿，初代参谋本部部长，初代内相、首相（第三、九代）、陆相、法相、农商务相、枢密院院长等。在伊藤博文死后，山县成为藩阀和官僚的最高代表，而原敬则是政党和议会的代表。两人本应是政敌，但原敬非常巧妙地化敌为友，与山县建立了良好的私人关系。原敬经常拜访山县，嘘寒问暖，还曾为山县排忧解难。另外，无论大小事务，原敬都向山县请教，保持着一贯的低姿态。与此同时，原敬又拥有令山县佩服的判断力和

1　伊藤之雄：《山県有朋：愚直な権力者の生涯》，452頁。

视野。山县一方面没感到被冷落，另一方面又认可原敬的政治能力，因此即便立场不同，他也会全力支持原敬。[1]

山县清楚地知道，只有他和原敬可以掌控全局，他自己年事已高，余日无多，日本的将来需要托付给比他年轻20岁的原敬。然而，原敬竟先遭不测。因此，山县对日本的前途非常担忧。原敬去世三个月后，85岁的山县也在病榻上去世。山县去世前还念念不忘地说道：“原敬是个了不起的人物。这样的人物轻易地被人刺杀，是日本的惨痛损失。”[2]

原敬和山县的相继去世，标志着日本政治进入一个新时代。由于少了两位能掌控全局的人物，日本的政治发展增加了许多不稳定因素。不过，尽管原敬被刺杀，但他的政治影响力仍然持续了一段时间，其中之一便是在外交上的“对美协调”。

对美协调

“一战”期间，日本的对外扩张达到明治以来的顶峰。至“一战”结束时，日军部署在北起西伯利亚，中经“满洲”和山东半岛，南至赤道以北的南洋各岛的广阔地区。不过，日本的扩张是趁着“一战”的爆发、俄国革命、中国的南北分裂和军阀混战才得以实现的。“一战”结束后，欧美列强重返亚洲，国际格局重新调整。特别是在美国的压力下，日本被迫缩小了势力范围。

“一战”结束后，美国崛起为世界的领导者：不仅在经济实

1　中村隆英：《昭和史（上）1926—45》，50頁。
2　伊藤之雄：《山県有朋：愚直な権力者の生涯》，454頁。

力上跃居世界第一，军事实力也有显著增长，还在思想文化上独树一帜。尤其是威尔逊总统提出的“十四点和平纲领”，吸引了众多弱小民族和国家的支持，不少国家开始将美国视为全球新领袖。

在美国国内，海军想要称霸太平洋，商人想在中国获得市场，政治家想要建立由美国主导的、新的国际和平机构，于是他们要求日本政府调整对外方针，收缩势力范围。另一方面，原敬被刺之前，已开始设想以“对美协调”取代“日英同盟”。原敬很清楚，日本在与美谈判中无法占到便宜，但从长远来看，与美国合作而非对抗才是更明智的选择。没过多久，原敬的构想便在华盛顿会议上得以实践。

远东两大问题

巴黎和会处理的是欧洲秩序问题，而华盛顿会议要处理的是远东太平洋问题。远东太平洋地区此时存在两大问题：一是美日矛盾，二是海军军备竞赛。

“一战”之后，德国战败投降，俄国发生革命，两国退出远东的势力版图，而美国和日本的势力则有大幅增长。此后，美日成了远东地区的主要竞争对手。具体到中国问题，美国主张“门户开放”，日本则要独吞中国。

之前提到，在巴黎和会上，围绕“二十一条”中的山东问题，威尔逊总统曾表态支持中国。但在日本以退出和会、拒绝加入国际联盟为威胁后，威尔逊放弃了对中国的支持。威尔逊返回美国后，在山东问题上遭到了很多批判。[1]美国舆论普遍认为，日本在山东半岛的势力扩张打破了远东地区的势力均衡。[2]为了迫使日本退出山东，美国积极主张召开华盛顿会议。

此外,“一战”之前,列强开始大举建造无畏舰。“一战”结束后，海军军备竞赛继续升级，且从大西洋扩展至太平洋。为了抗衡美国，日本制订了“八八舰队计划”，即新建8艘2万吨级别的主力舰，加上8艘1.8万吨级别的战列巡洋舰。在当时，军舰更新换代的速度很快，一艘军舰的舰龄一旦超过8年就将面临淘汰。为了保持“八八舰队”的战斗力,日本几乎需要每年新建一艘主力舰。当时又是出兵西伯利亚，又是建造军舰，军事费用超过国家预算的50%，政府财政苦不堪言。“一战”之后，世界范围内普遍出现经济衰退，英美对军备竞赛也感到吃力，于是提议裁军。原敬支持美国的裁军建议，便积极派出代表团参加华盛顿会议。

原敬任命的三位谈判代表分别是当时的海相加藤友三郎、贵族院议长德川家达和驻美大使币原喜重郎。原敬已料到海军裁军将面临诸多阻力，只有加藤海相能处理此事。[3]另外，在加藤离开日本期间，原敬还兼任了海相一职，从而打破了军部大臣由武官专任的先例。[4]并不是说军部大臣由文官担任，军队就会变得不好战（参照美国)，但由文官出任军部大臣，至少能够加强内阁对军队的控制。尽管原敬有改革军队的计划，但是很不幸，他在送走代表团后不久就被刺杀了。

---

1 王芸生著 :《六十年来中国与日本》第七卷，第355页。

2 同上，第290、300页。

3 麻田贞雄著，朱任东译 :《从马汉到珍珠港 : 日本海军与美国》，第85页。

4 森靖夫 :《軍部大臣文官制の再検討——1920年代の陸軍と統帥権》,《年報政治学》2008(1)。

《四国条约》

1921 年 11 月至次年 2 月，华盛顿会议进展顺利，在短短三个月内签署了一系列条约，包括《四国条约》、《五国海军条约》、《九国公约》和《解决山东问题悬案条约》。由这些条约构成的国际秩序被称为华盛顿体系。

《四国条约》的签署国是美国、英国、日本和法国。该条约规定，四国相互尊重对方在太平洋地区的权利，如果出现纠纷，彼此协商解决。《四国条约》的主要意义在于终止了日英同盟。

在 1902 年至 1923 年的 20 余年间，日英同盟构成了日本外交的支柱。它帮助日本赢得日俄战争，建立东亚霸权，对德国开战，夺取德国在亚太地区的势力范围。美国认为，如果日英继续结盟，将对美国产生诸多不利。特别是在战略方面，它将迫使美国海军扩军，以维持与日英联合海上力量的均势。为此，美国要求终止日英同盟。

英国经济在“一战”中遭受重创，在财政上依赖美国。英国在远东的政治、经济和军事优势也在迅速衰落，又面临日本在中国的步步紧逼。在这种情况下，英国政府迫切需要改善英美关系，以维护其在远东的利益，因此，放弃日英同盟成为无可避免的代价。[1] 另一方面，如前所述，日本在原敬内阁时期就已经开始设想以“对美协调”取代“日英同盟”。因此，日本也愿意放弃日英同盟，以换取美国的支持。

随着《四国条约》的签订，日英同盟“寿终正寝”。这之后，

1　徐蓝著：《英国与中日战争 1931—1941》，北京师范学院出版社，1991 年，第 9—14 页。

英国必须寻求美国的援助以维护其在远东的权益，而日本由于丧失了英国这个重要的同盟国，在亚太地区必须单独面对美国。另一方面，《四国条约》主张维持太平洋地区的现状，而日本在巴黎和会上获得的太平洋地区的权益，也由此再次得到确认。

5:5:3

《四国条约》之外，美国、英国、日本、法国和意大利还签署了《五国海军条约》，以解决海军军备竞赛的问题。

关于美、英、日三国海军的力量对比，美国提出了“5:5:3”的方案。换言之，如果美英的海军力量是 100，那么日本只能是 60。这是因为当时美英各拥有 15 艘战列舰，而日本是 9 艘（正在建造的不计入在内）。在维持现状的原则下，15:15:9 换算得出 5:5:3。

对于美国的提案，日本海军的反对声强烈。之前提过，海军长久以来持对美 70%的战略观。因为美国舰队从夏威夷、关岛开往日本近海的距离为 3000 海里，每航行 1000 海里，舰队的战斗力会削减 10%。当美国舰队抵达日本近海时，其战斗力只剩 70%。日本海军要至少拥有美国海军 70%的实力，才能与之旗鼓相当。但在 5:5:3 的方案下，这一数字降低到了 60%，海军对此十分担忧。

海相加藤友三郎此时发挥作用，说服海军接受了美国提案。作为海军领袖，加藤清醒地认识到，日本资源有限、国小民穷，而美国拥有几乎无限的资源和工商业财富。由于国力悬殊，日本绝不能与美国开战，即使拥有美国海军 70%的力量，打起来也是必败无疑。加藤主张："通过外交手段避免和美国的战争才是国防的本质。"[1]

自建军以来，日本海军一直奉行以强大舰队确保制海权，保护商路和运输线以进行海外扩张的战略。到了此时，加藤则将其转变为以外交手段避免冲突，并在与美国的协调下涵养国力的路线。尽管海军内部对此多有不满，但加藤利用自己的威望，最终压制了反对声音。

日本的后手

日本同意了美国的提案，仅保留 9 艘主力舰，其余未建成的舰船或被拆解，或被改造成航空母舰。"二战"中著名的"赤城"号和"加贺"号航母，即是此时由半成品的战列舰改建而成。当时仍是大舰巨炮时代，海军对航母的重视程度不够。

尽管在军力上有所让步，但在战略上日本还留有后手。作为裁军的交换条件，日本要求美英放弃在西太平洋新建和加强海军基地，换言之，西太平洋不设防。由于与美英本土远隔重洋，加之当时的海军行动范围有限，如不依托西太平洋上的军事基地，美英则难以威胁到日本。这在后来被证明为是一项致命的要求，因为日本海军尽管整体实力较弱，但可以集中力量在西太平洋建立优势，而美军仅在夏威夷珍珠港拥有重要基地。因此，在太平洋战争爆发初期，日本海军首先突袭珍珠港，重创美国太平洋舰队，

1　麻田贞雄著，朱任东译：《从马汉到珍珠港：日本海军与美国》，第 67—68、100 页。

确立了海上优势。

《五国海军条约》签署后，各国海军长期以来紧绷神经激烈竞赛的时代宣告结束，进入了为期十年的平稳时期。在历史上，这十年被称为“海军假日”。

九国公约

关于中国问题，参与华盛顿会议的日、美、英、法、意、比、荷、葡等八国与中国签署了《九国公约》。其主要内容包括：一、尊重中国的主权独立和领土完整；二、支持中国组建一个有力且稳固的中央政府；三、“门户开放”，各国在华贸易的机会均等；第四、不得利用中国的内部混乱谋利。

《九国公约》签署后，“门户开放”被确立为东亚国际秩序的基本原则，美国的对华外交政策在国际社会获得成功。与英、法、俄、日等老牌帝国主义国家不同，美国推行的是资本帝国主义，追求的是统一和稳定的国际市场，并自许为国际道义的捍卫者。为此，美国首先要求确保中国的安定和统一，其次要求各国在中国商业活动的机会均等。在机会均等的前提下，各国只能凭借经济实力进行竞争。美国相信，凭借着强大的工业实力，它可以在中国获得最大利益。

毋庸置疑，《九国公约》的主要作用在于调节列强的在华利益，但它仍具有一定的积极意义。首先，在该条约的约束下，直至20世纪30年代，日本都不可能以赤裸裸的武力攫取在华权益。其次，北京政府在该条约的支持下，国际环境大幅改善，国际地位有所提高。不过，《九国公约》的局限性也很明显，因为该条约仅具道义权威而无强制力，而且该条约只限制了列强在中国攫取新的权益，并没有否定列强在中国的既得利益。列强尽管在原则上尊重中国的主权完整，但并不会轻易放弃实际利益。“满蒙”地区仍被列强默认为日本的势力范围，这其实也是日本能够接受《九国公约》的主要原因。而且，无论采取经济手段还是军事手段，列强的目的都是为了控制中国，尽管经济手段更具道德色彩，但也更具有隐蔽性和欺骗性。中国想要获得独立和自主，不能寄希望于列强的善意，而只能依靠自己的努力。

山东问题

围绕巴黎和会遗留下来的山东问题，中日两国代表在华盛顿会议上举行多轮谈判。谈判的两大议题是收回胶州湾租借地和收回胶济铁路。

有关胶州湾租借地的谈判并不困难，在美、英、法的劝诱下，日本同意归还胶州湾（英、法同时允诺将威海卫、广州湾等租借地交还给中国）。谈判的难点在于胶济铁路。日本占领胶济铁路后，对其进行了投资扩建，因而牵扯到利益分配的问题。胶济铁路不仅涉及巨大的经济利益，如处理不当，还有可能变成第二条“南满铁路”。日本最初提议由中日合办共管，中国拒绝，坚持赎回自办。此后，围绕着如何赎回、赎回之前日本享有何种权益，双方展开了激烈争辩。1922 年 1 月 31 日，双方终于就山东问题达成协议。1922 年 12 月，日军从青岛撤出。又过了一个月，日本将胶济铁路移交给中国。被日本侵占了七年多的领土终于回归中国。

山东问题尽管告一段落，但旅顺和大连的问题仍悬而未决。

根据清政府与俄国的约定，旅顺和大连的租借期限是 25 年，1923 年 3 月期满后，就应归还给中国。但 1915 年日本迫使袁世凯政府签订《民四条约》，将旅顺和大连的租借期延长至 99 年。从 1922 年起，中国政府便一直主张《民四条约》无效，要求收回旅顺和大连，但日本则坚称《民四条约》合法有效。由此，围绕着收回旅顺和大连的问题，中日双方互不相让。日本军部一不做，二不休，在 1931 年发动九一八事变，侵占了整个东北。

华盛顿会议的影响

在整个 20 世纪 20 年代，华盛顿体系都发挥了重要作用，给亚太地区带来了秩序和稳定。

首先，《四国条约》、《五国海军条约》和《九国公约》，取代了《日英同盟条约》，成为日本与欧美关系的新基础。日本的国际地位得到提高，大国意愿也得以满足。在《五国海军条约》中，日本被视为“世界三大强权之一”，并被赋予了与美英一起，维持世界的军备平衡、稳定亚太秩序的重任。在这种情况下，日本也曾努力转变此前的帝国主义路线，顺应全球裁军潮流，谋求国际合作，并实行不干涉中国内政的政策。这一方面是日本在不利的国际环境下被迫做出的现实选择，另一方面也是日本尝试走向新外交方向的举措。因此，在整个 1920 年代，日本的对华政策较为收敛，除阻挠北伐的“济南事件”之外，没有明目张胆的单方面行动。

另外，无论是北洋政府还是 1928 年之后的国民党政府，他们都积极利用华盛顿体系。当时的中国领导人都清楚，由于国家实力依然弱小，这一阶段不应该挑战华盛顿体系，而是应该在条约框架内，努力维护自身利益。背靠着华盛顿体系，中国政府在废除不平等条约和建设现代国家方面，取得了一定成就。[1]

二十二　裁军与关东大地震

原敬于1921年被暗杀，山县有朋也在1922年去世。山县死后，统治日本半个多世纪的藩阀势力迅速衰落，而原敬被暗杀后，政友会也因失去了强力领导人，无法维持党内团结，踏上了分裂之路。随着原敬和山县的相继过世，主导日本政坛30年之久的政党与藩阀的对抗也宣告终结，日本政治史步入下一个阶段。

从奴仆到首相——高桥是清

原敬是日本近代史上首位在任上被刺杀的首相，消息传来后，元老们一时间手足无措。但他们一致认为，华盛顿会议召开在即，国内局势应保持稳定，尽管原敬被刺杀，但原敬内阁并未倒台，于是西园寺推荐藏相高桥是清接任首相。高桥接受了任命，并保留了原敬内阁的班底（1921年11月—1922年6月）。

高桥是清的一生波澜壮阔。他生于1854年，11岁时被送到横滨学习英语，14岁时前往美国留学。但很不幸，高桥碰到了骗子。他到美国后，不仅被骗走了学费和旅费，还不小心签了卖身

1　入江昭著，李响译：《第二次世界大战在亚洲及太平洋的起源》，社会科学出版社，2016年，第2—6页。

契。高桥历经千辛万苦，终于熟练掌握了英语，并解除了卖身契约。一年半后他回到日本，年仅16岁。凭借出色的英语能力，他很快在一所大学找到了教职。由于年轻气盛，高桥整日喝酒游乐，流连于花街柳巷。后来干脆辞去教职，干起了艺妓保镖兼打杂的工作。不过，因为当时的英语人才稀缺，他很快又找到了一份工作——在东京大学预科学校担任英语教师。

没过多久，他觉得教书没什么意思，于是去做官。很快又觉得做官也无聊，于是去秘鲁开银矿，结果赔得倾家荡产，狼狈地回到了日本。日本银行总裁赏识他，把他招进了银行，他这才找到人生方向。作为银行家的高桥成就斐然，特别是在日俄战争期间，他先后六次前往英国和美国筹集公债，为最后的胜利做出了重要贡献。[1]

1911年，高桥成为日本银行总裁。1913年，出任藏相，并加入政友会。1918年，原敬组阁，他再次出任藏相。原敬被刺杀后，他继任为首相，同时接任政友会总裁。高桥继承了原敬留下的行政班子，也继承了原敬的政策和方针，但是高桥没有原敬的威望和资历，也没有原敬那种统帅全党的能力。

政友会规模庞大，内部山头林立、矛盾重重。这其中最大的矛盾是“僧多粥少”。内阁成员的“椅子”有限，但各方大佬都想坐上去，已经坐稳的大佬又不愿下来。围绕着是否改造内阁的问题，原敬着力培养的两位继承人横田千之助与床次竹二郎之间矛盾尖锐。政友会内部不和，内阁成员之间也有争斗，高桥无法处理这些问题，只得在执政6个月后宣布辞职。

---

1 理查德·斯梅瑟斯特著，王兢译：《日本的凯恩斯——高桥是清传：从足轻到藏相》，中国华侨出版社，2022年，第8、9章。

“蜡烛首相”——加藤友三郎

高桥是清下台后，元老们又要选首相。此时，松方正义与西园寺公望选定了两位首相候选人——海军大将加藤友三郎和宪政会党首加藤高明。

加藤友三郎参加过华盛顿会议并签署了海军裁军协定，而加藤高明是大隈重信内阁时的外相，曾向中国提出过“二十一条”。元老们决定将加藤友三郎列为第一候补。这是因为华盛顿会议之后，日本政府的最大课题是裁减海军军备，而加藤友三郎正是执行裁军的最佳人选。不过，加藤友三郎对于出任首相一事态度消极，他已经担任了 7 年海相，健康状况不佳，在议会中也缺乏支持者，所以不敢贸然答应。元老们考虑，如果加藤友三郎拒绝，就推荐加藤高明。

加藤高明是第二候补的消息传来后，政友会的干部们倍感焦虑。尽管政友会因内讧下台，但他们不愿意看到竞争对手渔翁得利。一旦加藤高明上台执政，宪政会就会从在野党变成执政党，就可以利用行政机构削弱竞争对手，迅速扩张党势（正如原敬所做的那样）。政友会要尽一切可能阻止宪政会上台，于是向加藤友三郎表示愿意提供无条件协助。所谓“无条件”，即不派任何人入阁担任大臣。[1] 加藤友三郎认为这是笔划算买卖，因为既可以得到政友会的支持，又不用看他们的脸色，于是决定接受任命(1922 年 6 月—1923 年 9 月)。政友会宁可支持非政党势力，也不愿看到对手上台，这也显示了日本政党政治的不成熟。

1　升味准之辅著，董果良等译：《日本政治史（1—4 卷）》，第 556 页。

加藤友三郎是海军军人，也是一位非常优秀的军队管理者。军人向来是自尊心强又顽固的一类人，驾驭他们需要高超的手腕，而加藤友三郎正是这样一个手腕高超之人。加藤于1861年出生于广岛，明治维新后进入海军学校学习，后来考入海军大学。1894年甲午战争期间，他担任“吉野”号的炮术长，随舰参加了黄海海战。随后进入海军省核心部门——军务局。1900年，升任军务局军事课长，负责制定海军的总体政策。日俄战争期间，他担任联合舰队司令东乡平八郎的参谋，在日本海海战中，与东乡一起站在“三笠”舰的舰桥上指挥作战。日俄战争结束后，他继续升任海军省军务局局长和海军省次长。1915年，晋升为海军大将，同时出任海相，并连续参加了三届内阁。加藤友三郎性格安静、沉默寡言，但一开口就能抓住问题的关键，因此在海军中威望甚高。[1]

加藤作为全权代表参加华盛顿会议时，美国报纸把他画成了一支“蜡烛”。因为他身材瘦小、脸色苍白，而当时的西方人对于东方人多有歧视。但当加藤友三郎在会上积极响应美国的裁军提案后，美国媒体开始称赞他是“照亮危机世界的伟大蜡烛”。正因加藤友三郎在海军中不容置疑的权威，日本才得以通过海军裁军条约。

裁军

加藤友三郎出任首相后，继承了原敬确立的国际协调政策，在内政外交方面都取得不错的成绩。他兼任海相，亲自执行《五国海军条约》，推行裁军。

1　麻田贞雄著，朱任东译：《从马汉到珍珠港：日本海军与美国》，第85—86页。

在他的指导下，海军放弃了“八八舰队计划”，停建了 6 艘战舰（2 艘改建为航母，其余 4 艘被拆解）。他还取消了尚未开工的 8 艘军舰的建造计划，挽救了日本财政。海军支出在国家预算中的占比逐年下降，从 1921 年的 31%，经 1923 年的 21%，最终降低至 1929 年的 15%。此外，1700 名中高级军官和 5800 名士官被裁减，曾参加过甲午战争和日俄战争的海军中将十有八九都退出了现役。[1]

海军裁军的同时，陆军也在裁军。陆军之所以同意裁军，有以下几点原因：

第一，1917 年俄国爆发二月革命和十月革命后，陆军第一大假想敌沙皇俄国崩溃，俄军大举南下的危机暂时解除；第二，持续了 4 年之久、导致 2000 万人（900 万军人和 1000 余万平民）丧命的“一战”是前所未有的人类惨剧，“一战”结束后，各大国都因战争残酷开始反思，进而认为军备竞赛是导致战争的罪魁祸首，裁军风潮蔚然兴起；第三，日本的政党政治家们也鼓吹裁军，他们批评陆军 21 个师团 20 余万人的常备兵力整日无所事事，耗费巨额的国家财富；[2] 第四，陆军在出兵西伯利亚的过程中也暴露出诸多问题，如军纪松弛、士气低落等，陆军高层感到有必要推进军队改革；第五，海军已经开始裁减，陆军没有理由拒绝裁军。

基于这一情形，在陆相山梨半造的主导下，陆军裁减兵员近 6 万人，退役了 1.3 万多匹军马。6 万人相当于 5 个师团的兵力，看似裁减幅度不小，但师团数量并未减少，开支也未减少，因为节省下来的经费，都返还给了陆军，被用来采购机枪、野战重炮、

1　麻田贞雄著，朱任东译：《从马汉到珍珠港：日本海军与美国》，第 121—122 页。
2　信夫清三郎编，天津社会科学院日本问题研究所译：《日本外交史》，第 480 页。

飞机、自行车和无线电设备等。此次裁军取得了一定的成就，被称为“山梨裁军”。但舆论仍不太满意，认为做得不够彻底，所以后来又有了“宇垣裁军”。

此外，加藤内阁还解决了山东问题，将青岛和胶济铁路交还给中国。同时宣布从西伯利亚撤军，缓和了与苏联的关系。

尽管加藤友三郎在内政外交上都取得不错的成绩，但因不是政党内阁，在野党宪政会千方百计对他进行攻击。另外，加藤的健康状况不佳，有肠胃病，偏偏又喜欢喝酒。因此，他只当了一年多的首相，就病死在了任上。加藤死后一周，日本发生了关东大地震。

关东大地震

关东大地震是日本地震史上损失最为惨烈的一次。

这次大地震发生于 1923 年 9 月 1 日正午，震中位于横滨，震级为 7.9 级。因是正午时分，家家户户都在烧火做饭，结果地震一发生，房子坍塌，煤气管道破裂，大火蔓延。日本房屋多是木造建筑，而且街区狭窄，房屋鳞次栉比，火势极易蔓延。地震发生后，大火烧了 30 多个小时，形成了强烈的火焰旋风，整个横滨市化为废墟，而东京也被烧掉了一半。据统计，这次地震造成 340 万人受灾，10 万人死亡，4 万多人失踪，其中 87%的遇难者死于火灾。[1]

就地震级别而言，1923 年的关东大地震无法与 2011 年的东日本大地震相匹敌（一个是 7.9 级，另一个是 9 级）。但就牺牲人

1 諸井孝文，武村雅之：《関東地震（1923 年 9 月 1 日）による被害要因別死者数の推定》，《日本地震工学会論文集》4（4），2004 年。

数而言，关东大地震是2011年东日本大地震（2万人）的7倍，是日俄战争（8.4万人）的近2倍。关东地区的受灾程度甚至超过了1944年至1945年美军实施的东京大轰炸。

大地震不仅带来了惨烈的死伤，还带来了混乱和无序。由于余震不断，大火蔓延、通讯中断，报纸无法发行。可靠的情报来源丧失后，谣言四起，引发了极大的社会恐慌。内务省和警视厅也在地震中被烧毁，警察系统一时间群龙无首，难以维持社会秩序。

有人说："富士山就要喷发了，快逃命吧。"又有人说："大海啸要来啦，快逃吧。"还有人说："接下来会有更大的地震。"这其中，最让警察感到紧张的是有关朝鲜人的流言："朝鲜人正在趁乱放火""朝鲜人正在井里下毒""朝鲜人在抢劫""朝鲜人在扔炸弹""朝鲜人正拿着枪炮暴乱，屠杀日本人"……在这些流言蜚语的影响下，地震灾区弥漫着朝鲜人马上就要杀过来的恐怖气氛。[1]

屠杀朝鲜人

此时之所以出现如此多关于朝鲜人的流言，乃是因为日本人长年以来对朝鲜人的歧视和戒备。

朝鲜在1910年沦为日本的殖民地后，许多朝鲜人为了养家糊口来到日本打工。据统计，1920年，仅东京一地就居住有8567名朝鲜人，神奈川县有3645人。[2]朝鲜人在日本地位低微，多从事体力劳动。日本民众歧视朝鲜务工人员，称他们为"鲜人"，将

1　中央防災会議：《第4章 混乱による被害の拡大 第1節 流言蜚語と都市》，《1923関東大震災報告書 第2編》，2009年3月。

2　田村紀之：《植民地期「内地」在住朝鮮人人口》，《経済と経済学》52，1983年2月。

他们视为威胁社会治安的不稳定因素。因此，警察在收到朝鲜人趁乱放火、抢劫、杀人、投毒的传闻后，立刻警觉起来。9 月 2 日，政府下令出动军队，在东京和附近地区实施戒严。

这样一来，情况反而更糟。对于朝鲜人暴动的传言，日本人本来是半信半疑，但见到持枪军人上街戒严后，他们便对谣言信以为真。日本人心想：先下手为强，在朝鲜人动手之前，要先把他们消灭掉。于是地方民众和退伍军人组成“自警团”等民防组织，在警察和军队的默许下，用猎枪、日本刀、铁棍、镰刀、木棍、斧头四处搜索、殴打和杀害朝鲜人。

由于仅凭面貌难以区分朝鲜人和日本人，所以要根据日语是否流利、发音是否标准，以及询问那些只有日本人才知道答案的问题来加以判断。朝鲜语中的“浊音”不明显，“自警团”就要求过往行人读出“15 元 50 钱”（这个词组里有 4 个浊音）进行区分。当然，也不排除有些朝鲜人的日语讲得好，所以这些暴徒又发明其他办法，如背诵历代天皇的谥号、背诵《教育敕语》等来加以判定。如果不能背诵，轻则被殴打，重则丧命。[1]

据吉野作造的调查，整个关东地区遇害的朝鲜人多达 2613 名。也有调查显示，遇害人数超过 6600 人[2]，受到牵连的还有数百名华侨和华人[3]，甚至连聋哑或口吃的日本人也未能幸免。此外，多位被军部和右翼仇视的社会主义运动家也在这一事件中被杀害。

1 安井敏朗：《流言というメディア——関東大震災朝鮮人虐殺と『15 円 50 銭』をめぐって》,《Juncture 超域的日本文化研究》6，2015 年。

2 山田昭次：《関東大震災時の朝鮮人虐殺——その国家責任と民衆責任》，創史社，2003 年，第 6 章。

3 据仁木ふみ子调查，656 名中国人遇害，另有 11 人失踪。仁木ふみ子：《関東大震災中国人大虐殺》，岩波書店，1991 年。

例如，9 月 3 日，亀户警察署逮捕平泽计七等十余名劳工领袖，并交由近卫师团骑兵第十三连队处决。又如，东京宪兵队未经任何程序就逮捕了著名的无政府主义运动家大杉荣、他的伴侣伊藤野枝和年仅 6 岁的外甥。最后，包括这个 6 岁的男孩在内，三人全部被宪兵秘密杀害。

大杉事件曝光后，主犯宪兵大尉甘粕正彦被处以 10 年惩役，后因“爱国动机”被减刑至 2 年 10 个月。甘粕获释后，被陆军送往法国留学。伪满洲国成立后，他成为关东军特务，担任株式会社满洲映画协会理事长，最终于 1945 年 8 月战败时服毒自杀。

事后处理

没过多久，日本政府和警察便发现“朝鲜人在暴动”是谣言，现在根本不是朝鲜人在杀日本人，而是日本人在屠杀朝鲜人。于是发布公告：朝鲜人暴动是谣传，禁止传谣。后来又发布公告：禁止随意迫害朝鲜人，禁止携带武器上街。可即便如此，屠杀事件仍持续了好几天。

屠杀朝鲜人事件发生后，日本政府也进行了一些象征性的调查，但立案的只有约 230 起。日本政府确立的立案标准是必须知道行凶者是谁，至于那些无法确认凶手的案件，根本未被统计在内。吉野作造等有良知的知识分子呼吁全面调查，但这种声音太过微弱，整个日本，不管是政府还是民间，都在试图掩盖这一事件。

有研究发现，在这一事件中，直接动手屠杀侨民的多是下层民众。那么，下层民众为何如此憎恶外来移民呢？

第一是社会中根深蒂固的排外情结。外国侨民背井离乡前来务工，靠着吃苦耐劳在日本立足，这对下层民众的工作和生活造成一定的冲击。由于感到本来有限的社会资源被侵占，所以下层民众将移民视为自己失意生活的罪魁祸首。第二，在1919年，朝鲜曾爆发过争取独立的大规模反日游行与武装起义，即“三一独立运动”。这一运动遭到日本军队和警察的残酷镇压，数以千计的朝鲜人丧生，日本人对此满怀戒心，担忧朝鲜人的报复。第三是傲慢自大的民族主义。下层民众无权无势，在崇尚丛林法则的社会中遭受很多压迫，但作为大日本帝国的一员，他们怀有强烈的优越感。尽管他们是社会中的弱者，但作为心理补偿，他们对朝鲜人的歧视更加严重。当他们听到朝鲜人暴动的谣言时，便急不可耐地动手屠杀移民，以此维护社会秩序和国家安全。

这种对移民既歧视又恐惧的心态，混杂着日本人保家卫国的自豪感和自负心，在大地震带来的混乱和紧张中爆发出来。朝鲜人成为日本民众转嫁焦虑和不安的替罪羊，而惨遭毒手。[1]

二十三　两大政党制的形成

前两节介绍了原敬和山县有朋去世后日本国内外形势的变化，这一节将介绍战前两大政党交替执政局面的形成过程。

1 藤野裕子:《民衆暴力——一揆·暴動·虐殺の日本近代》，中央公論新社，2020年，203—204頁。

“最后的元老”西园寺公望

进入大正时代后，主宰明治历史的元老们相继去世，至大正末年，只剩下西园寺一人。

西园寺年轻时曾留学法国十年，深受自由民主和共和主义学说的影响，因此怀抱着在日本实现君主立宪制的志向。西园寺注意到，“一战”结束后，德国的霍亨索伦王朝、奥匈帝国的哈布斯堡王朝、俄国的罗曼诺夫王朝与土耳其的奥斯曼帝国纷纷瓦解，这表明专制君主制在世界范围内都难以为继。另一方面，日本的社会思潮中也出现左右之争，不仅有崇拜天皇、要求改造国家的激进右翼（如“犹存社”“行地社”），也有受俄国革命影响、主张推翻天皇制的革新左翼（如“日共”）。左右两派激烈交锋，潜藏着动荡的危机。为了维护天皇制，西园寺深感皇室需要改革。

由于大正天皇病重，已无康复希望，西园寺便将希望寄托在皇太子裕仁身上。为了把裕仁培养成一位合格的立宪君主，西园寺试图让他远离历史学和政治学，专注于自然科学。西园寺听裕仁说，如果他不是皇太子，他打算专攻历史或者生物，于是西园寺引导裕仁学习生物。这样做的原因不难理解，因为历史中有丰富的政治内容。[1]

西园寺公望的选择

西园寺尽管想把皇太子培养为立宪君主，但他不准备将组织

1　信夫清三郎著，周启乾译：《日本政治史》第四卷，第 175—176 页。

政府的大权立即交给政党。这首先是因为当时的三大政党，他一个都瞧不上。其次是因为西园寺追求的并非纯粹的民主主义，而是权威体制内的民主主义。

成立于 1900 年的政友会是议会第一大党。该党迄今为止的四届总裁——伊藤博文、西园寺公望、原敬和高桥是清——都曾担任过首相。该党以“积极财政”为政策核心，热衷于依靠低利率刺激需求和投资，发行公债以推进基础设施建设。该党还主张由议会第一大党执掌政权，谁在选举中获胜就由谁组阁（政友会的“宪政常道”论）。

西园寺作为政友会的长老，本应支持政友会。但 1921 年原敬去世后，政友会内部纷争不断，蕴含着分裂危机。而且，如果政友会提倡的“宪政常道”成为现实，议会多数派将控制国家，难免会出现“多数人的暴政”。此外，如果通过选举决定首相的归属，那么西园寺的元老地位将有名无实，而西园寺此时还不想放弃他“宪政守护神”的角色。出于这种种考虑，西园寺有意敲打政友会。

议会第二大党是成立于 1916 年的宪政会。之前讲过，桂太郎和大隈重信都曾集结力量，试图打破政友会对议会的垄断。桂太郎和大隈留下的政党势力演变成了宪政会。宪政会总裁是“三菱家的大掌柜”加藤高明，核心干部包括若槻礼次郎、滨口雄幸等人。与政友会主张“积极财政”不同，宪政会主张“紧缩财政”，不愿过度刺激经济，要求量入为出地安排国家财政。

加藤一直觊觎首相宝座，苦苦等待上台的时机，但西园寺并不喜欢加藤高明。加藤主张，首相应该由执政党和在野党的总裁轮流担任；政友会的首相下台后，由宪政会推选首相，宪政会首相下台后，由议会第三大党推选首相，以实现执政党与在野党之间的不断更替（宪政会的“宪政常道”论）。但西园寺认为，政党轮流执政只会重视党派性，追求各党的私利，日本政府不应是某个政党的政府，而应该是天皇的政府。[1]

西园寺厌恶加藤的另一个原因是“二十一条”事件。加藤担任外相期间，迫使中国接受“二十一条”，这不仅造成日本与中国关系的急剧恶化，而且还引起了美国的激烈反对。结果，“二十一条”的大部分内容在华盛顿会议后被废除，使得日本在国际社会上颜面尽失。由于这两个原因，西园寺认为加藤不够成熟，不愿支持他当首相。

第三大党是以犬养毅和尾崎行雄为首的革新俱乐部。该党主张最彻底的普选、直接选举地方县知事、扩大市町村的自治权，以及通过立法解决劳资纠纷和主佃纠纷等。革新俱乐部实力弱小，也没有执政希望。[2]

西园寺公望的决定

西园寺不愿推荐加藤高明当首相，而政友会又没有可堪大任的人选，如果随便推举个政党政治家，只会激化矛盾。此外，在即将举行的众议院大选（1924 年 5 月）中，所有政党都将全力以赴，如果此时某一政党掌权，在野党会竭力攻击执政党，而执政党又会竭力打压在野党。结果可想而知：即使大选决出胜负，失败的一方也会不服，这会使已经混乱的形势变得更加严峻。

1　村井良太：《第一次大戦後世界と憲政会の興隆》，《神戸法学年報》17，2001 年。
2　筒井清忠：《帝都復興の時代：関東大震災以後》，26 頁。

因此，加藤友三郎内阁倒台后，西园寺决定先不推选政党政治家，而是继续选择无党派的军人出任首相，组织一个超越于党派之上的过渡内阁。这样既可以敲打傲慢的政友会，又可以为大选做好准备。在大选中，由这届内阁实行严格的控制，采取不偏不倚的态度，以确保公正的选举结果。之后，再由获胜党的政治家出任首相，实现政权的交接。[1]

那么，此时还有哪些人选可供选择呢？除上述三大政党外，当时山县阀和萨摩阀的力量尚存。

山县阀以山县有朋为首，其核心成员包括桂太郎、寺内正毅、清浦奎吾和田中义一等人，他们长期控制着宫廷、枢密院、贵族院、陆军和官僚机构，一直高举“反政党”的大旗。然而，在桂太郎、寺内和山县相继去世之后，这一派阀势力迅速衰落。残余势力之中，清浦奎吾向萨摩阀靠拢，田中义一向政友会接近。

山县阀衰落之际，萨摩阀的势力兴盛起来。该派以元老松方正义为首，核心成员包括山本权兵卫、上原勇作、床次竹二郎（政友会高级干部）和牧野伸显（大久保利通次子、内大臣），其影响力遍布海军、陆军、政党和宫廷。[2] 在此情形下，西园寺决定奏荐10年前曾经短暂组阁的海军大将山本权兵卫再次组阁。

地震内阁

西园寺推举山本组阁的决定，让政友会和宪政会大吃一惊。

1 升味准之辅著，董果良等译：《日本政治史（1—4卷）》，第557页。

2 筒井清忠：《帝都復興の時代：関東大震災以後》，24—25頁。

上一届加藤内阁已经是海军大将组阁，怎么这回还是海军大将组阁？为了尽快搞垮这届内阁，他们开始考虑怎样使绊子。[1]

山本接受任命后，紧锣密鼓地遴选内阁成员。他把三大政党领袖、官僚政治家以及贵族院最大派系研究会的干部们召集起来，请求各方支持自己，以组建“举国一致”内阁。但政友会和宪政会的领袖拒绝入阁，只有犬养毅表示支持。就在山本的组阁计划即将受挫时，关东大地震改变了他的命运。[2]

关东大地震发生后，东京和横滨顿时化为灰烬，救灾成为首要任务。在此情形下，山本权兵卫内阁匆匆成立。由于东京地区余震不断，山本权兵卫等人只能在室外的帐篷里举行内阁成立仪式。因此,舆论称这届内阁为“地震内阁”或“帐篷内阁”（1923 年 9 月—1924 年 1 月）。山本上任后摩拳擦掌，准备大干一场。

在关东大地震中被烧毁了一半的东京急需翻新和重建，于是山本任命内相后藤新平专门负责。后藤新平是位优秀的技术官僚，最擅长基础设施建设和城市规划。他曾在中国台湾、长春和大连修铁路、筑公路、建港湾，做得风生水起。为了重建东京，他聘请了美国历史学家查尔斯 · 奥斯汀 · 比尔德（Charles Austin Beard）重新设计东京布局，为其制订了百年计划。由于涉及大规模的改造，政府需要大量征用私有土地。为此，政府准备发行公债购买被火灾烧毁的土地，按照规划重建后出售给民众。

这个计划看起来不错，但征用土地却得罪了东京的地主。地

1　升味准之辅著，董果良等译 :《日本政治史（1—4 卷）》，第 559—560 页。

2　岡義武 :《転換期の大正》，206—209 頁。

主是政友会的金主和票仓，为了讨好金主，政友会千方百计阻挠后藤的计划。后藤为东京大改造计划拟定了30亿日元的巨额预算，相当于国家预算的两倍有余。后来在内阁审议中，这一预算被调整为13亿，然后又被大藏省削减至7亿。随后又遭枢密院顾问、银座大地主伊东巳代治的激烈反对，被削减到了5.75亿。[1]

山本内阁本就根基不牢，在议会缺乏支持者，是靠着关东大地震后的危机仓促成立的。救灾工作稍微告一段落，政友会就磨刀霍霍，准备对他动手了。于是，这5.75亿日元的重建预算在议会中又被政友会削减了1亿多，最终只剩不到4.7亿。

西园寺公望得知这一消息后，大失所望，他没料到山本如此不中用。后藤新平重建东京的计划随之化为泡影。此时，山本内阁中有人建议解散议会，重新大选。但山本没有勇气这样做，还想硬着头皮坚持下去。不料，此时发生的“虎之门事件”彻底压垮了他。

虎之门事件

“虎之门”是东京的一处地名。1923年12月27日，24岁的无政府主义者难波大助用一支伪装成手杖的猎枪，在此狙击了皇太子裕仁的汽车。子弹未命中皇太子，但打破了车窗玻璃，造成皇太子随从轻伤。难波被当场逮捕，一年后被处以死刑。

难波大助是山口县议员难波作之进之子。山口县即之前的长州藩，该地是明治以来最有权势的地区之一。难波家族是当地的

---

1 渡辺俊一：《震災復興計画の研究：チャールズ・A・ビアード来日の都市計画的意義》，《都市計画論文集》18，1983年，295—300頁。

名门望族，难波大助的曾祖父是明治维新时的志士，受到过明治天皇的接见。父亲则是国会议员，是天皇的忠实崇拜者，但难波大助却是无政府主义者。由于政治立场不同，父子间争吵不休，难波大助于是离开家，来到东京参加工人运动。

1921 年，难波大助在上野帝国图书馆读到“大逆事件”的相关资料后深受刺激。“大逆事件”是指 1910 年幸德秋水等左翼活动家因“阴谋暗杀天皇”而被判处死刑的事件。愤慨于 24 人因涉嫌暗杀 1 人而被处以死刑的判决，难波大助于是萌生出恐怖主义的念头。此外，1923 年的关东大地震期间，秘密警察和宪兵残杀无政府主义者大杉荣和社会主义活动家的事件曝光后，也激起了难波大助对于当权者的愤恨。

难波大助想要复仇，便计划对右翼、宪兵、秘密警察最敬仰的皇太子实施刺杀。他认为，杀掉了皇太子，便可以破除民众对于天皇的个人崇拜，进而推动日本的社会革命。为刺杀皇太子，他专程从东京回到山口县的家中，以学习打猎为名，将父亲的猎枪骗了出来。历史中充满了因缘巧合，这支猎枪最初由伊藤博文在伦敦访问时购买，后来经过一些周折，转手到了难波父亲的手中。[1]12 月 27 日这天，难波大助拿着伊藤买的猎枪，埋伏在皇太子出席众议院开幕式的途中，向他的汽车开了一枪。

虎之门事件的影响

“虎之门事件”虽是未遂事件，但其引发的连锁反应却产生了

1 河上肇著，储元熹等译：《河上肇自传》下卷，商务印书馆，1964 年，第 498 页。

深远影响。

第一，难波大助被处以死刑，山本权兵卫内阁总辞职，警视总监被免职，事发地区的执勤警察统统被解雇。由于难波大助是山口县人，山口县知事要被扣除工资，难波大助曾就读小学的校长和班主任也要辞职，难波乡亲庆祝新年的权利也被取消。他们不仅不被允许过新年，还要为皇太子遇袭而“服丧”。丸山真男说，这一事件反映出战前日本社会责任分布的极端不均衡：一边是拥有最高权力的天皇不负任何责任，另一边却是无权力的臣民承担无限责任。仅因一次未遂事件，日本社会从上到下都要背负如此沉重的压力。

第二，西园寺公望和牧野伸显等人推进的西欧式皇室路线宣告失败。牧野伸显是大久保利通的次子，他此时正担任内大臣，是皇室的大总管和天皇的重要助手。牧野曾计划以英国王室为榜样，改革日本的皇室，拉近皇室与国民之间的距离。在过去，天皇和皇太子出行时，街道两旁都要戒严，任何人都不允许上二楼，这一禁令在牧野担任内大臣后有所缓和。此外，皇室车队的警卫也被简化，摩托车护卫被取消。牧野希望以此减少皇室和国民之间的障碍，但难波大助却恰好利用了这一空隙实施刺杀。“虎之门事件”发生后，皇室车队又恢复了跨斗摩托车的护卫，皇室与民众又被隔离开来。

第三，事件发生后，难波大助的父亲辞去议员职位，在门前竖起了竹篱笆，封住了所有门窗，将自己囚禁在一间不足5平方米的房间内，最终绝食而死。其后，他在山口县的选举地盘被一位名叫松冈洋右的外交官继承，而松冈正是推动日本走向“二战”的关键角色，战后被远东国际军事法庭认定为甲级战犯。

第四，大正时代较为宽松的社会氛围开始收紧。虎之门事件之后，右翼和民族主义者组织起来，攻击共产主义、无政府主义乃至自由主义。他们认为，国民对天皇的效忠关系到了国家的存亡，任何关于天皇和政体的自由讨论都是“危险的”，需要严加取缔。为了压制和掩盖社会对立和不同的利益诉求，他们要求以民族主义统一思想，并将大众的不满转嫁到对特定的国内外替罪羊的憎恶上。政府也开始加强对舆论和意识形态的管控，思想自由的空间被进一步压缩。可以说，难波大助的行刺非但没有打破民众对于天皇的崇拜，反而推进了国家政权和社会氛围的保守化。

宪政常道

山本权兵卫内阁因“虎之门事件”下台后，西园寺推荐 75 岁的官僚政治家清浦奎吾担任首相，理由与前次相同——大选在即，他希望由清浦内阁组织一次公平公正的大选。清浦在 1924 年 1 月组织内阁（至同年 6 月），其成员全部是来自贵族院的官僚政治家。

清浦内阁成立后，政友会、宪政会和革新俱乐部感到了巨大危机。在横田千之助的策动下，三党联合起来组成了“护宪三派”，开展打倒清浦内阁的护宪运动。与此同时，政友会内部发生分裂。床次竹二郎率领 149 名议员出走，成立“政友本党”，支持清浦奎吾内阁，而政友会的议员人数下降至 129 人。

自从原敬去世后，政友会内讧不止，尤其是两位“太子”横田千之助和床次竹二郎之间矛盾尖锐。政友会虽是议会第一大党，却连续三次失去组阁机会，床次竹二郎派对此非常不满。他们认为，与其对抗现政权，不如与其合作更为可取。这样一来，议会中出现了“清浦-政友本党”对决“护宪三派”的势力格局。

在1924年5月的大选中，主张普选的宪政会大获全胜，议席数从103激增至152，一跃成为议会第一大党。未提出普选的政友会的议席数从129减少至102，分裂出去的“政友本党”的议席数则从149减少至111，革新俱乐部的议席数从43减少至30。[1]从选举结果来看，宪政会是最大赢家。该党多年来一直位居次席，现在趁着政友会内部分裂的机会，跃升为议会第一大党。

清浦奎吾在举办完皇太子的婚礼后，宣布辞职。此时，西园寺公望没有理由不推荐宪政会总裁加藤高明当首相了，尽管他一直不喜欢加藤。在日本历史上，首个在大选获胜后的议会第一大党内阁终于诞生。一个能够同时控制议会和中央政府的政党内阁，在原敬去世两年后重新出现。由议会第一大党党首组阁的做法，从1924年至1932年的五一五事件为止，持续了8年。

在这8年期间，日本实现了宪政会与政友会交替执政的两大政党制，并实现了成年男子都有投票权的“普选制”。民众对普选寄予厚望，他们期待政党政治能够改革民生，保障各种权利，提高生活水平。民众还期待形成一个稳定的、能代表民意的政治体制。但不幸的是，这8年的政党政治并未带来稳定的社会秩序，也没有积极回应民众的诉求，反倒是两大政党之间钩心斗角和彼此倾轧，招致民众的不满和失望。民众在失望之余，开始转向支持军部提出的改革方案，以求打破现状。

1 筒井清忠 :《昭和戦前期の政党政治——二大政党制はなぜ挫折したのか》，ちくま新書，2012年，11、27頁。

第三章

昭和时代的暗云（1926—1936）

二十四　昭和的始动

在上一节中，我们介绍了宪政会、政友会和革新俱乐部联合主导的护宪运动。这场运动成功后，日本开启了长达 8 年由两大政党交替执政的新局面。此时已至大正末年，日本即将步入激荡的昭和时代，加藤高明和后来的首相们正处于历史转折的关口。

人才内阁与普选

护宪运动成功后，宪政会总裁加藤高明登上了梦寐以求的首相宝座。之前提过，在第二次大隈内阁期间，宪政会一度是执政党。但从 1916 年 10 月下台直到 1924 年 6 月再次执政，宪政会的党势长期不振，经历了“苦节十年”（实际是八年）。[1] 加藤召集“护宪三派”的骨干力量组织内阁，这届内阁中人才济济，又被称为“人

1　村井良太：《第一次大戦後世界と憲政会の興隆》，《神戸法学年報》17，2001 年。

才内阁”（1924 年 6 月—1926 年 1 月）。在加藤之后，又有四位阁僚陆续成为首相，即藏相滨口雄幸、内相若槻礼次郎、递相犬养毅和外相币原喜重郎，加上前任首相、农商相高桥是清和现任首相加藤高明，这届内阁集满了六位首相。

加藤高明上台后的首要目标是实现普选。多年以来，加藤一直向民众承诺要实现普选，现在“护宪三派”控制了众议院，加藤内阁又克服枢密院和贵族院设置的重重障碍，终于使《普通选举法》获得通过。[1] 此后，选举取消一切门槛，25 岁以上的男性人手一票选举议员。回顾历史可以发现，普选权在日本的实现并非一蹴而就，其中经历了许多曲折。

1890 年，日本举行首次众议院大选时，选举门槛很高，只有 25 岁以上、每年缴纳 15 日元以上税款的男性才有选举权。在约 4000 万人口中，仅有 45 万人拥有选举权，占比为 1.14%。10 年后的 1900 年，纳税门槛从 15 日元降至 10 日元，也仅有 100 万人（占比 2.2%）拥有选举权。日俄战争期间为筹集战争经费而进行的增税，间接扩大了国民的政治参与范围。至 1908 年的众议院选举时，约 160 万人的年纳税额超过了 10 日元，也就自动拥有了选举权。又过了 10 年，即 1919 年原敬执政时，纳税门槛被降低至每年 3 日元，选举人口增加一倍，5.5% 的日本人拥有选举权。最后，加藤高明在 1925 年，即日本开始大选的 35 年后，终于废除了纳税门槛，20% 的日本人拥有选举权，选民人数从 300 多万增加到 1200 多万。

《普通选举法》虽然取消了纳税限制，但仍有其他限制。例

1 升味准之辅著，董果良等译：《日本政治史（1—4 卷）》，第 571—572 页。

如，占人口二分之一的女性没有选举权。直到日本“二战”投降后，女性才拥有与男性同等的政治权利。此外，即使是25岁以上的男性，如不能自力更生，也没有选举权。换句话说，一个选民可以不纳税，但是不能没有独立的营生。《普通选举法》之所以要加上这条限制，是应了保守派的要求。保守派要求将在校大学生和无业青年排除在外，因为他们没有工作，思想往往较为激进。

《治安维持法》与普选影响

日本颁布《普通选举法》是为了扩大民主权利，但另一方面，为了防范民众利用手中的权利反对现有体制，他们又要对其加以限制。因此，在通过《普通选举法》之前，加藤高明内阁通过了另一部法律——《治安维持法》。

《治安维持法》以维护社会秩序和国家安全，铲除无政府主义、共产主义或共和主义为目的。这部法律规定，如果有人企图颠覆日本的国体或者政体，反对现行宪法或主张废除私有财产，政府将毫不留情地处以重刑。起初，最高刑期定为10年，但没过多久就被改为无期徒刑或死刑。进入20世纪30年代之后，该法的解释范围不断扩张，任何批评现政权的示威游行和集会都被禁止，甚至连个人言论和书籍刊物的出版也受严厉管控。直至日本战败投降实施民主化改革后，这部法律才被废除。

《普通选举法》和《治安维持法》的颁布，首先意味着政友会和宪政会等主要政党的性质发生变化：它们由体制外的批评者变为体制内的维护者。其次，政党曾仅是国家政权的一个分支，除政党之外，国家权力还分布于贵族院、军队和官僚机构之中。由于最多仅有5%的人拥有选举权，政党不具广泛的代表性。但在大多数成年男子拥有选举权后，政党就成为社会主流民意的代表和决定国家大政方针的核心机关。任何在选举中取得多数票的政党都可以获得国家的领导权，并将各个行政机构置于管理之下。不过，主张革新国家制度的左派政党在《治安维持法》的压制下，难以获得与其他政党平等的竞争机会，他们在议会的活动也变得更加困难。

之前说过，在明治时代，掌握国家政权的与其说是天皇，不如说是元老。在大正时代，则是政党与藩阀官僚联手掌握政权。到了大正末年至昭和初年，则是政党掌握国家政权，这是战前日本政党政治的鼎盛时期。在这一时期，任何想要问鼎最高权力之人，都必须通过加入政党的途径才能实现。例如，陆军大将田中义一是山县有朋和长州阀的嫡系继承人，曾多次担任陆相，还是拥有300万会员的退伍军人会的创建者。即便拥有如此实力，田中也只能通过担任政友会总裁进而成为首相。这是政党主导政治的时代，脱离政党就不可能参与政治。[1]

宇垣裁军

通过《普通选举法》是加藤内阁的第一个目标，财政整顿和裁军则是第二个目标。

日本在“一战”中大发横财，政府的税收随之增加，但财政支出也不断膨胀。1923年9月关东大地震后，政府必须发行国债，

1　纐纈厚著，顾令仪译：《田中义一：日本总体战体制的始作俑者》，第372页。

筹集资金进行重建。随着中央财政的增加，地方财政也水涨船高。各政党争相通过“利益诱导”瓜分公共投资，以换取选民的支持。然而，“一战”之后，随着英法重回国际市场，日本的国际收支开始逆转，黄金储备不断下降。因此，无论在中央还是在地方，财政状况都捉襟见肘。

为了整顿财政，加藤高明拿陆军开刀。陆军开销大，经费年年膨胀，但国际大环境此时已经发生变化。巴黎和会与华盛顿会议之后，世界和平成为国际社会主流声音，各国纷纷裁军。加藤友三郎内阁时，日本实施过“山梨裁军”，加藤高明促使陆相宇垣一成进一步裁军。

加藤高明最初要求裁撤 6 个师团，宇垣打了折扣，裁撤 4 个师团。由此，陆军师团数从 21 个减少至 17 个，削减了近 4 万人兵力。这是自日俄战争以来，日本师团数量的最低点。与“山梨裁军”的后续情况类似，从裁军中节省下来的经费仍返还给陆军，被用来充实军事装备，如采购新型机关枪、坦克和通信器材，并组建航空队。

不过，宇垣也不愿做亏本的买卖。他与加藤高明讨价还价，要求政府对陆军进行补偿。双方最终约定，作为裁军的交换条件，所有的男子中学都要配备现役军人，以指导军事训练。从此时起，每一名初、高中生都要在三到五年内，接受每周两个课时的军事训练。[1] 陆军以此推进军事教育，培养青少年对军人规范和价值观的认同。这同时也是为了救济因为裁军而失去职务的现役军官。

1　遠藤芳信：《陸軍現役将校学校配属制度の研究》，《北海道教育大学紀要第一部》35(1、2)，1984、1985 年。吉葉愛：《学校教練における教育方針の変遷——1930 年代以降における教授要目改正を中心に》，《昭和のくらし研究》15，2017 年。

据统计，1925 年底分配到各个学校的军官超过 1000 人。[1] 由此以来，陆军兵力虽然有所削减，但国民的军事训练得以普及，而且军事装备也实现了近代化和机械化。可以说,这是一种“以量换质”的策略。

尽管如此，裁军仍产生了较深远的负面影响。从 1922 年的“山梨裁军”至 1925 年的“宇垣裁军”，日军裁减少尉及以上军官 3400 余人、士官约 6 万人。许多职业军人一旦退役，其家庭生活立即陷入困境。军人的社会地位下滑，受尊重程度下降，报考军校的人数急剧减少。[2] 不少青年军官对前途感到担忧，他们认为，这是日本的政党政治家对外卖国求荣，对内与大财阀和资本家勾结而自废武功。其后，这也成了青年军官试图以军队为主体，实施革命以改造国家的一个原因。

政友会与田中义一

加藤高明的“护宪三派”政权表现优异，不仅通过了《普通选举法》，还裁减了 4 个师团。但三党联合政权并没有持续很久，在打败共同的敌人后，他们就变得貌合神离了。政友会对从第一大党的位置上跌落下来耿耿于怀，于是千方百计地挑起政治斗争。1925 年 2 月，三派联合的中心人物横田千之助急逝，4 月，高桥是清辞去政友会总裁之职。为了早日夺回政权，政友会从外部迎立陆军大将田中义一为继任总裁。

1 户部良一著，韦平和等译 :《日本陆军史 : 近代化的异化》，社会科学文献出版社，2016 年，第 240 页。

2 同上，第 245—250 页。

政友会拥有那么多优秀的政治家，为何要从外部迎立田中义一呢？

第一，政友会内部山头林立，没有一个能服众的领袖。第二，政友会希望获得陆军的支持，以尽快夺回政权。田中是山县阀的嫡系、原敬与山县之间的联络人，他在陆军中根基深厚，又与政友会关系密切。第三，田中于1910年主持创立了“在乡军人会”，即“退伍军人会”。士兵退伍后回到地方，田中又把他们组织起来，继续接受军事训练。这样做既是为了增强陆军对地方社会的影响力，也是为了确立快速高效的动员体制，以实现平战转换、寓兵于民。[1]至1925年，日本共有300万退伍军人，田中也就有了300万的隐形票仓。第四，田中不仅带来300万张选票，还带来了300万日元的政治资金，从而极大地缓解了政友会的债务紧张。

田中为了担任政友会总裁下足了血本：他结束44年的军旅生涯，以退役大将的身份进入政界，还筹集了300万日元资金。田中就任新总裁后，吸收了犬养毅的革新俱乐部，同年7月取消“护宪三派”的联合，与加藤高明的宪政会分道扬镳。

加藤高明与政友会分手后，依靠宪政会单独组阁，处境较为艰难，但好在西园寺公望继续支持他，因而还能维持局面。西园寺原本不喜欢加藤，但因加藤上台后在裁军、行政改革以及与英美的外交关系方面成就卓越，西园寺对他的印象大为改观，甚至认为加藤的执政手腕可与原敬比肩。[2]

1　纐纈厚著，顾令仪译：《田中义一：日本总体战体制的始作俑者》，第82—93页。
2　西園寺公望：《陶庵公清話》，岩波書店，1943年，98頁。

若槻礼次郎内阁

尽管西园寺对加藤高明寄予厚望，但加藤在 1926 年 1 月突染重疾，6 天后去世。加藤高明死后，内相若槻礼次郎在西园寺的推荐下接任首相（1926 年 1 月—1927 年 4 月）。若槻的运气很好，他先后两次担任首相，都是因为前任首相突然去世替补就任的。

若槻 1866 年生于岛根，3 岁丧母，父亲是低级武士。由于家境贫寒，若槻只读过小学。进入中学后，他一边砍柴一边读书，半年后辍学。15 岁时，他成了一名小学教师。3 年后，获得亲友资助前往东京，靠着自学，考入东京大学法学部。若槻从法学部毕业时，创下了平均分 98.5 分的历史纪录。其后进入大藏省，1904 年升任主税局局长，1906 年担任大藏次官，从 1912 年起两任藏相。1924 年加藤内阁成立时，他担任内相。若槻在加藤内阁期间最大的成就是主持通过了《普通选举法》和《治安维持法》。不过，作为大臣干得好，并不意味着首相就能当得好。若槻尽管头脑聪明、口才好，但缺乏韧性、决断力和强硬的手腕。[1]

若槻礼次郎继承了加藤的行政班子，也继承了他的内政和外交方针。但这届内阁的基础不稳，若槻的施政举步维艰。宪政会与政友会撕破脸后，操纵舆论互相攻击。此时发生的两起事件很有代表性：一是“300 万日元政治资金事件”，一是“朴烈照片事件”。

1　筒井清忠：《昭和戦前期の政党政治》，34 頁。

300 万日元政治资金事件

田中义一为了成为政友会总裁，带来了 300 万日元的“见面礼”，但关于这笔政治资金的来源成了一桩疑案。

任何政党都需要经费以维持运营，日常开支包括办公费、差旅费、津贴、印刷费、宴会费和机密费，最大头的支出是选举费。当时每个大政党背后都有财阀的支持，三井、安田、久原、古河、住友支持政友会，而三菱、根津、山口等支持宪政会。在战前日本，政治权力是财富之源，而财富则是政治权力的保障。财阀支持政党，是为了获得政治和经济利益；政党为了筹集资金，便对财阀提供各种便利。两者相互勾结，正是政党腐败并失去民心的重要原因。

在当时，各党党首都必须拥有筹集政治资金的能力。加藤高明之所以能长期担任宪政会总裁，是他作为三菱财阀的大女婿能够筹集大笔经费。高桥是清就任政友会总裁后，先是花光了原敬留下的 100 万日元，然后又花光了自己毕生的积蓄，最后没钱了便下了台。犬养毅之所以同意将自己的政党并入政友会，也是由于财源枯竭。田中义一带来的 300 万日元政治资金，是他能就任政友会总裁的关键原因。

但是，田中乃一介武夫，家里没有产业，如何能筹集到这笔巨款呢？有人怀疑田中挪用了陆军机密费。军队从事机密活动都有秘密经费，由于涉密，这些经费的使用途径既不公开，也不记账。而且，陆军在出兵西伯利亚过程中，为白卫军保管的价值 1000 万卢布的金块，此时不翼而飞。这更加深了田中的嫌疑，因为他当时正担任陆相。[1]

宪政会借机攻击政友会，要求彻查此事。政友会也进行“反宣传”：怀疑田中私吞俄国的金块，便是为海外反日势力制造口实。后来，负责调查此事的检察官突然身亡，更为此事增添了一重迷雾。

朴烈照片事件

300万日元政治资金来源不明是政友会的丑闻，而“朴烈照片事件”则是政友会反击的好素材。

朴烈是一位无政府主义者和朝鲜独立运动家，1923年9月的关东大地震中，他和女友金子文子被警方逮捕。两人在审判中供述了使用炸弹袭击皇太子婚礼的计划，于是在1926年3月被判死刑。但裕仁很快宣布对两人大赦，若槻内阁将死刑减为无期徒刑。结果在7月，一张离奇的照片流传开来。这是一张朴烈坐在审讯室的椅子上，女友金子文子坐在他腿上轻松读书的照片。为何会有这张照片呢？据推测，由于案情重大，负责此案的审判员希望朴烈和金子主动招供，最好能举报同党，以便一网打尽。因此，审判员不遗余力地讨好两人，在1925年5月安排两人见面，还为他们拍摄了这张照片。

政友会借题发挥，将这张照片用作倒阁材料。他们与民间右翼呼应，抨击若槻内阁对天皇不忠：怎能让企图刺杀皇太子之人如此悠游自在，并对他们减刑呢？其实，减刑是裕仁的命令，而且拍摄这张照片时，政友会和宪政会尚未“分手”，而法相正是政

1 松本清張：《昭和史発掘》第一卷，文藝春秋，2005年。

友会的小川平吉。如果追究起来，政友会也有责任。其实，这张照片之所以被泄露、被炒得沸沸扬扬，正是右翼巨头北一辉和政友会干事长森恪的阴谋，为的就是搞垮若槻内阁。[1]

昭和的始动

1927 年 1 月，政友会与政友本党以“朴烈照片事件”发难，在议会中提出内阁不信任案。由于政友会和政友本党此时分别拥有 161 个和 91 个席位，而宪政会只拥有 165 个席位，不信任案极有可能获得通过。

依据规定，如果不信任案通过后首相仍不愿辞职，他可以解散议会以重新大选。但是，若槻礼次郎担心无法筹集足够的资金来赢得选战，特别是在《普通选举法》通过之后，选举经费无疑会大幅增加。[2] 此时恰逢大正天皇去世，昭和天皇刚刚登基，宫廷势力不愿出现激烈的政争，于是与贵族院联手进行斡旋。在此情形下，若槻与政友会总裁田中义一、政友本党总裁床次竹二郎举行谈判。若槻提议双方休战，并承诺将于 6 个月后移交政权。田中和床次表示同意，于是撤回不信任案。

但是，宪政会渡过难关后便立即反悔，不仅不愿意交出政权，反而试图与政友本党联手以继续执政。宪政会出尔反尔，还与政友会的“叛徒”勾结在一起，这便惹恼了政友会。政友会以“震灾票据”和铃木商店的债务问题（参见二十七节）发难，在议会

1　筒井清忠 :《昭和戦前期の政党政治》，67—82 頁。
2　若槻禮次郎 :《古風庵回顧録》，読売新聞社，1975 年，288 頁。

中猛烈攻击若槻内阁。结果，藏相在答辩时自乱阵脚，引发了金融恐慌。若槻内阁请求天皇发布敕令以稳定局势，但因枢密院对于若槻内阁的对华政策不满，拒绝发布敕令。若槻迫不得已于4月宣布辞职，西园寺于是推举政友会总裁田中义一为首相，组织了政友会内阁。

在此之前，久病缠身的大正天皇于1926年12月过世[1]，皇太子裕仁继位，改年号为昭和。“昭和”一词来自《尚书·尧典》，其原文是“百姓昭明，协和万邦”，意思是民众安居乐业，官员恪尽职守，世界和平繁荣。然而讽刺的是，昭和前二十年充满了混乱，一点儿都不和谐。政党斗争、经济危机、右翼猖獗以及军部专横，加之国际大环境的变动，这一切都决定了昭和日本即将迎来的是剧变和危机交织的激荡时代。

二十五　币原外交与田中外交

上一节介绍了大正末年至昭和初年日本国内局势的变动，这一节来看这一阶段的外交政策。

“二十一条”之后的中日关系

1915年，大隈重信内阁向中国提出“二十一条”，并以最后通牒的形式迫使袁世凯政府签订《民四条约》。《民四条约》签订后，

1　原武史：《大正天皇》，朝日新聞出版，2015年。

中日关系急剧恶化，中国人民将签约的5月9日定为“国耻日”，掀起了大规模的抵制日货运动。

1916年，袁世凯去世，中国进入军阀割据时代。尽管政局动荡，但无论北方的北洋政府，还是南方的国民党政府，他们在反对《民四条约》上保持一致。在1919年的巴黎和会上，中国代表团要求收回山东权益，但因西方列强对日妥协，中国的诉求最终落空。消息传回国内后，引发了五四运动。

五四运动波及全国，发展成一场声势浩大的民族运动。以此为背景，并在美国的调解下，中国政府在1922年的华盛顿会议上成功收回了山东的权益。考虑到当时的中国是个弱国，收回山东是个不小的外交成就。中国政府再接再厉，准备收回旅顺和大连的租借权，因为如果没有《民四条约》，旅顺和大连的租借权将于1923年到期。但日本政府拒绝与中方交涉。

另一方面，考虑到中国民族主义浪潮的高涨，日本政府开始调整对华外交政策。从原敬、高桥是清、加藤高明到若槻礼次郎等几届内阁，虽不放弃在“满洲”的各项权益，但从国际合作的立场出发，重视与中国和英美的协调。他们的主要策略是不插手中国内政，如有冲突发生，也避免直接的军事干涉。

从1924年到1931年，在这七年时间里，宪政会（民政党）组织了五届内阁。在这五届内阁之中，外相都是币原喜重郎，而由币原推行的协调主义外交路线被称为“币原外交”。

币原喜重郎是谁？

币原喜重郎1872年生于大阪，与加藤高明一样，他也是东京大学法学部的高材生。币原与加藤还有另一层关系，那就是两人都是三菱财阀创始人岩崎弥太郎的女婿：加藤是长女婿，而币原则是四女婿。币原从东京大学毕业之后，成为职业外交官，在外务省一路高升，先后担任驻荷兰公使、外务次官，1919年担任驻美大使。在1922年的华盛顿会议上，他作为日本代表积极响应美国提出的“和平”与“裁军”的倡议。

针对当时国际社会对日本吞并“满洲”的怀疑，币原在华盛顿会议的总结陈词中讲道：日本在中国遵守“门户开放”和商业机会均等原则，不试图获得排他性的优先权益；中国的和平统一、繁荣安定有利于日本扩大市场和获得原材料；日本在中国的“特殊利益”明确且具体，一是数十万侨民的人身安全，二是数亿日元投资的财产安全。而这些利益正是日本政府和中国政府以条约形式确定下来的。

简单来说，币原承诺日本在中国追求的是条约规定的经济利益，而不是条约以外的政治利益。[1] 在此意义上，币原是一个“条约至上主义者”。作为帝国主义时代的外交家，币原不可能主动放弃日本的既得利益，也不会同意中国废除不平等条约的要求。在条约范围内，最大限度地维护、扩张日本的利权，便是“币原外交”的本质。

加藤高明于1924年6月组阁，邀请“连襟”币原担任外相。之前提过，1915年，加藤担任外相时，曾迫使中国接受“二十一条”，但付出了较大的政治代价。此次出任首相，加藤改弦更张，支持币原推动协调主义的外交路线。

1 幣原平和財団：《幣原喜重郎》，1955年，253—254頁。

"中国多心脏论"

币原在任期间主张"不干涉中国内政"，其实也是基于中国难以被征服的实际考虑。币原认为"中国拥有无数颗心脏"，列强根本无法一击取胜。

1927 年 3 月 23 日，北伐军攻入南京时，发生了"南京事件"。事件发生后，欧美驻华外交使团向蒋介石发出最后通牒，并准备采取军事行动。得知该决定后，币原立即召见美英两国的驻日大使，力劝不要逼迫蒋介石，以免适得其反。

币原分析道："最后通牒发出后，蒋介石只有两条路可走：接受或拒绝。如果他接受，肯定会被攻击为丧权辱国的懦夫。由于根基不稳，年轻人群起而攻之，蒋介石政权势必崩溃，中国局势将更加混乱，列强在华的利益就更难得到保障。如果蒋介石拒绝，你们只能一起出兵，用炮火惩罚他。国家和人一样，也有心脏。如果仅有一颗心脏，那么打击它，整个国家就会瘫痪。但中国有无数颗的心脏，即使一颗心脏被击中，中国的脉搏也不会停止跳动。因此，如采取以武力征服中国的冒险政策，根本不知道何时才能达到目的。"[1]

由于政令不一、军阀割据，连年内战，中国长期处于分裂状态（即"无数颗心脏"的状态）。如果列强随意干涉，内战会延长，政局会更加混乱。在这种情况下，解决政治纷争的最好办法是由中国方面自行处理。就此而言，币原的主张有其合理性。

由于在美国工作和生活的时间较长，币原对美国的政治文化

1　幣原喜重郎：《外交五十年》，中公文庫，2007 年，120—121 頁。

和政治理念有亲近感。他支持华盛顿体系，鼓吹和平，主张以贸易立国，追求富国而非强兵。对于中国，他支持“门户开放”原则，采取“不干涉中国内政”的外交方针。这一方面是为了尊重中国人民的合理诉求，另一方面同时又要坚决维护日本的利益。由于不干涉中国内政，“币原外交”一定程度上缓和了中国社会的反日情绪，同时也避免了与英美的摩擦。

从不干涉到干涉

“币原外交”对中国采取了不干涉方针，但由于军队的暗中破坏，这一方针还是被打了折扣。有两个例子可以证明这一点。

1924 年 9 月，第二次直奉战争爆发，曹锟、吴佩孚的 25 万直系大军与张作霖的 17 万奉军开战。[1] 日本政府中有人担心，如果张作霖再次战败，直系势力将涌入东北，威胁到日本在“满蒙”的权益，因此，他们要求出兵援助张作霖。不过，币原作为外相力主中立，坚持不干涉政策。后来也是人算不如天算，直系将领冯玉祥与张作霖缔结密约，在前线倒戈。在冯玉祥和张作霖的夹击下，直系战线土崩瓦解。吴佩孚在惨败后，率残部逃往南方。但尽管币原自认为不干涉政策已经奏效，可事实上，冯玉祥的倒戈有日本势力参与其中，只是币原不知道而已。

冯玉祥本就与吴佩孚不和，又在日本顾问的牵线搭桥下，与张作霖确立了合作关系。在日本顾问的建议下，张作霖向南满铁路公司借了 100 万日元赠给冯玉祥。日军特务头子土肥原贤二也

1 来新夏著：《北洋军阀史（下）》，南开大学出版社，2000 年，第 804 页。

四处活动、煽风点火，这才发生倒戈事件。由此可见，原敬试图解决的“双重外交”问题依然存在：政府有政府的方针，但军部可以搞另一套动作。[1]

再来看一个例子——郭松龄兵变。冯玉祥政变后，张作霖率奉军大举入关，沿津浦线占据直鲁苏皖等地。与此同时，冯玉祥的势力也迅速壮大，他领导的国民军兵力从 1 个师迅速扩张至 6 个师，8 万余人[2]，占据绥豫陕甘和京兆等地。奉军与国民军在华北形成对峙，张作霖与冯玉祥的关系也日趋恶化。[3]1925 年 10 月，直系浙江督军孙传芳通电反奉，为了警戒冯玉祥与之呼应，张作霖派奉军将领郭松龄进行提防。

郭松龄的思想进步，曾在南方闹过革命，还当过张学良的教官。第二次直奉战争后论功行赏，郭松龄受到冷遇，因而心怀不满。郭松龄和冯玉祥在政治立场上相互接近，且都与国民党和苏联有所联络。于是两人联合起来，准备扳倒张作霖。1925 年 11 月，郭松龄发动兵变，率领 8 万大军从前线折返，调转枪口攻打张作霖。由于事发突然，张作霖措手不及，郭松龄军屡战屡胜，日渐逼近奉天。日本陆军担心，如果张作霖垮台，郭松龄和冯玉祥背后的苏联和国民党势力将涌入东北。关东军和奉天领事馆也呼吁政府派兵援助张作霖，尽管币原喜重郎依旧反对出兵，但军部依仗着直属天皇的统帅权，还是出手了。

日军向郭松龄发出警告，禁止两军在南满铁路附近作战，这

1　池井優：《第二次奉直戦争と日本》，《法学研究》37(3)，1964 年。郭循春著：《日本陆军与第二次直奉战争》，《近代史研究》，2019 年 4 期。

2　来新夏著：《北洋军阀史（下）》，第 822 页。

3　同上，第 6 章。

就阻止了郭松龄军对奉天的攻势，给了张作霖喘息之机。张作霖急调黑龙江和吉林的部队增援，稳住阵脚。日军还派出军队直接参战，援助张作霖。由于郭松龄军是一支叛军，如果攻势顺利，可以维持内部稳定，但一旦受挫，马上就会瓦解。在日本的干预下，形势逆转，郭松龄兵败被杀。[1]

“币原外交”的破绽

“币原外交”不仅受到军部的阻挠，而且随着中国革命形势的发展，也日益出现破绽。

1924 年，在苏联的支持下，国共两党实现合作。1925 年 5 月，在上海租界，日本纱厂职员枪杀工人顾正红，引发市民抗议。随后，租界巡警开枪驱逐示威群众，造成数十人伤亡，酿成惨案，“五卅运动”由此爆发。以此为契机，中国各地掀起了打倒帝国主义、废除不平等条约、收回国权的民众运动。6 月，汉口、九江、广州等地相继发生示威群众与外国军警的流血冲突。1926 年 7 月，蒋介石率军北伐，从湖广北上，连战连捷。10 月，北伐军占领武汉三镇。12 月，国民政府由广州迁到武汉，成立武汉国民政府。1927 年 1 月，在数万名示威群众的支持下，武汉国民政府收回汉口和九江英租界。3 月 23 日，北伐军攻入南京，随后发生英、美、日领事馆及外侨商店、住宅、学校、医院被劫事件。停泊在长江上的英美军舰以此为由炮轰南京，史称“南京事件”。事件发生后，日本反对英美的这一强硬措施。币原还向驻华公使发命令，要求

---

1 臼井胜美著，陈鹏仁译：《中日关系史 1912—1926》，第 365—383 页。

通过外交途径解决，不能诉诸武力。4 月 3 日，汉口日本租界爆发流血冲突，币原选择撤侨，而不是派兵保护。

币原不干涉中国内政的政策，一定程度上缓和了自“二十一条”以来中日间的紧张局面。但币原外交在日本国内一直面临质疑，军部、反对党和右翼指责其为“软弱外交”和“屈辱外交”。此时，恰逢国内爆发金融危机，宪政会内阁在经济上一筹莫展，外交上又遭到抨击。时任首相若槻礼次郎难以维持局面，只能宣布内阁总辞职，“币原外交”也告一段落。

“田中外交”

若槻礼次郎下台后，继任首相是政友会总裁田中义一（1927 年 4 月—1929 年 7 月）。田中认为“币原外交”软弱无能，而他主张实行强硬的外交路线。田中主政时的日本外交，可被称作“田中外交”。

田中于 1864 年生于长州藩，父亲是担任轿夫的下级武士。从军之前，他当过小学教师和村公所助手，后来进入士官学校学习。毕业后，经过在联队三年半的历练，进入陆军大学。从陆军大学毕业后，田中随第一师团参加甲午战争，之后被派往俄国留学。田中在俄国生活了四年，精通俄语，是陆军中的“俄国通”。日俄战争之后，他在陆军中青云直上，先后担任军务局军事课课长、军务局局长、参谋次长，并从原敬内阁时开始出任陆相。[1]1910 年，田中创建“退伍军人会”，该组织后来发展至 300 万人，成为田中

1　纐纈厚著，顾令仪译：《田中义一：日本总体战体制的始作俑者》，第 16—22 页。

从军界转向政界的雄厚资本。

1925 年，田中出任政友会总裁，1927 年 4 月，就任首相并兼任外相。由于没有专职外相，外务次官森恪就成了实际上的外相。之前提到过森恪，他在日俄战争期间曾孤舟渡海追踪俄军的波罗的海舰队，又在若槻内阁时期策划了“朴烈照片事件”。

田中认为，东亚局势已发生变化，美、英、苏都在向中国扩张，蒋介石的北伐军也在统一中国。面对这一局势，日本需要以更加强硬的态度维护在华利益。如果说“币原外交”是在与英美合作的框架下维护日本的利益，那么“田中外交”是为了扩张日本的利益，不惜以武力与英、美、中发生冲突。[1]

出兵山东和东方会议

1927 年 5 月，蒋介石率国民政府军继续北伐，渡过长江，进军华北。田中内阁以保护约 1.7 万名侨民（济南 2100 余人，青岛 13600 余人，胶济铁路沿线 1100 余人）和 1.5 亿日元[2]的投资为名，第一次出兵山东。日本派遣关东军的一个旅团从青岛登陆，开进济南。

日本出兵是对中国主权的严重侵犯。中国政府指责日本此举违反了《九国公约》，侵犯了中国的主权和领土完整。后来，由于国民革命军在与张作霖的作战中失利，退回到长江以南，北伐的步伐出现停顿，这批日军才撤离中国。

1　纐纈厚著，顾令仪译：《田中义一：日本总体战体制的始作俑者》，第 386 页。

2　日本防卫厅战史室编，天津市政协编译委员会译：《日本军国主义侵华资料长编（上）大本营陆军部摘译》，第 137 页。

田中在出兵山东的同时，还在森恪的建议下召开了东方会议，以重新制定对华外交方针。与会者包括驻华公使、派驻在中国各地的总领事和外交官以及陆海军的重要官员。在这次会议上，田中内阁提出："满蒙"与日本的国防和国民生存有"重大的利害关系"，如果在"满蒙"的权益受到威胁，日本将断然采取行动加以保护。这意味着日本不惜动用武力也要阻止国民政府进入"满洲"。东方会议的召开，标志着日本政府已将控制"满蒙"列为了基本国策。[1]

第二次和第三次出兵山东

1928 年 4 月，蒋介石决定再次北伐。北伐军沿津浦线北上，逼近济南。田中内阁以保护侨民为由，第二次出兵山东。4 月 25 日，日军第六师团约 5000 人在青岛登陆，大部兵力沿胶济铁路西进，于 26 日进入济南。日军在济南商贸街上设置路障和防御工事，并与北伐军爆发冲突。

5 月 3 日，济南事件爆发。日军无视国际法，屠杀中国士兵和居民，并杀害了蔡公时等中国外交官员，史称"五三惨案"。[2] 此时，蒋介石不愿与日军发生大规模冲突，于是命令北伐军主力撤离，绕道北上，仅留少数部队维持秩序。然而，田中内阁决意扩大事态，实施第三次出兵，出动关东军的一个混成旅团和第三师团，日军在山东的总兵力增至 1.5 万人。5 月 8 日清晨，日军向济南发起了

1 日本外務省編：《日本外交年表竝主要文書》（下），101—102 頁。

2 杨天石著：《1928 年的济南惨案》，载《蒋介石与南京国民政府》，中国人民出版社，2007 年，第 154—156 页。

总攻，中国军民死伤过万。三天后，济南沦陷。

济南事件导致中日关系急剧恶化，蒋介石在日记中痛骂日本。此后，蒋介石的日记每每以“雪耻”开头，数十年不变。济南事件也引发了中国民众和舆论的强烈愤慨。在币原外交时代，由于英国接连制造了“五卅惨案”、“沙基惨案”和“万县惨案”，当时中国的民族主义运动多以打倒英国为目标。但在1928年5月的济南事件后，中国民众最为反感的目标又转向了日本。

田中内阁出兵山东，名义上是为了保护侨民，但实际上是为了阻挠北伐和中国的统一。不过，出兵山东未能阻止北伐的进展，张作霖的失败无可避免。尽管田中义一还想继续扶植张作霖，使其与南京国民政府分庭抗礼，但陆军中一些少壮派参谋军官则想要除掉他，直接占领整个东北。为了实现这个目的，陆军军官进行了各种尝试，并在此过程中逐步登上了历史舞台。

二十六　昭和陆军的形成

1928年5月，田中内阁制造济南事件，阻挠国民革命军北伐。但济南事件未能阻止中国的统一，日本需进一步考虑如何应对中国局势的变动。

暗杀张作霖

田中内阁出兵山东后，蒋介石指挥北伐军从济南撤离，继续追击张作霖。田中内阁决定，如果张作霖战败，必须阻止北伐军追击到关外。[1] 同时，田中内阁敦促张作霖尽早出关，撤回东北，其后在日本的支持下，与关内分而治之。

尽管田中内阁的计划如此，但一些少壮派参谋军官却有不同的打算。他们想要利用"满蒙"的资源来充实日本的国力，为下一次世界大战做准备。为实现这一目的，他们策划谋杀张作霖以引起大乱，然后以维持秩序为名占领东北。[2]

由于作战失利，张作霖于 1928 年 6 月 3 日深夜乘专列悄悄离开北京。次日清晨 5 时许，张作霖的专列开至奉天郊区皇姑屯时，被关东军埋下的炸药炸翻。张作霖身受重伤，被送到大帅府后很快就死去。这便是"皇姑屯事件"。

皇姑屯事件发生后，关东军立即发表声明，称凶手是南方的国民革命军。但日本政府高层很快便发现，事件主谋是关东军高级参谋河本大作。炸车之后，河本还唆使日本的"大陆浪人"在奉天城制造骚乱，为日军出兵创造借口。田中义一未曾料想关东军竟会暗杀张作霖，由于对此毫无准备，所以拒绝了军部的出兵提案。

东北易帜

关东军计划通过刺杀张作霖来占领东北，将关外和关内割裂开来。但事与愿违，皇姑屯事件的发生，反而推动了关外与关内的统一。

1　日本外務省編：《日本外交年表竝主要文書》（下），116 頁。

2　加藤陽子：《満州事変から日中戦争へ》，岩波書店，2007 年，80—92 頁。黑泽文贵著，刘天羽译：《两次世界大战之间的日本陆军》，社会科学文献出版社，2020 年，第 7 章。

张作霖死后，张学良接管东北。张学良从父亲的经历中吸取了教训，认识到不能依靠日本人，只有维护国家统一才有出路。因此，张学良顶住日本的压力，与南京政府握手言和。张学良电告蒋介石，表示愿意服从中央，维护国家统一。

田中内阁得知张学良的态度后，立即采取高压手段。7月，日本政府通过驻奉天总领事警告张学良，要他恪守“保境安民”的政策。同时威胁称，日本不能接受南方势力进入“满洲”，否则日军将采取行动。8月上旬，田中派出特使，利用参加张作霖葬礼的机会，再次对张学良施压，但张学良仍不为所动。

1928年年底，张学良不顾日本的威逼利诱，通电全国，宣布服从南京国民政府，东北“易帜”。南京国民政府实现了形式上的统一。[1]

昭和陆军的登场

关东军暗杀张作霖，是日本走向军国主义的一个重要节点。但这一事件并非来自政府的授意，而是一些少壮派军官擅自实施的。此后，无论是对外的九一八事变、建立伪满洲国、七七事变、对美开战，还是对内的五一五事变、二二六兵变，少壮派军官都扮演了重要角色。而以他们为代表的新型力量，被称为“昭和陆军”。

之前谈过，“一战”结束之后，世界范围内兴起和平主义的潮

1　臼井勝美：《日中外交史——北伐の時代》，塙書房，1971年，159頁。信夫清三郎编，天津社会科学院日本问题研究所译：《日本外交史》，第535—536页。

流。日本也积极推进裁军，陆军裁撤了四个师团，海军废除了“八八舰队计划”。由于社会地位下降，军人对现状不满，对前景感到悲观。当时有军人抱怨道，在反军国主义的时代浪潮下，“陆军被等同为军阀，任何穿卡其布制服之人都是国民敌人。如果他们只针对军阀倒也罢了。但是霜冻融化，道路泥泞，也被说成是军阀的责任。天气干燥，容易咳嗽，也被归咎给军阀。任何不好的事情都可以成为攻击军阀的理由”[1]。

20 世纪 20 年代是和平主义的年代，也是陆军新力量和新思潮萌发的年代。在这一时期，陆军大学毕业生开始逐步取代长州阀掌控陆军，如永田铁山、东条英机、石原莞尔、武藤章和土肥原贤二等。他们在明治末年和大正时代接受士官学校和陆军大学的教育，在昭和时代成为陆军的核心。日本尽管参加了“一战”，但由于远离欧洲战场，只在远东参加了规模很小的战役。“一战”结束后，永田铁山等人注意到战争形态发生了根本性变化。

首先，随着军事技术和军事装备的突飞猛进，战争成为国家经济和工业实力的角逐。飞机、坦克、潜艇、军用卡车等新式武器相继出现，弹药消耗猛增，战场上大量兵力的投入，都在宣告战争形态已经今非昔比。永田铁山注意到，炮弹的大量消耗贯穿于整场大战，英国共消耗 3 亿发，法国是 3.5 亿发，而德国是 5 亿发。[2] 这与日俄战争时日本 100 万发的消耗量相比，简直是天壤之别。

其次，战争不仅是国家经济和工业实力的比拼，还是国家动

1　中尾竜夫：《呪はれたる陸軍》，日本評論社出版部，1923 年。转引自藤原彰著，张冬等译：《日本军事史》，第 111 页，译文有改动。

2　岩本岳：《1910 · 1920 年代の永田鉄山——教育系将校の国家総動員構想》，《駿台史學》173 号，2021 年。

员能力的比拼。“一战”参战国为了支持长期战争，都构建了“国家总动员体制”。这是一种由国家监管一切人力物力、自然资源、交通运输、经济生产和社会活动，并在官僚系统的指引下，将它们转化为巨大战力的体制。在这一体制的支持下，国家便能够肆无忌惮地投入全部人力和物力，以求在战场上彻底毁灭对手。据统计，在“一战”期间，交战双方动员兵力近 7000 万，战死者共计 900 余万，战伤者约 2000 万。作为对照，日本在日俄战争中的全部兵力投入和损失是：动员兵力 100 万，战死 8.4 万，战伤 14 万。

军事理论家蒙特库科利曾有名言：“发动战争，首先需要金钱，其次是金钱，最后还是金钱。”这句话被概括为三 M（Money）理论。“一战”之后，永田铁山对这句话进行了修改：“战争首先是人（Men），其次是军需品（Munitions），最后是钱（Money）”，从而归纳出了“新三 M 理论”。[1] 也就是说，为了进行总体战，首先需要“全民皆兵”，其次，全国所有的工厂都应该是军需工厂，最后，必须发掘并积蓄能够支撑长期作战的经济力量。永田等人相信，巴黎和会带来的并非和平，而是休战。由于巴黎和会无法从根本上解决列强之间的矛盾，下一次世界大战的爆发不可避免。为了准备下一次世界大战，日本也要统一军政和民政以构建国家总动员体制，同时增强生产武器的工业力量。为了实现这一目标，永田等人对内试图突破大正民主和政党政治的限制，进行国家改造；对外试图摆脱华盛顿体系的束缚，控制“满洲”，以将其作为能源和资源基地。

1　岩本岳：《1910 · 1920 年代の永田鉄山——教育系将校の国家総動員構想》，《駿台史學》173 号，2021 年。

陆军幼年学校

昭和陆军是塑造日本近代史的重要力量，而永田铁山等参谋军官则是昭和陆军的骨干。参谋军官是军事技术专家，他们负责制定国防方针和作战计划，帮助军事首脑做出决策。战争期间，他们下达作战命令，监督这些命令在军队中的执行。每一次战役结束后，他们还要研究得失，总结经验。可以说，参谋是日本军队的大脑。

一般来讲，想要成为陆军参谋，需要从小就读陆军幼年学校（简称“陆幼”）。自陆幼毕业后，进入陆军士官学校（简称“陆士”）学习。自陆士毕业后，经过两年以上的联队历练，最优秀的毕业生便可以报考陆军大学（简称“陆大”）。只有从陆大顺利毕业的军官，才能成为参谋。

由于军人的精神和技能无法在一朝一夕之间养成，培养一名合格的军官需要多年的熏陶。日本为此设立了多所陆军幼年学校，招收 13 岁至 16 岁小学毕业或者初中在读的男生，学制三年，实行住宿制。军人子弟学费享受半价优惠，战死者的子弟学费全免。由于学费低廉，幼年军校深受军人、农民等中下阶层子弟们的欢迎。相比之下，政党政治家、官僚和知识分子等多出身于城市中上阶层，他们就读的往往是普通中学和帝国大学。

陆军幼年学校以外语和文化课为主，军事教育和军事训练的比重不大。学校开设三门外语课程：德语、法语和俄语，学生可以任选一门。陆幼不教授英语，这是因为陆幼的毕业生大多会升入陆军士官学校，而陆军士官学校除了招收陆幼毕业生外，还会招收普通中学毕业生。由于普通中学教授英语，这就保证了陆士的英语生生源。不过，陆军骨干都是从陆幼一路升上来的，那些中学毕业后才进入军校的人一般不受重用。陆幼的教育以德语为主，陆军军制又是仿效德国的，这就形成了陆军中崇拜德国、轻视英美的风气。

陆军士官学校

自陆军幼年学校毕业后，有志于成为职业军人的学生，可以免试进入陆军士官学校。进入陆士后，他们不仅要学习普通高中课程，还要学习战术、战史、军制、武器、射击、筑城、交通等军事课程，并接受军事训练。陆士不收费且给毕业生分配工作。原则上，毕业生都会被任命为军官。昭和陆军的所有军官，上至大将下至少尉，都曾在士官学校学习过。

此外，陆士的同级生之间存在强烈的连带感。他们从十几岁时相识，直到二十二三岁都是同学。在校期间，他们同吃同住，形影不离。毕业后，进入同一系统任职，一生都既是伙伴，又是竞争对手。昭和日本形成的诸多军官组织，如一夕会、樱会、木曜会，几乎都是由同窗会发展而来。因此，了解军官的陆士毕业期数，是把握陆军内部人际关系的重要线索。

甲午战争之后，清政府为了创建新军，曾经派遣大批学生到陆士留学。至民国时代，无论是袁世凯的北洋军还是南方的革命军，其将领多是陆士的留学生，如蔡锷、李烈钧、唐继尧、孙传芳、程潜、阎锡山、蒋介石等人。在黄埔军校成立之前，陆军士官学校是培养中国军事人才的重要基地。

陆军大学

陆军士官学校每年的毕业人数为500至600人，其中最优秀的毕业生有机会进入陆军大学学习。一般来说，凡在联队工作两年以上的少尉（28岁以下）和中尉（30岁以下）都可以报考。不过，参加考试时必须有所属联队长官的推荐。陆大的入学考试极其严格，许多考生需要反复应考才能通过（东条英机参加了3次，阿南惟几参加了5次）。从1883年开办至1945年停办，陆大总共招收了60期、3485名学生。换算可知，每届的毕业人数不足60人。

陆军大学毕业生佩戴的徽章与江户时代的天保钱相似，因此被称为“天保组”。而那些没有进入陆大的陆士毕业生，被称为“无天组”。“天保组”占据了陆军省和参谋本部所有职位，在升迁方面享受优待，基本上人人都能晋升到少将以上的军衔。而“无天组”的军官，最多只能晋升到联队长级别的大佐。由于人事上存在制度性歧视，陆军上下级军官之间的对立情绪严重，蕴藏着分裂危机。

巴登－巴登结盟

“一战”结束后，陆军大学的优秀毕业生被派往欧洲留学。1921年10月，永田铁山、小畑敏四郎和冈村宁次三人在德国南部巴登–巴登森林的温泉旅馆建立了小同盟。三人都是陆大毕业的精英，年龄都是37岁，军衔都是少佐。他们从幼年学校时相识，在士官学校时同属第16期。后来，同在德国的东条英机（陆士第17期）也加入他们，形成了四人同盟。

这四人多年来关系密切。东条报考陆军大学时，永田、小畑和冈村都已通过考试。东条在1910年和1911年连续两年落榜，第三年准备再战时，永田、小畑和冈村为他办了补习班。在好友的帮助下，东条才得以顺利进入陆军大学。[1]

为了建立由他们领导和控制的陆军体制，他们在结盟时制定了消灭派阀、刷新人事、改革军制以建立国家总动员体制的奋斗目标。[2]所谓“消灭派阀”，指消灭长州阀。长州阀以山县有朋为领袖，以桂太郎、寺内正毅、田中义一为主要力量。前面提过，田中为了进入政坛，从军队退役，他于是提拔冈山人宇垣一成为陆相。宇垣尽管不是长州人，但也被视为长州阀。在陆军之中，长期被长州阀压制的力量形成“反长州阵营”，其领袖是萨摩藩的上原勇作，主要成员包括后来的皇道派领袖荒木贞夫等人。

永田、小畑、冈村和东条计划扫除长州阀，以控制陆军中央。为了实现该目的，他们一方面支持上原勇作、荒木贞夫等“反长州阵营”与长州阀对抗，另一方面试图利用在陆军大学任教之机，拒绝录取来自长州的学生。

二叶会和一夕会

四人回国后，又召集了一批志同道合的友人，如河本大作、板垣征四郎等人，他们以研究军事和时事问题为名，组成了二叶会。后来，受二叶会影响，少壮派幕僚军官另组织了木曜会。1929年

---

1 筒井清忠：《昭和期日本の構造——二二六事件とその時代》，講談社，1996年，第4章。

2 户部良一著，韦平和等译：《日本陆军史：近代化的异化》，第277页。川田稔著，韦和平译：《日本陆军的轨迹（1931—1945）：永田铁山的构想及其支脉》，社会科学文献出版社，2015年，第9页。

5月，二叶会与木曜会合并，成立一夕会。该会共40名成员，基本囊括了陆军少壮派的核心力量。

一夕会确立了三个目标：第一，改革陆军人事，将一夕会成员安插至陆军省和参谋本部的关键部门；第二，拥立“反长州阵营”的荒木贞夫、真崎甚三郎和林铣十郎等为陆军首脑，以排挤长州阀；第三，寻找时机，占领“满洲”。[1] 至1931年九一八事变爆发前夕，一夕会骨干成员开始掌握陆军中央要职。永田铁山担任军务局军事课课长，冈村宁次是人事局补任课课长，东条英机则担任参谋本部编制动员课课长。正是在他们的支持下，关东军悍然发动了九一八事变。[2]

以永田、冈村、东条为代表的少壮派参谋认为，老一代军人是昏聩、保守的老糊涂，无论是在维护“满洲”的利益上，还是在建立国家总动员体制上，他们都缩手缩脚，现在应由年轻一代的军人来承担职责了。可事实上，少壮派参谋都是日俄战争后才从军校毕业的，他们才是缺乏实战经验的“纸上谈兵”派。而且由于自幼被灌输军事知识，他们往往缺乏对世界形势、国际知识、各国历史和社会的深刻理解。少壮派参谋一心想要弘扬国威，开疆扩土，但由于缺乏政治远见，他们只会不计后果地蛮干。1928年的皇姑屯事件、1931年的九一八事变以及1937年的七七事变都体现了这一点。

1 户部良一著，韦平和等译：《日本陆军史—近代化的异化》，第277—281页。

2 同上。川田稔著，韦和平译：《日本陆军的轨迹（1931—1945）：永田铁山的构想及其支脉》，第26—28页。

二十七　经济危机与社会动荡

上节介绍了皇姑屯事件和昭和陆军的形成，本节将介绍皇姑屯事件的处理以及日本国内的经济和社会危机。

天皇震怒与田中义一下台

皇姑屯事件发生后，田中内阁面临如何处理的难题。田中最初向昭和天皇保证，如发现日本军人参与其中，必将严惩不贷。一经调查，田中便发现凶手正是关东军和河本大作。田中起初准备揭露真相，向中国道歉，并严惩河本等人。元老西园寺与昭和天皇的近臣对此也表示支持，他们希望借机整肃军纪。

然而，这一意见却遭到陆军和阁僚的激烈反对。有些阁僚认为，如果日本承认关东军是凶手，那么将在国际社会上颜面尽失。由于此举严重违反了国际法，中国政府还将要求关东军撤出中国，并要求日本归还旅顺、大连和南满铁路。另外，河本大作的同党、二叶会的少壮派军官也四处活动，向陆军高层施压，反对披露真相。

在陆军和内阁的压力下，田中义一决定继续隐瞒。他向天皇报告称，皇姑屯事件与关东军无关，结果招致昭和天皇的斥责。关于这段内容，本书一开始就有介绍。其实，如果田中如实汇报，并对无法惩罚关东军的决定进行说明，天皇也会理解。可田中居然想蒙混过关，这就引发了昭和天皇的不满。

在天皇的震怒之下，田中义一惊慌失措。由于首相要对天皇负责，如果丧失了天皇的信任，那么就没有理由留任。田中只能辞职，并解散了内阁。尽管田中辞了职，但日本政府并未公布皇姑屯事件的真相，对主谋河本大作的惩罚，也只是让他退出现役而已。

“雄狮宰相”滨口雄幸

1929 年 7 月，田中内阁倒台，西园寺推荐民政党总裁滨口雄幸组阁（1929 年 7 月—1931 年 4 月）。民政党的前身是宪政会，宪政会与政友会造反派——政友本党于 1927 年 6 月合并，更名为民政党。

滨口雄幸生于 1870 年，四国高知县人。他出身贫寒，但自幼聪明好学。1895 年，滨口从东京大学毕业后，进入大藏省，并在此成长为一名财政专家。由于工作出色，他在省内一路高升，先后担任会计课课长、东京税务监督局局长、烟草专卖局部长、大藏省专卖局局长。1911 年，桂太郎第三次组阁时，滨口出任递信次官，并于 1913 年加入立宪同志会。

同志会总裁加藤高明赏识滨口的才能，将他作为亲信。滨口在加藤的栽培下，担任过两届藏相和一届内相，政绩卓越。[1] 他在担任藏相时积极配合加藤的裁军政策，成功削减了陆海军的军费。

由于刚正不阿、容貌威严，行为处事雷厉风行，滨口被世人称为“雄狮宰相”。但刚毅强硬的反面，往往是缺乏变通性和灵活性。马基雅维利说：“君主应该凶猛如狮子，狡猾如狐狸。”一位优秀的政治家不仅应该勇往直前，还应该变幻莫测。滨口精于前者，而拙于后者，这或许是导致他政治失败的原因之一。

滨口上台后面临两大课题：一是重建国家的经济和财政，二

---

1 今井清一：《濱口雄幸伝》上巻，朔北社，2013 年，116—119 頁。

是重回对外协调的外交路线。日本此时面临着严重的金融和财政问题。日本在“一战”期间大发横财，一些与政府关系密切的大小商人迅速积累起了巨额财富。赚到钱后，这些暴发户疯狂投机，造成市场上的泡沫剧增。举一个例子，那就是铃木商店。

铃木商店的扩张与危机

铃木商店原是一家经营砂糖、樟脑等台湾物产的小型贸易公司。1900 年，在后藤新平的帮助下，铃木商店获得台湾樟脑 65% 的贩卖权。[1] 以此为契机，铃木商店迅速扩张。“一战”爆发后，铃木商店准确预见到战争期间物资匮乏的情况，于是向伦敦支店（即分公司）下达了“Buy any steel, at any quantity, at any price.（购买任何钢铁，不论数量、不论价格）”的指令，同时向三菱造船厂订购了三艘万吨货轮，并大量囤积砂糖、小麦、面粉等军需物资。[2]

果不其然，钢铁、船舶和食粮的价格在“一战”期间持续暴涨，铃木商店通过低吸高抛迅速获得成功。其后，尝到甜头的铃木商店通过向银行融资，开启了其华丽的全球贸易模式：将智利的硝石运到俄国出售，将在俄国装载的乌克兰小麦运到伦敦出售，将伦敦的日用品运到加拿大出售，将在加拿大的小麦运到日本出售，将西贡的大米运到敦刻尔克出售，将上海的面粉、澳大利亚和阿根廷的肉类运到伦敦出售。带有“SZK in Diamonds”标志的铃木商店船队，满载货物航行在世界各大洋上。一时间，苏伊士运河

1 齋藤尚文：《鈴木商店と台湾開発—樟脳事業を中心に—》，兵庫教育大学大学院学校教育研究科修士论文，2009 年，22 頁。

2 同上，46—48 頁。

货运量的十分之一都来自铃木商店。短短三年内，铃木商店的营业额从 1 亿日元攀升至 15 亿日元。

积累了巨额财富的铃木商店扩大投资规模，开始涉足制钢、造船、煤炭、纺织、银行、铁路和石油化工等诸多行业，直接经营和投资的企业多达 80 余家。[1] 其贸易额甚至一度超过了老牌财阀三井物产和三菱商事。不过，大规模扩张也让铃木商店背负了大量债务。据统计，1924 年铃木商店的资本金为 1.3 亿日元，而负债规模却接近 4 亿。[2] 在如此高杠杆的经营模式下，一旦利润不如预期，就会出现资金链断裂的危险。

铃木商店与“震灾票据”

“一战”结束之后，世界经济陷入慢性萧条。加之 1923 年关东大地震的影响，日本的经济热潮开始衰退。铃木商店的大规模投资变成了沉重的负担，为了维持局面，需要继续融资。

铃木商店由经营台湾物产起家，与台湾银行关系密切，两者伴生成长，相互成就。尽管台湾银行此时不愿继续贷款给铃木商店，但又担心它一旦破产，已经贷出的资金无法收回。由此，台湾银行只能反复给铃木商店“输血”，防止它破产。铃木商店不停地向银行贷款，积压的债务像滚雪球一样越滚越大——至 1927 年，其债务总额已经高达 4.5 亿日元。作为对比，当时日本政府的年度预算也只有 15 至 16 亿。也就是说，铃木商店的债务额相当于国

1 桂芳男：《総合商社と関連企業—鈴木商店》，《経営史学》8（1），1973 年。

2 武田晴人著，王广涛译：《财阀的时代》，社会科学文献出版社，2021 年，第 160 页。

家预算的四分之一，而这笔巨额坏账的 80%都由台湾银行承担。[1]

在债务逾期的压力下，铃木商店一方面“以贷养贷”，另一方面又打起了“震灾票据”的主意。

1923 年关东大地震之后，为了救济在震灾中遭受损失的工商业者，日本政府颁布了《震灾票据贴现损失补偿令》。该法令规定，商业银行持有的与受灾地区相关的票据（震灾票据），可向日本银行（即中央银行）申请二次贴现。

所谓贴现，是指债权人把票据转让给商业银行获得现金，代价是贴付一定利息。而二次贴现是指商业银行可将已贴现的票据，再以贴现的方式转让给日本银行，以获得现款。如果债务人恢复了偿付能力，并按期兑现票据，日本银行便可收回垫付的资金。如果票据无法兑现，垫付的资金无法收回，政府将对日本银行进行补偿。可以说，这是一项由政府兜底债务的应急措施，目的是维护金融市场的稳定和流通性。

该法令颁布后，铃木商店和台湾银行利用与政府的关系，将大量不良资产包装成“震灾票据”，拿去日本银行贴现。至 1926 年末，经日本银行二次贴现的“震灾票据”仍有 2.68 亿日元未收回，其中约半数来自台湾银行，大部分与铃木商店相关。[2]

昭和金融危机

在当时，像铃木商店和台湾银行这种经营不善的企业和银行

1　齋藤尚文：《鈴木商店と台湾開発—樟脳事業を中心に—》，75 頁。
2　浜野洁等著，彭曦等译：《日本经济史：1600—2015》，第 166 页。

比比皆是，它们都想方设法把不良债权转变为“震灾票据”，这就造成金融风险的不断积累。

日本政府知道，如果对铃木商店和台湾银行见死不救，任其自生自灭，势必引发金融行业的地震。1927 年 1 月，若槻礼次郎内阁计划用 2 亿日元的公共资金清理“震灾票据”。如果该法案获得通过，将极大地缓解铃木商店的债务危机。由于事关经济命脉，兹事体大，若槻内阁事先与在野党政友会打了招呼：不要把金融风险作为政治斗争的工具。政友会也表示将尽量配合。

但是在审议相关法案的过程中，传出了宪政会与政友本党即将合并的消息。政友本党是政友会的“叛徒”，政友会无法容忍“叛徒”投奔敌对阵营。为此，政友会议员曝光了铃木商店的高额债务以及台湾银行操作“震灾票据”的细节，并攻击若槻内阁与政商勾结。藏相在议会答辩时自乱阵脚，引发了金融恐慌。民众蜂拥至银行取款，银行窗口出现挤兑。一批实力弱小的中小银行因资金链断裂纷纷倒闭。3 月，台湾银行与铃木商店“分手”，铃木商店立即宣告破产。因无法收回融资，台湾银行的信用也深受打击。这引发了更大规模的金融风暴，并导致若槻内阁的垮台。

田中义一上台伊始，便邀请财政专家、前首相高桥是清担任藏相，处理金融危机。高桥的对策主要有两条：一、启动宪法第 8 条，由天皇发布敕令：令所有银行停业两天，禁止任何人取款；二、所有银行在停业两天后，三周内禁止支付巨额存款。在这三周内，所有的印钞厂都开足马力，印好的钞票堆积如山，然后分发给各家银行。此时甚至出现了只一面有图案，另一面完全空白的 200 日元大钞。靠着大量发行货币，田中内阁帮助各家银行应付挤兑，度过了金融危机。[1]

然而，“大水漫灌”治标不治本，还造成通货膨胀的进一步恶化。一些竞争力差的企业和银行，在政府的财政扶植下苟延残喘，可时间一长，它们的竞争力进一步下滑，问题只会更加严重。

金本位

从原敬时代开始，政友会便一直奉行积极的财政政策，通过降低利率、增发公债、增加财政支出和公共投资促进经济景气的循环。与政友会的做法相反，若槻礼次郎、滨口雄幸等宪政会（民政党）领导人多出身于大藏省，他们重视财政的收支平衡，主张量入为出，反对过度刺激经济。因此，滨口雄幸接替田中义一后，为了根治经济和金融系统的混乱，决定推动“黄金解禁”，让日本回归金本位制。

金本位制是以黄金为本位币的货币制度。在金本位制下，每一单位的货币价值等同于若干重量的黄金。在日本，1 日元等于 0.75 克黄金；在美国，1 美元等于 1.5 克黄金。那么，1 美元相当于 2 日元。中央银行根据国家的黄金储备发行货币，货币供给量与黄金保有量保持均衡。如果黄金储备多，就可以增发货币；如果黄金储备下降，就会减少货币的发行。所谓“黄金解禁”即是指解除黄金买卖禁令，允许黄金自由买卖，包括进口和出口。

黄金进出口自由的最大优点是可以稳定汇率。如果日元汇率

1 中村隆英著，刘多田译：《日本昭和经济史（1925—1989）》，河北教育出版社，1992 年，第 33—36 页。

下降，那么日元贬值，黄金升值，出口黄金就有利可图。如果日元汇率上升，那么日元升值，黄金贬值，进口黄金就有利可图。外汇市场由此可以保持稳定，国内物价也可以保持平稳。因为如果国内物价高于国际物价，那么进口将大于出口，黄金将外流。而一旦黄金外流，中央银行就会紧缩银根，减少货币流通量，物价便会回落。相反，如果国内物价低于国际物价，日本商品就会大量出口，黄金就会内流。有了更多的黄金储备，中央银行就可以增加货币流通量，物价便会上升。[1]

滨口雄幸推进黄金解禁，首先是为了抑制通货膨胀，降低物价，控制货币发行量以平衡财政收支。其次是为了淘汰那些竞争力低下、靠银行贷款和政府补贴生存的企业，增强日本商品的国际竞争力。黄金解禁还可以稳定外汇市场，扩大进出口。"一战"期间，西方工业国纷纷放弃金本位制，禁止黄金出口（为的是以通货膨胀的手段筹集战争经费）。但"一战"结束后，美、德、英、法已经陆续复归金本位制，日本作为华盛顿体系的重要成员国，有必要与各国保持一致。

依据古典经济学的设想，如果各国货币都直接与黄金挂钩，跨国界的商业活动将平滑、快速地运行。这就好比所有国家都使用相同的货币，全球市场将联为一体，使所有人获益。但是，滨口雄幸在解禁黄金时面临一个现实的课题：如何确定日元的汇率？

1 中村隆英著，刘多田译：《日本昭和经济史（1925—1989）》，河北教育出版社，1992年，第24—26页。

黄金解禁与昭和恐慌

“一战”之前，100日元约合50美元。“一战”期间，日本脱离金本位制后，100日元约合46美元。相比起来，在旧汇率下，日元更坚挺；在新汇率下，日元贬值。如果解除黄金禁令，需考虑采用新汇率还是旧汇率。当时有人主张采用新汇率解禁黄金，以维持物价和汇率的稳定。但藏相井上准之助主张沿用旧汇率，不惜令日元升值，也要维护日元的国际信誉。

为促使日元升值，首先要降低国内物价水平。井上于是推出一整套财政紧缩政策：提高利率、减少政府开支、裁减军费、削减公共工程经费，并倡导国民节约和储蓄等。井上认为，尽管紧缩政策短期内会打击国内经济，但从长远来看，随着国内物价水平的降低和产业经营合理化，日本商品的海外市场竞争力会增强，出口将增加，经济景气也会好转。[1]

尽管滨口和井上解禁黄金的愿景很好，但他们的运气却很差。在滨口推动黄金解禁的1929年，世界最大的债权国和进口国——美国发生金融风暴，引发了全球经济大恐慌。由于财政紧缩造成国内市场缩小，经济恐慌造成国际市场萎缩，日元升值又导致出口的急剧下滑，日本经济遭遇三重打击。而滨口内阁却在1930年1月解除了黄金出口的禁令，这简直就像“迎着暴风雨打开了窗子”。

滨口内阁解禁黄金和回归金本位制的决定，产生了四个方面的不利影响：一、黄金大量外流，黄金储备下降；二、日元升值，

1　浜野洁等著，彭曦等译：《日本经济史：1600—2015》，第174—175页。

出口减少；三、出口减少，黄金储备进一步下降，中央银行紧缩银根，物价暴跌；四、物价暴跌使购买力不足，工业生产停滞不前，进而导致了大量失业。可以说，滨口为解决20世纪20年代的经济和财政顽疾，下了一剂猛药。但这种疗法并不成功，反而引发了巨大的经济和社会恐慌。

经济危机引发社会动荡

据统计，在1930年，日本出现了百万城市失业人口。大宗出口商品——生丝——的价格暴跌，使农村经济深受打击，农民的生活陷入困境。

进城务工人员找不到工作，不得已回到农村。但由于农业不景气，这些返乡的人在农村也难以生活。宫城、山形、青森、岩手等东北地区又在1931年遭受“冷夏”——夏季的低温影响水稻结穗，一些地方的稻米产量减少了三分之二。农民没有大米可吃，只得以土豆、豆子和野菜充饥。贫苦农民卖儿卖女以偿还债务或支付田租。尽管农民在经济危机时损失惨重，但大财阀和大银行的情况相对较好。由于消息灵通，国际市场一有风吹草动，他们立即调整投资策略。他们不仅避免了危机冲击，还能通过买卖外汇获得巨额利润。

在当时，政治家、官僚、大商人以及高级知识分子住在东京和大阪等大都市，他们的生活完全西化，每日衣着光鲜地看戏、跳舞、听歌剧、喝咖啡、参加宴会和购物。而生活在农村地区、占人口大多数的农民则穷困潦倒，食不果腹，衣不蔽体，陷入深深的绝望之中。严峻的经济形势催化了民间右翼和青年军官的怨愤情绪，他们认为资本主义、自由主义和腐朽的国家体制是造成民众生活困苦的罪魁祸首。为了改革内政和外交，清理政治腐败，消除贫富差距，他们发展了形形色色的法西斯主义思想，并尝试推行各式各样的“国家改造运动”。

二十八　统帅权侵犯

上节提到滨口内阁施政的两大举措，分别是重建国家财政和重回协调外交。重建国家财政的政策宣告失败，重回协调外交的尝试其结果又如何呢?

伦敦海军会议的起因

之前谈过，在1922年的华盛顿会议上，美、英、日、法、意签署了《五国海军条约》，日本同意将主力舰的规模降低至美英水准的60%。海军当时对此甚为不满，但在加藤友三郎的强力主导下，日本顺利签约。不过，华盛顿会议尽管严格限制了主力舰和航空母舰的规模，但对吨位更轻的巡洋舰、驱逐舰和潜水艇等辅助舰艇的制约较少。

华盛顿会议后，列强的军备竞赛转向辅助舰艇，争相建造装备有8英寸（20.3厘米）口径火炮、略低于1万吨的重巡洋舰。这类军舰比主力舰要小，但已是条约限制下能建造的最大吨位和最大火力的军舰。日本海军自认为在华盛顿会议上吃了亏，于是更加热衷于建造速度更快、巡航半径更大、火力更凶猛、射程更远的重型巡洋舰，以弥补主力舰的劣势。[1]

列强很快发现，尽管限制了主力舰，但辅助舰艇的竞赛仍有可能引发战争。为此，英国和美国呼吁在伦敦召开海军会议，进一步限制辅助舰艇的规模。

日本的计划

滨口雄幸决定继续裁军，以节省财政支出。据统计，在 1929 年 17.73 亿的国家总预算中，海军军费占比 15%。这与 1921 年 31%的比例相比，已经减少一半。[2] 但为了重建财政，滨口计划继续削减 30%的军费开支，因此他对伦敦会议的倡议反应积极。

面对当时的质疑之声，滨口阐述了自己的国家安全理念。他说，国防分为狭义和广义两种：狭义的国防关注军队和军备的规模，考虑如何在战场上取胜；但广义的国防还要考虑维持友善的国际环境、休养民力、健全财政，以增强国家的综合实力。外交是国防第一线，而经济是国防的基石。如果仅关注狭义的国防而忽视了广义的国防，那是得不偿失的做法。[3]

在派遣日本代表团之前，滨口内阁确立了谈判的三大目标：第一，主力舰继续维持美英 60%的水准，但辅助舰总吨位要维持美英的 70%；第二，万吨级的重型巡洋舰，要保持美国 70%的水准；第三，潜水艇保持现有的 7.8 万吨。

1　麻田贞雄著，朱任东译：《从马汉到珍珠港：日本海军与美国》，第 127—133 页。
2　今井清一：《濱口雄幸伝》下卷，117—118 頁。
3　同上，238—239 頁。

海军的分裂

日本代表团到达伦敦后，与美英的代表团讨价还价，双方始终无法达成协议。美英尽管同意日本保持美国70%（准确数字是69.75%）的辅助舰艇规模，但要求重型巡洋舰的规模必须降低至60%。[1]

围绕该谈判结果，海军内部分裂出了强硬派和妥协派。以海相财部彪为首的海军省认为，60%的重型巡洋舰规模勉强也可接受，如果采取适当的措施，仍能满足战略需求。但海军军令部则坚决主张必须维持70%的水准。甚至有军官声称："日本作为一个主权国家，有权要求与美英对等的武装权。70%的要求已是巨大让步，为何美国能够决定日本的军备计划？"[2]

海军省与军令部的意见尖锐对立，军令部部长加藤宽治大将甚至动用“帷幄上奏权”，向天皇告御状。他告诉天皇，伦敦会议的裁军方案将动摇海军的基石，并请求天皇出面制止该方案。不过，昭和天皇支持滨口内阁，一直等到内阁会议决定签约后的次日才召见他。因此，加藤宽治煞费苦心的上奏无济于事。[3]

除海军省外，滨口内阁也倾向于在裁军方案上作出妥协，第一，因为一旦谈判破裂，美国重启军备竞赛，日本的国力和财政将难以支撑。第二，谈判破裂还将导致与美英关系的恶化，美英或将在中国问题上打压日本。第三，为了回归金本位制的国际金融体系，

1 麻田贞雄著，朱任东译：《从马汉到珍珠港：日本海军与美国》，第166页。
2 同上，第157、171页。
3 伊藤之雄著，沈艺等译：《元老：近代日本真正的指导者》，第238页。

日本需要与美英合作。[1] 为此，滨口联合海军省，并在元老西园寺公望和社会舆论的支持下，压制了军令部的反对意见，批准了条约。

政府批准签约后，论争本应结束，但刚在大选中惨败的政友会，却以此挑起政争。政友会领袖犬养毅和鸠山一郎在议会中向滨口内阁发难，指责内阁无视军令部的意见批准条约，侵犯了天皇的统帅权。平沼骐一郎等右翼势力也采取行动，将该问题用作弹劾宫中亲欧美派重臣的材料。由此一来，裁军问题便引发了“统帅权侵犯”的争论，并进而掀起了一场席卷政界和军界的巨大风波。

统帅权侵犯

有关“统帅权侵犯”的争论源于对《明治宪法》的不同解释。《明治宪法》第 11 条和 12 条尽管规定了“天皇统帅陆海军，决定陆海军的编制和常备兵额”[2]，却并未规定“编制权”究竟是属于军部的统帅权，还是属于政府的行政权。政友会抨击滨口内阁的做法不合程序，是因为军令部负责指挥作战，最了解国防所需兵力，天皇要在军令部的协助下行使编制权。而在审议《伦敦海军条约》的过程中，滨口内阁竟违背了军令部的意见擅自签约，这就严重侵犯了天皇的统帅权。

但实际上，确立国防方针的问题，不仅需要军事专家的判断，还需要从国政、财政、外交等多个方面综合进行考虑。因为战争

1　麻田贞雄著，朱任东译：《从马汉到珍珠港：日本海军与美国》，第 176 页。
2　小林龍夫、島田俊彦編：《現代史資料 7 満洲事変》，みすず書房，2004 年，24 頁。

不仅是军队的事，还关系到整个国家和社会的发展和安全。从本质上来讲，军事是政治的延续，军事战略理应服从于国家的政治策略。而且《明治宪法》也明文规定，首相和内阁需要协助天皇处理一切国家事务。因此，如何确定陆海军的编制，就不仅是一个统帅权问题，还是一个行政问题。

其实，按照《明治宪法》设计者伊藤博文的设想，关于军备和编制问题，需要统帅机关（如军令部）和行政机关（如内阁）在协调一致的基础上，由军令部部长和首相辅佐天皇加以决定。就此而言，首相无视军令部部长的反对意见，奏请天皇下令签约，这尽管侵犯了军令部部长的权力，但并未侵犯天皇的统帅权。

政友会作为政党政治的先驱，不会不了解宪法的运作原理。但为了倒阁，政友会不惜挑起“统帅权侵犯”的争论以攻击民政党，这种做法无异于自掘坟墓。“统帅权独立”是政党政治的最大障碍，如果统帅权独立于内阁之外，那么政党就无法控制军队。而如果无法控制军队，那么政党内阁的统治基础就是脆弱的。无数的历史先例告诉我们，如果军队脱离了政府意志的管控，那么政府将不得不服从军队的意志。政友会为“统帅权独立”摇旗呐喊，这就为军部介入政治打开了大门。

果不其然，在此之后，军部屡屡以“统帅权独立”为由挣脱内阁和议会的控制。为了向军队灌输“统帅权独立”的思想，陆军大学在1932年还出版了一本名为《统帅参考》的教科书。书中指出，“统帅权独立”是军队力量的来源；军队在行使统帅权时，无须对议会负责；议会无权提出质疑，要求解释，以及批评或责难军部的行动。正是依仗着“统帅权独立”，陆军屡次无视内阁反对，擅自在中国挑起事端，肆意扩大侵略战争。[1]

事件结局

政友会率先开炮后，海军军令部备受鼓舞。他们追随政友会的说辞，声称内阁和海军省的决定侵犯了天皇的统帅权。面对政友会和军令部的攻势，内阁和海军省展开反击。最后，依靠着元老、财界和议会多数党的支持，滨口内阁终于压制住了反对派的声音。

由于《伦敦海军条约》已完成签署，军令部负隅顽抗也无济于事。如果废除条约，日本将沦为国际社会的笑柄。事已至此，要如何收场呢？按照"喧哗两成败"的传统做法，争吵双方各打五十大板，军令部的"强硬派"成员和海军省的"妥协派"成员相继辞职，以平息事态。但事件在海军内部造成的分裂却难以挽回，支持签约的力量形成"条约派"，而反对签约的力量则形成"舰队派"。两派之间尖锐对立，导致高层人事的剧烈变动。就结果而言，"条约派"取得暂时胜利，但长远来看，"舰队派"逐步主导了海军。

法西斯运动

1930 年 11 月，一名右翼青年在东京车站刺杀滨口首相，这标志着日本进入刺杀和军事政变频发的 30 年代。从 1931 年的三月事件、十月事件，经 1932 年的血盟团事件、五一五事件，再到 1935 年的相泽事件和 1936 年的二二六兵变，在接连不断的恐怖

1　日本读卖新闻战争责任检证委员会著，郑钧等译：《检证战争责任：从九一八事变到太平洋战争》，第 18 页。

事件的冲击下，日本自大正时代以来建立起来的对内民主、对外协调的国家发展路线难以为继，政党政治和议会政治日趋瓦解。

自大正时代以来，自由主义和政党势力取得了长足发展。1922年日本加入华盛顿体系，1924年确立两大政党制，1925年通过《普通选举法》，1928年举行第一次全民大选。政党政治看似终于走上正轨，但国内外的政治和经济动荡打断了这一进程。滨口内阁金融政策的失误加剧了经济危机，而1930年的伦敦海军会议进一步引发了政坛分裂。在此情形下，民间右翼和青年军官开始认为：政党政治和议会政治是日本糟糕现状的罪魁祸首。政治家、财阀和天皇身边的“奸臣”对内蒙蔽天皇，压榨百姓，对外软弱无能，出卖国家利权。《华盛顿条约》限制了日本的军事力量，《伦敦海军条约》继续裁减日本的军备。国民政府统一中国后，日本在“满洲”的权益也岌岌可危。

在这“内外交困”的危急关头，法西斯主义运动蔓延开来。民间右翼和青年军官以铲除自由主义、消灭政党政治、摆脱华盛顿体系为目标，多次发动暗杀和军事政变。20世纪30年代的恐怖活动破坏了政党政治，削弱了稳健派领导人的政治优势，最终扭转了日本的前进方向。

二十九　北一辉的国家改造构想

进入昭和时代后，日本发生了一系列经济和政治危机，在军队和知识分子之中，出现了改造国家的呼声。他们中有些人认为，由于内阁软弱、议会堕落、政党腐败、贵族院保守，可以承担国家改造重任的唯有军队。这种寄希望于军队以实施国家改造的思潮，结晶出种种法西斯主义理论和学说。这一讲，我们以北一辉为例，来看民间法西斯人士的国家改造构想。

充满挫折的少年时代

北一辉 1883 年生于新潟县佐渡岛，原名北辉次郎，后来在中国参加革命时改名为北一辉。新潟面朝日本海，多雨多雪，盛产稻米和日本酒。佐渡岛孤悬海上，在古代被用作犯人流放地。当地居民大多从事渔业，也有人去金矿做矿工。北一辉的父亲经营酿酒厂，做过町长，参加过自由民权运动，是当地有钱有势的头面人物，但尔后因投资不善，导致家道中落，生活开始坠入困境。

北一辉自幼聪明，喜好读书，擅长文学，是个骄傲的少年。但很不幸，从 9 岁起，他的眼睛得了一种怪病——眼角会不断长出翼状胬肉，如果不去管它，便会覆盖整只眼睛。北一辉的眼病时好时坏，为了接受治疗，他经常往返于东京和新潟之间，学业大受影响，最后没参加大学考试便退学了。1901 年，北一辉的右眼最终失明，当时他年仅 19 岁。

在此期间，北一辉经历了许多挫折，包括未能报考大学、右眼失明、父亲去世、家庭破产，以及与女友分手。经历一连串的变故和磨难后，北一辉在思想上迅速成熟。在这最灰暗的人生时刻，北一辉尝试以写作改变命运。但因立场激进，他向书刊报纸投的稿经常被拒。[1]

1　田中惣五郎：《北一輝——日本的ファシストの象徴》，未来社，1959 年，第 1 章。

《国体论及纯正社会主义》

1905年，日俄军队鏖战正酣。22岁的北一辉来到东京，跟随弟弟在早稻田大学旁听。没有课的日子，他就从早到晚泡在上野图书馆，构思如何利用国家的力量实现社会主义。

北一辉是自学成才的思想家，未曾接受过他人的指导。经过一年多殚精竭虑地写作，他写出了998页的皇皇巨著《国体论及纯正社会主义》，并于1906年5月自费出版。然而，该书仅出版5天后便被查禁，北一辉还上了秘密警察的黑名单。

该书尽管被查禁，但也让23岁的北一辉暴得大名。当时许多大牌的左派知识分子，如幸德秋水、片山潜、河上肇都称赞该书是天才的著作。这本书的主要内容有二：一是抨击当时流行的国体论，二是阐释北一辉认定的“纯正”的社会主义。

国体论这个概念既简单又复杂。简单来说，“国体”是指国家的存在形态、组织样式或者说国家体面。但此时尚没有任何官方学说对“国体”进行定义，所以这个概念可以衍生出无数种阐释。其实，正因官方避免对其进行明确的意识形态化，国体论才拥有近乎无限的囊括力和解释力。

“国体”大规模被讨论始于幕末和维新时期。由于面临西方的冲击，一些学者开始鼓吹日本固有传统、文化和社会制度的优越性，通过自吹自擂来克服军事和经济上的自卑感。他们声称，日本是神国，天皇是太阳神的后裔，天皇制是人类历史上最优越的社会制度，日本民族最高尚，日本文化最高贵，与日本相比，西方人都是茹毛饮血的污秽的野蛮人。这种自我陶醉的言论和对历史传统的极端美化便是国体论的最初内容。

明治维新后，为了向民众灌输他们属于同一民族和同一国家的身份认同，日本政府继续鼓吹这种国体论。在政府的宣传下，天皇被塑造成日本民族、国家、社会、文化和历史的核心，日本历史被描述为万世一系、绵延不绝的天皇家族统治史。由此，天皇成为神圣不可侵犯的绝对存在，而对天皇的无限忠诚则成了日本人的崇高义务。国体论作为官方意识形态确立下来后，任何质疑这种说辞之人，都会被认为是大逆不道的“卖国贼”。

北一辉的挑战

22 岁的北一辉挑战的正是这种国体论。他以具体的史实论证，对官方宣传的国体论进行了驳斥。

在北一辉的论述中，天皇是人不是神，日本历史并非天皇的家族传记，天皇也并非日本历史的核心。自古以来，天皇的忠臣义士少之又少，大部分的国民都是乱臣贼子。日本政府鼓吹的悠久历史，一半都是传说和神话，有据可依的历史最多只有 1500 年。在这 1500 年中，真正由天皇统治的时间不足 500 年，其余的时间都是贵族和武士在统治。而且，日本的国体在历史上一直变化，天皇的存在样式也在不断变化。[1]

与官方宣传的国体论相比，北一辉对于天皇历史的认识更加准确和客观。天皇家族来自九州某个角落，在远古时代，他们只不过是“跳大神”的祭司和烧杀抢掠的部落首领。在扫平一些小部落之后，天皇才成为拥有最高权力的国家君主，并在大化改新

1　北一輝 :《北一輝著作集 1》，みすず書房，1959 年，370—371 頁。

时开始被神化为神的子孙。只有此时的日本，才是真正的君主制国家。进入中世后，贵族和武士开始崛起。在大概700年间，天皇退为地方豪强和军事贵族的傀儡，日本也从君主制国家转变为贵族制国家。明治维新后，日本确立起社会民主主义的政体，建立了由天皇和国民共同统治的近代公民国家。因此，明治维新后的天皇虽是最高的国家权力机关，但他并非日本的主人，而是全体国民的代表。除天皇外，日本还有另一个最高的权力机关，那便是代表人民意愿的议会。[1]

有学者评价称，如果说制定《明治宪法》的伊藤博文强调的是“天皇的国民与天皇的日本”，北一辉则将其主宾颠倒，变成了“国民的天皇和国民的日本”。[2]换句话说，不是天皇拥有日本，而是日本国民拥有天皇。天皇虽是国民的总代表，是为国家服务的重要机关，但并非日本的主人。日本统治权的本体属于国家，而不属于天皇个人。北一辉认为，经由1889年的《明治宪法》确立的公民国家政体才是日本真正的“国体”。

北一辉论社会主义

北一辉抨击官方的国体论和天皇神话的同时，对天皇制也寄予了厚望。他认为，只有利用天皇的权威，才能在日本促成革命以实现社会主义。

北一辉说，日本本应是个社会主义国家，因为明治维新的宗

1 北一輝：《北一輝著作集 1》，231—232 頁。
2 久野收，鶴見俊輔：《現代日本の思想》，岩波新書，1956 年，127—128 頁。

旨即在于实现民主主义和社会主义。“五条御誓文”中“万机决于公论”的口号是对民主主义最生动的表达。《明治宪法》还规定，只有天皇拥有特权，其他所有国民一律平等（一君万民），而日本要由天皇和国民共同治理（君民共治）。

然而，尽管明治维新和《明治宪法》有如此崇高的理念，现实情况却恰恰相反。当时的日本既不是“一君万民”的国家，也不是“君民共治”的民主政体。党阀、军阀、财阀、官僚和贵族等特权阶层横亘于天皇和国民之间，他们打着天皇的旗号掌控国家，对人民实施专制统治。在经济体制上，日本还是一个由地主和资本家共同支配的阶级国家。因此，为了回归明治维新的最初理念，必须推翻专制政体和资本主义。为了实现该目的，需要在经济上推进土地和生产资料的国有化和公有化[1]，在政治上实现普选[2]。

北一辉认为，只有在国家力量的强大推动下，才能实现社会主义。而只有实现了“一君万民”和“君民共治”的社会民主主义，才是“纯正”的社会主义。

北一辉与中国革命

23岁的北一辉，殚精竭虑写下这部近千页的巨作，期待能一鸣惊人。但事与愿违，该书出版5天后就被查禁，他还被视为危险人物，秘密警察每天尾随他。北一辉无法施展政治抱负，感到

1　北一輝：《北一輝著作集1》，59—60頁。
2　同上，389頁。注：《国体论及纯正社会主义》出版于1906年，日本实现男性普选是在20年后。

万分沮丧。此时中国革命运动的兴起，给了他在海外参加革命的机会。

1906 年，北一辉加入同盟会，开始了他长达 13 年的中国革命生涯。北一辉与同盟会元老宋教仁、谭人凤、张继最为要好。为了支援中国革命，他在日本四处奔走，筹集资金。1911 年武昌起义爆发后，北一辉应宋教仁的邀请来到上海。1913 年宋教仁被刺身亡后，北一辉悲痛欲绝，甚至产生幻觉，总能看到宋教仁的亡灵。为了缓解这种痛苦，他埋头于佛学。1915 年至 1916 年，他撰写了《中国革命外史》，向日本介绍中国革命，继续争取外援。与此同时，他还批评大限内阁向中国提出的“二十一条”。

1919 年，五四运动爆发后，反日浪潮在各地此起彼伏，北一辉倍感失落，认为自己在中国已无容身之地。他在上海撰写了《日本改造法案大纲》，写完后返回日本，准备将这一革命蓝图付诸实践。

成为右翼巨头

回国后，北一辉凭借着经历、思想和文笔，吸引大批右翼分子和军人拜入门下。此后在很多政治事件中，都能看到他的身影。

1920 年，日本发生了一起“宫中某重大事件”。所谓“某重大事件”是指事关重大，但内容敏感需隐匿真相的事件。这一事件是指，久迩宫公主良子被选作皇太子未婚妻后，发现其母亲家族有色盲遗传史。出于对皇室健康的考虑，山县有朋要求女方解除婚约。对于山县的要求，久迩宫家和萨摩阀（良子的生母正是萨摩藩主之女）表示反对，右翼势力也极力反对。由于婚约已经公布，如果以女方健康状况不佳为由取消婚约，将损害皇室的名誉。

为此，北一辉等右翼势力通过各种途径猛烈攻击山县有朋，甚至出现有人将刺杀山县的传闻。在北一辉和右翼的执拗攻击下，山县狼狈不堪。后来皇室声明不取消婚约，此事才得以解决。

1921年，北一辉的门徒朝日平吾，刺杀安田财阀的领袖安田善次郎后自杀。朝日深受北一辉影响，认为财阀贪婪卑鄙，积累了巨额财富，却不尽社会责任。于是，朝日决心以“一人一杀”的非常规手段促使社会觉醒。朝日的刺杀引发了社会上的强烈共鸣。据说，为朝日举行葬礼时，参加者多达千人，而前往安田家吊唁之人则寥寥无几。对于财阀横死的遭遇，国民大众的态度极为冷漠，甚或有些幸灾乐祸。[1]

这次事件后，心有余悸的三井财阀开始按月资助北一辉，以缓和他的“反资本主义”倾向，并换取右翼活动的情报。此后，北一辉无所事事，但每月有大笔款项进账。他住在豪宅里，家里有数位女佣，出门有私人汽车，俨然成了右翼巨头。北一辉的精神状态此时已不太稳定，他每天除了诵读佛经，便是与妻子扶乩占卜。

然而，北一辉的著作已经被青年军官和右翼分子奉为国家改造的圣经。1927年，北一辉的大弟子西田税创建“天剑党”，以《日本改造法案大纲》为革命蓝图，网罗中下级军官策划夺权。1930年伦敦海军会议期间，北一辉又发明了“统帅权侵犯”的概念，为在野党和军部破坏政党政治提供了利器。1936年，陆军青年军官发动的二二六兵变失败，北一辉旋即遭到逮捕，并于次年以“教唆兵变的思想主导犯”的罪名被枪决。北一辉因《日本改造法案

1　堀幸雄著，熊达云译：《战前日本国家主义运动史》，社会科学文献出版社，2010年，第85—89页。

大纲》确立了右翼巨头的地位，也因这部著作断送了性命。

《日本改造法案大纲》是北一辉设想的革命总方针和总蓝图，1919 年写于上海。大川周明将书稿带回日本后，秘密印刷了 47 部，马上就被政府查禁。那么，这本书究竟有哪些内容，会让政府如此提防呢？

《日本改造法案大纲》的内政构想

北一辉在本书开篇写道，日本正面临着内忧外患的双重危机，国民生活陷入不安，而既得利益者却袖手旁观。党阀、财阀、军阀、吏阀窃取国家权力，罔顾民族和社会的危机，置人民于水深火热之中。在这种情况下，投票、选举等和平变革手段已经失效，只有依靠军事政变等非常规手段才能打破现状，实现“一君万民”的政治理想。

北一辉认为，政变需要发动者、主要力量和社会基础三方的共同参与。政变的发动者不是别人，正是天皇。天皇利用手中的大权，冻结宪法三年，解散内阁、众议院和贵族院，并颁布戒严令。军人没有利己心，效忠于天皇和国家，可以充当政变的主要力量。而政变的社会基础则是遭受特权阶层压榨、生活困顿的广大国民。天皇在政变期间广求天下英才，以成立新的辅佐机关——顾问院。之后，所有年满 25 岁的男性国民直接选举产生改造内阁。在此期间，依靠退伍军人维持社会秩序。[1]

新体制确立后，便着手推进具体的改革。首先，限制私有财产，

1 北一輝：《北一輝著作集 2》，221—231 頁。

对象包括家庭财产、私有土地和私营企业的资本金。在戒严状态下，退伍军人有权登门入户调查所有家庭和企业的财产状况。超过一定额度的财产，国家可以无偿没收，如有人拒绝，则处以死刑。关系到国计民生的重要行业，将由国家统筹经营，获取的利润用于保障国民生活。[1]

依据北一辉的讲法，限制私有财产并不是否定个人的所有权，而是要使国家的资源为国民共享。他希望以这种方式缓和阶级对立，缩小贫富差距，同时建立国家大资本，使日本能够与欧美列强竞争。[2]

另外，北一辉还主张保护劳工权益，如八小时劳动制、休假权、工人代表参与企业经营、工人参与企业分红、禁止使用童工、性别平等和同工同酬等。[3]在社会福利方面，国家有责抚养和教育15岁以下的儿童，并照顾年满60岁的孤寡老人。6岁以上的儿童都要接受为期10年的义务教育，但英语课要被取消，代之以世界语。[4]

《日本改造法案大纲》的对外构想

在对外政策上，北一辉也有一整套的见解。他说，日本应该对外扩张，建立一个北起西伯利亚、西到缅甸、南至澳大利亚的大帝国。为了实现这一目的，日本可以主动发起战争。

北一辉主张，一国有权发动的战争有三种：一是自卫战争，

1　北一輝：《北一輝著作集 2》，228—237 頁。

2　同上，240—242 頁。

3　同上，245—257 頁。

4　同上，249—250 頁。

二是帮助他国免遭压迫的战争，三是争取人类资源合理分配的战争。[1]“日不落帝国”英国是地球大富豪，俄国是北方大地主，而日本则是国际无产者。无产者有权从富豪和大地主手中夺取生存资源，因此，日本有权向英国和俄国开战，这便是“积极开战的权利”。[2]此外，北一辉还强调，日本有责任“维持”中国的独立自主，也有责任“帮助”印度实现独立。不过，北一辉的这种见解并不是出于对中国和印度主权的尊重，而是认为日本作为亚洲的盟主有权领导中国和印度。从本质上讲，这是“亚洲的门罗主义”。

总的来说，北一辉的国家改造构想包括三步：首先，发动政变，推翻旧体制；其次，建立新体制，实施彻底的国家社会主义改造；最后，对外侵略，在东亚建立帝国。为实现这一构想，北一辉希望天皇以大权扫除既得利益阶层，形成国家大资本，对内平权，对外扩张。

《日本改造法案大纲》是一种试图彻底否定现有体制，一举实现国民平等、自由和国家富强的激进构想。然而，在不可变动的约束条件下，适宜的政治选择只能是次优的和渐进的，而为实现某种“理想王国”强行推进的极端政策，其破坏作用远远大于建设作用。试想，为了实现国内的“自由与平等”，而将现存的生产关系和制度框架整体颠覆，那么在政治动荡、经济衰退和社会撕裂的状况下，这种“自由和平等”即使得以实现，又有什么意义呢？又试想，为了实现日本在国际社会上的崛起，而将现有国际体系完全颠覆，那么在一个丛林世界中，以无数流血和牺牲换来的“国

1　北一輝：《北一輝著作集 2》，274—275 頁。
2　同上，272 頁。

家霸权”即使确立，又能维持多久呢？

北一辉的国家改造构想，多源于他参加辛亥革命的经验。他说，动员军队是达成革命最有效的手段。北一辉还主张，对外战争对培养统一的国民意志至关重要。在国家改造成功后，必须进行对外战争，以塑造国民的新观念和新意志。在日本后来的历史展开中，法西斯主义者也将这些设想付诸实践。

北一辉的国家改造设想吸引了军队中的许多年轻人，从而使得青年军官成为国家改造运动的重要力量。但是，与青年军官不同，陆军大学毕业的中坚幕僚对于国家改造又有不同的设想。让我们以石原莞尔为例，来看陆军参谋中的国家改造运动。

三十　石原莞尔的“最终战争论”

由于不掌握国家政权，北一辉只能以旁敲侧击的方式推行自己的构想。与北一辉不同，陆军中枢部门的参谋军官可以直接动用军队去实践他们的构想，石原莞尔就是这样一位人物。

石原莞尔的生平

1889年，石原莞尔生于山形县鹤冈市，与另一个右翼思想家大川周明是同乡。山形和北一辉的老家新潟一样，都是多山、多雪、冬季寒冷的偏远地区，或许正是这种环境容易造就天才加疯子。石原自幼聪慧，梦想是成为陆军大将。13岁时，他进入仙台陆军幼年学校学习，在军校里，石原大部分时间都在看闲书，但成绩却名列前茅。石原脑子聪明，但性格孤傲。据说有次在绘图课上，教官要求学生提交一份写生作业，石原竟画了男性生殖器交了上去，旁边还有一行字：“我的宝贝，画于厕所。”这件事多少有些夸张，但石原特立独行的性格由此可见一斑。[1]

16岁时，石原升入东京陆军幼年学校（相当于士官学校预科）。18岁时，又进入士官学校。在校期间，石原大量阅读战史、政治、哲学和思想类的著作，没费什么力气，就获得步兵科第三名的成绩。但由于“品行不端”，经常顶撞上级，毕业成绩被列为第六，以一名之差未获天皇的恩赐怀表。毕业后，他被分配到福岛县新成立的联队任见习士官。在联队中，石原还是不改他孤高自傲的做派，因此不受长官欢迎。

之前提过，最优秀的士官学校毕业生，在联队锻炼两年后可以报考陆军大学，但有一个条件，是获得所属联队长官的推荐。因与长官关系不佳，石原本来无望获得推荐。可是石原所属的联队由于成立不久，迄今为止无人考入过陆军大学。因此，尽管联队长官不喜欢石原，但仍希望他打破这个零的纪录，于是动员他报考。[2]

陆军大学的入学考试极难，但石原却“裸考”通过笔试，然后参加面试。笔试测试的是基础知识和理论，面试考的是想象力和临场能力。面试时，一位考官问道：“使用机关枪最有效的方式是什么？”石原答道：“装在飞机上，扫射步兵。”听到这个回答，考官们都愣住了。因为这是1915年，飞机在战场上的主要作用是

1 阿部博行：《石原莞爾：生涯とその時代》第一卷，法政大学出版局，2005年，227頁。

2 石原莞爾著，玉井礼一郎編：《石原莞爾選集》第三卷，115頁。

侦察，但石原已经料想到可以用于对地攻击。[1]石原在陆军大学依旧我行我素，成绩却很好。他博览群书，1918年以全校第二名的成绩毕业，获天皇恩赐军刀。据说，石原的成绩本来是第一，但首席毕业生要在天皇面前做报告，教官们担心石原做出出格的事来，于是把他的成绩改成了第二名。[2]

石原莞尔与《法华经》

1920年，石原参加宗教团体“国柱会”。“国柱会”由田中智学创立，是当时极具影响力的宗教团体。

田中智学主张，以《法华经》改造日本、统一世界（“立正安国”）。如果众生都皈依《法华经》，那么“现世成佛”的理想便可实现（“一天四海皆归妙法”）。为建立政教合一的佛教日本，田中智学努力迎合天皇制的理念：在国内关系上，将“国体”与佛法等同起来，将天皇与转轮王等同起来（“王佛冥合”）；在对外关系上，又将国力的膨胀与教义的推广结合起来。换句话讲，在天皇和《法华经》的指导下，日本不仅要革新国内政治、经济、社会和伦理，还要以“道义”统一世界，创建新的全球秩序（“八纮一宇”）。在此过程中，日本国与反《法华经》势力之间，势必爆发“人类前所未闻的大争斗”。[3]

石原从小就对日莲和《法华经》感兴趣，加入“国柱会”后，

1　阿部博行：《石原莞爾：生涯とその時代》第一卷，63頁。

2　同上，69頁。

3　大谷栄一：《近代天皇制国家と仏教的政教一致運動：田中智学の国体論的日蓮主義運動の場合》，《年報社会学論集》8，1995年。大谷栄一：《戦前期日本の日蓮仏教にみる戦争観》，《公共研究》3（1），2006年。

更对田中智学倾心不已。在田中智学的影响下，石原开始将《法华经》教义运用于军事研究。1922 年，他被派往德国留学。在柏林期间，他醉心于研究腓特烈大帝和拿破仑的军事战术。回国后，在陆军大学教授欧洲古代战史，并著书立说阐述他的“最终战争构想”。

1928 年 8 月，石原在河本大作的推荐下，被调任至关东军担任作战主任参谋。河本是皇姑屯事件的主谋，而皇姑屯事件是九一八事变的预演。河本大作在前，石原莞尔在后，两人都想通过谋略吞并“满洲”。1929 年，板垣征四郎也被调到关东军任高级参谋。石原和板垣开始掌控关东军，一时有“智谋之石原、实行之板垣”的说法。石原和板垣为占据“满洲”拟订了周密的计划，并于 1931 年 9 月 18 日断然实施。

石原的“最终战争构想”通过九一八事变迈出第一步。但此后，石原的主张却屡屡受挫。再到后来，石原甚至被赶出陆军。之所以会这样，主要原因是他与东条英机不和。

与东条英机的对立

东条较石原年长 4 岁，两人在士官学校相差 4 级。不知道从何时起，两人的关系开始变得险恶。石原瞧不起东条，一有机会就侮辱他，东条也非常忌惮石原。在天赋上，东条确实不如石原。石原轻松考入陆军大学，并以全校次席成绩毕业，而东条则是考了三回才考上，在校成绩也不突出。在陆军中，石原靠着才华被提拔，东条则是靠着勤奋获得晋升，甚至还把“努力即权威”当作了座右铭。

1937 年七七事变爆发前，石原升任参谋本部作战部部长。作战部是陆军最核心的部门之一，担任这一职位，意味着石原进入陆相和参谋总长的后备人选梯队。七七事变爆发后，陆军的主流声音是扩大战事，石原却力主“不扩大”。由于石原处处掣肘，所以他很快被“打入冷宫”。1937 年 9 月，石原被派往关东军任副参谋长，而此时的参谋长正是东条英机。由于性格、见解和行为方式都格格不入，两人的共事成为对彼此的折磨。

在关东军司令部，东条和石原的办公室相邻，但两人极少会面，有关事务均通过副官传达。据说，副官把文件草稿拿给石原审阅，石原一边读一边用铅笔修改。一般来说，经石原修改的文章，都会增色不少。副官们再把文件拿给东条，而东条就会用橡皮把石原的意见一条条擦掉。这反映了两个人之间的不和，也反映出东条的气量狭小。石原曾当着东条的面骂道：“你就是一个强词夺理的军曹。”东条此时已是中将，石原却嘲讽他是“上等兵”。[1]

1940 年，东条升任陆相，权倾朝野。他憎恶石原，想方设法要把他赶出陆军。在东条的安排下，石原于 1941 年 52 岁时退出现役。东条仍不放心，派出秘密警察监视他。每当警察前去盘问，石原都会嘲笑道：“快回去报告，石原正和同伙商量如何打倒东条。”[2]

1944 年 6 月，日军在太平洋战场上的形势岌岌可危，一些人密谋暗杀首相东条以收拾事态。暗杀计划尚未实施，东条便辞职下台。有迹象显示，石原参与了这次计划，因为该计划设想政变成功后，由石原出任陆相接管陆军。在东京审判中，由于石原与

1　保阪正康著，陈心慧译：《昭和的怪物：二战日本的加害者及其罪行》，远足文化，2019 年，第 52—53 页。

2　同上，第 55 页。

东条不和，并反对大规模侵华，又因九一八事变的阴谋尚未曝光，他竟然未被列为战犯[1]。

在东京审判期间，石原作为证人出庭。有人问他：“你和东条英机之间是否存在意见对立？”石原答道：“我有意见，东条没有意见。东条没有思想，怎么会有意见？我和没有意见的人之间怎么会有意见对立？”他还嘲讽法庭上的法官：“你们逮捕的这些战犯，包括东条英机在内，都是趋炎附势、奴颜婢膝的狗奴才，没有一个人值得花钱和精力来审判。美国作为一个世界大国，居然抓住一群狗来审判，这将被后世耻笑。这真是美国的耻辱，你们还是结束审判赶紧回去吧。”[2]

持久战与歼灭战

通过上述介绍，我们可以了解石原张扬的个性。石原说话带刺，喜欢讽刺别人，但又能一语中的地抓住要害，所以很有煽动性。石原头脑聪明，有自己的理论和构想，军中很多人将他视为天才。

石原的军事天赋体现在两个方面：一是明晰的分析能力，二是准确的直觉。基于对欧洲军事史的深入研究，石原形成了其独特的战争哲学，即“世界最终战争构想”。

石原认为，战争存在两种类型：一是持久战，二是歼灭战。[3]

---

1 九一八事变的全部真相，直至 1956 年主谋之一的花谷正发表回忆录后才大白于天下。

2 保阪正康著，陈心慧译：《昭和的怪物：二战日本的加害者及其罪行》，第 50—51 页。

3 石原莞尔著，郭介懿译：《最终战争论 战争史大观》，广场出版，2013 年，第 1—2、53—54 页。

歼灭战的关键在于速战速决，在尽可能短的时间内包围并歼灭敌军主力。歼灭战要求军事指挥权高度集中，各军事部门之间密切配合，严格执行命令。但如果战场上无法立即分出胜负，那就不得不进入僵持阶段，战争形式将转变为持久战。在持久战中，最终决定胜负的关键要素是国家力量，包括人口、领土、工业实力、能源和资源，以及社会动员能力。能够坚持到最后的一方将获胜，不能继续消耗的一方将被打败。因此，持久战的关键在于政治战略与军事战略的高度统一。

日本是个贫穷的小国，缺少煤铁资源，农地也狭小，资源和能源高度依赖国际市场，如果在下一场大战中与对手进入持久战，日本要如何在经济封锁下坚持下去呢？石原的答案是：占领“满洲”，以实现国防资源的自给自足。[1]

最终战争构想

石原认为，“一战”结束后的世界和平只是暂时现象，列强之间迟早会爆发下一次战争。石原相信日莲在600年前的预言——“人类将发生前所未闻的大争斗”，这个预言为他的军事研究树立了不可动摇的目标。

石原分析预测，国际政治经过各种斗争和组合，最终会形成欧洲、苏联、东亚和美洲等四大强权。欧洲会因内部分裂而衰落，苏联会因过度集权而崩溃，只有美国和日本会留到最后。日本和

1　马晓娟著：《石原莞尔与侵华战争》，江苏人民出版社，2021年，第149、151—152页。

美国之间爆发的争霸战，即人类的末日之战。[1]

为了准备末日之战，日本需要积蓄30年的国力。在这30年里，日本需要建立东亚联盟，将欧美势力逐出东亚。在日本的领导下，东亚各国以经济和政治合作推进工业大革命，使日本国力得到飞跃式提升，最后迎来与美国的决战。[2]

在这场大决战中，双方使用战斗机和人类终极武器作战。战斗机能够环球飞行，而人类终极武器类似于核武器。双方将不分男女老幼、山川草木，以摧毁对方全部国民和国土为目标。[3]在这场将延续20年的歼灭战中，一半以上的世界人口都将死亡。但战争结束后，东西方文明融合，世界归于一统，人类将实现绝对的和平。[4]石原说，战争是最悲惨、最悲哀、最令人憎恶的事情，但只有战争才能帮助旧文明脱胎换骨，帮助新文明诞生。[5]

基于这种战争构想，石原主张必须占领中国的“满蒙”，以解决日本的粮食、能源、资源和人口问题。经济自给自足，才能放手准备最终战争。此外，日军占领“满蒙”的军事成功还能鼓舞民心，使国民团结。[6]于是，石原和板垣在1929年7月制订了以谋略制造事端、借机占领“满洲”，并最终将其吞并的计划。这一计划的实现，便是九一八事变。

1　石原莞尔著，郭介懿译：《最终战争论 战争史大观》，第26—31页。

2　同上，第32—38页。

3　同上，第23—25页。

4　同上，第48页。

5　石原莞爾著，玉井礼一郎編：《石原莞爾選集 · 5》，たまいらぼ，1986年，134頁。

6　马晓娟著：《石原莞尔与侵华战争》，第151—152页。

被抛弃的石原莞尔

九一八事变成功后，石原立即着手开发“满洲”，以将其建设为资源和战略基地。为此，石原还仿效苏联制订了产业开发的五年计划。[1]在国内方面，石原主张放弃追随英美自由主义的发展路线，实施国家改造，以建立总体战体制。同时在思想文化上“脱欧入亚”,联合崇尚“王道”的东亚各民族,准备与代表西方“霸道”的美国的最终决战。

石原计划利用同属儒学文化圈的相近性，将中国拉入日本阵营。因此，他反对九一八事变后继续入侵中国，同时反对与美国立即发生冲突。石原主张应耐心地涵养国力，等待欧洲和苏联衰落之后，日本再集结东亚之力与美国决战。战胜美国之后，日本将统一全世界。

石原的功名都来自九一八事变。九一八事变使日本不费吹灰之力就获得了三倍于己的领土，石原也因此青云直上，升任参谋本部作战部部长，眼看就有机会问鼎陆相的宝座了。但由于反对扩大侵华战争，他在七七事变后迅速被边缘化。日美开战前夕，石原又被东条英机赶出了现役，结束了军人生涯。

可以说，在历史的重要关头，石原推了一把。但历史的车轮一旦轰隆作响，这列火车将驶向何方，便不是他能控制的。石原预见到世界大战的悲惨景象，然而他所做的不是避免战争，而是积极动用军事、政治、经济和文化的力量为之准备。就此而言，石原思想的最大缺陷是对武力的过度迷信。古人曰：“止戈为武。”

1　石原莞尔著，郭介懿译：《最终战争论 战争史大观》，第 76—78 页。

加强武备是为了捍卫和平、制止战争。而石原的构想恰恰相反，他希望通过战争来强行统一不同的国家、民族和文明。不过，以战争消除战争，以彼此杀戮为幸存者谋求和平，这实属最荒诞的构想。这一构想开启了潘多拉魔盒，导致了生灵涂炭，也导致了日本帝国的灭亡。

三十一　关东军的暴走：九一八事变

石原莞尔在1929年就制订了占领“满洲”的计划，但迟迟没有动手。这是因为1928年的皇姑屯事件给他提了个醒——如果国内舆论不支持，光靠关东军蛮干是行不通的。为避免重蹈覆辙，石原要等待国内时机的成熟。

爆发前夕的危机重重

1930年前后，在世界性经济危机的冲击下，日本陷入空前的恐慌之中。东北地区又遭遇自然灾害，许多农家食不果腹，衣不蔽体，为了交租还债卖儿卖女。农村是军队的兵源地，青年军官关心农村的疲敝，对现状极为不满。民间不满情绪累积，军队里人心不稳，右翼蠢蠢欲动。青年军官甚至制订了包围国会，杀死内阁成员，摧毁现有体制，建立军人政权的政变计划。由于政变尚未实施即被破获，军方对策划者的惩处比较轻微。这种姑息养奸的做法，让青年军官和右翼认识到当局的懦弱。

张学良于1928年宣布东北易帜，中国实现形式上的统一。在民族主义高涨的背景下，南京国民政府开始与列强谈判，要求废除或修改不平等条约，收回被割让的各项权益。旅顺、大连以及南满铁路无疑也是收回对象。[1]而且，由于1928年的济南事件，中国民众痛恨日本，抵制日货行动此起彼伏。日本军部和右翼感到“满洲”利益受到威胁，于是大肆煽动“满蒙危机”。

军部和右翼声称，“满蒙”对于日本的国家安全至关重要。在经济价值上，“满洲”是日本的商品市场、原料供给地和投资对象，日本一半以上的海外投资都集中在“满洲”；在政治价值上，“满洲”是日本过剩人口的疏散地，截至1930年底，在“满洲”的日本人达到22.87万人；在军事价值上，“满洲”还是陆军对苏军备的前线，“满蒙”的煤铁资源对于确立总体战体制也至关重要。[2]

然而，日本在“满洲”的利益真的被动摇了吗？战争的危机迫在眉睫了吗？当然不是。军部和右翼之所以抛出“满蒙危机”的说法，一是对国际危机的主观扩大，二是自欺欺人。他们的真实目的在于通过挑动对外危机来刺激国民的恐惧意识，并籍此来动员民众，从而建立以军队为主体的国家总动员体制，以加速国家的法西斯化。

“满蒙生命线”

1930年11月，首相滨口雄幸被右翼刺杀，身负重伤。在滨

---

1 参见李恩涵著：《北伐前后的“革命外交”（1925—1931）》，中央研究院近代史研究所，1993年。

2 江口圭一著，杨栋梁译：《日本十五年侵略战争史（1931—1945）》，江苏人民出版社，2016年，第17—18页。

口的推荐下，若槻礼次郎继任首相。若槻第一次组阁，是由于加藤高明病死，第二次组阁又是因为滨口雄幸被刺，两次都是临危受命。若槻上台后，继承了加藤高明和滨口雄幸的内政外交路线，再次任命币原喜重郎担任外相，继续推行“币原外交”。然而，随着国内外局势变动，特别是在陆军和右翼的压力下，“币原外交”走到了尽头。

1931年，政友会议员松冈洋右抨击若槻内阁对中国态度软弱，并提出了“满蒙生命线”的口号。松冈说：“满蒙问题关系到了日本的生死存亡。无论在经济上还是在国防上，满蒙都是日本的生命线……确保满蒙的利权，是日本国民要求的最低限度生存权。”[1]松冈在日本近代史上扮演了关键角色，他出身外务省官僚，担任过“满铁”副总裁，后来参加政友会并当选为议员。九一八事变后，他作为全权代表宣布日本退出国际联盟，还曾作为外相签署《德意日三国同盟条约》，加入轴心国同盟。“二战”后，松冈被指定为甲级战犯，但在审判前病死。松冈口口声声称“满蒙”是日本的生命线，但就结果而言，“满蒙”与其说是日本的生命线，不如说是“死亡线”。

在松冈提出“满蒙生命线”的说法后，政友会另一位议员森恪进一步煽动公众。他说：“满洲的权益是以20亿公款和10万同胞的鲜血换来的，是无论如何都要捍卫的生命线。”[2]所谓“20亿公款和10万同胞的鲜血”，指日俄战争中日本的损失。九一八事

1 松岡洋右伝記刊行会編：《松岡洋右——その人と生涯》，講談社，1974年，340頁。
2 小林昭平：《森恪の中国政策構想：満州事変前後を中心に》，《史林》91（6），2008年。

变之前，日本国民大众对“满蒙”的认知几乎一片空白。但“20亿公款和10万同胞的鲜血”“生命线”等说法流传开来后，日本社会的民族主义和扩张野心被挑动起来。此外，新闻报纸还屡屡报道中国官民的“排日”和“辱日”行为，煽动民间对中国的敌意。日本民众在经济危机和社会动荡中积累的不满情绪，转化成了对“中国”这只替罪羊的憎恶。此时，发生在“满洲”的万宝山事件和中村大尉事件更加激化了这种情绪。[1]

万宝山事件和中村大尉事件

日本吞并朝鲜后进行殖民掠夺，许多朝鲜农民背井离乡成为难民。1931年6月，一些朝鲜难民来到长春近郊万宝山，并通过中间人租赁了一块荒地进行开垦。为了引水灌溉，朝鲜人挖掘了一条长达20里的水渠。这条水渠横切附近大片农田，侵害了中国农户的利益。因此，中国警察和数百名当地农民前往现场，要求朝鲜人停止施工。日本驻长春领事馆以保护朝鲜人为名，派遣领事警察赶往现场。结果双方对峙，据说还开了枪，但没有人员伤亡。

这一事件并不严重，可仁川的《朝鲜日报》却宣称：“中国人袭击朝鲜农民，造成多人伤亡。”群情激愤的朝鲜民众掀起大规模排华活动，袭击华商的店铺和住宅，殴打、屠杀中国侨民。这一情形简直是关东大地震后日本人虐杀朝鲜人的再现。朝鲜人作为

1　半藤一利著，林铮顗译：《昭和史第一部（上）1926—1945》，玉山社，2010年，第70—72页。

亡国奴积累的怨恨不敢指向殖民者，只能向比他们更弱小的中国侨民发泄。[1]

不仅朝鲜的报纸进行炒作，日本的报纸也煽风点火。日方的报道传入中国后，中国报纸指责“日本人在挑拨和唆使朝鲜人迫害中国人”，于是上海等地爆发抵制日货运动。由此一来，日本媒体反中，中国媒体反日，恶性循环越陷越深。[2]

万宝山事件尚未结束，又发生了中村大尉事件。中村震太郎是陆军中央的参谋军官。事发当时，他与同伴隐瞒身份，潜入吉林省洮南市侦察。在当时，该地禁止外国人通行，但中村等人却罔顾禁令闯了进来。结果，中村一行人被东北军逮捕，四人都被秘密枪决。可是由于保密工作没做好，事件最终被日本人察觉。

事件曝光后，石原莞尔认为是个机会，关东军可以采取军事行动，但因陆军中央和外务省反对，只得作罢。然而，日本报纸刻意隐瞒中村是间谍的事实，大肆渲染现役军官遭中国军人枪杀的屈辱，挑拨民间的反中情绪和民族主义情绪。军部和右翼叫嚣着“满蒙”危机已经来临，政友会攻击民政党内阁“对外懦弱”，国民大众也掀起了爱国主义狂潮。日本朝野一致要求，以强硬手段惩罚中国，解决“满蒙”问题。由此，日本社会开始形成一种不容挑战的观点：任何不与军队合作并拒绝以强硬手段“保护满洲”的政府，都不应该被允许存在。

---

1 王霖，高淑英主编：《万宝山事件》，吉林人民出版社，1991 年，概述。

2 前坂俊之著，晏英译：《太平洋战争与日本新闻》，新星出版社，2015 年，第 23—24 页。

消息走漏

见到国内舆论转向，石原莞尔和关东军准备动手。结果到了9月，消息走漏。西园寺公望和重臣们获悉关东军的计划后异常紧张，生怕引发国际纠纷，于是请求昭和天皇出面制止。

昭和天皇对于三年前的皇姑屯事件记忆犹新。他召见陆相，要求严格控制军纪，同时告诉首相若槻礼次郎："现在社会上不负责任的言论很多，但日中两国还要以友好关系为重。"在9月15日的内阁会议上，外相币原喜重郎当面质问陆相管不管关东军。[1]陆相推脱说，不清楚状况，要派人去奉天调查。其实陆军中央很可能是揣着明白装糊涂，但在天皇、元老和首相的压力下，不得不派遣参谋本部作战部部长建川美次前往"满洲"进行调查。

建川实际上是板垣征四郎和石原莞尔的同伙，陆军中央派他前往，他只得动身。从东京到奉天，毫无疑问，坐飞机最快，而建川却偏偏选择乘火车和轮船。建川一动身，参谋本部里的同伙赶紧电告石原："消息走漏，必须火速实行。建川到奉天前，一定要动手。"[2]

用筷子占卜

收到电报后，关东军的干部们犹豫不决。如果动手，可能得不到国内的支持，事后还会被追责。但如果放弃，又心有不甘。

1　信夫清三郎编，天津社会科学院日本问题研究所译：《日本外交史》，第554页。

2　绪方贞子著，李佩译：《满洲事变：政策的形成过程》，社会科学文献出版社，2015年，第4章第1节。

他们从9月16日晚一直讨论到了17日凌晨3点，也没有得出结论。板垣征四郎说：“事到如今，就让老天决定吧。我们用筷子占卜，如果筷子倒向右边，就中止计划。如果倒向左边，就断然实行。”结果，筷子倒向了右边，表示要中止。可尽管这样，一些青年军官大喊：“事到如今，一定要干。”在这些人的怂恿下，关东军决心动手。

9月18日下午，建川一抵达奉天车站，板垣便拉着他去喝酒。建川也很配合，两人正在小酒馆里喝酒时，关东军开始行动。关东军在奉天郊外炸毁一段南满铁路后污蔑东北军搞破坏，并向奉天市区和东北军营区发起进攻，九一八事变由此爆发。[1]

关东军的行动没有得到天皇和参谋本部的授权，这才是真正的“统帅权侵犯”。根据法律规定，石原和板垣等人擅自动用军队，要被判处死刑，但石原等人根本不以为意。他们估计，如果能夺取“满洲”，陆军中央、内阁、天皇和重臣都会认可他们的行动。结果证明，他们的预估没错。

关东军的“谋略”

关东军选择动手的时机经过了深思熟虑，而且充分考虑了东北军的动向。在“满洲”，关东军有1万余人，而张学良的东北军多达30万人。即使东北军的装备、训练、指挥再不济，30万人对付1万人总是绰绰有余。可在此时，东北军11.5万人的主力部

1 半藤一利著，林铮顗译：《昭和史第一部（上）1926—1945》，第75—78页。

队并不在关内，而是到了华北，留守奉天的仅有 5.5 万人。[1]

北伐成功后，国民党内部各派系继续明争暗斗，蒋介石以“编遣”之名行“削藩”之实，激起地方实力派的猜忌和不安。1930 年 5 月，蒋介石与阎锡山、冯玉祥、李宗仁在华北进行了旷日持久的“中原大战”。9 月，张学良趁战况胶着之际，率军入关，宣布支持蒋介石。东北军占领平津，战争形势急转直下，阎锡山、冯玉祥、李宗仁等纷纷败退。东北军趁势接管华北，并收编了反蒋势力的残兵败将。这时，一支原属冯玉祥的军队投靠了张学良。

这支军队的将领是石友三。石友三是民国史上著名的“倒戈将军”，一生叛服无常，他先后投靠过冯玉祥、阎锡山、蒋介石、汪精卫、张学良和日军。石友三投降东北军后不久，又因兵饷和地盘问题，与张学良发生冲突。1931 年 5 月，宁粤对峙发生，国民党内再次分裂，大战一触即发。在北方，张学良又患病入院，石友三认为有机可乘，于是接受反蒋势力的收买，7 月，向东北军发起进攻。[2]

民国以来军阀长期混战，一是由于中国人自己不争气，国家不统一，没有强大的中央政府；二是因为日本人的兴风作浪，煽风点火。石友三反叛的背后，又有关东军特务头子土肥原贤二的出谋划策。为了支援石友三，土肥原还用飞机把中原大战后躲在大连的阎锡山送回太原，让他从山西出兵，以牵制

1　日本政府参谋本部编，田琪之译：《满洲事变作战经过概要》第一卷，载《中华民国史资料丛稿 译稿》，中华书局，1981 年，第 3 页。

2　金以林著：《国民党高层的派系政治：蒋介石“最高领袖”地位是如何确立的》，社会科学文献出版社，2009 年，第 6 章。

张学良。[1]

为了攻打石友三的 6 万大军，张学良调集 11 万东北军出关作战，造成关内兵力空虚。关东军正好挑准这个时机下手。[2]

朝鲜军越境

可尽管如此，留守关内的东北军仍有 19 万之多，关东军依然处于劣势。九一八事变爆发后，关东军立即向驻扎在朝鲜的两个师团求援。其实，石原早已与驻朝鲜军的参谋们筹划妥当。一收到请求，驻朝鲜军司令官林铣十郎立即将 1 万多人的部队派至鸭绿江边，准备入侵中国。驻朝鲜军的调动也是没有天皇命令的擅自行动，参谋本部认为事态严重，立即下令驻朝军队不得轻举妄动。

与此同时，东京外务省收到驻奉天领事馆的报告后得知，9 月 18 日的事件是关东军的自导自演。外相币原立即提请首相若槻召开内阁会议磋商对策。若槻内阁在会上确立了“不扩大方针”，并通过陆军中央下达两条命令：一、认可关东军在 18 日的行动；二、不许扩大战事。[3] 这两条命令反映出若槻内阁的复杂心情。关东军好似日本政府胡作非为的亲儿子，不能不管，但又不忍心痛打一顿，只能一边纵容，一边管教。另一方面，若槻内阁尽管标榜“不扩大方针”，但也希望以此为契机扩大在“满洲”的利权。因此，对

1 土肥原賢二刊行会：《秘錄土肥原賢二：日中友交の捨石》，芙蓉書房，1972 年，530 頁。

2 加藤陽子：《満州事変から日中戦争へ》，2—6 頁。

3 川田稔：《満州事変と政党政治：軍部と政党の激闘》，講談社，2010 年，62—66 頁。

于关东军的肆意妄为，也是睁一只眼闭一只眼。[1]

收到“不许扩大战事”的命令后，石原莞尔和板垣征四郎一计不成又生一计。他们唆使日本浪人向吉林省的日侨商店开枪，制造当地即将发生针对日侨暴动的态势。关东军以此为由自奉天北上吉林。关东军北进后，奉天兵力出现空虚。驻朝日军便以紧急增援关东军为由，渡过鸭绿江，开入中国境内。[2]

内阁的默认

若槻内阁在得知驻朝军队出动后，只能感叹无计可施，决定拨付临时军费，认可了军队的行动。尽管关东军和驻朝鲜军独断专行、擅自行动，严重侵犯了天皇的统帅权，但此时，天皇、元老、重臣和内阁都没有决心与陆军对抗，只能寻求事态的平稳解决。[3]

就这样，关东军在内阁的默许下，如同脱缰之马，疯狂地扩大战线，短短五个月内，占领了“满洲”全境。在此期间，石原和板垣终于向日本政府报告了他们的计划：占领辽宁、吉林、黑龙江、热河和内蒙古东部，并建立以清朝末代皇帝溥仪为首的傀儡政权——伪满洲国。若槻礼次郎不愿承认伪满洲国，结果下了台。继任首相犬养毅不愿立即承认伪满洲国，结果被刺杀。关东军靠着阴谋、冒险、蛮干和独断专行，终于在1932年成立了伪

1　伊香俊哉：《満州事変から日中全面戦争へ》，吉川弘文館，2007年，17—18頁。

2　绪方贞子著，李佩译：《满洲事变：政策的形成过程》，第4章第4节。小林龍夫、島田俊彦編：《現代史資料7 満洲事変》，428頁。

3　川田稔：《満州事変と政党政治：軍部と政党の激闘》，66—76頁。

满洲国。

通过九一八事变，日本侵占中国领土115万平方公里，是日本本土的四倍有余；奴役中国民众3400万，相当于日本总人口的一半。自侵占中国台湾岛、澎湖列岛，吞并朝鲜，占领南部库页岛和获得南洋群岛之后，日本的版图再次大幅扩张。但对中国人民而言，九一八事变是一场民族灾难，大片国土沦丧，人民流离失所，军民惨遭侵略者屠杀。自此，不愿做亡国奴的中国人民奋起反抗，开启了长达14年的艰苦卓绝的民族解放斗争。

三十二 政党政治的终焉

九一八事变是关东军策划的侵略事件，尽管若槻内阁试图阻止，但在关东军实施了阴谋后，内阁只得事后认可他们的行动。在日本近代史上，国家的政治运作屡屡被一小撮低级别的军人所牵制，最终采取原本不会采取的政策，九一八事变正是典型案例。那么，面对关东军的侵略，中国政府作何应对？九一八事变又带给日本政坛怎样的影响呢？

不抵抗

九一八事变爆发之时，中国国内局势混乱，蒋介石正在江西南昌忙于“剿共”，而国民政府再次出现分裂。1931年5月，汪精卫联合李宗仁、陈济棠等反蒋势力，在广州另组国民政府（宁粤对峙）。蒋介石在围剿红军的同时，又派军队进攻汪精卫的势力。[1]

蒋介石此时极力避免与日本的武力冲突。他认为，中日之间国力悬殊，一旦开战，沿海地区就会沦陷。为了与日本对抗，必须先稳定国内局势，然后积蓄力量谋求发展。这是一种既不放弃目标，又坚持循序渐进、量力而行的斗争策略。但此时日军在"满洲"烧杀抢掠，中国该如何是好呢？蒋介石决定走"以夷制夷"的老路：上告国际联盟，诉诸国际舆论和国际公法，以借助列强的力量向日本施压。9月22日，蒋介石发表讲话："我国民此刻必须上下一致，先以公理对强权，以和平对野蛮，忍痛含愤，暂取逆来顺受之态度，静待国际公理之判断。"[2]

另一方面，"满洲"沦丧，张学良的责任更大。在当时，东北是张学良的地盘，蒋介石的势力难以涉足。九一八事变爆发前，张学良对于日本的野心和谋略估计不足，事变爆发后，又采取逆来顺受的不抵抗方针。张学良原以为日本人在挑衅，如果中国军队应战，反而中了日军的计谋。张学良事后回忆称，是自己大意了，他没料到关东军竟会下那么大的决心。[3]

由于张学良回避作战，关东军在东北各地势如破竹。捷报传来，日本的舆论沸腾起来。日本的新闻报纸振振有词地为关东军辩护：中国军民阴险狡诈，破坏日方的资产和权益；日军的行动出于自卫，具有无可置疑的合法性。原本怨声载道的日本民众，在军事胜利

1　金以林著：《国民党高层的派系政治：蒋介石"最高领袖"地位是如何确立的》，第160—170页。

2　鹿錫俊：《中国国民政府の対日政策 1931—1932》，東京大学出版会，2001年。

3　杨天石著：《不抵抗主义到底是谁提出来的》，《寻找真实的蒋介石：蒋介石日记解读1》，重庆出版社，2015年。

的刺激下亢奋起来，纷纷捐款捐物以支援关东军。[1]

此外，无论石原、板垣，还是驻朝鲜军司令官林铣十郎，他们都是侵犯天皇统帅权的重罪之人，根据法律要被判处死刑。但在占领“满洲”之后，他们却成了日本的英雄。论功行赏，石原稳步升任为参谋本部作战部部长，接任陆相指日可待。板垣也相继晋升为少将、中将，并在七七事变后升任为陆相。而擅自调兵进入“满洲”的林铣十郎先是当了陆相，后来竟然成为首相。对比 1930 年的“统帅权侵犯”事件，我们便能够发现，军部对天皇统帅大权的拥护只是徒有其表。为了抵御文官政府对军队的统制，军部以“统帅权独立”为屏障，但当军队想要自由行动时，他们却可以无视统帅大权的束缚。

若槻内阁的倒台

对于关东军挑起的九一八事变，若槻内阁态度消极。若槻内阁反对关东军扩大事态，并非出于对中国的正义感，而是担心来自国际社会的压力。但在青年军官和右翼分子看来，若槻内阁是阻挠日本对外扩张的绊脚石，一定要除掉他们。

此时，陆军中激进派的青年军官，联合北一辉、大川周明等民间右翼策划了一场政变。他们密谋在 1931 年 10 月下旬出动十个步兵中队，趁着若槻内阁开会时发动袭击，杀死所有内阁成员，推翻政党内阁，然后占领警视厅、陆军省和参谋本部，迫使军部首脑承认政变，并请天皇下令组织军人政权。

1　前坂俊之著，晏英译：《太平洋战争与日本新闻》，第 34—37 页。

不过，这场政变在发动前就被破获。由于该计划太过恶劣，一旦消息扩散，将会引发社会恐慌，陆军中央于是将其掩盖起来。这次未遂的政变，被称为“十月事件”。[1]尽管十月事件没有被公开，但是风声已经走漏，这使得政界、财界、元老和重臣人人自危。因担心激起更大的反弹，他们不敢过分追究首谋者的责任，对于关东军在“满洲”的军事行动，他们也不敢太过阻拦。

关东军的肆意妄为和若隐若现的政变危机，让若槻内阁意识到自身的无能为力。若槻礼次郎考虑与政友会结盟，集合政党的力量以压制陆军。但围绕着内阁席位的分配，民政党和政友会又陷入到无休止的讨价还价之中。由于价码谈不拢，两党无法达成妥协。此时，阁内意见又出现分裂，若槻内阁只能解散。西园寺于是推荐政友会总裁犬养毅上台组阁（1931 年 12 月—1932 年 5 月）。[2]

犬养毅曾是大隈重信的部下，后来自立门户，组织了立宪国民党，长期扮演政坛第三极的角色。后因为缺乏资金，他解散了立宪国民党，并一度退出政坛。1929 年，田中义一被天皇斥责后不久去世，犬养被邀请接任政友会总裁。犬养上台后，他不仅要处理 1931 年的九一八事变，还要处理 1932 年的一·二八事变。

一·二八事变

九一八事变后的第二年年初，即 1932 年 1 月 8 日，昭和天皇

1　堀幸雄著，熊达云译：《战前日本国家主义运动史》，第 167—172 页。

2　绪方贞子著，李佩译：《满洲事变：政策的形成过程》，第 6 章第 4 节。

的仪仗车队路过樱田门时，朝鲜人李奉昌投掷了一枚炸弹。由于距离较远，且认错了目标车辆，天皇毫发无损。事件发生后，中国国民党在上海的机关报《民国日报》报道称："日皇阅兵完毕后，返回东京途中遭遇狙击。不幸仅炸副车，凶手即被逮捕。"

上海的日侨读到这篇报道后，认为受到了侮辱："怎能说'不幸仅炸副车'，是在惋惜未能炸到天皇吗？"日本政府要求中国方面道歉，中方则以新闻自由为由加以拒绝。此时正是中国人痛恨日军侵略"满洲"之时,双方的情绪对立严重。上海日侨群情激愤，要求惩罚中国。结果1月18日，中日在上海发生冲突，进而引发了一·二八事变。

一·二八事变与九一八事变相同，都是由关东军一手策划挑起的。九一八事变爆发后，蒋介石呼吁国际联盟干预，对日本政府施压。板垣征四郎和石原莞尔于是找到了日本驻上海使领馆的田中隆吉。板垣告诉田中："日本政府由于害怕国际联盟的干涉而十分软弱，处处妨碍关东军的行动。我们必须在明年春天成立伪满洲国。在此期间，为了转移各国的注意力，请在上海发动事变。"板垣给了田中2万日元的活动经费，田中于是通过女友川岛芳子收买了十多个流氓，让他们冒充反日志士，制造事端。结果在1932年1月18日，两名日本僧人带着三名信众在上海公共租界化缘时，遭到假冒的反日志士的袭击，造成1人死亡、2人重伤。[1]

日本此时在上海有30多家纺织厂，3万余侨民。事件发生后

1　田中隆吉：《上海事件はこうして起こされた》,《别冊知性5　秘られた昭和史》,1956年。上坂冬子著，巩长金译：《男装女谍川岛芳子传》，解放军出版社，1985年，第109—111页。

第二天，日本侨民拿着刀枪棍棒上街寻仇。他们袭击路人、杀害警察、四处纵火，中国民众奋勇反击，日本侨民于是请求驻扎在上海租界的海军陆战队出兵保护。[1]

十九路军抵抗

收到请求后，日本海军陆战队便开始行动，并于1月28日向中国军队发起进攻。海军之所以如此积极，也是为了与陆军争个高低。陆军在九一八事变中出尽风头，而海军却一事无成。海军想在自己的势力范围——上海发起行动，以挽回颜面。

此时驻守上海的是蒋光鼐和蔡廷锴的第十九路军。按照国民党的派系划分，十九路军属于“广东派”的军队。1931年12月，蒋介石第二次下野后，孙科政府成立，十九路军于是被调防至上海。日本海军陆战队尽管只有2000余人，却不把十九路军放在眼里。他们认为，只要一交火，十九路军便会溃败。因为此前在“满洲”与日军作战的中国军队大多不战而逃。然而十九路军的装备虽然简陋，抗日热情却非常高涨。战争爆发后，蒋介石也调集其嫡系部队第八十七和八十八师投入战场，协助十九路军对日作战。

中国军队的英勇作战给日军造成了巨大伤亡，日军四次增兵、三易统帅，最终不得不向陆军求援。陆军派出两个师团3万余人进行支援，中日军队在上海附近展开激战。在这次战役中，中国

1　高纲博文著，陈祖恩译：《近代上海日侨社会史》，上海人民出版社，2014年，第100—106页。

军队展现了前所未有的战斗面貌，击毙和击伤日军 3000 余人。[1]

一·二八事变发生在列强利益错综复杂的上海，战火威胁到租界和侨民，英、美、法都对日本的军事行动提出警告。国际联盟也发出通告，不承认任何试图改变中国现状的行动。由于中国军队的顽强抵抗和列强的压力，日本急于停战。5 月 5 日，中日达成了停战协定，日军撤离。

伪满洲国的成立

日军在一·二八事变中遭遇挫败，但其转移列强注意力，以成立伪满洲国的阴谋却成功了。

日本发动九一八事变，是为了吞并“满洲”。一举吞并的难度太大，需要先成立傀儡政权进行过渡。土肥原贤二计划利用末代皇帝溥仪——他此时正住在天津一处名叫“静园”的寓所中，被一群遗老遗少包围着，梦想着复辟清朝。

土肥原计划利用溥仪成立傀儡政权的计划，被外相币原喜重郎觉察到了。币原认为，如果土肥原得逞，事情将难以收场。因此，他在 1931 年 11 月指示日本驻天津总领事盯好溥仪，不允许溥仪离开天津。[2]可尽管如此，土肥原还是成功在市内制造混乱，然后趁乱将溥仪带到了旅顺。

1932 年 3 月，在关东军的扶植下，伪满洲国成立，人口 3000 万，面积 115 万平方公里。溥仪与关东军司令本庄繁约定：伪满

1　郭岱君著：《重探抗战史（一）：从抗日大战略的形成到武汉会战（1931—1938）》，联经出版事业公司，2015 年，第 4 章。

2　日本外務省編：《日本外交年表竝主要文書》（下），187 頁。

洲国的国防治安由日军承担；铁路、水路、港湾、航空交由日本管理；政府要职由日本人担任。伪满洲国尽管打着独立国家的幌子，实际上却是关东军进行殖民统治的工具。伪满洲国成立后立即向日本政府发出通告，请求建立外交关系。但是，此时的首相犬养毅却不愿立即承认伪满洲国。

犬养毅的态度消极

犬养毅与孙中山关系密切，是中国革命的老朋友。他在台下时，经常抨击政府对外软弱，但那是为了倒阁，一旦自己上台，他也会采取谨慎的立场。

犬养毅反对关东军在“满洲”建国，与其说是尊重中国的主权，不如说是注重与国际社会的协调。因为公然分割“满洲”是对中国主权的严重侵犯，并且违背了1922年的《九国公约》。由于破坏了华盛顿体系，势必招致英美的强烈不满。但关东军占领“满洲”已成事实，日本政府要如何是好呢？犬养拟订的解决方案是承认中国对“满洲”的宗主权，但中国必须给予“满洲”高度的自治权。犬养认为这样既可以保全中国政府的颜面，又能得到在“满洲”的实权。更重要的是，这维护了《九国公约》和华盛顿体系的表面完整，使日本在国际社会上不至于太过孤立。

为了推进这一构想，犬养毅利用他与国民政府的私人渠道，计划先与中国政府达成协议，然后迫使关东军就范。犬养毅就任首相后的第三天，便派遣亲友萱野长知为密使前往南京。萱野长知也是中国革命的老朋友，与孙中山和国民党元老居正关系密切（萱野收养了居正次女）。萱野抵达南京后，立即会见了居正和国民政府最高行政长官孙科。

经过谈判，双方初步约定：停战，张学良下野；中国承认日本在“满洲”的商租权；日本撤销在“满洲”的治外法权；两国在“满洲”经济合作等。不过，犬养毅的秘密议和计划被政友会干事长的森恪识破。森恪一贯主张吞并“满洲”，所以他与军部和外务省联络，一同进行阻挠，导致和谈最终失败。[1]

对于军部的嚣张跋扈，犬养毅很是头疼。为了打击陆军中“以下犯上”的嚣张气焰，犬养放言要请天皇罢免30名青年军官。但在说这句话后不久，他便被青年军官刺杀了。[2]

犬养被刺

1932年2月和3月，右翼组织血盟团刺杀了前藏相井上准之助和三井财阀领袖团琢磨。5月15日，青年军官又闯入犬养毅家中将其枪杀，制造了五一五事件。青年军官之所以要除掉犬养毅，一是为了清除政党政治，在日本建立法西斯体制；二是由于犬养对“满洲”建国问题三心二意，还在一·二八事变中贻误战机，不肯追击中国军队。

从原敬到滨口雄幸再到犬养毅，三位政党内阁的首相在任期内被右翼分子暗杀，由此可见日本民主主义命运之艰难。其实，此时被列入暗杀名单的不仅有犬养毅，还有“最后的元老”西园寺公望、内大臣牧野伸显和天皇侍从长铃木贯太郎。他们被认为

---

1 黄自进著：《犬养毅与九一八事变》，《近代史研究所集刊》第25期，1996年。加藤陽子：《満州事変から日中戦争へ》，124—125頁。

2 绪方贞子著，李佩译：《满洲事变：政策的形成过程》，第9章第2节。

是“亲英美”的自由主义势力，站在军部和民众的对立面，理应也被清洗。但西园寺等人比较幸运，事发当天，他们要么不在家，要么是丢进去的手榴弹没有爆炸。

逃过一劫的西园寺和牧野伸显等人，被接二连三的政变搞得神经兮兮。他们觉得这样下去不是办法，如果再次选择政党政治家执政，军队还会策划政变。因此，西园寺一改过去几年让政党轮流执政的做法，推荐退役的海军大将斋藤实出任首相。

政党政治的终结

西园寺原希望斋藤内阁（1932 年 5 月—1934 年 7 月）可以发挥“过渡内阁”的作用，待局势平稳后，再恢复政党内阁。然而，这一构想最终未能实现。斋藤内阁中尽管仍有三名政友会阁僚和两名民政党阁僚，但他们已经不能发挥主导作用了。直到“二战”结束，日本再也没有出现由政党主导的内阁。自原敬以来持续了十多年之久的政党政治，在五一五事件后宣告寿终正寝。

回顾战前的政党政治我们能够发现，由于在野党的干扰，政党内阁的运营效率较低。然而，正因在野党的牵制，执政党需要不断反思自己的决策，决策过程将会非常谨慎。一旦决策失误，选民还会利用选票进行惩罚。如果没有政党政治，政治运作可能高效，但决策质量会下降。而且由于听不到反对的声音，任何决策一旦发动，就难以停止。

一般来说，民主主义的生命在于健康的政党斗争。各个政党通过公开讨论来达成政治共识，以运营国政。但战前日本的政党斗争并非政策之争和民意之争，而是权力之争和人事之争。政党掌握政权后，迅速从民意代表机关蜕变为利益追逐机关，它们与财阀勾结，向军部献媚，对官僚屈服，罔顾社会福祉和国家安全。由于自身的腐化和恐怖事件的冲击，政党政治的失败注定不可避免。

政党政治的崩溃削弱了对外协调路线的基础。“币原外交”为维护华盛顿体系做出的种种努力在九一八事变后宣告失败。大正民主化时代的两大支柱——政党政治与协调外交的相继瓦解，预示着日本将在被世界孤立的道路上越走越远。[1]

三十三　孤独的岛国

上一节介绍了九一八事变后日本国内外政局的变动，这一节来看日本围绕伪满洲国的外交举动。

五一五事件之后

犬养毅作为堂堂一国首相，被闯入家中的青年军官枪杀，这是一起骇人听闻的恶性事件。但事后人们却发现，社会舆论对行凶者的共情，远远超过对受害者的同情。

在法庭受审时，这群只有二十多岁的青年军官声泪俱下地为自己辩护。他们说，农村的生活苦不堪言，贫穷农民迫于生计让女儿卖身。三井、三菱等大财阀坐享巨额财富和种种特权，对底

1　小林道彦：《政党内閣の崩壊と満州事変——1918～1932》，ミネルヴァ書房，ii 頁。

层人民不闻不问。他们为了一己私利，甚至会损害公利公益。政党政治家贪污渎职，为了募集政治资金与财阀勾结。社会道义沦丧，富人生活在天堂，穷人生活在炼狱。这些发言经媒体报道后，引发了全社会的强烈共鸣，据说有超过百万的请愿书从各地寄到了法院，要求减刑甚或无罪释放。五一五事件之后，日本开始进入了只要动机纯正，做什么都可以被原谅的时代。最终，这些光天化日之下行凶的青年军官都被从轻发落。[1]

犬养毅被刺杀之前，政友会刚在选举中获胜。按照常规操作，西园寺应该推选政友会继任总裁为新首相。但因政友会继任总裁铃木喜三郎与右翼关系密切，鼓吹天皇亲政，且主张对英美强硬[2]，西园寺很不喜欢他。昭和天皇此时也一反常态干预起了首相人选的问题，要求新首相必须改革政治弊端、整肃军纪、拥护宪法，并不可接近法西斯主义等。几经考虑，西园寺决定推荐曾担任海相和朝鲜总督的斋藤实，期待他能集合官僚、海军和政党的力量，控制局势。

斋藤实是谁？

斋藤出生于岩手县，时年 75 岁。从 1906 年起，他先后担任过五届海相，为期 8 年，之后又担任过两届朝鲜总督，长达 10 年。

斋藤 16 岁进入海军兵学校，当时正值日本全力建设近代海军的时期。全校只有 100 名学生，却有 30 位英国老师。学生每天

1　保坂正康著，冯玮等译：《昭和时代见证录》，东方出版社，2008 年，第 3—7 页。
2　土川信男：《田中義一内閣期における民政党と天皇・皇室問題》，《社会科学論集》第 142 号，2014 年。

与其说是在学习海军战术，不如说是在学习英语。[1]斋藤深受英国文化影响，后来又在美国生活过4年，他的英语非常好，在历任首相中都数一数二。斋藤不是萨摩人，按理说很难在海军中出头。不过在海军元老山本权兵卫的安排下，他成了萨摩阀的女婿，从而解决了出身问题。

1919年至1931年间，斋藤两任朝鲜总督。朝鲜刚被日本吞并时，朝鲜人的反抗非常激烈。斋藤之前的历任总督多采取武力镇压的手段，特别是在1918年的三一独立运动中，日本军警屠杀朝鲜民众数千人。三一独立运动平息后，首相原敬决定改弦更张，派遣斋藤担任朝鲜总督。在欢送斋藤赴任的宴会上，西园寺曾举杯大声说：“斋藤阁下，请在朝鲜实施文明政治。”[2]

在犬养内阁时期，政府高层对于是否尽早承认伪满洲国存在态度不一。但经历五一五事件后，斋藤内阁为了避免与军部的冲突，倾向于尽早承认伪满洲国。五一五事件后仅一个月，政友会和民政党控制的众议院一致通过了承认伪满洲国的决议。

中国的反抗

由于列强侵略和政局分裂，中国长期处于动荡之中。北方各省此时又遭遇严重的水灾和粮荒，加之军阀混战，人民流离失所。在此情形下，中国无力对抗日本。投靠国际秩序，请求国际联盟主持公道，便成了中国政府的“弱者的武器”。

国际联盟根据《凡尔赛条约》成立，总部设在瑞士日内瓦，

---

1 現代の眼編集部：《昭和宰相列伝：権力の昭和史》，現代評論社，1980年，56頁。
2 原田熊雄：《西園寺公と政局》第一卷，21頁。

四大常任理事国是英国、法国、意大利和日本。尽管一战时的美国总统威尔逊是国联的首倡者，但受制于国内的“孤立主义”舆论，美国并没有参加国联。如果说19世纪的国际旧秩序以大国之间的势力均衡为基石，那么国联则是建立“集体安全保障”体系的尝试。所谓“集体安全保障”，是利用联盟的集体力量来威慑或制止侵略，以保障每个成员国的安全。根据这一原则，一国对任何成员国的武力攻击，都被视为对联盟中所有国家的侵犯。因此，国联的最大使命是维护“一战”后的国界线，只要这些国界线维持稳定，世界就能维持和平。一旦这些国界线被改变，国联的基础就会受到削弱。

九一八事变爆发时，正值国联召开年度大会。中国代表团在日内瓦采取舆论攻势，批评日本的侵略违反了《国联盟约》、《九国公约》和1928年的《非战公约》。中国代表团宣称，中国军队不抵抗是为了捍卫国际秩序，而日军的肆无忌惮则是对《非战公约》的严重冒犯。日本不能以缺乏自然资源为由侵占他国领土，更不能将“国防线”划设在他国领土上。在中国代表团的呼吁下，国联和欧美列强纷纷指责日本践踏国际法。

1932年1月，美国国务卿史汀生发表声明：美国政府不会承认日本任何改变远东现状、破坏中国主权和“门户开放”原则的举动。这一声明发给了《九国公约》的签约国，让日本难堪不已。日本国内舆论一致“谴责”史汀生，称他的言论是“卑劣的、挑衅的”，史汀生一时间成了日本最不欢迎的人。可在美国看来，日本恼羞成怒的反应，正是其做贼心虚的表现。[1]《九国公约》和《国联盟约》是“一战”后国际秩序的基石，日本对这两个条约的公

1　约瑟夫·C. 格鲁著，沙青青译：《使日十年》，社会科学文献出版社，2020年，第47—51页。

然冒犯，便是对国际秩序的严重挑战。

李顿调查团

1931 年 10 月底，国联理事会通过决议，要求关东军恢复至 9 月 18 日之前的局面，遭到日本拒绝。11 月初，美国政府开始考虑制裁日本，尽管没有落实，但给日本带来了压力。12 月，国联决定派遣调查委员会前往“满洲”调查。该委员会由英国李顿爵士和其他四国的 19 位代表组成，史称“李顿调查团”。[1]

李顿调查团于 1932 年 2 月底抵达东京后，首先了解日方情况。随后，在上海、南京、北平、奉天、长春、哈尔滨、大连、锦州等地停留三个半月，进行实地调查。6 月 5 日，返回北平，起草报告。在此期间，调查团再次访问东京，与日本首脑交流意见。9 月 4 日，调查团完成报告。由于担心关东军的阴谋曝光，日本军部对李顿调查团充满敌意。据一位高级军医的证言，关东军曾把沾有霍乱病菌的水果提供给李顿调查团，企图破坏调查。[2]

“焦土外交”

日本政府起初避免与国联直接对抗，积极谋求国际社会对日军行动的容忍和默许。但五一五事件发生后，日本政府的态度日趋强硬，开始屡屡放出“狠话”，企图以之震慑国际社会。

---

1 入江昭著，李响译：《第二次世界大战在亚洲和太平洋的起源》，社会科学文献出版社，2015 年，第 18—19 页。

2 三笠宮崇仁：《古代オリエント史と私》，学生社，1974 年，16—17 頁。

1932年7月，“满铁”前总裁内田康哉被任命为外相。内田入主外务省之后，强硬的外交路线成为主流。8月，内田在议会上表示，日本准备尽快承认伪满洲国。为了实现这个目的，日本全国上下团结一致，即使把国家化为焦土，也要贯彻这一主张，寸步不让。[1]换句话说，如果有国家阻挠日本对伪满洲国的支持，日本将不惜一切代价进行回击，哪怕是让全国烧成焦土，也要扶植伪满洲国。

其实，一国要生存，就不能没有军队（幻想着放弃武力便可获取国家安全，无异于痴人说梦）。但军队的首要目的在于保卫和平，参加战争是穷尽其他一切手段的最后选择。外交事务的宗旨应是尽一切可能避免使国家成为焦土，避免让国民做出牺牲。然而，为了正当化日本的侵略行径，外相竟然公然发表不惜让全体国民赴死，也要报复对手的激烈言辞，可见当时政治氛围之扭曲。

8月27日，斋藤内阁确立了新的“对满政策”：如果国际联盟不承认伪满洲国，日本将毫不犹豫地退出国联。[2] 9月15日，日本政府宣布承认伪满洲国，并且炮制了《日满议定书》，全面接管伪满洲国的军事、治安和行政事务。俗话说：“人在做，天在看。”侵略“满洲”正是日本化为焦土的第一步。

日本政府承认伪满傀儡政权之时，李顿调查团的报告书尚未公布，日本的举动是对国联权威的极大挑战。

1　池井優：《内田康哉——焦土外交への軌跡》，《国際政治》56，1977年。

2　酒井哲哉：《大正デモクラシー体制の崩壊：内政と外交》，東京大学出版会，1992年，24—26頁。

国联的应对

《李顿报告书》于10月1日提交给国联秘书处,次日在日内瓦、东京和南京全文公开。

由于英法对日绥靖,《李顿报告书》对日本非常有利,它不仅没有否认日本在“满洲”的特殊利益,还指责中国抵制日货的不合理。这些内容都是为了迎合日本而设定的。但与此同时,《李顿报告书》也试图尽可能维护《九国公约》和《国联盟约》,所以它否认了日本军事行动的合法性,也否定了日本以武力扶植伪满洲国的正当性。

报告书提供的解决方案是:在国联的协助下,在维护中国的主权和政权完整的基础上,在“满洲”建立一个自治政府。其具体内容包括:一、中日双方从“满洲”撤军,关东军也要撤离(其长期驻扎早已违反条约);二、在外国顾问的协助下,设立特殊宪警部队维持治安;三、“自治政府”要雇佣外国人(包括日本人)担任警察、税收和银行顾问;四、中国和日本缔结新条约,恢复1915年《民四条约》规定的日本人在满居住权及土地商租权。简而言之,这是个以主权换治权的方案。[1]尽管中国政府仍然拥有“满洲”的主权,但是治理权要大部分交给国联。此外,日本在“满洲”的特殊权益也得到进一步的确认和扩大。

可即便如此,日本政府仍无法满意。1932年11月21日,国际联盟召开理事会,日本代表松冈洋右登台发表演说,批评《李

---

1 张生、陈海懿、杨骏编:《国联调查团报告书》中文版,南京大学出版社,2019年,第9、10章。有馬学:《帝国の昭和》,173頁。

顿报告书》，并威胁退出国联。此时，英国和法国因担心日本退出，一度准备牺牲中国，继续对日本绥靖。不过，1933年1月，在美国新任总统罗斯福向各国发出了不承认伪满洲国的通告后，国联对于日本的态度也强硬起来。然而，此时的日本不仅无视国联的撤兵劝告，反而派兵入侵热河省。

退出国联

1933年2月21日，国际联盟召开特别大会，通过了要求日军撤出"满洲"、恢复中国主权的决议案。这份决议案以42票对1票获得通过，唯一的反对票来自日本。这一结果标志着日本为侵略辩护的表演已经失败，留在国联已属自讨无趣，日本决定退出。

在国联大会上，叫嚣"满蒙生命线"的松冈洋右发表声明：日本不接受大会决议，并宣布退出国联。退出国联后，陆军省的新闻机构阴阳怪气地说，投赞成票的42个国家都将灭亡，只有日本会兴旺发达。还有报纸鼓吹称，退出国际联盟并非"孤立无援"，而是"光荣的特立独行"。[1]

日本发动九一八事变、扶植伪满洲国、退出国联等一系列活动，导致与中国和美国的关系急剧恶化。从一战前夕至1931年，日本都是中国对外贸易的第一大国。九一八事变之后，日货在中国市场遭到广泛抵制，贸易额一落千丈。[2] 而且，日本吞并"满洲"还破坏了华盛顿体系，招致美国的反感。当时的外交评论家清泽洌

1　前坂俊之著，晏英译：《太平洋战争与日本新闻》，第78页。

2　孙建华：《近代日本在华交易所（1906—1945年）》，第108—109页。

分析指出：“满蒙根本就不是日本的生命线，中国的广大市场和日美关系才是。”[1]以长远的历史眼光来看，日本出于贪婪和野心侵占“满蒙”，根本就是得不偿失的做法。

扭曲的社会氛围

尽管军部和右翼叫嚷着要退出国联，但这一结果并非松冈洋右的本意。在来日内瓦之前，他还曾向西园寺公望保证：“绝对不会退出国联。”[2] 42 票对 1 票的表决结果，显然是在外交上打了败仗，考虑到可能遭到批评，松冈打算回国后引咎辞职。但松冈不知道的是，他此时已经被国内舆论塑造成了不畏西方强权的民族英雄。

1933 年 4 月，回到横滨的松冈像凯旋将军一样受到国民的狂热欢迎。新闻报纸纷纷赞美他为日本“树立了自主外交的纪念碑”[3]。面对汹涌的欢迎人群，松冈简直不敢相信自己的眼睛。在为他举办的欢迎宴会上，他忍不住说道：“退出国联，是我的失败。你们还这样欢迎我，是不是脑子有问题。”[4]由此可见，尽管时局险恶，有可能发生更大的冲突，但在右翼和军部的煽动下，日本国民做好了与国际社会决裂的准备。来自国际社会的谴责和压力，被日本社会视为公然羞辱，反而强化了他们对抗到底的决心。在此情形下，政府的任何妥协企图，社会的任何和平声音，都会被视为对国家利益的背叛。只有那些渲染外部威胁，强调对抗决心的声音，

1　北岡伸一：《清沢洌：日米関係への洞察》，中央公論社，1987 年，92—93 頁。
2　松岡洋右伝記刊行会編：《松岡洋右——その人と生涯》，426—427 頁。
3　同上，519 頁。
4　同上，496 頁。

才被认为是最安全的反应。其实也正是在这种民族主义心态的驱使下，日本在走向全面战争的道路上再也无法回头。

1933年3月退出国联之后，日本开始放弃国际协调的外交路线，而此时国际形势的变动，也深刻影响了历史走势。首先，苏联宣布加入国联，并成为重要成员国；其次，希特勒和纳粹党于1933年1月上台，同年9月，德国紧随日本的步伐退出国联。而后，意大利于1935年10月入侵埃塞俄比亚后，与国联渐行渐远。此后，国际社会上便形成了以英、法、美、苏、中为代表的赞成国联的一派，和以日本、德国、意大利为中心的反对国联的另一派。"二战"期间，两大阵营对决的国际格局初现端倪。

不过，日本也发现，美、英、法等国出于自身利益的考虑，宁愿牺牲中国，也不愿采取强硬措施。欧美列强的绥靖态度让日本感到有机可乘。因此，即便在退出国联后，日本仍希望与欧美列强保持友好关系，这一策略鲜明地体现在"广田外交"之中。

三十四 广田外交

日本在1933年3月退出国联实属无奈之举。日本政府也知道，由于国内资源匮乏、市场狭小，日本经济严重依赖外贸和国际市场，一味与国际社会唱反调只能一无所获。因此，尽管在言辞上很强硬，但日本政府私下里仍希望缓和九一八事变之后的紧张局势。外相广田弘毅在维护既得利益的前提下，积极调整与中国、美国和苏联的关系，这一策略被称为"协和外交"。

《塘沽停战协定》

要缓和关系，首先需要停战。1933年5月的《塘沽停战协定》提供了这样的机会。

九一八事变之后，关东军在东北各地进攻中国军队。1933年3月，关东军进攻热河，守将汤玉麟临阵脱逃，日军仅用10天便占领热河。热河沦陷后，关东军继续向长城一线进犯，威胁平津。面对日军的步步紧逼，蒋介石决定“一面抵抗，一面交涉”。中国军队沿长城一线展开迎击，阻止日军继续南下，敌我两军形成对峙局面。5月底，关东军和中国军队签订了《塘沽停战协定》。

该协定规定，双方停火，以现在的战线为界各自撤军。此时的战线大致沿长城一线展开。日军撤往长城以北，中国军队撤至长城以南，在长城以南设立非军事区，禁止中国军队进入。这相当于在长城沿线设置了真空地带，将伪满洲国隔离开来。

中日双方的打算

此时日本为何止步南下，而国民政府又为何默认现状呢？

对日本而言，吞并“满洲”后，政府和军部正忙于消化他们的“战利品”。关东军越过长城，并非要立即吞并华北，而是想要迫使国民政府在事实上承认伪满洲国。《塘沽停战协定》在长城以南划定了非军事区，这就可以确保中国军队不会威胁到伪满洲国。此外，退出国联后，日本在国际舆论中非常被动，进一步入侵华北将招致国际社会的干预和制裁。与此同时，中国军队从长城一线撤退，造成整个华北地区门户洞开，日军随时可以南下。综合以上种种考虑，日本暂缓了对华北的侵略。

而对国民政府而言，《塘沽停战协定》只是个军事协定，并非承认伪满洲国的外交协定，所以勉强可以接受。又因力量悬殊，中国军队难以击败日军，日军停火撤退，是较理想的结果。此外，国民政府内讧不断，蒋介石又坚持“攘外必先安内”的方针，军事重点在于围剿南方的红军。为此，蒋介石还以“妨害中央统一政令”为由，分化瓦解了“察哈尔民众抗日同盟军”。

《塘沽停战协定》的签订，标志着九一八事变告一段落。中日军队停火，给了日本政府调整外交政策的机会。日本想利用外交手段稳定对华关系，最好能诱降中国政府，并在国际社会打开出路。在此前后，日本形成了以“协和外交”为旗号的外交新路线，其主导人便是广田弘毅。

广田弘毅是谁？

在20世纪30至40年代的日本，广田弘毅扮演了重要角色。在东京审判中，广田是甲级战犯中唯一被处决的文职官员。其主要罪责是在南京大屠杀期间，作为外相知道日军的暴行却未加阻止。

广田弘毅1878年生于九州福冈，父亲是名石匠，与玄洋社渊源颇深。福冈是九州最大的城市，也是玄洋社的大本营。玄洋社大佬头山满有些类似司马迁笔下的游侠，或是意大利黑手党的教父。玄洋社以倡导亚洲主义、民族主义的爱国社团自居。但就历史作用而言，玄洋社也往往以“爱国”为名行“祸国”之实。头山满和玄洋社支持过中国革命，但他们同时也是日本侵华的马前卒。

广田自幼在玄洋社的武道场练习柔道，最初的志向是成为职业军人。然而，1895年的“三国干涉还辽”让广田很受冲击。他意识到，一个国家光有军事力量还不够，还需要有外交力量，于是决心成为一名外交官。由于很喜欢《论语》之中“士不可以不弘毅”这句话，所以他将名字从“丈太郎”改为“弘毅”。[1]

1901年，23岁的广田在玄洋社的资助下进入东京大学。毕业后，又在玄洋社前辈的扶植下，如愿以偿地进入外务省。此后，他被派往中国、英国和美国，并担任过驻苏联大使。1933年9月，广田开始在斋藤内阁中担任外相，直到1938年的5年多时间里，他一直是日本外交的主导者。

广田的外交策略

广田入阁之际，向首相提出两项要求：第一，为防止被国际社会继续孤立，日本要推行和平外交；第二，外交事务要以外相的意见为准，首相应全力提供支持。[2]

上一节谈过，前任外相内田康哉叫嚣着即使日本化为焦土也要承认伪满洲国。在日本政府承认伪满洲国后，“焦土外交”的短期目标已经实现。因此，为改变日本退出国联后的孤立处境，广田想要缓和与中国和英美的关系。但是，日本长期存在“双重外交”的顽疾，如果陆军不配合，广田的努力将毫无意义。为此，广田又提出了第二点要求。

1 服部龍二：《広田弘毅——“悲劇の宰相”の実像》，中央公論新社，2008年，16—17頁。

2 同上，65—66頁。信夫清三郎编，天津社会科学院日本问题研究所译：《日本外交史》，第584页。

为克服“双重外交”的难题，斋藤实设立了由首相、藏相、外相、陆相和海相参加的五相会议。五相会议的主要职能在于协调外交、国防和财政之间的关系。九一八事变以来，军部无视外务省和内阁的外交方针，肆意扩大战事。这一方面恶化了对外关系，另一方面造成军费的迅速膨胀。“五相会议”相当于在内阁之中再设一个小内阁，参与决策的人较少，所以更容易达成协议。

“协和外交”

五相会议成立后，日本政府经过多次磋商，确定了新的外交方针。该方针包括四点：一、继续扶植伪满洲国；二、改善与中国、美国和苏联的关系；三、迫使中国政府放弃反日政策，在外交上依附于日本；四、国防与国力相适应，不能任意发动战争。[1]“协和外交”的实质在于稳定局势，维持现状。在这一方针的指导下，日本在“满洲”以外的问题上保持守势，以消除国际社会对日本更大侵略野心的疑虑。此外，积极响应美英两国所重视的“门户开放”原则，以缓和两国对日的敌对情绪，并努力争取它们对“满洲”现状的默认。

在五相会议中，首相、外相、藏相的立场较稳健，而陆相和海相的意见较强硬。一旦表决，结果往往是3:2，“稳健论”压倒“强硬论”，广田的“协和外交”就有了施展的空间。为了推行“协和外交”，日本政府还约束了社会上的排外情绪，报刊的对外攻击言论有所收敛，被压抑的自由主义声音得到些许释放。[2]

1　日本外務省編：《日本外交年表竝主要文書》（下），275—277頁。

2　约瑟夫·C. 格鲁著，沙青青译：《使日十年》，第140—147页。

就结果而言，广田外交有一定收获。1934 至 1935 年，关内与关外之间通车、通邮。国民政府尽管不承认伪满洲国，但为了让分隔两地的民众能互相来往，也只能默认现状。1935 年 1 月，广田提出对中国“不威胁不侵略”的外交原则。几乎同时，蒋介石以笔名发表《敌乎？友乎？——中日关系检讨》一文，释放和解信号。5 月，中日两国将公使馆升级为大使馆，提升了外交规格。同时，日本和苏联的外交关系也有所改善。1935 年 3 月，苏联将北满铁路转让给了日本。[1]

不过，广田外交并非币原外交的复活。由于占领“满洲”、退出国联，日本破坏了 1922 年的《九国公约》和华盛顿体系。在此情形下，币原外交已经无望复活。广田只是尽量减少同列强的摩擦，修补与中国的关系。

“天羽声明”

广田的“协和外交”存在着两个不同的侧面，一方面要与中国缓和关系，但另一方面又要回应军部的要求。这两者之间的矛盾很快就在“天羽声明”中暴露出来。

1934 年 4 月 17 日，外务省情报部部长天羽英二在谈及对华政策时表示：西方列强要认清现实，接受东亚局势时过境迁的事实。西方列强曾在东亚拥有主要发言权，但从今往后，日本有责任维护东亚的和平与秩序。日本不能容忍中国向西方列强求援，如果

1 信夫清三郎编，天津社会科学院日本问题研究所译：《日本外交史》，第 585—587 页。

列强向中国提供任何援助，无论是资金的还是技术的，日本都会反对；如果向中国出售武器、军机或派遣军事顾问，日本更不会坐视不管。[1]“天羽声明”暴露了日本独霸中国的野心，同时也是对“门户开放”原则的直接挑衅。美国是“门户开放”原则最积极的提倡者，也是华盛顿体系最主要的构建者。日本提出主宰中国的要求，这便威胁到了美国的外交政策和在中国的利益。

“天羽声明”尽管是天羽英二发表的，但实际上却是广田的意见。不过，广田只是在内部传达这种观点，未曾公开讲过。这一声明被报道后，引来了中国和国际舆论的一致批评。广田也认为“天羽声明”太过露骨，不利于侵略目的的实现，于是立即掩饰称，“天羽声明”的发表没有得到批准，同时向欧美国家保证，日本不会侵犯西方国家的在华权益。

“全民族切腹”

尽管广田承诺与中国保持良好关系，但“天羽声明”却反映出日本将中国视为后院的真实意图，广田外交的虚伪本质在此暴露无遗。当时中国的报纸评论称，广田的“协和外交”只是个幌子，其真实目的是进一步宰制中国。“天羽声明”发表12天后，北京大学教授胡适发表名为《一个民族的自杀》的文章，深刻揭露了日本外交的问题。

胡适说，九一八事变后，关东军侵占“满洲”，扶植伪满洲国，严重侵犯了中国的主权。“天羽声明”的发表，进一步暴露了

1　日本外務省編：《日本外交年表竝主要文書》（下），284頁。

日本的野心。但日本不应忘记，以武力入侵中国并将中国视为后院的举动，是对1922年华盛顿体系和主张该体系的美国的严重挑战。尽管任何人都知道，日本靠着贫瘠的国力挑战美国是自取灭亡，但没有人能够保证，日本不会踏上这条自我毁灭的道路。日本军人迷信暴力，他们相信凭借着暴力便可以征服全世界。这就像是老虎尝血或酒鬼尝酒一样，只要得手一次，他们都会一试再试。在日本的侵略下，中国将是第一个受害者，但绝不会是最后一个。

胡适继续说，日本人欲壑难填，而中国只是一根瘦骨头，美国却是一块大肥肉。如果日本不能停止侵略中国，那么它肯定会向美国发起挑战。而一旦日本进攻美国，那就等于自寻死路。因此，从侵略中国的那一刻起，日本就踏上了“全民族切腹”的道路。按照武士切腹的惯例，需要有一位介错人进行协助。当切腹人腹破肠出时，介错人砍掉他的头颅。中国因为积贫积弱，刀法不精，不配做日本的介错人，只配做一个同归于尽的殉葬者。但是，美国肯定很乐意当这个介错人，帮助日本完成民族的切腹。[1]

从后续的历史发展来看，胡适的观察非常准确。日本军人的狂妄贪婪，马上使“广田外交”露出破绽。

“广田外交”的破绽

1934年10月，陆军省新闻机构出版了一本宣传册，名为《国防的本意及其强化的提倡》，鲜明地反映了陆军的国家改造构想。

这本小册子开篇便宣扬“战斗的哲学”。它写道，战争是创

1 胡适：《一个民族的自杀——述一个英国学者的预言》，《胡适全集》第二十二卷，安徽教育出版社，2003年，第92—96页。

造之父、文化之母，是国家发展和民族进步的基本动力。国防不仅涉及军备，还关系到国家生活的方方面面。因此，无论是财政、经济，还是教育，都必须为军队和军事目的服务。日本是当前国际秩序中的受压迫者，如果任由英美列强摆布，日本将走投无路。靠着“协和外交”只能解决细枝末节的问题，要打破困局必须依靠战争。为了准备与英国、美国、中国和苏联的战争，日本必须重新制定国防政策，整顿政治和经济机构，并清除和平主义、个人主义和自由主义的毒害。[1]简而言之，军队必须全方位管理国家，以克服对外危机，并在国际社会打开出路。

“战争是创造之父”这句话来自古希腊哲学家赫拉克利特的“战争是万物之父，也是万物之王”。诚然，历史上许多伟大的思想家、政治家和军人都赞美过战争。战争也的确会张扬忠诚、勇气和自制的精神，或者像黑格尔所说的那样，“充当腐朽社会的伦理纯洁剂”。不过，战争的实际价值是值得怀疑的，因为战争追求的与其说是经济效益，不如说是为了攫取更大的权力和权威，并获得征服对手后的优越感和荣誉感。[2]而到了近代，在资本主义大工业生产的推动下，人类拥有了前所未有的物质成就，也拥有了史无前例的毁灭力量。此外，在近代民族主义和军国主义鼓动下，近代战争都带上了“你死我活”的最终决战色彩。

丘吉尔说：“到了20世纪，战争开始进入毁灭人类的时代。各民族的兴起充满了集体意识，使得屠杀事业能够以从前无法想

1　堀幸雄著，熊达云译：《战前日本国家主义运动史》，第247—248页。前坂俊之著，晏英译：《太平洋战争与日本新闻》，153—154页。

2　约翰·赫伊津哈著，傅存良译：《游戏的人：文化的游戏要素研究》，北京大学出版社，2014年，第116页。

象的规模和毅力来设计和实施。……全部人口以这种或那种身份参加战争，同样都是被袭击的对象。天空中开辟了一条道路，可以把死亡和恐怖带到远离战线的后方，带给老、病、妇、孺这些在以前的战争中不允许侵犯的人身上。铁路、轮船和汽车等运输工具神奇地被组织起来，使千百万人可以不断地进行战斗。”[1]到了这个阶段，战争早已不是“创造之父、文化之母”，而是“毁灭之父、野蛮之母”了。战争从来都不是值得人渴望的东西，而是彼此恐惧和憎恶、贪婪和傲慢的产物。即使在其最好的意义上，战争也只不过是面临生存威胁时的被迫选择。试想一下，如果彼此杀戮真的那么美好，为何没有一个国家热衷于发动内战呢？

可以说，这本小册子反映了陆军高层的军国主义构想，以及对广田外交的蔑视。其实，不仅陆军高层对广田外交不以为是，驻扎在华北的“天津军”对其也不以为然。1901 年八国联军占领北京后，清政府被迫签订《辛丑条约》，允许列强在北京周边驻扎军队。从那时起，日军就有一支约 1700 人的军队驻扎在天津，被称为“中国驻屯军”或“天津军”。

“天津军”尽管规模不大，但野心不小，关东军策划的九一八事变大获成功，让他们深受刺激。他们认为，既然关东军能占领东北，“天津军”也能占领华北。此时，日本政府和军部也开始主张，仅靠“满洲”的资源无法实现国防资源的自给，日本还要占据华北。在政府的默许下，1935 年初，“天津军”在华北制造了一系列事端，将国民党的军队、党部和行政机关驱逐出河北。同时他们还

1 参见邱吉尔著，吴万沈译：《第二次世界大战回忆录》第一卷，商务印书馆，1974 年，第 55—56 页。

与关东军联手，策划“华北自治”运动，企图制造第二个伪满洲国。1936年5月，“天津军”更是扩军三倍，从1700余人增加至约6000人，并突破《辛丑条约》的限制，在北平丰台驻扎了一个大队。而这支大队正是挑起卢沟桥事变的那支日军。[1]

广田三原则

对于“天津军”在华北的侵略活动，广田弘毅在外交上尽量配合。其实正因广田避免与军队的正面冲突，他才得以长期担任外相。

1935年8月，经与军部大臣协商，广田制定了对华交涉的“三原则”：一、国民政府要彻底废除反日言行，放弃对欧美的依赖政策；二、事实上默认伪满洲国的独立；三、与日本携手反共。[2]换句话说，中国不仅要认可日本对“满洲”的侵略，还要疏远与美英苏的关系，死心塌地地投靠日本。“广田三原则”是“协和外交”的具体化，也暴露出广田与日本军部是一丘之貉。

在对美关系上，广田弘毅一厢情愿地认为，只要日本和美国的势力范围界限分明，两国就不会发生尖锐的冲突，太平洋地区的势力均衡也能得到维持。因此，1934年5月16日，广田通过驻美大使向美国政府提议：双方签署互不侵犯条约；相互尊重领土和海外权益；美国承认日本为西太平洋和中国的霸主；日本则

1　波多野澄雄，戸部良一编：《日中戦争の軍事的展開》，慶應義塾大学出版会，2006年，第23—29頁。

2　日本外務省編：《日本外交年表竝主要文書》（下），303頁。

承认美国为东太平洋的霸主。[1]然而，美国绝对不可能接受广田的提议。由于日本破坏了美国辛辛苦苦建立的国际秩序，日美之间的对立和决裂就无法避免。[2]

从中国方面来说，“广田三原则”和日军在华北的侵略也促进了中华民族的觉醒。1936 年西安事变和平解决后，国共两党再次合作，中国形成广泛的抗日统一战线。这宣告了广田外交的破产，也标志着中华民族抗击日本侵略进入新阶段。

三十五 “天皇机关说”事件

1932 年的五一五事件，终结了日本的政党政治；1933 年退出国联，又终结了对外协调的外交路线；1935 年的“天皇机关说”事件，进一步摧毁了政党政治的理论基础。此后，大正时代以来宽松的社会氛围一去不返，政党政治回天乏术。政党政治在内政、外交和思想文化上的迅速衰退，导致日本加速滑向军国主义和法西斯主义。

迫害知识分子

九一八事变后，关东军肆意侵略中国，这导致中日冲突升级，并引发英美等国的不满。日本退出国联后，在国际社会备受孤立。

1 外務省百年史編纂委員会：《外務省の百年》（下），原書房，1969 年，513 頁。

2 入江昭著，李响译：《第二次世界大战在亚洲及太平洋的起源》，第 29—30 页。細谷千博：《両大戦間の日本外交：1914–1945》，岩波書店，1988 年，123 頁。

这让日本国民感到自卑，变得多疑，觉得敌人无处不在，国家前途未卜。其实明明是日本制造的国际紧张气氛，反过来却让日本社会更加紧张。紧张的国际局势和不安的社会氛围，激发了国民大众的民族主义情绪，而在民族主义浪潮的裹挟下，政权领导人的治国方略开始迷失方向。

军部和右翼一边煽动对外危机、鼓吹民族主义，一边要求实施严格的思想管控。他们打压反对派意见，特别是那些呼吁自由民主及国际和平的意见。通过这种方式，他们压抑了社会对立，迫使国内舆论走向统一。在此过程中，军部和右翼对知识分子进行了检举和迫害。对他们来说，最危险和最强力的对手是日本共产党。因为共产党否定天皇制，要求推翻现有政治制度，并与苏联有千丝万缕的关系。在右翼的推动下，日本政府开始抓捕共产党员。在抓捕过程中，人们惊奇地发现，东京地方法院的一名法官竟然是共产党员。消息传出后，右翼大为震惊。因为法院一直是保守派的地盘，为何连法院都被共产党渗透了呢？[1]

此时，一位名叫蓑田胸喜的右翼极端分子开始散布各种“阴谋论”：日本社会正面临被“赤化”的危机，之所以连法官都是共产党员，那是因为东京大学和京都大学的教授们已经“赤化”了；他们在思想上亲近共产主义和苏联，那么他们培养出来的学生自然也会“赤化”；这些学生毕业后进入法院工作，便成为“赤化”的法官。蓑田于是开列名单，列举出他认为已经“赤化”的大学教授，并疯狂地举报他们。此时，政友会也想趁机倒阁，所以他们也在这个问题上做文章。他们要攻击的首要目标，便是京都大

1 前坂俊之著，晏英译：《太平洋战争与日本新闻》，第116页。

学教授泷川幸辰和东京大学教授美浓部达吉。

泷川幸辰的刑法论

1932年10月，泷川教授在一次演讲中，以小说《复活》为例，介绍了托尔斯泰的刑法观。他说，托尔斯泰告诉我们，不应该对犯人进行报复，而应该从人道主义的角度同情他们。穷人之所以会犯罪，是因为生活中的不安和痛苦。那么，生活上的不安和痛苦缘何而来？当然有个人的原因，如对他人的不理解、利己心和道德堕落，但更重要的原因是国家制度和社会秩序的不合理。从这个角度来看，罪犯是由社会培养的，犯罪则是他们对社会施加制裁的唯一方式。那么，国家一方面制造罪犯，另一方面又要惩罚他们，这便是自相矛盾的。简而言之，托尔斯泰的刑法观是：人没有资格裁判他人，勿以暴抗恶。[1]

泷川教授的这场演讲，随后被人举报给了政府，说他宣扬无政府主义，攻击日本的法律和法官。其实泷川的观点跟无政府主义毫无关系，只不过泷川在著作中和课堂上，反对政府通过思想倾向来断罪[2]，甚至讨论过如天皇持刀行凶，民众是否可以“正当防卫”的问题[3]，这就得罪了右翼分子。

泷川说，法律的量刑，要以嫌疑人是否实施了犯罪为衡量标准，不能以主观判断来预防犯罪。政府不能因为一个人的想法和官方不同就将其逮捕。革命党人并不是无耻之徒，也不是道德卑

---

1 松尾尊兊：《滝川事件》，岩波書店，2005年，75—76頁。
2 同上，79頁。
3 同上，99—100頁。

劣者。他们的行为与常理不相符，是因为他们追求更高的道德标准。政府应该把革命党人视为拥有正当权利的对手，而不应该把他们当作邪恶的罪犯。[1] 另外，犯罪与疾病、贫困、自杀、失业、卖淫相同，是由于不合理的社会财富分配方式造成的必然现象，仅靠刑罚的威力无法减少和消灭犯罪，只有对社会经济构造进行改革，才能从根本上消除犯罪的问题。[2]

泷川事件

由于上述言论，泷川遭右翼分子和政友会议员的联手举报。第二年，泷川的著作被禁，文相还要求京都大学开除泷川。针对这一要求，京都大学法学部教授会发表一份声明 :“学术观点是否妥当，不应由文部省来判断。如果文部省进行干预，将会妨害学问的自由，并使大学自治名存实亡。”正所谓“言者无罪，闻者足戒”，学术自由是社会舆论环境健康发展的基础，泷川的主张即使是“不合时宜”的，但也是应该被允许的。因为知识分子的存在意义之一正是对现状的抵抗和批判，而非迎合和颂扬。可尽管如此，文相还是直接下令将泷川解职。

文相开除泷川公职的举动，引发京都大学师生的集体抗议。法学部 30 多位教师一并提交辞呈，抗议政府破坏大学自治和学术自由。京都大学的学生也组织了支援泷川教授的罢课运动，参加者超过 3000 人。这一事件被称为“泷川事件”。

1　松尾尊兑 :《滝川事件》，岩波書店，2005 年，135 頁。
2　同上，35—136 頁。

泷川事件最终导致京都大学法学部21名教师辞职。不过，在西园寺公望的安排下，这些辞职教师大多转任至立命馆大学。[1]之前提过，西园寺拥有自由主义的思想，但尽管贵为“最后的元老”，面对日本社会的整体右转，他也无能为力。

何为“天皇机关说”？

与泷川事件相比，1935年的“天皇机关说”事件影响更为深远。因为它不仅打倒了美浓部达吉，清除了政党政治的理论基础，而且还打击了以西园寺为首支持立宪政治的元老和重臣势力。

“天皇机关说”又名“国家法人说”。在20世纪20年代出版的著作中，美浓部达吉指出：尽管日本的统治大权属于天皇，但统治大权的主体并不是天皇，而是作为法人的国家。国家法人是最高权力的行政主体，天皇只是国家法人的最高机关。所谓国家法人，与公司法人类似。打个不太恰当的比方，如果说日本是个“股份公司”，那么所有国民都是“股东”，而天皇则是“董事长”。正如董事长对于公司的运营不是私人事务，而是作为公司领导者的公共事务，天皇的统治大权也不是天皇的私权，而是作为国家元首行使的权限。天皇尽管是“董事长”，但仍受“公司”总体意志的约束。日本政府作为经营和管理日本国土和国民的“公司”，其本质是一种人为的政治装置，而不是自然的生成物。“天皇机关说”的主要依据是《明治宪法》第4条：“天皇是国家的元首，总揽统治权，依据宪法的规定行使权力。”对

1 西山伸：《滝川事件とは何たったのか》，《大阪市立大学史紀要》9，2016年。

该条款进行立宪主义和自由主义的阐释，便构成了“天皇机关说”的合法性来源。

与“天皇机关说”相对的是“天皇主权说”。“天皇主权说”主张，天皇是国家统治权的主体，掌握着统治日本国民和国土的权力。天皇的权力是绝对的、不受限制的、不可转移的最高大权。天皇无须内阁和议会的同意，便可以自由决定国家的大政方针。[1] 如此一来，日本就不是“股份公司”，而是一个“独资公司”，或者说是“家族企业”了。天皇作为“独资企业”所有人、作为“家长”，其个人资产就是国家资产，其个人意志便是国家的最高意志。在这种规定下，日本这个国家便不被认为是人为的政治装置，而是历史上自然形成的“家族共同体”。天皇与人民之间，也不是“支配—被支配”的法律关系，而是“本家—末家”的私人关系。“为国效忠”便等同于“为天皇效忠”，因为天皇就是国，国就是家。该学说的依据是《明治宪法》第 1 条：“大日本帝国由万世一系之天皇统治。”而对该条款进行绝对主义和专制主义的阐释，便是“天皇主权说”的根据。

在明治末年和大正时代，“机关说”与“主权说”发生过学术论争，结果“机关说”大获全胜。“机关说”之所以能获胜，一是在学理上更加完备，二是契合当时的政治潮流。因为从学理上讲，如果国家不被视为法人，而是被视为天皇的所有物，那么国家税收就是天皇的私人收入，国库就是天皇的小金库，国债就是天皇的个人债务，战死的士兵也不是为了国家，而是为了天皇一个

---

1 宮沢俊義：《天皇機関説事件》（上），有斐閣，1970 年，6 頁。

人[1]。此外,大正时代是政党政治和议会政治开始确立的时代,而“天皇机关说”刚好提供了相应的法理依据。从20世纪20年代以来,“机关说”便在宪法学界占据主流地位,并成了国家公务员考试的标准答案。1932年,因在宪法领域的卓越贡献,美浓部达吉还被敕选为贵族院议员。

“天皇机关说”事件

之前谈过,围绕着1930年的《伦敦海军条约》,政友会和右翼挑起“统帅权侵犯”的争论。此时,应滨口内阁的请求,美浓部发表文章进行反击。美浓部说:“首相在未得到军令部部长同意的情况下,奏请天皇批准条约,虽然侵犯了军令部部长的权限,但并没有侵犯到天皇的统帅权。因为统帅权是指挥军队的权力,并不包括军备和兵力编制。军备和兵力编制与财政和外交关系密切,主要属于内阁的职权范围。因此,首相有权决定裁军事宜。”[2]

此外,美浓部还多次抨击军部对政党政治的破坏。九一八事变爆发前三个月,美浓部说:“陆军坚信只有靠着军事力量才能维持满蒙的秩序,我想,没有比这更能危害国家的主张了。”1934年1月,在伪满洲国成立和日本退出国联后,美浓部批评道:“军

1 有研究者指出,在甲午战争和日俄战争期间创作的著名军歌中,很少提及天皇。当时的士兵不是为了天皇,而是为了父兄、亲人和全体国民而战。进入昭和时代后,关于天皇的军歌数量急剧增加,为天皇而死才成为“冠冕堂皇”的口号。参见若槻泰雄著,赵自瑞等译:《日本的战争责任》,社会科学文献出版社,1999年,第96—100页。

2 太田肇:《統帥権の独立に関する美濃部達吉の論理》,《津山工業高等専門学校紀要》34,1994年。缬缬厚著,顾令仪译:《近代日本政军关系研究——日本发动侵华战争的历史渊源》,第261—263页。

部的肆意妄为，将置国家于前所未有的危机之中。日本在国际上被孤立，或将与全世界为敌。”1934 年 10 月，陆军散发《国防的本意及其强化的提倡》宣传册时，美浓部也毫不顾忌地批评其军国主义和美化战争的倾向。[1]这些言论深深地刺激了右翼和军部。对他们来说，美浓部是自由主义学术权威，是议会政治和政党政治的守护者，只有彻底打倒他，才能将自由主义的制度、学说、思想和伦理连根挖掉。

1935 年 2 月，一些右翼政客对美浓部达吉发起了猛烈攻击，称他为“叛徒”、“野心家”和“学匪”，并呼吁政府对他进行严惩。他们说，美浓部鼓吹“天皇机关说”是对日本神圣国体的冒渎，天皇是万世一系的“现人神”，美浓部怎能说他是机关呢？如果天皇是机关，岂不就成了毫无生机、被人操纵的道具？一些不学无术的军人更是荒唐，他们说：“把天皇称为机关，就是将天皇比作机关枪，是对天皇的大不敬。”退伍军人会和民间右翼团体也联合起来，举行集会，抨击“天皇机关说”。此外，想要倒阁的在野党也参与进来，借机抨击政府。一时间，保守派势力大集结，四处煽风点火。不过，他们要做的并非在学理上战胜“天皇机关说”（在学理上他们很难是美浓部的对手），而是通过道德上的“公开审判”将美浓部置于死地。

“天皇机关说”成为禁忌

在这种情况下，社会舆论的主导权完全被右翼和军部掌控。

1　古川江里子：《美濃部達吉と吉野作造：大正デモクラシーを導いた帝大教授》，76—77 頁。

没有一家报纸敢站出来为美浓部辩护，一度想保护美浓部的冈田启介首相也被迫表态反对“天皇机关说”，并下架了美浓部的所有著作。

1935 年 8 月，冈田启介内阁发表声明：“大日本帝国的统治大权毫无疑问属于天皇。将天皇比作为行使统治权而设立的机关，损害了我们无与伦比的伟大国体。”[1] 此后，大学讲座、出版的书籍和教科书中，一律禁止采用“天皇机关说”。但军部和右翼并未善罢甘休，他们要求美浓部辞去贵族院议员职务并要起诉他。美浓部被迫从贵族院辞职后，继续受到人身威胁。右翼分子持刀在美浓部的住宅周围游荡，政府派出警察对他进行保护。可尽管如此，1936 年 2 月，右翼分子还是用手枪击伤了美浓部达吉。

1937 年 5 月，文部省发行一本名为《国体之本义》的指南手册，以彻底消除“天皇机关说”的影响。这本小册子说：日本由万世一系的天皇永远统治，拥有世界上最崇高和最受尊崇的国家政体。天皇的祖先是天照大神的嫡孙，他奉了天照大神的命令从天而降，他的后代世世代代统治日本。既然这是天照大神的命令，便是永不可动摇的建国根本。天皇不仅是政治上的最高主权者和统治者，还是显现为人形的神（现人神），是国民侍奉和信仰的对象。而且，日本作为一个大家族国家，历来都亿兆一心地拥戴天皇，发扬了忠孝之美德。天皇的永远统治以及民众的忠孝奉戴，便是日本国体的精华，任何对此产生疑问的言论都要被禁止。

在政府的强制要求下，全国的中小学生都要学习这本小册子。由此一来，“天皇主权说”和国体论变成一种“护身符”般的语言。

1 宫沢俊義：《天皇機関説事件》（上），290—291 頁。

只有那些赞同“主权说”、拥护国体论之人，才是忠君爱国的好臣民，才有资格接受法律保护。而那些赞同“机关说”、质疑国体论之人，便是道德败坏分子和潜在的内部敌人，应该被全社会“围剿”。此后，国家就不仅垄断了暴力，还垄断了对伦理和道德的裁决权。言论自由消失后，思想自由也随之消失，甚至沉默自由也不被允许。久而久之，人们便形成一种以当权者的是非为是非，以官场的标准为标准的思维定势。“日本帝国是世界上独一无二、最优越的国家，是人类历史上最光荣、最伟大的国家”这种自以为是的说法，就在右翼和军部分子的裹挟下，成为不允许任何人挑战的国家意识。

其实，自诩本国统治者是从天而降的神的后代，这种神话在世界历史上并不罕见。但日本的奇特之处在于，在20世纪，在一个可以制造最尖端的飞机、战舰和航空母舰的国家，人们居然仍会相信这种幼稚的神话，而政府还要将这种神话奉为不容挑战的国家意识。这既反映了日本社会中理性科技与非理性信仰的奇妙结合（“和魂洋才”的新典范！），也反映了日本社会在掌握文明精神方面的极端不成熟。当然还有一种可能无法被排除，那便是人们根本不相信这种鬼话，只不过在右翼恐怖的社会氛围中，为了自保而假装相信罢了。由此来看，思想的强制统一带来的除了卑屈的顺从者之外，只有阳奉阴违之徒与阿谀奉承之辈。

“显教”与“密教”

如果说，日本社会在掌握文明精神方面极不成熟，大部分日本人宁愿相信传统的神道话语，也不愿相信革新的民主理念。那么，这种状况缘何而来呢？

答案是日本政府通过舆论宣传和教育灌输有意而为之。我们反复说过，天皇制存在绝对君主制和君主立宪制两个侧面。因此，无论是“主权说”还是“机关说”，都有一定的合理性。两者在实践中的不同之处在于，“主权说”是政府公开宣扬的“显教”，而“机关说”则是政府秘密传授的“密教”。日本政府一方面将“主权说”奉为官方意识形态，向国民大众和军队士兵进行灌输，以培养天皇的忠诚奴仆。另一方面，又让知识分子和大学生（即官僚预备队）学习“机关说”，以掌握国家的运作原理。可以说，国民大众以为天皇是大权独揽的绝对君主，而知识分子和官僚才知道天皇是受宪法制约的立宪君主。

宪法设计者伊藤博文等人以“显教”教导国民，以“密教”运营国政。他们向国民和军队灌输“天皇主权说”，使他们相信天皇是“神的子孙”和最高主权者，天皇制是最优越的国家制度。通过这种方式培养国民的国家信仰、政权认同和民族自豪感，进而团结和动员民众。一旦发生战争，就可以让他们为了天皇奉献生命。但与此同时，伊藤等人也知道，只有立宪政治和科学技术才能引导日本的文明开化。所以，必须让毕业于帝国大学的官僚和知识精英掌握“机关说”的原理，以操作国家机器。这样一来，日本就会形成一种由知道天皇是立宪君主的大学毕业生，管理相信天皇是绝对君主的国民大众的政治机制。[1]

1　宫沢俊義：《天皇機関説事件》（下），536—538 頁。

民众与文化人的知识断层

那么，了解天皇制秘密的知识分子，为何在右翼和军部的攻势下如此不堪一击呢？原因在于，国家的运作虽由帝国大学的毕业生来管理，但社会舆论的主导权从未掌握在知识分子手中。

丸山真男曾指出，在战前日本，真正影响社会舆论的并非城市里的知识分子，而是地方和基层社会里的头面人物，如小工厂主、包工头、店主、小地主、中小学教师、神官和村干部等。尽管他们或许只读过小学或中学，但在当地人眼中，他们才是真正有知识、有权威、有能量的意见领袖。由于他们常年生活在地方，对城市文化和知识分子有天然的反感。他们排斥西方文化，支持与民俗社会息息相关的传统文化和价值体系。民间社会的舆论主导权牢牢掌握在他们手中，而他们信奉的，正是由国家灌输的“主权说”。

与基层社会里的头面人物不同，接受“机关说”的知识分子生活在城市。他们的教养和知识多来自欧洲，但这些教养并非扎根于肉体和生活情感之中的深层知识，而是从头顶“浇灌”而来的表层知识。知识分子的精神生活大多脱离民众生活，他们或许热衷于讨论康德、黑格尔、文艺复兴或古典音乐，但国民大众不会对此感兴趣。民众耳濡目染的是乡土人情，学习的是各种社会礼仪，接受的是头面人物的指挥和领导。他们拥有的政治学和社会学知识，往往不会超出中小学教育和政府日常灌输的范围。因此，尽管知识分子认为“机关说”乃是一种常识性的宪法学说，但在民间社会，它却被认为是一种不合常理、大逆不道的邪说。[1]

1　丸山真男著，陈力卫译：《现代政治的思想与行动》第一卷，第 2 章。

知识分子与国民大众之间存在的知识隔阂，使得政党政治的理念从未真正浸透至国民大众的精神氛围之中，化身为他们意识和行动的有机部分。这种知识上的断层导致国民大众在精神上的不成熟，隐蔽了作为政治装置的国家形象，且不断放大作为“家族共同体”的国家认同，从而为法西斯主义和军国主义的发展壮大提供了土壤。也正是这种精神上的不成熟，构成了驱动日本不断对外扩张的精神动力，赋予日本人实施暴力和自我牺牲的勇气。因为作为员工，没人愿意为了“公司”奉献生命，但作为子民，却可以为了“家族”和“家长”罔顾一切、牺牲一切，毕竟“right or wrong, our family!”。

三十六　帝国的暗杀政治

上一节谈到，右翼和军部挑起“天皇机关说”事件，为的是铲除政党政治的理论基础。其实在20世纪30年代，激进派的青年军官和民间右翼还多次组织暗杀等暴力活动，以在肉体上直接消灭重臣集团和政党政治家，为国家的法西斯化开辟道路。

暗杀的年代

20世纪30年代是“暗杀的年代”，主要的暗杀事件包括1930年滨口雄幸被刺、1931年的三月事件和十月事件、1932年的血盟团事件和五一五事件、1935年的相泽三郎事件和1936年的二二六兵变。这其中，三月事件、十月事件和二二六兵变是军事政变，滨口雄幸事件、相泽三郎事件和血盟团事件是恐怖袭击。五一五事件介于两者之间，更类似于恐怖袭击。

恐怖袭击与军事政变不同。恐怖袭击可以由一个人、一把枪完成，而军事政变由于要动员军队，需要庞大而细致的计划和资金准备。恐怖袭击和军事政变的目的都是要以暴力打倒政敌，震慑反对派，追求政治变革。恐怖袭击可以为军事政变准备条件，营造氛围。20 世纪 30 年代，日本社会形成的以暴力换取政治变革的思想土壤，正是由一系列恐怖袭击催生而来的。[1]

社会不满和反政府情绪

1930 年参加伦敦海军会议时，滨口雄幸压制反对派，批准了裁军条约。北一辉和在野党攻击滨口内阁侵犯了天皇的统帅权，这种说法刺激了青年军官和民间右翼，进而引发了 11 月的滨口被刺事件。在社会舆论中，与身负重伤的滨口相比，刺杀滨口的右翼青年获得更多同情。滨口被认为是昏庸无能、卖国求荣的政客，而右翼分子则被认为是大公无私、为国献身的爱国者。

之前谈过，由于 1930 年的金融政策失误，又赶上世界性的经济危机，日本社会陷入恐慌。在经济恐慌的侵扰下，国民大众开始认为，议会民主制、自由主义和西方文化只能让政治家、大财阀和大商人获得利益，只会让普通百姓遭受剥削和压迫。激进的青年军官和右翼分子于是要求诛戮国贼，革新国政。他们相信，

1　北岡伸一：《政党から軍部へ　1924—1941》，中央公論新社，1999 年，219—220 頁。

利用议会和法律手段来推行改革已经无济于事，只有使用暴力在肉体上消灭敌人，在精神上震撼民众，才能动摇政治和经济体制，进而打破欧美对日本的遏制和打压。因此，从 1930 年至 1936 年的 7 年间，日本发生一系列恐怖袭击事件，多位对内推行政党政治、对外促进国际协调的政治家被暗杀。而执政者的软弱和对恐怖主义的姑息纵容，更加助长了激进派军官和右翼分子的气焰，最终引发了 1936 年的二二六兵变。

樱会

1931 年九一八事变前后，日本接连发生两次未遂的军事政变，即三月事件和十月事件。这两次事件由青年军官组织樱会策划，其核心人物是桥本欣五郎。

桥本毕业于陆军大学，曾在土耳其担任驻外武官。由于这段经历，桥本非常钦佩土耳其国父凯末尔，希望效仿凯末尔主导的土耳其革命，依靠军队力量改造日本。桥本在 1930 年组建樱会，其主要成员是少佐和大尉级别的青年军官。

樱会与之前介绍的一夕会存在诸多差异。首先，樱会的最初成员多是军衔较低和较年轻的下级军官，而一夕会的大部分成员是陆军中央的中坚幕僚。而且，在纲领上，樱会赞同以武力直接夺取国家政权，而一夕会则主张在现有制度框架内，通过内部夺权来改造国家。[1] 另外，在意识形态上，樱会激烈反对西方文明和

1　秦郁彦 :《軍ファシズム運動史》，原書房，1980 年，22—23 頁。堀幸雄著，熊达云译 :《战前日本国家主义运动史》，第 115—121 页。

文化，要求摆脱西式的自由主义、民主主义和资本主义，复兴日本的传统精神。相比之下，一夕会的意识形态色彩较淡，比较倾向于理性主义。最后，樱会还主张破除国际协调外交，建立军事独裁，准备对外战争。一夕会的目标与之大同小异，但具体的政策更加稳健。

三月事件

1931 年春，桥本欣五郎和大川周明策划在滨口雄幸遇刺住院期间，发动军事政变推翻现政权，然后成立以陆军大将宇垣一成为首的军人内阁。

政变时间定于国会审议劳动法案的 3 月 20 日。大川周明首先动员 1 万名民众，从四面八方向国会游行。在此过程中，游行队伍袭击政友会和民政党的总部以及首相官邸。此时，驻扎在东京的第一师团以保护国会为名义出动，趁机包围国会。当国会被围得水泄不通时，陆军发布戒严令，实施军事管制。陆军首脑进入议会，迫使内阁总辞职，并要求天皇任命宇垣一成为首相，组织新内阁。据说，宇垣和他的心腹支持这次政变，还计划拿出 30 万日元陆军机密费充当政变经费。

但是，该计划最终并未实施。据说是因为宇垣临时变卦，不愿提供支持，或是因为该计划过于激进，陆军内部有很多人反对。[1] 还有人认为，这个计划形同儿戏，简直是被杜撰出来的。首先，大川周明根本没有能力动员 1 万人；其次，关于出动第一师团的

1　秦郁彦：《軍ファシズム運動史》，26—30 頁。

计划，连由谁指挥、谁带队的细节都没有。三月事件或许只有个雏形，一些好事之徒听信风声，添油加醋地夸大了谣言。

尽管三月事件可能是虚构的，但宇垣一成临阵脱逃、出卖青年军官的形象被塑造了出来。这导致宇垣在陆军中的威望一落千丈，并成为陆军中“反长州阵营”的把柄。三月事件在陆军内部一直被保密，因为未遂，所以无人受到处罚。

十月事件

三月事件失败后，桥本欣五郎策划了下一次的军事政变。1931 年夏，桥本与板垣征四郎、石原莞尔密谋。板垣说，关东军准备在“满洲”大干一场，但担心政府出手阻拦。桥本说，樱会将全力支持关东军，如果政府阻挠，樱会将断然实施政变。关东军原计划于 9 月 28 日发起行动，但因消息走漏，提前 10 天实施。九一八事变爆发后，若槻内阁采取“不扩大方针”，限制关东军的行动。此时，桥本便计划发动政变，以履行与板垣和石原的约定。

樱会计划于 10 月下旬发动政变，参加者包括 120 名军官和大川周明、北一辉、西田税等民间右翼。这次政变的计划是：出动近卫师团袭击首相官邸，趁内阁开会时，杀死首相和所有内阁成员，同时派兵刺杀政党首领、元老和重臣；其后，占领警视厅和新闻报社，包围陆军省和参谋本部，软禁军部首脑；最后请求天皇下令，任命荒木贞夫为首相兼陆相、桥本欣五郎为内相、大川周明为藏相。政变经费 35 万日元，由关东军提供。

不过，这群要“闹革命”的青年军官也是没出息的人。他们拿到政变经费后，就整天下馆子，一边享受酒肉和舞伎的招待，一边吹牛皮说事成之后要论功行赏。结果政变消息走漏，10 月 16 日，陆军中央派出宪兵逮捕桥本等人，政变失败。但是，陆军中央担忧如果严惩桥本，将会引发更大的骚乱。于是桥本等人只被判处 10 至 20 天的禁闭，便草草了事。[1]

十月事件尽管失败了，但在几个方面产生了深远影响：第一，政府的懦弱鼓励了青年军官作乱犯上，因为策划政变可以不受惩罚；第二，出于对政变的恐惧，若槻内阁放弃“不扩大方针”，进一步纵容关东军的侵略行动；第三，犬养毅内阁成立后，为了安抚青年军官，邀请荒木贞夫任陆相，陆军中长州阀势力开始衰退，荒木的影响力逐步增加；第四，由于两次政变接连失败，樱会的影响力下降，中坚幕僚开始主导陆军中的国家改造运动，而下级军官转投荒木门下，形成了皇道派；最后，民间右翼由于对军部失望，转而单独行动，并在 1932 年制造了血盟团事件。

血盟团和井上日召

血盟团是由井上日召组织的恐怖组织。井上日召 1886 年生于群马县，曾在中国流浪 12 年，当过军事间谍和走私商人。1921 年回国后，加入右翼组织黑龙会，并成为日莲宗僧侣。他热衷于研读《法华经》和坐禅冥想。据说，在反复诵读《法华经》的过程中，他的精神变得异常，能够与小蛇、小鸟对话，与树木、花草交流，还能预知疾病，祛病除魔。

据井上日召的自传描述，他在 1924 年春天“大彻大悟”。5

1　秦郁彦：《軍ファシズム運動史》，34—36 頁。

月的一天，他正趴在地上看一群蚂蚁打架，侧耳倾听，竟然听到一个神秘的声音：“十六年，日本和美国开战。起初，日本占据优势，但很快美国就获得胜利。但不必气馁，太阳旗很快就将再次飘扬于世界。看吧！那群黑色小蚂蚁是日军，那群红色大蚂蚁是美军。”大正时代只有十五年，而太平洋战争刚好爆发于昭和十六年（1941年）。[1]难不成井上真有预知未来的能力？其实，他的自传出版于“二战”结束后的1947年，所以这种“预言”基本不可信。

1927年，井上成为茨城县一所寺庙的住持，他通过诵经和坐禅吸引附近的农村青年。这些青年在经济危机中饱受苦难，他们希望通过诵经和坐禅解除生活的疑虑和烦恼。在井上的教导下，他们对政党、财阀和特权阶级产生了极大的反感。因此，他们在追求自我解脱的同时，还希望对国家实施改造。

为了训练农村青年的恐怖主义心态，让他们无惧于杀人或者自杀，井上向他们灌输“暗杀是一种菩萨行”的思想。他说，暗杀不仅能“超度”一个人，还能拯救更多的人。另外，井上的寺庙附近有一所海军航空学校，这所学校的青年学员也受到井上的影响，经常来这座寺庙活动。[2]

一杀多生

樱会策划的三月事件和十月事件失败后，井上日召感到非常失望。他认为，要改变日本的现状，与其依靠军队政变，不如依

1 升味准之辅著，董果良等译：《日本政治史（1—4卷）》，第694—695页。
2 堀幸雄著，熊达云译：《战前日本国家主义运动史》，第124—131页。

靠少数同志实施暗杀。他通过海军青年军官获得了10把手枪，并与他们拟定了一个庞大的暗杀名单。其中包括西园寺公望、币原喜重郎、若槻礼次郎、牧野伸显、井上准之助、团琢磨和犬养毅等。井上告诉他的弟子们，这些人是祸国殃民的罪魁祸首，只有杀死他们才可以拯救日本。他们把暗杀称为"一杀多生"，即杀死一个人，以拯救更多的人。

在井上的鼓动下，弟子们跃跃欲试。井上还与北一辉的大弟子西田税联络，呼吁陆军青年军官一起参加。但陆军对于新任陆相荒木贞夫抱有期望，因而没有响应井上的号召。结果在1932年春天，血盟团率先行动，两名枪手于光天化日下枪杀了前藏相井上准之助和三井财阀理事长团琢磨。这两名枪手正是井上的弟子，茨城县的农村青年。

这两起事情发生后，井上等人旋即遭到逮捕，三人被判处无期徒刑。在调查凶器来源时，官方尽管发现与海军有关联，但因调查不够深入，未能顺藤摸瓜破获海军青年军官的计划。[1]

五一五事件

血盟团事件发生后，海军青年军官决定动手。他们计划兵分三路，第一队袭击首相官邸和日本银行，第二队袭击内大臣牧野伸显的府邸，第三队袭击执政党政友会总部。三路得手之后，兵合一处，袭击警视厅。还有一些农民运动家将协助他们破坏东京的六处变电所，以使东京陷入黑暗。此外，由于西田税反对他们

1　秦郁彦：《軍ファシズム運動史》，49—51頁。

的行动，简直是个叛徒，也要把他除掉。[1]

5 月 15 日是个周日，下午 5 点多，第一队在靖国神社集合后，乘车来到首相官邸。他们开枪打死门卫，闯入官邸。发现犬养毅后，一名军官立即开枪，但枪没有响。由于太过紧张，他忘了给手枪上膛。犬养毅平静地说：“我们谈谈吧。”并将这些青年军官带到了日式会客室。犬养毅在桌前坐下说：“你们不要这么粗鲁，有事好好说。”打量一番这些不速之客，又说：“把鞋脱了吧。”（日式房间里铺着草席，需要脱鞋。）一名青年军官对犬养毅喊道：“知道我们为何而来吧！你还想说什么？”正当犬养准备开口时，另一名青年军官大喊：“多说无益，开枪，开枪！”他们对准犬养毅头部开了两枪，然后便逃走了。[2] 犬养毅身负重伤，6 个小时后不治身亡。

第二队和第三队分别袭击了内大臣牧野伸显的住处和政友会的总部。不过，他们仅向这些地方投掷手榴弹和传单后，便匆匆逃走了。此外，农民运动家抵达变电所后发现，无人了解变电站的构造和原理。他们又是放火，又是浇水，鼓捣了半天也没能让东京停电，最终只能放弃。不过，青年军官的刺客在会见西田税时，开枪击中了他，西田身负重伤，险些死掉。

尽管计划和技术都比较幼稚，但血盟团事件和五一五事件带来的社会冲击却非常强烈。这两起事件不仅终结了议会政治，改变了政治生态，而且也让政府开始重视农村和农民问题。此外，在恐怖袭击的威胁下，财阀也积极开展慈善事业，以改善社会形象。

1 秦郁彦：《軍ファシズム運動史》，54—55 頁。

2 今井清一、高橋正衛編：《現代史資料（4）国家主義運動（一）》，みすず書房，1963 年，100 頁。

同时，财阀还放弃了一直以来对政党政治的支持，转而与右翼和军部勾结，以求维护自身的安全和利益。由于担心严惩会引发更多的恐怖活动，政府倾向于安抚和纵容法西斯分子。这反而激励了法西斯分子以恐怖活动制造更大的政治和社会危机，从而进一步推动了国家的法西斯化。[1]

丸山真男说："法西斯主义既是社会恐慌的产儿，又是制造社会恐慌的生身父母"[2]，真可谓一语中的。

三十七　皇道派的全盛与没落

1932 年的五一五事件之后，日本有三年的平静期，其间没有恐怖事件发生。这是因为青年军官对新任陆相荒木贞夫寄予厚望。不过，荒木于 1935 年下台后，很快就发生了相泽三郎事件，次年又发生了二二六兵变。这两起事件都是由皇道派与统制派的冲突所引发的。

长州阀时代

陆军内部的派系斗争由来已久。陆军创建之初，主要由长州、萨摩和土佐三藩的藩兵组成。土佐的影响力较小，可以忽略不计。萨摩因为拥有当时唯一的大将西乡隆盛，所以势力更强。

1　秦郁彦：《軍ファシズム運動史》，55—56 頁。
2　丸山真男著，陈力卫译：《现代政治的思想与行动》，第 275 页。译文有改动。

1877年，由于对明治政府的施政不满，西乡隆盛率领众多萨摩将士造反，发动西南战争。数月后，西乡兵败身死，萨摩藩在陆军中的影响衰退，只剩下大山岩、川上操六和上原勇作等数位将领。长州藩开始掌控陆军。长州将领山县有朋、桂太郎、儿玉源太郎、寺内正毅、乃木希典、田中义一等人长期控制陆军省和参谋本部，垄断关键职位，以致其他地区的军事精英难以出头。但由于内部封闭，长州阀难以补充新鲜血液，后继乏力。至大正时代，桂太郎、山县有朋先后去世，长州阀逐渐衰落。长州阀衰落的同时，萨摩阀的力量不断增强，特别是上原勇作在1921年就任元帅后，其麾下聚集一批人，形成了上原派，其中包括后来的皇道派领袖荒木贞夫和真崎甚三郎。[1]

田中和宇垣时代

为了加强实力，长州阀从陆军大学毕业生中网罗人才。田中义一将山梨半造（出身神奈川）和宇垣一成（出身冈山）先后提拔为陆相。山梨和宇垣尽管不是长州人，但因是田中的亲信，所以也被视为长州阀。[2]

之前谈过，山梨和宇垣在任期间都曾推动裁军。裁军一方面是为了回应政党政治的要求以及国际和平主义潮流，另一方面也是为了打击上原派力量。[3] 20世纪20年代是田中和宇垣主导陆军的年代，也是陆军发展受挫的时代。就连田中义一都脱掉了军装，

1 秦郁彦：《軍ファシズム運動史》，64—67頁。
2 同上。
3 小林道彦：《政党内閣の崩壊と満州事変》，18—22頁。

加入了政友会。军部主动与政党搞好关系，其实是在逆境中维护军队利益的选择。

宇垣就任陆相时，陆军对他期望甚高。然而，随着时间的推移，陆军内部对宇垣的不满越来越多。有些人认为，宇垣只考虑自己的前途，不考虑陆军的利益。他裁撤四个师团，为的是换取进军政界的资本。有传闻说宇垣也要效仿田中，脱掉军装加入民政党，以便在未来担任首相。陆军内部对宇垣感到失望，想方设法要把他赶下台。当滨口内阁倒台时，宇垣也跟着辞了职。

宇垣一成辞职后，推荐南次郎担任陆相。南次郎在继承宇垣路线的同时，又要安抚陆军的不满情绪。此时，九一八事变爆发，以南次郎为代表的陆军高层与若槻内阁坚持“不扩大方针”。而陆军中坚幕僚，如永田铁山、东条英机、冈村宁次等一夕会成员却支持关东军扩大事态。

九一八事变后不久，若槻内阁垮台，南次郎也跟着辞职。此后，被宇垣一成长期排挤的荒木贞夫、真崎甚三郎等人，在一夕会的支持下控制陆军中央。荒木就任陆相，真崎就任参谋次长。由于参谋总长是皇族，真崎实际上就是参谋本部的最高长官。[1]

荒木军政

荒木和真崎上任之后，便着手清理宇垣派的势力，并安排亲信掌握陆军中枢。以此为背景，皇道派开始崛起。

荒木的“反长州阵营”与宇垣的“长州阀”有何不同呢？除

1　秦郁彦：《軍ファシズム運動史》，70—71 頁。

了人事纠纷外，两派的战略思想也存在差异。相较而言，宇垣派是改革派，主张陆军要与时俱进，不能只注重数量，不注重质量。他们主张裁军，以节省资金更新装备。同时要求陆军掌握科学战和机械战，以应对新的战争形式。与宇垣派相比，荒木等人是保守派。他们反对大规模裁军，更强调信念、精神和士气在战场上的作用。他们认为，日本是个贫穷的小国，打不了太富裕的仗，也无法维持旷日持久的战争。为了获胜，必须依靠强大的常备军力和动员能力，在战争初期给敌人以重大打击。[1]

在战略思想上，永田、冈村和东条等一夕会的中坚幕僚其实更加接近宇垣的改革派。但为了抢权夺班，一夕会选择拥立荒木和真崎。因此，在共同目标的指引下，一夕会和荒木携手合作。荒木、真崎在一夕会的拥立下，控制了陆军中央，一夕会的主要成员也在荒木的安排下，获得了陆军省和参谋本部的关键职位。

荒木军政的破绽

从 1931 年底至 1934 年初，荒木贞夫担任了两年多的陆相。起初，永田铁山和一夕会都全力支持他，但没过多久，两派的分歧不断扩大。永田和一夕会对荒木的不满主要有两点。

第一，荒木口惠而不实，尽管嘴上说得好听，但实际上没有政治能力。一夕会拥立荒木上台，是希望他能推进军备现代化，并迫使政府满足陆军的政治要求。然而，荒木对于军备现代化态度消极。另外在五相会议上，荒木也经常受到首相斋藤实和藏相

1　黑泽文贵著，刘天羽译：《两次世界大战之间的日本陆军》，第 6 章。

高桥是清的压制，导致陆军的要求一再受挫。

荒木之所以对于军备现代化的态度消极，是由于他继承了上原派的精神主义。荒木认为，虽然“一战”后军事装备的机械化发展迅速，但日本受制于经济条件，无法大规模配备新式武器。而且，战斗的决定性因素从不是机械，而是士兵。从建军以来，日军一直靠着贫弱的武器装备，靠着以寡敌众的无畏牺牲精神，靠着运动战和肉搏战的勇猛来取得胜利。荒木吹嘘道，在“大和魂”的锻造下，皇国的士兵都是勇猛的武士，面对危险毫不畏惧。又因为日本多地震，士兵从小练就了胆魄。他甚至会夸口道：皇军靠着竹枪也能作战，竹枪既经济又便利，危急时刻，皇军只需要三百万杆竹枪便可以保国家安枕无忧。但是，在永田铁山这样的合理主义者看来，“大和魂”不是防弹衣和防毒面罩，保护不了日军的血肉之躯。靠着“竹枪”抵御飞机和大炮更是天方夜谭，总体战注定是科学、技术和经济的战争。荒木贞夫作为陆军首脑，他的荒唐论调对陆军有百害而无一利。[1]

第二，两派在战略思想，特别是在对苏战略上也存在分歧。荒木长期从事对苏联的工作，参加过西伯利亚出兵，担任过驻苏武官。在他心中，苏联的军事实力是日本对外战略的最大威胁，而共产主义又是意识形态上的严重威胁。苏联是日本的头号敌人，而建立能够抗衡苏联的军事力量，才是陆军的首要课题。荒木相信，日本和苏联之间必有一战，这场战争将于1936年前后爆发，那时的苏联完成了第二个五年计划，然后会对伪满洲国和关东军下手。为此，加紧对苏战备是日军的首要课题。此外，一夕会骨干成员、

1 北岡伸一：《政党から軍部へ 1924～1941》，216頁。

曾参加巴登-巴登结盟的小畑敏四郎，也同意荒木的对苏战备意见。

尽管荒木和小畑这样认为，但永田铁山却持不同看法。永田认为，第一次世界大战预示总体战时代的到来，决定战场胜负的除了军事力量，还包括国家的资源、能源和社会动员能力。因此，为了构建总体战体制，自给自足的计划经济必不可少，国土纵深至关重要。基于目前的国家实力，日本无法支撑与苏联的大规模战争。如果要抗衡苏联，除了确保已经到手的“满洲”之外，日本还需要进一步向中国关内扩张，以获得煤铁资源和战略纵深。换句话说，为了准备与苏联的战争，日本必须首先建立总体战体制，并征服中国。[1]

由此，围绕着对苏战略的问题，一夕会内部出现分裂。小畑敏四郎和一些成员投靠荒木，与永田铁山等人形成对立。此外，荒木为维持权势结党营私，大量安排资历和能力不能服众的亲信出任要职。例如，荒木提拔好友山冈厚重担任军务局局长，可此人并无军政管理经验，而最擅长管理军政的永田铁山却遭到冷遇。为了对抗荒木派，永田在一夕会的基础上，与原来的敌人宇垣派联起手来。由此，陆军中便形成了统制派对决皇道派的雏形。

什么是皇道派?

皇道派的主要力量并不是中坚幕僚，而是青年军官。这两者的区别在于，中坚幕僚是陆军大学的毕业生，他们在陆军中央工作，

1 川田稔著，韦和平译：《日本陆军的轨迹（1931—1945）：永田铁山的构想及其支脉》，第 97—107 页。

军衔较高，年纪较大，且很少直接带兵，如永田铁山和东条英机。而青年军官都是直接带兵的下级军官，年纪较轻，也都没读过陆军大学。之前提过的樱会的主要成员便是青年军官。他们在三月事件和十月事件失败后，对桥本欣五郎感到失望，于是转投荒木门下。

荒木非常喜欢与基层的青年军官交流。在这一点上，他与以前的陆相田中义一和宇垣一成都不一样。田中和宇垣喜欢与政党和重臣交结，走的是上层路线，而荒木则喜欢笼络青年军官，走的是下层路线。青年军官也很喜欢荒木，因为他没有架子，非常尊崇天皇，说话也很好听。

荒木一有机会便召集青年军官，对他们进行洗脑。他告诉这些青年军官：日本的现状之所以如此糟糕，是受了西方堕落的个人主义、享乐主义、自由主义和物质主义的毒害。日本必须回归历史悠久的“核心价值”才能拯救自己，必须要用“大和魂”才能打开国运。日本是神国、皇国，承担着神赋予的“伟大使命”。日本人作为最优秀的民族，有责任主宰东亚，成为世界强权。日军更有责任将皇国精神传播到七大洲和四大洋，让各国人民都沐浴在天皇的“仁德”之下，同样享受日本人民的“幸福生活”。为实现这个目的，必须消除一切障碍。日军是天皇的亲兵，所以被称为“皇军”。宣扬皇道，便是皇军的最高职责。皇军的每颗子弹和每把刺刀都承载着皇道，谁要是反对皇道，就会被这颗子弹、这把刺刀刺穿。[1]

1　参见内川芳美编：《現代史資料〈40〉マス・メディア統制 1》，みすず書房，1973 年，230—252 頁。丸山真男著，陈力卫译：《现代政治的思想与行动》，第 91—92 页。

荒木将日本的历史、传统和天皇制吹嘘得天花乱坠，并为日本的对外扩张进行了合理化的阐释。这让那些从小就在军校接受教育、知识面狭窄的青年军官听了，像打了鸡血一样亢奋。作为“优秀民族”和“皇军”的一员，他们深感使命之神圣，责任之迫切。而且，由于青年军官多来自农村，十分关心农民和农业问题。而荒木在担任陆相期间，竟然主动出让部分军费预算以支援农村，这便为他赢得青年军官更加彻底的支持。正因荒木一口一个“皇道”，一口一个“皇国”，以他为核心形成的派别，便被称为“皇道派”。

统制派的形成

荒木利用他在青年军官中的威望和人气，阻止他们卷入血盟团事件和五一五事件。但与此同时，由于荒木漠视等级制度，与青年军官打成一片，并利用“皇道”煽动他们，这就鼓励了青年军官漠视军规和军纪。这些少尉和中尉级别的下级军官，一有机会就前往东京听荒木“讲课”，参加各种串联活动。他们一回来，就在所属联队中散布各种小道消息。在这些小道消息的迷惑下，联队中人心浮动。对于级别更高的大尉和少佐来说，如果军纪不严，军队就难以管理。可如果他们批评青年军官扰乱军纪，这些人就会拉出荒木来当靠山。由于地方部队的军纪越来越混乱，许多联队长便向陆军省和参谋本部打报告，要求约束青年军官的活动。

此时，以永田铁山为代表的陆军中央的中坚幕僚，要求严格整顿军纪，禁止青年军官的私下串联和擅自行动，并抨击荒木是地方部队军纪涣散的罪魁祸首。由于失去了中坚层的支持，荒木陆相的位子岌岌可危，于是称病辞职。随后，林铣十郎接任陆相，并将永田提拔为军务局局长。由此，以永田为中心要求维持军队秩序的“反荒木派”力量，就被称为“统制派”。

从成员构成上来看，皇道派以地方部队的青年军官为主，而统制派则以陆军中央的幕僚为主。从观念上看，皇道派更加激进，倾向于传统主义和行动主义，而统制派更加务实，希望维持军队的稳定，并合法地利用现有制度进行国家改造。永田铁山在担任军务局局长期间，与陆相林铣十郎联手，逐步将皇道派成员清洗出陆军中央，其中包括皇道派的另一位领袖真崎甚三郎。尽管人事斗争是派系斗争的常见手段，但此举却引发了皇道派基层军官的强烈反感。结果，1935 年 8 月，发生了永田铁山被皇道派军官相泽三郎活活刺死的恐怖事件，而这次恐怖事件又在 6 个月后引发了更大规模的军事政变——二二六兵变。

三十八　二二六兵变

真崎甚三郎被免职一个月后，发生了相泽三郎刺杀永田铁山的事件。在相泽事件的激励下，皇道派军官在半年后掀起了震惊全国的二二六兵变。二二六兵变是日本政府法西斯化的重要契机，而相泽事件则是二二六兵变的导火索。

永田铁山和相泽三郎

永田铁山生于 1884 年，长野县人，统制派领袖，14 岁时进入陆军幼年学校，后来又读了士官学校和陆军大学。永田在校成绩优异，从陆幼毕业时全校第二，从陆士毕业时全校第一，从陆大毕业时又是全校第二，获得过天皇恩赐的怀表和军刀。永田的头脑聪明，又肯努力，凡事喜欢讲道理，如果道理上讲不通，那么无论如何都不会同意。他的人际关系处理得不错，在同期生中很有威望，又有领导才能，最擅长处理军政，因此在军中被认为是“未来的陆相”。

相泽三郎是仙台县人，生于1889年，比永田小5岁。他也是士官学校的毕业生，但由于成绩不好，没能进入陆军大学。陆军向来重视学历和成绩，如果不读陆大，就不可能进入陆军中央。1935年事发前，相泽是福山第41步兵联队的中佐。他为人耿直，沉默寡言，擅长剑道，是当时军中罕见的四段高手。他崇拜天皇，在皇道派的青年军官里像一个大哥。

对比两人的经历可以发现，永田一直在陆军中央工作，而相泽则一直扎根于基层。相泽1910年从士官学校毕业，直至事件发生前的25年间，除了有6年在学校任职外，其余的19年都在基层。与相泽相反，1911年永田从陆大毕业后，基层工作的时间不超过3年。剩下的20多年，他要么去海外留学，要么在陆军省和参谋本部任职。之前提过，几乎所有陆大毕业生都能升迁至少将以上，但是没读过陆大的下级军官，最多只能升到联队长级别的大佐。1935年相泽事件发生时，永田已经是少将，事后被追授为中将，而相泽只是个中佐。

相泽事件[1]

相泽三郎深受皇道派影响，尊皇思想根深蒂固。而且他从就读士官学校时，就崇拜当时的校长真崎甚三郎。真崎被罢免后，相泽非常愤慨，认为永田的做法侵犯了统帅权，是对天皇的大不敬。

1930年的《伦敦海军条约》引发了“统帅权侵犯”的争论。此后，这一概念广为流传，相泽也耳濡目染。但是，他不知道这只是政治斗争的工具，而是坚信天皇要主宰日本的一切。相泽认为，真崎是参谋次长，只有天皇才能决定他的任免。永田通过阴谋罢免了真崎，便侵犯了天皇的统帅权，是罪不可赦的行为。另外，相泽深信皇道派的说辞：永田是军中当权派，他与财阀和政党勾结，镇压皇道派的革命同志。为此，相泽对永田非常不满，一心想要教训他。

1935年7月19日，相泽来到东京的陆军省，找到了永田铁山，并与他辩论。可要论辩论功夫，笨嘴拙舌的相泽赢不了永田。辩论失败后，相泽寄宿在一个皇道派朋友那里，又读到许多攻击永田的宣传册。于是他更加确信，永田是侵犯天皇权力、阻挠国家改造的罪魁祸首。

8月12日，相泽再次来到东京。他于上午9点半抵达陆军省，先拜访了老朋友山冈厚重中将。上节提到，山冈是荒木贞夫的亲信，曾被荒木提拔为军务局局长。后来，由于不能服众，他的位置被永田取代。相泽告诉山冈，接下来要去见永田。此时的山冈已经注意到相泽随身携带的不是西式指挥刀，而是一把日本刀。

1　参见松本清張：《昭和史発掘5》，文春文庫，2005年，第1章。

西式指挥刀轻薄脆弱，杀伤力小，而日本刀厚重，适合劈砍和捅刺。山冈见到相泽两眼充血，便知道情况不妙。可尽管如此，山冈并没有阻拦。

9 时 45 分左右，相泽身穿披风，带着军刀，闯入军务局局长办公室。进门后，他默默地拔出军刀，悄悄地接近坐在椅子上的永田铁山。永田注意到了他，急忙起身躲避。他刚从椅子上站起来，一转身，背后便被砍了一刀。永田试图夺门而走，但相泽冲上前去，右手紧握刀柄，左手把住刀身，用了个刺刀拼杀的动作，一刀刺穿了永田的身体。这一刀非常用力，刀尖甚至扎进了木门里。相泽的左手也被割成重伤，伤口深可见骨。永田倒下后，相泽又对准他的咽喉，刺出了致命一刀。这便是光天化日下发生在陆军总部的血腥刺杀事件。相泽被随后赶来的宪兵逮捕。据说，当他离开陆军省时，还有皇道派的成员赶出来为他包扎，与他握手。

皇道派的诉求

相泽为何如此痛恨永田铁山，要下这样的毒手？除真崎被罢免事件外，皇道派与统制派的尖锐对立也是重要原因。

皇道派成员大多是激进分子和浪漫主义者，他们想要推翻现有体制，消灭政党、财阀、议会和重臣，建立一个由天皇亲自统治的政府。与陆大毕业的中坚幕僚不同，皇道派青年军官不在东京乘电车，不坐在办公室里吹风扇，他们必须在基层带兵，与士兵们同吃同住。军队的士兵多来自农村，从这些士兵那里，青年军官了解到农村的悲惨状况，对底层人民的苦难深有同感。青年军官认为，农民之所以如此悲惨，是因为农村正在遭受资本主义的侵蚀；社会之所以如此糟糕，是因为政党、军阀、财阀、元老和重臣等既得利益者的掠夺。

那么，日本的形势如此危急，天皇为何不闻不问呢？青年军官的解释是，天皇当然是圣明的，但潜伏在他身边的奸臣却一直在蒙蔽他，篡夺他的权力。因此，拯救日本的唯一办法是扫除现有的政治势力，将治理国家的大权还给天皇，然后在天皇的领导下，对内改革，对外扩张。

针对皇道派的国家改造运动，中坚幕僚非常警惕。1933 年 5 月，永田起草了一份文件，要求整肃军队，镇压正在青年军官中蔓延的国家改造运动。与皇道派相比，统制派是稳健派和体制派。由于多是处理实务的官僚，统制派的意识形态较少，倾向于利用和维护现有体制。为了创建国家总动员体制，永田接近重臣和官僚，并寻求与政党政治家、学者和财阀的合作。为了推进他的构想，永田首先要做的就是控制军队，禁止那些热衷于破坏的皇道派闹事。这样一来，在皇道派青年军官眼中，永田就成了阻挠国家改造的当权派，成了首先要打倒的对象。正是在这种情况下，相泽三郎刺杀了永田铁山。

相泽事件的影响

相泽事件的重要影响是激发了二二六兵变。由于受到制度性的歧视，青年军官一直对陆大毕业生心存不满。当他们听说，相泽在陆军省持刀追刺永田而永田抱头鼠窜的消息后，备受鼓舞。他们认为：像永田这样的陆大毕业生胆小怕死、不堪一击，相泽为我们树立了榜样，我们要继续努力，清除统制派以接管陆军，并推进国家改造运动。因此，青年军官蠢蠢欲动，摩拳擦掌准备大干一场。

皇道派青年军官想要闹事的动向，立即被陆军高层觉察。为防患于未然，陆军高层准备切断皇道派成员之间的联系，并将他们分批调离东京。1935 年底，皇道派大本营、驻守东京的第一师团收到了开赴“满洲”的通知。其实自日俄战争以来，第一师团从未被调离过东京。这次调防显然是陆军中央有意而为之。这个消息极大地刺激了第一师团中的青年军官。他们决定，形势紧迫，必须尽快进行暴动。

二二六兵变

1936 年 2 月 26 日凌晨，以栗原安秀、野中四郎和村中孝次为首的 20 余名皇道派青年军官，带领 1483 名士兵发动军事政变。他们携带机关枪、步枪、手枪、防毒面具和 10 万发子弹，兵分多路，先后占领了首相官邸、警视厅、内相官邸、陆军省、参谋本部、陆相官邸和东京朝日新闻社。在此过程中，他们还袭击了多位重臣的私人住宅。

海军大将、前首相斋藤实被机枪扫射，身中 47 枪，外加 10 多处刀伤，因为叛军认为他是蒙蔽天皇的奸臣。陆军教育总监渡边锭太郎也被机枪射杀，因为他支持“天皇机关说”，并取代了真崎甚三郎的位置。藏相、前首相高桥是清身中 6 枪，然后被人用军刀刺死，因为他一直削减陆军军费，还曾要求废除参谋本部。天皇侍从长、海军大将铃木贯太郎身中 3 枪，但却奇迹般地获救了。危急关头，铃木夫人表现得非常勇敢，阻止叛军给他最后一击。在抢救丈夫的同时，铃木夫人还利用电话，向昭和天皇报告了这次恐怖事件。（在昭和天皇幼年时，铃木夫人给他做过 11 年的保姆。）

时任首相冈田启介比较幸运，由于误认，叛军射杀了他的贴身保镖。前内大臣牧野伸显因是亲英美派，也遭到叛军的袭击。不过，在身边人的护卫下，牧野成功逃脱。另外，“最后的元老”西园寺公望也曾被列入暗杀名单，但后来叛军考虑重新组阁时可能会用到他，又将他从暗杀名单中移除。杀死这些重臣之后，叛军占据日本军事和政治中心永田町一带达 4 天之久。据说，叛军还试图攻入皇宫控制天皇，但因计划不够周密，未能成功。

在起事过程中，青年军官沿路散发《崛起宣言》，解释造反的原因。《崛起宣言》中写道：“元老、重臣、军阀、财阀、官僚、政党藐视天皇的权威，破坏日本的神圣国体。《伦敦海军条约》事件和真崎甚三郎罢免事件，都是侵犯天皇统帅权的严重事件，而‘天皇机关说’事件又暴露出奸臣窃取天皇大权的险恶用心。日本与苏联、美国、英国、中国的战争一触即发，国内生灵涂炭，而当权者却对内压迫，对外屈服。尽管血盟团事件、五一五事件和相泽事件已经三番五次对他们提出警告，但是他们仍不思悔改。因此，我们要替天行道，扫除这群奸臣和卖国者。只有除掉了他们，日本才能获救。”[1] 这是青年军官起事的理由，看似非常正义和合理，但他们的动机能被天皇理解吗？

1　今井清一、高橋正衛編：《現代史資料（4）国家主義運動（一）》，174—175 頁。

事态发展

二二六兵变发生后，陆军内部陷入混乱。在兵变当天，青年军官立即游说陆军高层以获得谅解。陆相川岛义之和侍从武官长本庄繁倾向于支持皇道派，荒木贞夫和真崎甚三郎无疑也同情叛军。他们准备对叛军进行安抚，称他们为“出动部队”，而非“叛乱部队”。由此看来，陆军高层的最初态度对青年军官较为有利。

然而，天皇收到兵变报告后立即表态：这是叛乱，应该迅速平定。不过，本庄繁、荒木贞夫和川岛义之依然试图进行斡旋。荒木要求青年军官放下武器，主动投降，以避免陆军自相残杀。可在收到更多报告后，天皇的态度变得强硬，特别是听到辅佐自己多年的老臣惨遭杀害后，更是怒不可遏。他放出话来：“如果陆军还不处理，朕将亲率近卫师团平定叛乱。”

在天皇的强烈要求下，陆军高层决心镇压。2 月 28 日，即兵变发生后第三天，军部以天皇的名义发布平乱命令。收到命令后，参谋本部作战课课长石原莞尔从东京周边调集军队包围叛军。此外，他们还用飞机投放传单，向叛军发动心理战。传单上说：“天皇陛下已经下令，如果你们不归队，就是逆贼，你们的父母兄弟将为你们流泪，还要背负骂名。如果你们继续顽抗，格杀勿论。”

兵变结束

得知镇压命令后，青年军官手足无措，因为这次兵变的旗号是“勤皇讨奸”，他们万万没想到天皇竟然会下令镇压。皇道派军官多是狂热的天皇崇拜者，到这个关头，他们仍相信天皇是圣明的，只不过受到奸臣的蒙蔽。该做的既然都做了，接下来无计可施，他们请求天皇下御旨，让他们切腹自杀，以保全名誉。但天皇却不同意，还说道："下什么御旨，要死赶紧死！"

最后，青年军官决定放弃行动，让部队返回营地，接受宪兵的逮捕。他们乖乖投降，是为了到法庭上继续抗争，通过审判宣扬他们的理念（正如对五一五事件的审判那样）。然而，在天皇的授意下，军事法庭对他们进行了从严从速的秘密审判。青年军官想要通过审判进行宣传的计划也破产了。

就这样，日本近代史上最大的一次兵变，动员了多达 1500 人的兵力，最终只砍了几个老人的脑袋便草草结束了。领导兵变的青年军官被处决，其他人被判处无期或有期徒刑，北一辉和西田税也因牵涉其中被处死。

三十九　广田弘毅与近卫文麿

1936 年震惊全国的二二六兵变，仅维持了四天便被镇压。尽管兵变失败了，但兵变的影响非常深远。

二二六的影响

二二六兵变的深远影响体现在三个方面。首先，它彻底击垮了重臣集团。如果说"天皇机关说"事件在思想上击败了重臣，那么二二六兵变则直接从肉体上击垮了重臣。天皇和西园寺公望倚重的政治家中，斋藤实和高桥是清被杀，铃木贯太郎受重伤，牧野伸显和冈田启介虽然侥幸逃脱，但政治生命宣告终结。日本高层的君主立宪势力备受打击，此后再也没有能够与陆军相抗衡的政治家。

其次，二二六兵变不仅粉碎了重臣集团，还消除了陆军内部的派系对立，可谓皇道派拼命，统制派渔翁得利。兵变结束后，统制派掌权。从 3 月起，陆军内部开始整肃，将林铣十郎、荒木贞夫和真崎甚三郎等几位大将转入预备役，又对皇道派军官进行了清洗。东条英机此时正担任关东军宪兵总司令，他逮捕了关东军中所有的皇道派分子，也算是为永田铁山报了仇。此后，统制派领导的陆军中央便放手构建国家总动员体制。

最后，从五一五事件到相泽事件再到二二六兵变，由青年军官发动的恐怖袭击和军事政变，每发生一起，总会导致军部政治影响力的扩大。二二六兵变之后，统制派严厉管控来自基层的恐怖活动。与此同时，他们又以这些潜在的威胁为由，要求内阁满足军部的政治要求。二二六兵变之后，以青年军官和右翼为主导、从下到上的法西斯运动销声匿迹，取而代之的是统治阶层内部从上到下的法西斯化。北一辉、西田税和那些想要通过“革命”改造国家的青年军官，最终迎来“狡兔死，走狗烹”的命运。

在战前日本，军队基层和民间右翼掀起的法西斯运动，尽管看上去轰轰烈烈，实则是为他人作嫁衣。

陆军干涉组阁

二二六兵变之后，大难不死的冈田启介辞职，西园寺公望推荐近卫文麿继任首相。近卫以身体状况不佳为由（实际上是因与皇道派关系密切），婉拒了组阁邀请。西园寺继而推荐广田弘毅组阁（1936年3月—1937年2月）。

从1933年起，广田一直担任外相，在任期间致力于缓和与英美的关系。西园寺认为，在危急关头，外交是头等大事，正因此才找了广田来组阁。尽管西园寺对广田寄予厚望，但他施展拳脚的空间实则有限。二二六兵变之后，陆军的发言力又显著增强，甚至直接干涉起内阁成员的人选。

陆相寺内寿一是前首相寺内正毅的长子，他在入阁时，与广田讲好了条件：拒绝有自由主义色彩的人物入阁。在陆军的阻挠下，多位自由派政治家都被排除在外，包括牧野伸显的女婿吉田茂。广田本打算邀请吉田茂出任外相，但在陆军的强烈反对下作罢，只好自己兼任外相。[1]

此时陆军还公然发布法西斯主义声明，要求改变社会风气，清除功利主义、个人主义和自由主义的影响，确立为国献身、为国奉公的集体主义精神。它还要求打破对政党政治的信仰，限制选举，修改选举法，采用推荐制。此外还要改革议会制度，限制议员的活动等。[2]

陆军改革

如前所述，统制派清除内部的派系斗争，实现了对陆军的一元化控制。1936年5月，广田内阁又复活了军部大臣现役武官制。

1　北岡伸一：《政党から軍部へ　1924—1941》，262—263頁。

2　山中永之佑：《一九三六年の陸軍省「国政刷新要綱綱案」と「国政刷新要綱別冊」》，《追手門経営論集》2(1)，1996年。

这一制度在1913年的大正时代被废除，中断了20余年之久。恢复现役武官制，标志着军部夺回了对大正民主运动所做的让步。该措施的另一层用意是防止已退役将领重回陆军中央，特别是防止皇道派东山再起。[1] 7月，陆军省又在军事课之外新设军务课，专门负责国防政策和与议会的交涉。9月，天皇发布《帝国退伍军人会令》，将退伍军人会变为官方机构，从而为军部影响地方社会确立了一个正规渠道。

加强军队对政治和社会的影响，实际上是统制派长期以来想要推进却没有机会实施的计划。二二六兵变为落实这些计划创造了条件，也为建立国家总动员体制铺平了道路。

日本有一位著名的推理小说家和历史学家名叫松本清张。他曾说过，二二六兵变之后，军部以兵变再次爆发的危险来胁迫政界、财界和言论界，夺取了政治主导权。此后，从内阁成员人选到施政纲领，如不采纳军部的意见，任何内阁都无法组建。而财界只有与军部合作，才能确保自身的生存，并获得巨额的军需订单。由此，军部一只手拉着重工业财阀，让他们生产飞机、大炮和军舰，另一只手硬拉着国民，让他们献出自己的父亲、儿子和丈夫的生命，朝着战争体制大步迈进。日本国家制度的转变，正是在国民看不见的统治阶层的顶端，悄悄地发生着。[2] 松本清张的这一观察非常准确，日本国家的法西斯化，最初由下级军官和民间右翼激发，但最终却是由上层的统治机关在内部自我完成的。

1　北岡伸一：《政党から軍部へ　1924 ~ 1941》，265—266頁。
2　松本清張：《昭和史発掘 9（新装版）》，文藝春秋，2005年，383頁。

广田弘毅内阁

面对军部的各种要求，广田内阁以主动配合来换取军部支持。由此，军部的发言权进一步得到强化，逐步主导内阁决议。1936年6月,军部制定了一项新的国防方针。海军在《华盛顿条约》和《伦敦海军条约》年底期满后自动退出，并以美国为假想敌重新扩充军备,提出建设12艘战列舰（包括两艘6万吨的巨型战舰“大和”号和“武藏”号）、12艘航空母舰、28艘巡洋舰和65支基地航空队的庞大扩充计划。陆军则以苏联为假想敌，计划装备50个师团和142个航空中队。[1]

然而，陆军和海军的国防方针实际上是相互矛盾的。陆军要求“南守北进”，优先准备与苏联的战争；海军要求“北守南进”，优先准备与美国的战争。双方的方案提交到广田弘毅面前，广田不敢冷落任何一方,最后只得确立“南北并进”的战略方针。8月，广田内阁以军部的方案为基础，通过了《国策基准》、《帝国外交方针》和《对华实施策略》等一系列决策，制订了庞大的海外扩张计划。其主要内容包括：第一，继续发展和扶植伪满洲国；第二，使华北成为亲日的特殊地区，以获取资源，准备对苏战争；第三，迫使南京国民政府反对苏联，依附日本；第四，整备陆海军兵力，以对抗苏联和美国；第五，确保日本在远东优势地位的同时，向西太平洋和东南亚进行扩张。[2] 在以上政策的指导下，日本政府施展各种手段，准备对外战争。由于军备的大规模扩张，日本的军

1　藤原彰著，张冬等译：《日本军事史》，第149—150页。
2　外務省编：《日本外交年表竝主要文書》（下），345—346頁。

费开支从1936年的100亿（占政府预算的47.7%）激增至1937年的330亿日元（占政府预算的69%）。[1]财政收入难以支撑这一开支，只能以增税、发债，或者赤字预算的方式加以解决。

可以说，九一八事变之后，日本陷入了自作自受的恶性循环。为了国家安全，日本“不得已”发动了九一八事变。侵占“满洲”后，他们还要讹诈中国和国际社会，以获得对其侵略行径的承认。讹诈不成，便退出国际联盟、华盛顿体系和裁军条约。其后，由于处境孤立，日本感到更加不安全。为了克服不安全感，日本要扩军备战。然而，战争准备得越充分，战争就越不可避免。此外，日本的天皇、内阁、官僚、议员和财阀，他们尽管对于军部的冒险行动有所不满，但在领土扩张的诱惑下，他们也不断纵容这些对外侵略扩张的活动。

日德防共协定

由于此时在国际社会上孤立无援，广田内阁非常重视与纳粹德国的关系。

希特勒和纳粹党于1933年上台后，提出了“砸碎凡尔赛枷锁”的口号。同年，德国紧随日本退出国际联盟。1935年，德国废除《凡尔赛条约》中的军备限制条款，实行普遍兵役制，重建了陆军和海军。1936年3月，德军开进莱因非武装区。德国尽管在军事上不断充实力量，但它在国际社会上和日本一样，都比较孤立。于是，

1 山田朗：《軍備拡張の近代史——日本軍の膨張と崩壊》，吉川弘文館，1997年，10頁。

这同病相怜的两家便携起手来。

1936 年，苏联在完成两个五年计划后实力大增。日本倍感压力，于是积极与德国磋商，准备从欧亚两个方向共同防御苏联。两国于 11 月底签订了《日德防共协定》。

《日德防共协定》规定，如果日本和德国有一方与苏联发生战争，另一方不得采取有利于苏联的行动。此外，非经双方同意，任何一方都不得与苏联签订政治性条约。[1]不过，德国并没有遵循这一协定。1939 年 8 月，关东军与苏军在诺门罕激战时，德国却与苏联签订了《苏德互不侵犯条约》。

切腹问答

广田内阁尽力满足军部的要求，可即便如此，军部仍不满足。军部强烈要求改革议会制度和行政机构，以彻底消灭政党政治，建立由军部主导的独裁政治。面对军部的蛮横要求，政党势力不愿坐以待毙。

此时，有位名叫滨田国松的政友会议员，在演讲中质疑军队对政治的干涉。陆相寺内寿一在答辩时指责滨田："你的发言是对军人的侮辱。"滨田当了 30 年的议员，打了 30 年的口水仗，讲话很有分寸，不会轻易留下把柄。于是，他反唇相讥："我没有侮辱军人，请查看会议记录。如果我有侮辱军人的发言，我将切腹致歉。如果没有，你就切腹。"寺内是个口齿笨拙的武夫，他原以为稍加

1　信夫清三郎编，天津社会科学院日本问题研究所译：《日本外交史》，第 613—615 页。

威胁，这些议员就会屈服，没料到遇到一个厉害对手。寺内气得脸色发白，一句话都讲不出来，只能恶狠狠地盯着滨田。会场中的其他议员也跟着起哄，催他赶紧去切腹。这一事件被称为“切腹问答”。[1]

寺内在议会里丢了面子，于是要求广田弘毅解散议会，重新大选。但有些内阁成员不同意解散，阁内意见不一，广田只能辞职了事。

流产的宇垣内阁，短命的林内阁

西园寺公望认为，只有陆军内部力量才能约束陆军，于是，他推荐陆军大佬宇垣一成组阁，宇垣欣然同意。但是，宇垣组阁的计划却遭到陆军中坚幕僚的强烈反对。宇垣身为陆军大佬，为何不受陆军欢迎呢？有这样几点原因。

首先，宇垣裁军时一举砍掉了四个师团，使许多军官失去工作，得罪了一大批人。其次，之前提到的三月事件尽管真假难辨，但让宇垣背上了临阵脱逃、出卖青年军官的罪名。最后，石原莞尔和其他中坚幕僚担心，宇垣的上台将不利于推进他们对苏联的战备计划。因为宇垣与各政党和重臣关系良好，也更重视经济发展和国际协调。因此，石原等人唆使陆军高层拒绝推荐陆相人选，阻挠组阁。宇垣身为陆军大佬却搞不定陆军，组阁计划最终流产。

宇垣组阁失败后，西园寺推荐前陆相林铣十郎出任首相（1937

1 服部龍二：《広田弘毅——“悲劇の宰相”の実像》，142—143 頁。前坂俊之著，晏英译：《太平洋战争与日本新闻》，第 202—203 页。

年 2 月—6 月）。之所以选择他，是因为他在陆军中较为稳健，此外，石原莞尔等人的策动也发挥了重要作用。但是，林铣十郎成功组阁后，先是因陆相人选问题与石原闹翻了（石原想推荐老朋友板垣征四郎，但林不同意），后来又因内阁中只安排了一名政党政治家，而他本人却兼任了外相和文相，也无法得到政党的支持。在军部和政党的夹击下，林内阁仅维持了四个月就匆匆下台了。

贵公子近卫文麿

林铣十郎下台后，一直逃避组阁的近卫文麿终于出山，于 1937 年 6 月组织第一次内阁（到 1939 年 1 月）。

近卫文麿生于 1891 年，时年 45 岁。近卫家族是仅次于天皇的贵族之家，有近千年的历史。“近卫”这个姓的原意是护卫天皇。而且，近卫文麿还有另一层身份，即第 107 代天皇后阳成的子孙。后阳成有许多皇子，于是将第四个皇子过继给了近卫家，成了近卫文麿的先祖。近卫文麿继承了皇室的血脉，是后阳成的第 12 代孙，而昭和天皇则是后阳成的第 11 代孙。从谱系上看，他们是同族叔侄关系。近卫前后三次组阁，经常与昭和天皇会面，据说，在天皇面前，其他人都正襟危坐，只有近卫敢跷起二郎腿。

尽管近卫出身高贵，但他的少年时代却非常不快乐。在他出生后不久，母亲就去世了，一年后父亲娶了母亲的妹妹。直到成年之后，他才发现“母亲”原来是姨母。这让他感到生活就是一个谎言，也让他明白，为何多年来母子之间总有隔阂。[1]近卫 12 岁时，

1　矢部貞治：《近衛文磨》（上），弘文堂，1952 年，32 頁。

父亲去世，给他留下了公爵的爵位和巨额的债务。由于少年时代不快乐，但又出身高贵，他养成了执拗、自负、反抗的性格，但同时又缺乏韧劲和耐心。近卫三次出任首相，但一碰到难题他就“玩失踪”，或者干脆辞职。

中学毕业后，近卫进入第一高等学校学习。在那里，他深受当时的校长、基督教思想家新渡户稻造的影响。高中毕业后，他进入东京大学，仅仅六个月后，便转学到了京都大学。在京都期间，他每天与木户幸一、原田熊雄等公子哥混在一起，寻欢作乐。[1]据说，有一次他心血来潮，去拜访西园寺公望。60多岁的前首相竟然毕恭毕敬地把他这个20多岁的大学生请到上座，还口口声声称他为“阁下”。因为就身份而言，西园寺家只是九清华之一，而近卫家却是五摄关之首，双方在规格上差了一个档次。但是，这种宫廷的贵族礼仪却让近卫厌恶不已。[2]

大学期间，近卫跟随马克思主义学者河上肇和哲学家西田几多郎学习，对社会主义产生了很多共鸣，对弱势群体有了更大的同情心。然而，他对弱者的同情和支持，在转移至国际政治领域时，却变成了挑战现有秩序的构想。近卫开始认为，美国倡导的“门户开放”和“机会均等”，就像富人宣称的“法律面前人人平等”一样，提倡的只是形式上的平等，确保的却是实质上的不平等。

---

1 筒井清忠：《近衛文麿——教養主義的ポピュリストの悲劇》，岩波書店，2009年，20—27頁。

2 伊藤武編：《近衛公清談録》，千倉書房，1937年，9—10頁。

近卫文麿的国际政治观

1916年，25岁的近卫尚未大学毕业，就以世袭公爵的身份成为贵族院议员。1919年，他陪同西园寺公望参加巴黎和会。在此期间，他发表了一篇题为《抛弃以英美为中心的和平主义》的论文，阐述对国际政治的看法。

27岁的近卫说，尽管英国和美国都提倡和平主义，但现实是，英美拥有绝对优势并垄断了殖民地，世界秩序是以英美为中心建立的。因此，英美所谓的和平主义，其实是他们维护既成事实和既得利益的美丽辞藻。英美垄断如此之多的殖民地，违背了人类社会的机会均等原则。日本领土狭小、资源短缺，为了自己的生存，需要和"一战"前的德国一样，打破现状，争取自己的利益。[1]近卫的潜台词是，日本有充分理由将其势力范围扩张至中国，以满足其自身爆炸的人口过剩需求。这一观点与其后来反对英美，推动日本对外侵略扩张的想法是一致的。

1933年2月，当日本准备退出国联时，近卫又发表了一篇题为《改造世界的现状》的论文。这篇文章的论点与《抛弃以英美为中心的和平主义》相似。他说，日本是个勤劳的国家，但人口众多，领土狭小，资源匮乏。而像澳大利亚那样的国家，拥有相当于日本20倍的领土和丰富的自然资源，却仅有600万人口，这是国际社会的不平等。欧美各国尽管在国际社会上标榜和平，但实际上却在维护他们制定的游戏规则。在这种情况下，维持现状

1　北岡伸一：《戦後日本外交論集：講和論争から湾岸戦争まで》，中央公論社，1995年，47—52頁。

被认为是“和平与公正”，如果要打破现状，便被说成是侵略者。日本向中国“满蒙”的“发展”，是为了本国生存的需要和创建更公平的国际秩序，欧美各国没资格指手画脚。毫无疑问，这是为日本发动九一八事变进行正当化解释。因为如果不把侵略装扮成创建“新秩序”的努力，那么日本在国际法庭上就难以自我辩护。

1933 年 6 月，近卫出任贵族院议长。两年后，他发表了题为“国际和平的根本问题”的演讲，继续宣扬他的国际政治观。他说，世界上之所以会有战争，是因为国家之间在资源和生存空间分配上存在不平等。只要这种不平等存在，国际联盟就无法维持国际和平。日本曾经诚实地遵守英国和美国制定的游戏规则，如《九国公约》和华盛顿体系。现在看来，这都是错误的决定。如果日本仍然受这些规则约束，就无法为占领“满洲”进行辩护。因此，日本应该建立属于自己的和平原则，打破现有的国际秩序。[1]

乍看之下，近卫的国际政治观有几分道理，但这实际上是打着公平旗号的“弱肉强食主义”和打着改革旗号的“侵略扩张主义”。尽管近卫抨击英美的殖民主义和帝国主义，但他的目的不是将其否定，而是与其平分秋色，甚或取而代之。可是，无论是在国际还是在国内政治上，如果仅考虑己方的利益和立场，而漠视他国、他人的利益和立场，都不会形成健康的政治主张。但在近卫的思想框架中，殖民地人民的切身利益自始至终都被忽视了。中国凭什么应当为日本的利益做出牺牲？难道中国也可以为了自身发展，将日本领土据为己有吗？近卫无法回答这种问题。

近卫第一次组阁时，年仅 45 岁。与前几任首相相比，他年轻

1 筒井清忠 :《近衛文磨——教養主義的ポピュリストの悲劇》，103—105 頁。

英俊，身材高大。据说他身高超过 180 厘米，在当时的日本简直就是巨人。他出身高贵，口才也很好，很受公众欢迎。近卫在各阶层的期待下出任首相，但仅仅上任一个月后，就爆发了七七事变。中国进入长达八年的全面抗战时期，而日本则一步步从侵华战争走向太平洋战争，最终走到了 1945 年 8 月的战败投降。

第四章

走向崩溃（1937—1945）

四十　七七事变

近卫文麿上台后仅一个月，七七事变爆发。那么，七七事变是如何爆发的？又为何会在此时爆发呢？

卢沟桥上的枪声

卢沟桥上的枪声引发了七七事变。据日方称，1937 年 7 月 7 日晚，驻扎在北平丰台的“天津军”的一个中队，约 130 余人，在卢沟桥附近举行夜间演习。同时，该地区还有一支中国军队也在演习。晚上 10 点半，日军发射的空包弹引来了数发实弹。听到枪声后，中队赶紧集合，结果发现一名士兵失踪。中队长立即派骑兵向丰台驻地的大队长一木清直报告。一木得信后，又急忙打电话向联队司令部报告：演习中遇袭，一人失踪。事实上，这名士兵只是跑去上厕所，20 分钟后就回来了。然而，联队长牟田口廉也未征求旅团长的意见，便下达了“准备战斗”的命令，并命令大队长一木带兵增援。

一木带兵赶到卢沟桥后，发现失踪的士兵早已归队，但为了不给中国军队留下“进行一发实弹射击后，日军就停止演习并逃走”的印象，牟田口廉也和一木决心“教训”中国军队。他们认为，如果让步，日军将丧失一直以来的优势地位，中国军队的反抗将会“变本加厉”。[1] 7 月 8 日凌晨 5 点半，日军开始进攻中国军队的集结点——龙王庙，并且向宛平城发动炮击。中国驻军第 29 军奋起抵抗，七七事变爆发。由 1931 年九一八事变开启的中日战争，在卢沟桥上的枪声响起后升级为了全面战争。[2]

可是，几声枪响就能引发一场全面战争吗？其实，这几声枪响只是一根小小的导火索，中日之间的冲突已经到了一触即发的程度。“天津军”联队长牟田口廉也此时独断专行，未经上级许可便下达攻击命令，点燃了这根导火索。

牟田口廉也的独断专行

牟田口是皇道派成员，自陆军大学毕业后，曾在陆军中央工作过 18 年。后来由于二二六兵变，皇道派被清洗，近 50 岁的牟田口被降职，“发配”至“天津军”任联队长。牟田口窝了一肚子火，一心想要建功立业，以便早日重回陆军中央。因此，这次小小的意外，就让他悍然下令进攻。

7 月 8 日清晨，近卫文麿和陆军中央收到卢沟桥事变的报告，

---

1 伊香俊哉 :《満州事変から日中全面戦争へ》，82 頁。

2 江口圭一著，杨栋梁译 :《日本十五年侵略战争史（1931—1945）》，第 99—100 页。

立即怀疑又是日军在制造事端。不过，陆军中央没有太在意。因为到目前为止，中日军队在华北的摩擦不断。他们认为，“天津军”和中国军队经过协商，很快就能解决这个问题。为了防止战事扩大，陆军中央下令：避免进一步使用武力，防止事态升级。8 日下午，中日代表开始谈判。双方约定，第 29 军撤离宛平城，日军撤至丰台。在此期间，双方尽管都撤回了部队，但对峙仍在持续，又有零星交火。

虽然陆军中央下发了“不扩大的指示”，但至 11 日，情况突变。在陆相杉山元的提议下，近卫文麿宣布将从国内派遣三个师团，从朝鲜派遣一个师团，从关东军派遣两个旅团，对“天津军”进行增援。[1] 这是一支 10 万人的大军，一旦派往华北，势必引发大规模的战争。日本政府为何此时改变态度，决心扩大战事呢?

扩大派与不扩大派

日本政府态度急转的背景是陆军内部分裂成了扩大派和不扩大派。扩大派认为，卢沟桥事变是“教训”中国军队，侵略华北的好机会。不扩大派则认为，时机尚不成熟。其实在是否入侵中国的问题上，两派的分歧不大，只是在时机选择和优先程度上有所不同。

陆军中央的多数幕僚，如参谋本部作战课课长武藤章和陆军省军事课课长田中新一等人，出于对中国的蔑视，要求借机侵略

1　郭岱君著：《重探抗战史（一）：从抗日大战略的形成到武汉会战（1931—1938）》，第 251—256 页。

华北，制造第二个九一八事变。他们认为，国民政府懦弱无能，不堪一击。他们甚至说，只要日本的运兵船在塘沽登陆，在北平和天津的中国军队就会缴械投降，华北和内蒙古东部将一劳永逸地被收入囊中，日本便可进一步壮大自己的实力。另外一些人认为，选择中国这个软柿子来捏，可以迫使内阁增加军费，加快建设国家总动员体制的步伐，以准备与苏联的战争。因此，收到卢沟桥事变的消息后，武藤章高兴地说：“愉快的事情发生了。”

但另一方面，作战部部长石原莞尔却认为，现在并非入侵中国的好时机。陆军的首要任务是对付苏联，如果在中国陷入持久战，势必妨碍对苏战略的实施。因此，他反对增兵和扩大事态。但是，石原的意见并不能令人信服，因为要说罔顾命令、扩大事态，石原才是始作俑者。[1]

早在七七事变之前，武藤章就搞各种小动作，要把内蒙古东部从中国分裂出去。石原去找武藤谈话，告诫他不可以乱来，要服从指挥。然而，武藤却反唇相讥：“石原前辈，我们正在向您学习啊。”[2] 听到这话，一旁的年轻参谋哄堂大笑，石原耳红面赤，哑口无言。不过，此时石原身居作战部部长的要职，如果他不松口，陆军也难以派兵。可没过多久，石原就改变主意，赞同增兵了。

石原为什么会改变态度呢？原因在于，华北的中国军队有 15 万人，“天津军”只有不到 6000 人，而在北平和天津的侨民却超过 1 万人。而且还有传言称，蒋介石正在派中央军的 4 个师北上

1 江口圭一著，杨栋梁译：《日本十五年侵略战争史（1931—1945）》，第 101—102 页。加藤陽子：《満州事変から日中戦争へ》，210—211 頁。

2 秦郁彦：《日中戦争史》，原書房，1979 年，120 頁。川田稔著，韦和平译：《日本陆军的轨迹（1931—1945）：永田铁山的构想及其支脉》，第 157 页。

支援。如果中国军队发起进攻，“天津军”和日本侨民凶多吉少。石原无法承受这种压力，所以同意增兵。

11 日，近卫内阁决定增兵，并发表声明称：卢沟桥事件是中方有计划的武力抗日活动，从而将发起冲突的责任完全推给了中国方面。17 日，蒋介石在庐山发表谈话：“卢沟桥事变已到了无可避免的最后关头，再没有妥协的机会。如果放弃尺寸土地与主权，便是中华民族的千古罪人。如果战端一开，那就是地无分南北，年无分老幼，无论何人，皆有守土抗战之责任，皆应报定牺牲一切之决心。”甲午战争后第 42 年，中日之间再次迎来决战。

日本对华北的侵略

卢沟桥上的枪声，假如真像日方所说确实存在，那也只是个偶发事件（不过，日军携带实弹并在中国军队附近演习，无疑是蓄意挑衅），但中日之间大规模冲突的爆发却是必然的。这是因为从 1935 年至 1937 年，日本对华北的侵略之深，以及中国的抗日决心之大，都已到了爆发的临界点。

1931 年，日本通过九一八事变侵占“满洲”，建立傀儡政权，并于 1933 年 5 月通过《塘沽停战协定》将这一局势稳定下来。《塘沽协定》签署后，广田弘毅推行“协和外交”，以缓和与中国的紧张关系。但是，关东军和“天津军”一待局势缓和，便无视外务省对中国“不侵略、不威胁”的承诺，一再制造事端，向华北扩张，并制订了占领华北的作战计划。

1935 年 6 月，“天津军”在关东军的支援下，迫使当时主政华北的何应钦签署了“何梅协定”。该协议规定，国民党党部机关和中央军从河北撤离，禁止一切反日活动。在同一时期，关东军也挑起事端，迫使宋哲元的第 29 军撤出察哈尔省。

中国军政机构从河北和察哈尔撤走后，关东军和“天津军”便积极推进“华北分离工作”，试图建立第二个伪满洲国。

当时的华北五省即河北、察哈尔、绥远、山东和山西，并不受南京国民政府的直接管辖。1928 年北伐胜利之后，阎锡山的晋军和冯玉祥的西北军占据华北。1930 年中原大战，阎锡山和冯玉祥战败，张学良的东北军入关，接收晋军和西北军的地盘，并收编两军的残部。西北军将领宋哲元的第 29 军，即是此时被改编的。

但没过多久，1931 年的九一八事变爆发后，张学良丢了东北根据地，一蹶不振，原晋军和西北军将领纷纷自立门户。宋哲元占了察哈尔和平津，商震占了河北，阎锡山占了山西，傅作义占了绥远，韩复榘占了山东。他们拥兵自重，与南京政府若即若离。土肥原贤二利用这一局势，对这些将领威逼利诱，促使他们将华北分离出来。他最先要下手的，便是临近伪满洲国的河北省主席宋哲元。

土肥原于 1935 年 11 月到北平，向宋哲元提议华北自治。为了迫使宋哲元就范，关东军在山海关附近集结，摆出准备入关的态势。然而，由于外务省与军部不支持，土肥原和关东军的计划失败。[1] 土肥原转而扶植汉奸殷汝耕，在通州成立了傀儡政权“冀东防共自治政府”。该傀儡政权管辖河北东部 22 个县和察哈尔东部 3 个县，与《塘沽协定》规定下的非武装区大致重合。

关东军扶植殷汝耕之后，继续威逼宋哲元脱离国民政府。宋

1　秦郁彦：《日中戦争史》，46—55 頁。

哲元一边与日本人周旋，一边请求南京政府的支援。为了应付华北的紧张局势，国民政府派遣何应钦北上。何应钦到达北平后，根据南京政府的方案，在河北、察哈尔两省及平、津二市成立以宋哲元为首的“冀察政务委员会”，以之与殷汝耕傀儡政权进行对抗。[1]

“冀察政务委员会”一方面是国民党对日妥协的产物，另一方面也是国民政府对日本的反制措施。因为与其被动让日本扶植一个傀儡政权，不如主动成立一个服从中央的地方自治组织。“冀察政务委员会”只是个半自治机关，并未脱离国民政府的领导。日本军部对于这一结果并不满意，因此在1936年初，向“天津军”和关东军发出命令，要求务必使华北五省和内蒙古东部在政治上脱离南京政府。至此时，日本政府已经将分离华北作为了基本国策。

为了分裂内蒙地区，关东军还于1936年5月扶植德穆楚克栋鲁普（德王）成立伪蒙古军政府，占据察哈尔北部。10月，伪蒙军在关东军的支援下进犯绥远。傅作义发动绥远抗战，重创伪蒙军，挫败了日本的企图。

为了推进华北分离工作，1936年4月，广田内阁不顾中国的反对，擅自将“天津军”的兵力从1771人增加到5774人，并将营地扩建至北京西南郊的丰台。

对华北经济侵略

日本在政治和军事上分离华北的同时，还在经济方面加紧对华北的侵略。

1　秦郁彦：《日中戦争史》，70—72頁。

1933 年《塘沽协定》签署后，包括北戴河和秦皇岛在内的河北东部沿海地区成了“非武装区”。由于没有驻军保护，该地便成为关东军向华北走私的重要基地。殷汝耕傀儡政权成立后，关东军开始明目张胆地进行走私。据说，只要缴纳相当于正常关税四分之一的检验费，走私商就可以在此卸货。关东军走私是为了扰乱中国市场，妨碍国民政府的经济统一，破坏国民政府的财政收入。

由于工商业基础薄弱，国民政府的大部分收入都来自关税。九一八事变后，东北沦陷，国民政府损失了十分之一的人口和税收，又加上高昂的军费开支和连年的旱涝灾害，国民政府的财政状况不断恶化。关东军的走私贸易进一步加剧了国民政府的财政危机。由于华北地区的走私，天津海关无事可做，几乎关门大吉。据统计，1936 年殷汝耕的傀儡政府通过走私赚了 600 万日元，但这些资金都被关东军拿走用于华北和内蒙古东部的分离工作，留给殷汝耕的只有可怜的 20 万。[1]

中国的经济统一

另一方面，自北伐成功后，国民政府努力统一全国。从 1935 年至 1937 年上半年，统一工作取得了显著的进展。

首先，币制改革的成功，推动了全国的经济统一。中国长期实行银本位，是世界上最大的用银国。从 1933 年起，美国资本家集团炒作白银贸易，抬高白银价格。由于中国银价远低于国际市场价格，从而造成了白银大量外流。此时，又有关东军在华北走

1 秦郁彦：《日中戦争史》，87—91 頁。

私白银，使得情况进一步恶化。

白银外流造成三方面的不良影响：一是通货紧缩，市场上的货币减少；二是物价下跌，市场低迷；三是国际银价上涨后，中国货币汇率上涨，影响对外出口。为了稳定金融市场，1934年10月，国民政府宣布开征白银出口税，同时着手改革币制，统一发行纸币。财政部部长宋子文在美国顾问的协助下，制订了币制改革方案。

1935年11月，国民政府冲破日本的重重阻挠，断然实行币制改革：禁止银元流通；严令以银元兑换法币；一切完粮纳税及公私款项的支付，只能使用法币。由此，国民政府集中了白银储备，从而维持了法币汇率的稳定，币制改革终获成功。币制改革的成功，使国民政府在经济上实现集权，为政治统一创造了条件。[1]

中国的政治和军事统一

经济统一的同时，国民政府还在政治上和军事上逐步统一全国。

1928年，北伐成功后，南京国民政府在形式上统一全国，但实际辖区不过苏、浙、沪、闽、皖、赣数省市而已。东北、华北、西北和西南的广大地域仍处于半割据状态，张学良、冯玉祥、阎锡山、李宗仁、龙云、刘湘等地方实力派与南京分庭抗礼。中原大战之后，冯玉祥、阎锡山失去影响力。九一八事变之后，张学良萎靡不振。红军长征后，蒋介石的中央军一路尾随，将云、贵、

1　汪熙著：《门户开放政策的一次考验——美国白银政策及其对东亚的影响（1934—1937）》，载入江昭、孔华润编：《巨大的转变：美国与东亚1931—1949》，复旦大学出版社，1991年。

川纳入控制。可即便如此，包括陈济棠、李宗仁和白崇禧在内的“西南派”仍然强大。他们以国民党元老胡汉民为首，以两广为基地，并在日本的军事援助下，组成了反蒋集团。

关东军特务头子土肥原贤二向来以搞乱中国为己任，这次他又亲自到了南方，积极策划“西南派”联日反蒋。于是，1936年6月至9月，“西南派”发动了“两广事变”，以抗日的名义挑战蒋介石的领袖地位。讽刺的是，“西南派”一边接受日本的援助，一边指责蒋介石不抗日，国民党的内斗向来如此“清新脱俗”。在蒋介石的金钱收买和军事压力下，“西南派”很快开始分化。后来，双方握手言和，“两广事变”和平结束。此后，地方军阀再也无力挑战蒋介石的领袖地位。[1]

之前谈过，华北五省原是张学良、阎锡山和冯玉祥派系的地盘。但在红军长征到达陕北后，蒋介石的中央军尾随北上，山西的阎锡山、山东的韩复榘、河北的宋哲元纷纷表态服从中央。1937年5月，税警总团一个团5000人开进山东青岛，让日本政府大受震动。日本在1922年归还青岛时，北洋政府承诺将胶州湾德国旧租借地全部开为商埠，允许外国人自由居住，且不驻扎正规军。税警总团名义上是海关警察，但实际上却是宋子文和孔祥熙精心训练的国军精锐，后来成了孙立人的新编第38师。[2]

蒋介石解决“两广事变”后，得意扬扬，以为自己的领袖地位不可动摇。得知张学良和杨虎城对“剿共”态度消极后，他于12月4日仅带少数随从，从南京飞往西安督战，结果在12日被

1 秦郁彦：《日中戦争史》，125—127頁。
2 同上，131頁。

扣留，这便是“西安事变”，也叫“双十二事变”。

张学良和杨虎城兵谏蒋介石：停止内战、抗日救国。西安事变爆发后，经过中共中央代表周恩来的努力，蒋介石基本接受这些条件，并于两周后回到南京。蒋介石安全返回南京后，中国全国上下拥护他为唯一领袖，抗日民族统一战线正式形成。自辛亥革命以来，因内乱而不断分裂的中国，终于在日本侵略者的步步紧逼下，终于在“停止内战，抗日救国”的旗帜下，实现了政治、经济和军事的统一。中国政府对日抗战的基础，就此奠定下来。

四十一　全面抗战

七七事变爆发后，宋哲元的第29军与“天津军”有零星交火。双方边打边谈，蒋介石担心谈判没有底气，被日本人欺负，于是从7月9日开始派兵北上增援。在日本方面，以武藤章为代表的扩大派，逐步压倒石原莞尔的不扩大派的意见。关东军和驻朝鲜军的一个师团及两个旅团陆续增援至华北，占领了北平周边的战略要点。“天津军”的兵力从5000多人扩充到了2万多人。

日本是一个军事和工业强国。日军不仅拥有先进的战机、航母、战舰、大炮、坦克、装甲车和通信器材，还拥有高效的指挥系统。日军士兵训练有素，又在天皇制和军国主义的洗脑下，极具攻击性和侵略性。在强大的军事工业的支持下，日军可以源源不断地补充武器和装备。长期以来构建的总体战体制，也充分保障了日军的后勤供应。在战场上，日军掌握制空权和制海权，从而拥有绝对的火力优势。

与日本相比，当时的中国是一个经济薄弱的农业国家。自民国成立以来，军阀长期混战，经济落后，没有成规模的军事工业。重型武器依仗进口，且数量奇缺。虽然军队规模庞大，但多是地面部队，空军和海军力量极弱。由于缺少制空权，部队指挥、运动困难。士兵素质普遍不高，军官能力较弱。又因派系矛盾，部队之间常常不能协同作战。整个中国军队，无论是装备、指挥、训练还是后勤水平都远远落后于日军。而且，驻守在平津地区的部队是“杂牌军”，战斗力无法与蒋介石的中央军相比，与日军更是力量悬殊。他们虽然对日军殊死抵抗，但最终还是失败。7月30日，日军占领北平和天津。

平津战役之后，中日之间的大规模战争已不可避免。在当时的日本，“对中一击论”甚为盛行。“对中一击论”认为，中国人是一盘散沙，蒋介石是个军阀头子，国民政府是群乌合之众，日本集中优势兵力，三个月内即可击败中国。中国屈服之后，便会任由日本摆布。日本可以获得华北五省的资源，壮大伪满洲国，并更好地准备对苏联的战争。这种“对中一击论”只是日本的一厢情愿，它显然低估了中国人民的抗日决心和力量。淞沪会战的爆发，立即打破了“对中一击论”的迷梦。

淞沪会战

近卫内阁于7月28日宣布从中国撤侨。接着，长江流域的日本侨民于8月上旬聚集到上海，共2.6万人。为了保护这些侨民，日军增强了上海租界内的海军陆战队的兵力。日军增兵引发了中国军队的反感，进一步加剧了局势的紧张。

上海有着悠久的抗日传统，1932年的一·二八事变还记忆犹新，现在日军又在华北大肆侵略。因此，驻守上海的中国军队对日本痛恨不已。8月9日，日本海军陆战队的官兵强行越过虹桥机场警戒线，被中国守军击毙（日方称“大山事件”）。事件发生后，日本向上海派出了巡洋舰、驱逐舰和海军陆战队。8月13日，淞沪会战爆发。

日军最初派出两个师团，加上在上海的海军陆战队，以为很快就能解决中国军队。他们没有料到的是，蒋介石竟会全力以赴，拿出15个师的中央军主力进行阻击。这其中包括国军精锐德械师，即装备了德制武器并由德国军事顾问团训练的部队。德械师是当时中国少有的近代化军队，但只是轻装步兵师，且数量有限。在中国军队的奋力抵抗下，日军发现兵力不支，急忙抽调三个半师团进行增援，海陆空协同作战，对中国军队的阵地进行狂轰滥炸和反复冲击。中国军队依托碉堡工事、战壕和纵横交错的河网，在上海的宝山和杨浦等地层层阻击日军。由于火力相差悬殊，中国军队白天基本被压制，只能在夜间组织反击。

11月初，日本又派出三个半师团从杭州湾登陆，迂回包抄上海守军。同时，另一个师团溯长江而上，在常熟附近的白茆口登陆，准备切断上海守军的退路。日军计划三面合围中国军队。为了不掉入包围圈，中国军队全线后撤。上海周围的防线瓦解，上海失守，通往南京的道路也暴露无遗。

淞沪会战是抗日战争中的首次大规模会战，从8月13日开打，至11月11日中国军队全线撤退，持续了三个月。在淞沪会战中，日军先后投入9个师团，近25万人。据日方统计，日军阵亡9115人，负伤31257人。中国军队投入70个师，约70万人，伤亡更加惨重。

面对日军的优势火力，众多国军将士以血肉之躯顽强抵抗，做到了与阵地共存亡。蒋介石苦心经营的中央军精锐伤亡殆尽，但也给日军造成重大伤亡。此外，淞沪会战发生在国际大都市上海，中国军队的英勇抗战成功唤起了西方列强的同情。日本叫嚣“三个月击败中国”的迷梦宣告破灭，日本在侵华战争的泥潭中越陷越深。[1]

和谈的尝试

淞沪会战的同时，日本政府希望诱降中国，以尽快结束战争。陆军认为他们的头号敌人是苏联，因为无论在意识形态上还是在实力上，苏联的威胁更大。日本想要速战速决，3 个月内摧毁中国的斗志后，腾出手来对付苏联。近卫内阁原以为，日军占领平津后胜利在即，中国政府将会任凭宰割。但淞沪会战证明，这场战争只会越打越大，战线越拉越长，日本正在陷入与中国的全面战争之中。因此，日本想尽快解决在中国的战事。

与此同时，蒋介石虽然决心抗战，但他没有信心能单独击败日本。1936 年，蒋介石刚刚制订了在 3 年内整训 60 个德械师的计划。但这个计划刚起步，便爆发了七七事变。当时，中国是一个积贫积弱的国家，而日本是一个近代化的强国。蒋介石之所以在上海投入精锐部队，不惜代价抗击日本，是为了博取欧美列强的同情和支持。淞沪会战尽管获得了列强的同情，但仅是同情而已，几乎没有实质性的帮助。蒋介石知道，如果中国单独对抗日

1 郭岱君著：《重探抗战史（一）：从抗日大战略的形成到武汉会战（1931—1938）》，第 8 章。杨天石著：《蒋介石与 1937 年的淞沪、南京之战》，载《寻找真实的蒋介石：蒋介石日记解读 1》。

本，需要付出惨重的代价，所以他也考虑暂时停火，继续积蓄力量，等待反击的时机。

最后，苏联的动向也不容忽视。日军把苏联视为头号假想敌，而苏联无疑也将日本视为远东的第一对手。日本在"满洲"为战争所做的种种准备，苏联心知肚明。在抗战初期，英美等国给予中国的只有口头上的同情而已，唯一向中国提供援助的是苏联。苏联认为，他们迟早会与日本发生冲突，既然中国正在对抗日本，那么增强中国的军事力量，便可以削弱日本。苏联在 1937 年 8 月主动与中国签订互不侵犯条约，还派来了志愿飞行员，并提供了总额为 2.5 亿美元的低息贷款。据统计，从七七事变爆发至 1941 年 4 月签订《日苏中立条约》，苏联共向中国提供了 885 架飞机、940 门大炮、8300 挺机关枪、数千名飞行员和数百名军事顾问。[1]

石原莞尔等政府和军部高层，他们无论是发动九一八事变还是华北事变，一是为了侵略中国，二是为了把中国变成对抗苏联的战略和资源基地。然而，七七事变之后，日本反而将中国推向了苏联。石原担心，如果在中国的战争旷日持久，中国利用辽阔的领土进行抵抗，将日本拖入战争的泥潭，苏联将趁机从背后进攻日本。这是日本高层最不愿意看到的事，但却是蒋介石最希望看到的事。很可惜，这件事直到 1945 年 8 月才发生。

石原莞尔的努力

石原莞尔在 7 月中旬一方面同意派兵，另一方面又提议首相

1　王正华著：《抗战时期外国对华军事援助》，环球书局，1987 年，第 3 章。

近卫文麿和外相广田弘毅直飞南京，去找蒋介石谈判。对于石原的提议，近卫表示赞同，但广田却态度消极。近卫又担心如果真去了南京，会激怒陆军，从而再次引发二二六兵变那样的军事政变。

近卫不能亲自前往，于是准备派遣宫崎龙介为特使前往南京。宫崎龙介的父亲是宫崎滔天，而宫崎滔天支持过孙中山，对中国革命贡献巨大。宫崎家族可谓是中国政府的老朋友。近卫认为，宫崎龙介前往南京，应该比较容易谈成。收到日本的提议后，国民政府表示欢迎。其后，宫崎龙介隐姓埋名在神户秘密上船，但在开船前一刻，还是被宪兵逮捕了。陆军中的扩大派根本不愿和谈。[1]

陶德曼工作

1937 年 11 月，上海沦陷，日本继续通过德国大使陶德曼诱降中国。[2] 但是，随着日军的优势越来越明显，日本不断提高谈判条件。最后，近卫内阁甚至提出了中国军队要限期投降，承认伪满洲国，东部内蒙古独立，在华北设立傀儡政权以及支付赔款等诸多苛刻条件。[3]

对于这些条件，蒋介石当然不会同意，只说内容太过宽泛，能否具体些。事实上，日本并没期望蒋介石会答应，而蒋介石也只是在周旋。至 1938 年 1 月 15 日，外相广田弘毅说，蒋介石在拖延时间，没有必要继续谈判。同一天，近卫内阁发表声明，称“日本今后不以国民政府为对手”。换言之，不把蒋介石政权视

---

1 筒井清忠 :《近衛文麿——教養主義的ポピュリストの悲劇》, 189—190 頁。

2 参见劉傑 :《日中戦争下の外交》, 吉川弘文館, 1995 年, 101—107 頁。

3 日本外務省編 :《日本外交年表竝主要文書》(下),380—381 頁。

作平等的交涉对手，与之断绝一切联系。[1]

近卫内阁的这份声明非常奇妙。一般来说，战争是外交的延续，是解决争端的最后手段。由于通过外交交涉无法解决问题，只能以武力使对手屈服。不过，武力只是手段，让对手屈服才是目的。那么，不把对手作为对手是什么意思呢？

近卫和广田的考虑大概有两点：其一是为了恫吓南京国民政府，在心理上瓦解他们的士气——不把蒋介石彻底打垮，日军决不罢休，即使蒋介石投降乞和，日本也不答应；其二是希望在中国树立一个“主和”的傀儡政权，以之取代“主战”的蒋介石政权，进而控制中国。近卫声明发表之后，陶德曼调停宣告失败。中日双方各自召回大使，宣布断交。但是，第一次近卫声明并未打击中国军民的抗战士气，反而巩固了中国人民抗战到底的决心。

南京沦陷

占领上海后，日军继续向西推进，进逼国民政府首都南京。中国军队转移至苏州、常熟、无锡、江阴等地，拟依托半永久的野战工事（吴福线、锡澄线），迟滞日军进攻。但因撤退仓皇，准备不足，该计划未能实现。11 月 20 日，国民政府宣布迁都武汉。

国民政府迁都前，蒋介石命令唐生智率领 15 个师固守南京。蒋介石认为，南京孤城不能守，但不能不守，为的是向世人展示抗战的决心和意志。南京是六朝古都，城墙高 18 米、厚 13 米，

1　杨天石著：《蒋介石对孔祥熙谋和活动的阻遏》，载《寻找真实的蒋介石：蒋介石日记解读 1》。

墙外有宽 40 米的护城河。南京主城处于长江南岸，城外多山丘，包括紫金山和雨花台。如果利用地形和既有工事，或可以构筑牢固防线。然而，守军抵达南京为时过迟，部署未定即仓促应战。士兵多为淞沪会战的残部和训练不足的新兵，尚未恢复战力。唐生智为表示与南京共存亡的决心，下令撤走长江江面上的所有渡轮，禁止任何部队渡江。这种破釜沉舟、背水一战的措施虽可以激励官兵的士气，但后来当决定撤退时，却成了致命的障碍。[1]

12 月 1 日，日本大本营下令攻占南京。12 月 3 日，10 万日军在战机、重炮、坦克和军舰的支援下，兵分三路围攻南京。南京守军英勇抵抗，仍无法阻止日军攻势。12 日，南京守军被迫突围。13 日，南京陷落。在此前后，日军于六周内疯狂杀人、放火、抢劫、强奸，制造了惨绝人寰的南京大屠杀。

南京大屠杀

南京守军想要突围，但陆上三面被围，长江也被封锁，他们聚集在江边，争先恐后地抢夺有限的船只。可即使上了船，上有日机轰炸，下有日舰轰击，岸边有机关枪和火炮的扫射。这些守军要么被俘，要么葬身江底。

大批突围失败的中国军人被俘，随后遭到日军的集体屠杀。日军还以搜捕脱下军装的残兵为由，进入难民区大肆屠杀平民。此外，日军还在南京城外的郊区大肆屠杀。除了屠杀俘虏和平民外，

1　郭岱君著：《重探抗战史（一）：从抗日大战略的形成到武汉会战（1931—1938）》，第 9 章。

日军还大规模放火、抢劫和强奸中国女性。据不完全统计，共有30万中国人惨遭日军杀害。

关于日军的杀戮和强奸兽行（不过，形容日军“野兽般”地残忍，其实对野兽很不公平。正如陀思妥耶夫斯基所言，野兽从来不会像人那样残忍，那样巧妙地、艺术化地残忍）的原因，一些学者提出过下列几种解释。

第一，淞沪会战中，日军伤亡4万余人，惨重的伤亡加深了日军的复仇心理。淞沪会战结束后，日军急行军至南京，后勤补给严重不足。日军在淞沪战场、在追击中国军队的过程中，已开始沿途烧杀抢掠村庄和城镇，到南京后也没有接收俘虏和难民的打算。《东京日日新闻》曾报道向井敏明与野田毅开展的“百人斩”比赛，看谁能在去南京的路上先砍下100个中国人的头颅。因此，即使中国军民投降，日军还是要继续屠杀。可以说，大屠杀乃是日军上下从大本营到联队，从指挥官到普通士兵的蓄意而为。

第二，淞沪会战打了三个月，从上海到南京又追了400公里。长时期的作战和行军，造成日军的紧张、疲惫和亢奋。而且，进攻上海和南京的日军中，有不少兵力是临时征召的特设师团（如第13师团和第101师团）。这些师团的士兵并非现役军人，而是有家有口、30多岁的预备役军人。预备役军人本来就军纪松散，想回家又回不去，平日里他们可能是规规矩矩的丈夫和父亲，但来到毁灭人性的战场上，在极度紧张和亢奋的环境中，他们就变成了毫无人性的恶魔和禽兽。[1]

1　小野贤二、藤原彰、本多胜一编，刘峰译：《南京大屠杀：日军士兵战地日记》，社会科学文献出版社，2019年，解说。

第三，从甲午战争以来，日军极度蔑视中国军队，蔑视中华民族。又在日本舆论的歪曲宣传下，他们坚信自己才是道德的、正义的和无辜的一方，而中国人则是卑鄙的、阴险的和邪恶的加害者；中日之间所有冲突的责任都在中国，正因中国人不停地侵害日本人，日本人才被迫反击。在当时的日军看来，他们并不是在侵略中国，而是在教训中国。在天皇制和极端民族主义的洗脑下，日军缺乏国际观念和文明社会的常识，也丧失了人之为人的善恶观和是非观。[1]

第四，在日本军队中，无时无刻不充斥着言语和肉体的暴力。日军中存在着根深蒂固的信念，即老兵对新兵的施暴有助于建立一支强悍的军队，对暴力的习以为常正是开赴严酷战场之前的“必修课”，这对于施暴者和被施暴者都是如此。在肉体和精神的双重重压之下，日军士兵一方面成为唯命是从的动物，作战顽强。但另一方面，能够“烧杀抢掠”的侵略战场也就成了允许他们摆脱束缚的“自由空间”。那些平时被虐待却无处转移压力的普通士兵，一旦作为“胜利者”出现在中国军民面前，被压抑的感情便迸发出来，从而做出各种残暴行为。[2]

第五，日军以“皇道”为信仰的权威，为了维护“皇道”，牺牲自己的生命亦在所不辞，牺牲他人的生命更不在话下。之前介绍过皇道派领袖荒木贞夫的言论，他说，皇军是世界上最优秀、最伟大的天皇的军队，肩负着将“皇道”传播至七大洲和

1 郭岱君著：《重探抗战史（一）：从抗日大战略的形成到武汉会战（1931—1938）》，第 9 章。

2 若槻泰雄著，赵自瑞等译：《日本的战争责任》，社会科学文献出版社，1999 年，第 2、3 章。丸山真男著，陈力卫译：《现代政治的思想与行动》，第 19 页。

四大洋、造福全人类的使命。为了实现这个伟大使命，所有的障碍都必须被清除。皇军的每一颗子弹和每一杆刺刀都承载着皇道，如果有人反对，就会被这颗子弹、这杆刺刀刺穿。因此，只要是为了彰显“崇高的皇道”，所有针对“敌人”的残酷暴力都是正当的，所有的杀人、虐待、放火、抢劫和强奸都可以被原谅。在这种邪教般的意识形态塑造下，日军形成了残虐无比的行为样式。他们不仅在南京屠杀，在中国各地屠杀，在朝鲜屠杀，在南亚、东南亚屠杀；最后，到了本土，日军还是同样屠杀冲绳人和自己的同胞。

可以说，无论是对内还是对外，暴力都是日本军队的本质。又因日军相信他们在为“崇高的皇道”服务，于是更加坚定不移地相信自己才是道德高尚的一方，这就强化了它的暴力特征。

在南京大屠杀期间，一些英美记者目睹了日军的兽行，离开南京后，便在欧美报纸上详细报道了南京大屠杀的情况。一些留守南京的西方传教士和英美德的外交人员也通过各种渠道，向外界报告了日军的暴行。这些报道发表后，引发世界舆论一片哗然。然而，在日军占领南京的第二天，东京举行了有 40 万人参加的提灯游行，庆贺南京的陷落。关于南京大屠杀的相关消息在日本国内一直被封锁，直到战后远东国际军事法庭审判时，大部分国民才了解日军的暴行。

转入相持阶段

淞沪会战和南京战役进行的同时，华北地区的日军也在展开攻势。他们攻占平津之后，沿平汉线和津浦线继续向察哈尔、河北、山西和山东进军。华北日军共有8个师团，约37万人，而华北的中国军队多是“杂牌军”，他们与日军一接触，便会立即溃败。因此，华北日军的进展顺利，相继占领了张家口、大同、保定、石家庄、绥远和太原。[1]

但尽管这样，中国军队也有几次不错的表现。例如，1937年9月25日，中共领导的八路军第115师，在平型关伏击日军第5师团的辎重部队，消灭日军1000余人。又如1938年3月至4月间的“台儿庄大捷”，打破了日军不可战胜的神话。“台儿庄大捷”之后，徐州战役、武汉战役和广州战役相继爆发。中国军队节节抵抗，尽管徐州、武汉和广州相继失守，但在此过程中，有效地消耗掉了日军的兵力。中共还积极开辟敌后根据地，以游击战牵制日军。

从七七事变爆发至武汉会战结束，战争已经持续了15个月。在这15个月里，中国军队以空间换时间，成功地拖住了日军。日军虽然占领了中国沿海大部分城市与交通要点，但只控制了点和线，广大的内陆地区仍在中国政府手中。

中国幅员辽阔、人口众多，以分散的、自给自足的农业为社会基础，迟迟未能实现工业化和近代化。相对落后的经济和社会组织形式，对中国来说既是劣势，也是优势。因为只要中国人民团结一致，坚持抗战，日本就不可能通过占领几座大城市来掐断中国的命脉。之前介绍过币原喜重郎的“中国多心脏论”（即中国有无数颗心脏，即使有一颗心脏被击中，中国的脉搏也不会停止跳动），其实也是同样的道理。日本武力征服中国的冒险政策不会

1 秦郁彦：《日中戦争史》，274—279頁。

成功，只会把自己拖入泥潭。

日本政府发现不可能以军事手段击败中国后，继续寻求政治手段来解决。另一方面，中国军队有重大伤亡，也不可能在短期内战胜日本。抗日战争进入相持阶段。

四十二　北进，还是南进？

七七事变之后，由于中国军队的英勇抵抗，日军的战线越拉越长，战争规模越打越大，军费也越花越多。为了应对不断扩大的侵华战争，近卫内阁着手建立战时体制，以加强对政治、社会和经济的控制。

国家总动员

七七事变后的第二个月，近卫内阁开展“国民精神总动员”，通过各种方式向国民灌输“举国一致”“尽忠报国”的思想，强迫国民对侵华战争提供协助。

其实在此之前，日本已着手推行清除“精神污染”的运动。贵族院有位名叫三上参次的议员，是研究日本历史的老古董。他在 1934 年抱怨道，中学里的英语课太多，导致日本人崇洋媚外，为了塑造“健全”的国民意识,应该削减英语课时。七七事变之后，政府对国民生活的干预变本加厉。女人被禁止烫发、涂口红、涂指甲油、抹胭脂、戴戒指，男人则被提倡剃短发。舞厅和爵士乐因被认为是腐朽堕落的自由主义生活方式，逐步被政府限制。街道上禁止使用霓虹灯，禁止日本人取用外国名字，禁止说话夹杂英语。吃饭要吃“日之丸”便当，即一碗白饭上加一颗梅干。日本政府似乎认为，限制了生活乐趣和物质享受，就能让民众增添勇气和力量。又因日本资源短缺，所有金属都要优先供给军需产业，民间的铁锅、铁箱、铁钉、铁盒、铁椅子、铁雕塑统统回收，回炉重炼。

除精神动员外，1938 年 4 月，日本还颁布了《国家总动员法》进行社会动员和经济动员。这部法律可谓之前谈到的陆军宣传册的终极版本，其目的在于消灭自由经济和自由市场，按照战时管制的思维实施计划经济和指令经济。在这部法律的规定下，政府可以征用全国一切的人力和物力，可以限制工资、生产、配给和消费，以服务战争体制。《国家总动员法》虽然遭到民政党和政友会的反对，但在二二六兵变之后，各政党业已丧失了与军部正面对决的勇气。因此，该法案在议会中顺利获得通过。[1]

此外，全日本的新闻、报纸、广播和电影也都化身为国家政策的喉舌，接受政府和军部的一元化管理。在秘密警察的监管下，它们只能煽动战争狂热，宣传国体观念。如有某家报社胆敢质疑政府和军队，以退伍军人会为中心的保守和右翼势力会抵制该报，甚至会对有关的编辑和记者进行人身威胁。在这些压力之下，报社放弃了不偏不倚的立场。更有甚者，“二战”爆发后，质疑或批评军部、鼓吹和平的记者和文化人，往往会被惩罚性征兵送往前线。因此，为了逃避战争，许多人只能歌颂战争。[2]

1　堀幸雄著，熊达云译：《战前日本国家主义运动史》，第 360—366 页。

2　小熊英二著，黄大慧等译：《“民主”与“爱国”：战后日本的民族主义与公共性》（上），社会科学文献出版社，2020 年，第 33—39 页。

在国民总动员的名义下，国家权力赫然入侵社会领域和私人领域，一切的社会活动都要以“为国”的尺度加以衡量。就这样，日本通过加强对政治、军事、社会、经济、思想和意识形态等各方面的控制，建立了能够进行一元化管理的“全体国家”。

近卫改造内阁

尽管近卫想要收拾事态，结束战争，但是进入1938年后，战线进一步扩大，战事继续升级。近卫曾对人抱怨说：“外相广田弘毅根本不向我报告，陆相杉山元也完全靠不住。”他还对天皇自嘲道：“我这样的人完全像个时装模特，什么都不让我知道，被人牵着鼻子走，真是叫人为难。”[1] 由于陆相杉山元拒绝透露任何作战计划，近卫不得不从昭和天皇那里打探战况。[2] 为了解决被人牵着走的窘境，也为了不再做“时装模特”，近卫决心改组内阁，以强化内阁的主导权。

1938年5—6月间，近卫设法将外相换成宇垣一成，将陆相换成板垣征四郎[3]，他还起用三井财阀大掌柜池田成彬为藏相兼农商相，甚至起用二二六兵变后被赶出现役的荒木贞夫为文相。考察这些人事布局，便可得知近卫的“良苦用心”。曾主导过宇垣裁军的宇垣一成和财界大佬池田成彬是亲英美派，宇垣还曾是陆军长州阀的领袖，而荒木贞夫则是皇道派领袖，板垣征四郎是石原

1　矢部貞治：《近衛文麿》（上），弘文堂，1952年，494頁。《西園寺公と政局》第六卷，1950年，74頁。

2　近衛文麿：《平和への努力》，日本電報通信社，1946年，7—8頁。筒井清忠：《近衛文麿——教養主義的ポピュリストの悲劇》，207—208頁。

3　筒井清忠：《昭和十年代の陸軍と政治》，岩波書店，2007年，149—180頁。

莞尔的盟友，其立场接近于不扩大派。他们都是当时陆军中的非主流派。很显然，近卫想利用他们来压制陆军，控制在中国的战事，以尽快收拾事态。[1]

可尽管如此，近卫仍然无法控制陆军。陆相板垣征四郎和前任杉山元一样，都是被次官东条英机以及田中新一等中坚幕僚层操纵的傀儡。[2] 此外，被近卫寄予厚望的外相宇垣一成在短短四个月后匆匆下台。宇垣上任伊始，便要求近卫取消“不以国民政府为对手”的声明，并试图重启与国民政府的谈判，还派人与孔祥熙的秘书在香港秘密磋商。然而，由于陆军要接管在中国的所有外交事务，宇垣的“和谈外交”只能草草收场。

“东亚新秩序”

石原莞尔等不扩大派势力被赶出陆军中央后，日军于 1938 年 4 月、8 月和 9 月，相继发动了徐州战役、武汉战役和广州战役。

在徐州战役中，华北日军和华中日军企图南北夹击中国军队主力。但由于中国军队成功撤退，日军的构想落空。武汉战役是为了打击从南京迁来的国民政府中央机构。广州战役则是为了封锁中国海岸，切断经由中国香港通往华南的海外物资补给线。日军原以为攻占了武汉和广州，中国政府就会投降。但蒋介石又将首都从武汉迁至重庆，继续坚持抗战。

---

1 萧李居著：《中日战争初期日本的政治变革与权力之争（1937—1938）》，《国史馆学术集刊》，2006 年第 9 期。

2 川田稔著，韦和平译：《日本陆军的轨迹（1931—1945）：永田铁山的构想及其支脉》，第 199 页。

在武汉战役和广州战役之后，日本的兵力投入已达到极限。此时，日本陆军25个师团之中，有23个师团部署在中国，兵力超过100万人。只剩下一个近卫师团在国内，一个朝鲜师团在朝鲜。由于无法通过军事手段迫使中国政府屈服，近卫内阁被迫改弦更张，继续诱降中国。1938年11月，近卫发表“东亚新秩序”声明，即“第二次近卫声明”。

这份声明说，在日军攻克广州和武汉之后，蒋介石的国民政府已经沦为一个地方政权。日本之所以对中国开战，并非为了侵略中国，而是为了在东亚建立一个和平、安定的新秩序。如果国民政府放弃抗日政策，更新人事组织，它也可以参与到日本组建的新秩序中来。[1]这个“新秩序”实际上要求中国的“满洲”、东部内蒙古和华北永远置于日本的控制之下，而其他中国领土在政治上和经济上也要屈服于日本。近卫声明还要求欧美列强认清日本已成为东亚盟主的现实，放弃“旧有的观念和原则”，以适应新形势。这是日本政府首次公然否认《九国公约》和“门户开放”原则，并宣布将重建亚洲秩序提升为基本国策。同时，这份声明也否定了之前“不以国民政府为对手”的立场，并透露出如果蒋介石下台，国民政府改组，那么日本可以停战和谈的意愿。

汪精卫出走

第二次近卫声明旨在诱使中国政府分裂，特别是要诱降长期与蒋介石争权的汪精卫。

1　日本外務省編：《日本外交年表竝主要文書》（下），401頁。

汪精卫是国民党内亲日派领袖。他认为，贫弱的中国无力抵抗强大的日本，只有俯首称臣，才能苟延残喘。英美的援助是靠不住的，“挟洋自重”也是不可取的。作为弱国领导人，绝不能招惹强大的日本，抗战必败，败则必亡。只有与日本“讲和”，成为日本的附庸，中国才有出路。中国和日本在东亚是兄弟之国，日本也承诺对中国的领土没有野心。只有英美希望中日厮打下去，以坐收渔翁之利。[1]这正是汪精卫的汉奸投降理论，他对中国人民抗战的努力和决心视而不见，却对日本侵略者的鬼话奉若圭臬。

早在 1938 年 2 月，汪精卫就开始通过高宗武和周佛海等人与日本进行秘密接触。11 月，汪精卫的代表高宗武、梅思平在上海会见了日方代表。双方约定：日本扶植汪精卫出面组织中央政府；日中缔结防共协定，允许日本在中国驻军；承认伪满洲国；中国为日本开采华北地区的资源提供便利，此即《重光堂协议》。[2]

12 月 18 日，汪精卫从重庆逃到昆明，20 日出现在越南河内，并接受日本特务的秘密保护。汪精卫潜逃后，近卫文麿立即发表第三次声明：日本政府将继续以武力扫荡抗日的国民政府，但日本也愿意与中国的有识之士合作，以建设东亚新秩序。[3]汪精卫立即向中国各方发出“和平通电”，呼吁接受近卫声明，明确宣布了他“第一汉奸”的身份。

汪精卫期望中国各方能响应这一号召，但事与愿违，响应者寥寥无几，曾经的反蒋势力也没有回应。因为经过一年半的抗战，

1 闻少华著：《汪精卫传》，团结出版社，2007 年，第 16 章第 5 节。

2 今井武夫著，《今井武夫回忆录》翻译组译：《今井武夫回忆录》，上海译文出版社，1978 年，第 85—87 页。

3 日本外務省編：《日本外交年表竝主要文書》（下），407 頁。今井武夫著，《今井武夫回忆录》翻译组译：《今井武夫回忆录》，第 95—98 页。

在付出了巨大牺牲挫败了日本速战速决的阴谋后，几乎所有的中国人都知道，绝不可以投降日本。日本试图瓦解中国抗日阵营的企图再次失败。

平沼骐一郎内阁

1938 年 12 月，陆军要求内阁缔结不仅针对苏联，同时针对英法的德意日军事同盟。围绕该问题，近卫内阁中出现不同意见。近卫内阁在解决侵华战争的问题上束手无策，现在又在外交政策上出现分歧。近卫倍感挫折，于是辞去首相职务。[1]

近卫辞职后，平沼骐一郎接任首相（1939 年 1 月—8 月）。平沼毕业于东京大学，是一名司法官僚，历任司法次官、检事总长、大审院院长、法相和枢密院议长。他热衷于东亚传统文化，反对英美式的自由主义和政党政治，追求天皇专制的国家体制，是当时影响巨大的右翼政治家。

有人或许会好奇，理应持中立立场的司法官僚为何会是右翼分子呢？这是因为战前日本的法律与其说是保护公民、裁判和调解社会纠纷的工具，不如说是维护天皇制的道具。在近代西方立宪政体下，君主和政府要服从于法律，但在战前日本，天皇却凌驾于法律之上。长期浸淫于这种法律系统之中，平沼的右翼立场或许就不足为奇了。由于平沼的右翼立场和要求天皇亲政的主张，他从未得到过西园寺公望的青睐。

近卫辞职后，西园寺对自己的最后一张王牌感到失望，不得

1　筒井清忠：《近衛文麿—教養主義的ポピュリストの悲劇》，205—211 頁。

已推荐了平沼骐一郎。西园寺向平沼提出的唯一要求是重视与英美的外交关系。平沼内阁于 1939 年 1 月 5 日成立。

三国军事同盟

平沼内阁的最大课题是处理近卫内阁遗留的“三国军事同盟”问题。

1938 年 1 月，希特勒向日本提议，将 1937 年 11 月缔结的《德意日防共协定》强化为“三国军事同盟”，以在远东威慑英美和苏联。但海军高层认为，没有必要介入欧洲局势，一旦成立军事同盟，日本或将被迫与美、英、法同时发生冲突。然而，陆军却积极主张缔结全面的军事同盟，以进一步遏制苏联。围绕该问题，平沼内阁在 8 个月内召开了 70 多次会议，由于海军坚决反对，内阁始终无法达成一致意见。

海军反对派的主要人物是海相米内光政、海军次官山本五十六和军务局局长井上成美。他们认为，日本的当务之急是迫使中国屈服而非参与欧洲事务。米内说，日本的国力不足以支持与英美的战争，一旦作战，则必败无疑。山本也说，由于日本国力薄弱，不可能赢得对英美的战争。井上更进一步指出，希特勒根本不值得信赖，《我的奋斗》一书清楚地表明，希特勒将日本人视为缺乏想象力的劣等民族，德国接近日本只不过为了利用日本。[1] 由此，海军中形成了由米内、山本和井上组成的“三驾马车”与

1 阿川弘之：《米内光政》，新潮文庫，2002 年，194 頁。麻田贞雄著，朱任东译：《从马汉到珍珠港：日本海军与美国》，第 252—259 页。

陆军抗衡。右翼痛恨海军的阻挠，甚至制订了暗杀米内和山本的计划，山本为此还准备过遗书。[1]

但另一方面，海军内部并非铁板一块。一些年轻军官认为，如果一味强调无力作战，那么海军就会失去存在意义，军事预算都会向陆军倾斜。自从九一八事变以来，陆军在中国攻城略地，海军则一直没有表现机会。为了与陆军争夺物质、资源和预算，海军逐渐被陆军拉拢，开始支持成立三国军事同盟。[2]

南进与北进

为了断绝蒋介石的外援，日军希望开辟新战场以打破中国战场的僵局。那么是向北开辟，还是向南开辟呢？早在 1936 年广田内阁时，日本就制定了“陆军抗苏，海军抗美”的南北并进的战略方针，因此陆海军都有行动。

海军于 1939 年 2 月占领海南岛和南沙群岛，并在此建立航空基地，显露出南进意向。随着军事行动扩展到太平洋地区，日本与英美之间的对立加深。

美国本来就对日本不满，认为日军的入侵破坏了世界和平与国际法。1937 年 10 月 5 日，即卢沟桥事变 3 个月后，美国总统罗斯福发表著名的“隔离演说”，不指名地谴责了日本。他说：有些好战国家干涉他国内政，侵略他国领土，破坏世界秩序和国际法，不发布宣战公告，随意杀害妇女、儿童和平民。这是世界性的人

1　義井博：《昭和外交史 三訂增補版》，南窓社，1990 年，91 頁。

2　麻田贞雄著，朱任东译：《从马汉到珍珠港：日本海军与美国》，第 264—265 页。義井博：《昭和外交史 三訂增補版》，87 頁。

道主义危机，任何国家都不能对此无动于衷。此外，这种好战倾向有逐渐蔓延的危险，爱好和平的人民应共同努力，防止和隔离这种倾向。但由于当时美国“孤立主义”盛行，罗斯福的演说被批评为鼓动战争，而遭到国内舆论猛烈的抨击。

随着日军侵略的扩大，美国在华利益遭到侵害，美国屡次抗议日本对“门户开放”原则的破坏。驻日大使格鲁甚至向日本外相明言：“自美国建国以来，商业机会均等原则就一直是我国外交政策的根本原则”[1]，强烈要求日本取消在中国占领区的经济管制，保护美国的在华投资和商业利益。由于日本无视美国的警告，日美关系持续恶化。现在日本又要向东南亚扩张，并准备与德意建立军事同盟，美国于是决定出手遏制。

1939 年 7 月，美国通告日本，将于 6 个月后废除《日美通商航海条约》。《日美通商航海条约》的前身是佩里来航后强迫幕府签订的开国条约。一般认为这是个不平等条约，但其实它对于日本的发展至关重要。日本是个资源匮乏的岛国，能源和原材料高度依赖对外贸易，而美国是日本生丝的主要市场，以及石油、废铁和汽车零部件的主要供应地。一旦《日美通商航海条约》被废止，两国贸易将大受影响，两国关系势必也会恶化。

海军南进的同时，关东军与苏联红军在北方也爆发了一系列小规模冲突。陆军中央决定，必须先集中精力充实机械化战力，然后才能北上进攻苏联。由于此时准备尚不充分，参谋本部告诫关东军“不要理会边界纠纷”。

---

1 约瑟夫 · C. 格鲁著，沙青青译：《使日十年》，第 301 页。

诺门罕战役

1939 年 4 月，关东军违背陆军中央的既定方针，对边境纠纷采取强硬态度。果然，到了 5 月，在诺门罕地区（今呼伦贝尔附近），先是伪满洲国军队与蒙古国军队交战，后来发展为关东军与红军的大战。关东军自占领“满洲”以来居功自傲，并依仗着拥有最精锐的兵力和装备，无视陆军中央的指令，肆意扩大战争规模。

关东军参谋部认为，诺门罕距离苏联铁路线 750 公里，由于补给困难，苏军不可能投入大兵团作战。关东军显然低估了苏联的实力，在两个五年计划后，苏联的工业化能力显著提升。尽管远离铁路线，但苏联远东军却配备了近 5000 辆各式卡车，可以将弹药、燃料等军需物资源源不断地输送至前线。[1] 为了教训日军，斯大林派朱可夫指挥一支大型机械化部队进行增援。结果，在诺门罕战场上，苏联的坦克、大口径火炮和战机的数量远超日军，造成装备落后的日军伤亡惨重。但由于日军作战勇敢，经常主动出击，用肉身抵挡坦克和重炮，这也使苏军在作战中遭受巨大损失。

这场战斗持续了约四个月。据日方统计，日军阵亡 8400 余人（据苏方统计，日军阵亡 1.8 万人），受伤 8800 余人。担任主力的第 23 师团约 1.6 万人中，战死、战伤、战病和失踪者共计 1.2 万人，死伤率高达 76%，几乎全军覆没。一般来说，在一场战役中，战伤与战死的比例应该为 3:1，而日军伤亡比例竟高达 1:1。一般情况下，一支军队的死伤率超过 30%便会陷入崩溃，而第 23

1　朱可夫著，中国人民解放军军事科学院外国军事研究部译：《回忆与思考：朱可夫元帅回忆录》，中国对外翻译出版公司，1984 年，第 170 页。

师团的战损率却高达76%，由此可见日军作战的变态程度。[1]在另一方面，苏联解体后公布的档案显示，苏军战死9700人，战伤和战病约1.6万人，伤亡共计2.6万人。[2]从数字上来看，苏军的伤亡更大，但苏联实现了战争目的——不久之后，苏德战争爆发，而日军在诺门罕事件后不敢贸然北进，苏联解除了被东西夹击的危险。

此外，在远东的兵力布置上，关东军也不占优势。1941年前后，日本参谋本部估计，苏联在远东有30个师70万人以及2700辆坦克和2800架飞机。相比之下，关东军只有12个师团35万人和700架飞机。此外，远东苏军还部署了数百架四引擎重型轰炸机，可以直飞东京进行轰炸。在此情形下，日军不敢在北方轻举妄动。[3]

四十三　三国同盟

上节谈过，1939年夏，关东军在诺门罕与苏军冲突，遭遇惨败。在此期间，欧洲发生了一场震惊世界的外交革命——"二战"爆发前夜，希特勒与斯大林签订了《德苏互不侵犯条约》。德苏为何会签订该条约？该条约对日本又有哪些影响呢？

---

1 北岡伸一：《政党から軍部へ》，325頁。

2 マンダフ·アリウンサイハン：《ノモンハン事件発生原因と国境線不明論》，《一橋論叢》135（2），2006年2月。

3 林三郎著，高书全、金太相译：《关东军和苏联远东军》，吉林人民出版社，1979年，第35、141页。

英、法、苏的虚与委蛇

诺门罕战役期间，关东军和苏联红军鏖战正酣，希特勒和斯大林签署了《德苏互不侵犯条约》。消息传来，日本人目瞪口呆：希特勒不是一直怂恿日本与德国建立军事同盟一起反苏吗？而且1936年11月的《日德防共协定》也规定，未经对方同意，任何一方都不能与苏联签约。为什么日本正与苏军作战，德国和苏联却走到了一起？

事情是这样的。1933年希特勒上台后，撕毁《凡尔赛条约》，重整军备。1936年，德军开进莱因非武装区。1938年3月，德奥合并。9月，德国又对捷克斯洛伐克提出领土要求，要求将有300万德裔居住的苏台德地区移交给德国。由于英国和法国墨守和平主义，害怕发生战争，于是迫使捷克斯洛伐克割让苏台德，这便是史上著名的《慕尼黑协定》。

英国和法国原以为签署《慕尼黑协定》后，德国就会收手。但实际上，英法的软弱刺激了希特勒更凶狠的野心。在得到苏台德后，希特勒继续吞并捷克斯洛伐克，还计划占领波兰、立陶宛、罗马尼亚和希腊，然后便是法国和英国。到了这时，英国和法国才醒悟过来：对德绥靖是养虎为患。英法开始遏制德国，并准备拉拢苏联从东方牵制德国。另一方面，希特勒决定，不惜与英法开战也要攻占波兰，但为了避免重蹈“一战”中两线作战的窘境，德国也要拉拢苏联。对苏联而言，英法或德国没有太大区别，为了使本国利益最大化，斯大林决定待价而沽。

1939年4月，英、法、苏开始谈判，但有两个问题始终无法达成协议。一是东欧问题。苏联要求将波兰、罗马尼亚和波罗的海三国纳入保护范围，从而恢复欧洲大国地位。英国和法国对此不能同意，波兰和罗马尼亚也不同意。二是苏、英、法三国军事同盟问题。英国和法国要求苏联提供军事援助，但不愿意与其结成军事联盟。此外，英法之间也存在分歧。由于英、法、苏之间的诉求差异巨大，谈判便被搁置下来。[1]

“欧洲天地复杂离奇”

在意识形态上，英法与苏联存在矛盾，而纳粹德国既仇视社会主义又仇视自由主义。英、法、苏三方一边谈判，一边秘密地与德国保持联系，彼此都试图将祸水东引或西引。

8月下旬，希特勒决定9月1日必须入侵波兰，但苏联的态度仍不明朗。8月20日，心急如焚的希特勒写信给斯大林，表示将无条件支持苏联称霸东欧。次日，斯大林回信，邀请德国外长前往莫斯科。2天后，里宾特洛甫抵达莫斯科，苏德两国一拍即合，当天宣布震惊世界的外交革命：签订《德苏互不侵犯条约》。从希特勒写信开始，苏联和德国只用了三天便完成了签约。

其实早在20世纪20年代，苏联和德国已在互相利用。由于一方是西方仇视的红色政权，另一方是被制裁的战败国，两国存在共同利益。《德苏互不侵犯条约》明确规定：双方互不使用武力；一方与第三国交战时，另一方保持中立。这一约定让希特勒吃下了定心丸。该条约还有秘密条款：苏联和德国划分了两国的势力

1 泰勒著，何抗生、林鲁卿译：《第二次世界大战的起源》，商务印书馆，1992年，第10、11章。

范围——波罗的海沿岸给苏联，两国一同瓜分波兰。[1]

前面提过，平沼骐一郎内阁就是否与德国结成军事联盟对抗苏联的问题，召开过70多次会议，但迟迟未能统一意见。结果，德国的态度转了180度的大弯，与苏联握手言和，日本遭到了背叛。日本的对外政策出现重大失误，为了承担责任，平沼撂下句“欧洲天地复杂离奇”的感叹，便宣布内阁总辞职了。

短命的阿倍内阁

8月23日，《德苏互不侵犯条约》签署。30日，陆军大将阿倍信行内阁成立（至1940年1月）。9月1日，解除后顾之忧的希特勒进攻波兰。3日，英法向德国宣战，第二次世界大战爆发。“二战”爆发次日，阿倍信行发表声明，表示日本不介入欧洲的战事，集中精力解决与中国的问题。

阿部信行的能力有限，在各种因缘巧合下成为首相，他既没有坚实的执政基础，也没有应对时局的能力。为推进国家总动员体制，他想要冻结国内物价和工人工资，以控制经济和物资流通。但很不凑巧，日本在1939年遭遇自然灾害，国内经济受到冲击。陆军又提出4年内扩军至65个师团和160个航空中队的计划，阿倍信行也没有能力实现。而且，“二战”爆发后，欧洲局势风起云涌。美国也逐步放弃中立立场，加大对法国、英国和中国的支援，并强化了太平洋地区的防御。面对新的国际局势，阿倍内阁也无

1　亨利·基辛格著，顾淑馨、林添贵译：《大外交》，海南出版社，2012年，第13章。

法应对。因此，阿部信行只干了四个月就匆匆下台了。[1]

米内内阁

阿部下台之后，海相米内光政接任首相（1940 年 1 月—7 月）。之前介绍过米内光政，他曾强烈反对日本与德意结成军事同盟。《德苏互不侵犯条约》签署后，日本的对外政策深受打击，加入三国同盟的声音也随之消失。米内被认为有先见之明，一时间人气高涨。米内就任首相后，明确表示将继承前任内阁的外交方针，即不插手欧洲事务，专心解决与中国的战争。

米内上台后不久，欧洲局势再次变动。1940 年 4 月，德军发动闪电战，征服丹麦和挪威；5 月，横扫荷兰、比利时和卢森堡。在德军的追击下，35 万英法联军被困于敦刻尔克。6 月初，英法联军成功撤退。随后，德军掉头转攻法国，并于 6 月 14 日击败法军，占领巴黎。6 月 10 日，意大利向英法宣战。法国沦陷后，英国本土也遭德军空袭。一夕之间，欧洲的版图发生巨变，只有英国还在苦苦支撑。德军横扫欧洲，优势明显，整个欧洲似乎迟早将落入希特勒手中。由于被德军的辉煌战果搞得眼花缭乱，一度销声匿迹的三国同盟论重新抬头。荷兰和法国已经投降，英国的处境也岌岌可危，日本想抓住这个千载难逢的时机，推进“南进”政策。

法国和荷兰投降德国之后，两国在东南亚的殖民地（法属印度支那、荷属东印度）出现权力真空。另外，因为美国即将对日

1 北岡伸一：《政党から軍部へ》，333 頁。

本实施禁运，日本迫切需要东南亚的橡胶、锡矿和石油。由此，日本的亲德派积极主张加入德国阵营，出兵占领东南亚，以掠夺资源。为此，日本国内出现了“不要误了班车”的说法。日本军部认为，只有尽快加入德国阵营，才有资格与德军一同瓜分世界。如果优柔寡断，等到德军彻底打败英国，日本将无法获得任何好处。

然而，米内内阁的施政方针是维持现状。如果米内仍在执政，日本就难以“上车”。为了迫使米内下台，陆军祭出了“军部大臣现役武官制”的传家宝刀，让陆相辞职，并拒绝推荐继任者。米内内阁“瘸了腿”，只好解散。[1]

近卫第二次内阁

1940 年 7 月，近卫文麿再次组阁（到 1941 年 7 月），着手解决上次遗留的三项课题：结束侵华战争，让中国投降；不再做“时装模特”，管控陆军；组建三国同盟。

首先，近卫决定立即组建日、德、意三国联盟，尽快“上车”。而且，不仅要组建三国同盟，还要与苏联签署互不侵犯条约。另外，断然实施南下政策，将英、法、荷的东南亚殖民地变为日本的军事和能源基地。近卫深知，如果不能控制军队，这些构想都无法实现。为了抑制军部，他需要确立一元化的指导体制，以夺回政治主导权。[2]

在此前后，受德国纳粹党的启发，近卫提出了“一国一党”

1　北岡伸一：《政党から軍部へ》，337—338 頁。
2　日本外務省編：《日本外交年表竝主要文書》（下），435—436 頁。

的构想。近卫希望集结国民的政治力量，建立强有力的指挥体制，压倒军部，夺回内阁的主动权。其后，全面改革国内的政治、经济和社会机构，解决与中国和美国的问题。此时的陆军也支持近卫的构想，因为“一国一党”将有利于构建总体战体制和进行国家总动员。在近卫的号召和陆军的支持下，包括政友会和民政党在内的所有政党都宣布解散，然后加入以近卫为总裁的“大政翼赞会”。

大政翼赞会于 1940 年 10 月成立。但近卫立即发现，利用该组织统一国内权力的计划根本行不通。由于想要最大限度整合各方力量，大政翼赞会成了各种力量、各色人等的大杂烩：从社会主义者到法西斯主义者，从皇道派到统制派，从自由主义者到民间右翼，从国会议员到新闻记者，林林总总，不一而足。由于各种政见交错，大政翼赞会根本就没有统一的纲领，也没有具体的政策。

说到底，近卫不是希特勒，他也没胆量成为希特勒（如果近卫是希特勒，天皇要放在哪里呢？）。“大政翼赞会”想要重建国内秩序的构想终归于失败，最终变成了监督国民和进行战争动员的组织。[1]

外相松冈洋右

近卫在内政上的主要举措是成立大政翼赞会，在外交上的主要举措是启用了松冈洋右，以推进三国同盟。

---

1 升味准之辅著，董果良等译：《日本政治史（1—4 卷）》，第 774—775 页。

松冈生于1880年，山口县人。松冈家曾经非常富有，但后来由于父亲投资失败，家财迅速耗尽。13岁时，松冈被亲戚带到美国，半工半读，吃了不少苦。他18岁进入俄勒冈大学，22岁时毕业回国。松冈于1904年10月通过了外交官考试，成为外务官僚。在当时，外务省被加藤高明、币原喜重郎等财阀女婿和东大精英把持，像松冈这种既无背景，又是二流大学毕业的人很难出头。在外务省默默无闻工作17年后，松冈终于在1921年离开外务省，前往“满铁”担任理事，并在1927年成为“满铁”副总裁。在“满铁”工作10年后，他又在1930年加入政友会，并当选为国会议员。

九一八事变之前，松冈在议会中鼓吹“满蒙是日本生命线”，批评币原外交的协调路线。1933年3月，日本因九一八事变退出国际联盟时，松冈担任全权代表。[1]1940年7月，松冈在第二次近卫内阁成立时就任外相，并首次提出建设“大东亚共荣圈”的口号，企图将对中国和亚洲的侵略战争美化为反抗西方政治、经济和文化秩序的反殖民战争。

“大东亚共荣圈”是松冈对近卫内阁《基本国策纲要》（7月26日通过）的口号化总结。[2]在政治上，这一概念与明治以来的“大亚洲主义”一脉相承，它宣称日本有“责任”领导亚洲；在经济上，它试图使日本摆脱对欧美市场的依赖，转而从中国、东南亚、南亚掠夺资源和倾销商品；在文化上，它呼吁复兴包括儒学在内的“东洋精神”，以抵御西方的思维模式和思想文化。就其本质而言，“大东亚共荣圈”对外要求以新的日本殖民统治取代旧的欧美殖民统治，使亚洲各国为日本的军事和战略目的服务；

1　半藤一利、加藤陽子：《昭和史裁判》，文藝春秋，2011年，第3章。

2　日本外務省編：《日本外交年表竝主要文書》（下），436—437頁。

对内则转移民众对军国主义体制的诸多不满，让他们忍受战争带来的牺牲，继续为天皇和军部效力。

从“满蒙生命线”到“大东亚共荣圈”，松冈接连创造了两个流行语来鼓动日本的对外扩张。[1]尽管松冈十分清楚日本的侵略行径，但是为了欺骗国内外的舆论，他一边发誓赌咒地宣称日军行动的正当性，一边精心设计各种口号来掩盖实情。将亚洲各国从欧美殖民者的统治下“解放”出来，以建设“大东亚共荣圈”这种自欺欺人的口号，后来还被奉为日本官方的意识形态，让无数人为之丧命。松冈在东京审判中被指定为甲级战犯，真可谓罪有应得。

三国同盟

之前谈过，1936 年 11 月，德国与日本签署《防共协定》，其后，希特勒提议德、意、日进一步组成军事同盟，共同对抗苏、英、美。日本左思右想，迟迟不敢答应。后来，由于德国和苏联突然签署了互不侵犯条约，三国同盟论随之销声匿迹。然而，“二战”很快爆发，德军席卷欧洲战场，法国投降，英国苦撑，美国又因中国问题开始制裁日本，三国同盟论此时在日本重新抬头。

在松冈的积极推动下，三国同盟于 1940 年 9 月成立。该同盟条约的主要内容包括：德、意、日互相承认对方在建立大东亚新秩序和欧洲新秩序中的领导地位；三国之中任何一国受到“未参战国”的攻击时，相互给予援助。这是一个针对美国的军事同盟，

1 江口圭一著，杨栋梁译：《日本十五年侵略战争史（1931—1945）》，第 129 页。

因为现在最有实力的“未参战国”，只剩下美国。[1]

由于担心激化日美矛盾，昭和天皇对加入三国同盟心有疑虑。天皇曾问松冈：“加入三国同盟是否会激怒美国？”松冈答道：“陛下请放心，有半数的美国人是德国人和意大利人的后裔，他们不会同意对德国开战。”[2]可事与愿违，《德意日三国同盟条约》一签署，美国便开始强化军备，扩充海军和空军。罗斯福总统还发表声明：“亚洲和欧洲的独裁政权，无法阻止美国援助为自由而战的人民，所谓的欧洲和亚洲新秩序只不过是一个奴役人类的邪恶同盟。”[3]

一直以来，美国人对于欧洲和大西洋的重视程度远超太平洋地区。七七事变之后，因为在中国没有生死攸关的利益，美国尽量避免刺激日本。1939 年“二战”爆发后，美国又把对付德国视为头等大事，也没有太在意日本。但是，在日军进军东南亚，并与德国和意大利组成三国同盟后，美国不仅重新认识了日本的威胁，还把欧洲战场与中国战场联系起来。美国开始与中国、英国密切合作，以遏制日本在太平洋上的扩张。

“四国协约”？

日本加入三国同盟，是为了迫使美国默认日本对中国的侵略，切断对蒋介石的援助。然而，三国同盟成立后，美国的反应却更加激烈。为了继续对美国施压，松冈洋右又有新的计划，那就是

1　日本外務省編：《日本外交年表竝主要文書》（下），459—460 頁。

2　寺崎英成：《昭和天皇独白録：寺崎英成御用掛日記》，52 頁。

3　麻田贞雄著，朱任东译：《从马汉到珍珠港：日本海军与美国》，第 267—268 页。

在三国同盟的基础上拉拢苏联，组建“四国协约”。

然而，苏联一直是日军最大的假想敌，因为要防备苏联，几十万关东军无法离开“满洲”；因为要防备苏联，日本与德国签署了《防共协定》。尽管日本与德国一直谋划结盟对付苏联，但现在情况有变，德国和苏联已签署互不侵犯条约，日本也考虑与苏联缓和关系。而且，如果日、德、意、苏能够组建“四国协约”，那么日本就有信心在国际力量上压倒英美，扭转日美关系。

为了实现这一构想，松冈从 1941 年春天起历访欧洲各国。他首先访问了莫斯科，然后与希特勒和墨索里尼分别在柏林和罗马会面，之后重返莫斯科，提议与苏联签订互不侵犯条约。斯大林对于松冈的提议表示欢迎。1941 年 4 月，《日苏中立条约》在莫斯科签订，该条约规定：双方相互尊重领土完整，互不侵犯，如果缔约一方成为第三方的战争对象，另一方应保持中立。该条约对中国极为不利，首先因为苏联在签约后切断了对中国的军事援助，其次苏日还发表共同声明：日本尊重蒙古国的领土完整，苏联则承认伪满洲国。[1]

连续完成《德意日三国同盟条约》和《日苏中立条约》的签订后，松冈风头一时无两，甚至有人预测松冈或将成为下一任首相。这两个条约的签订使日本南进时少了后顾之忧，对美交涉更有底气。然而，松冈没有料到的是，《日苏中立条约》刚刚签订 2 个月，希特勒便命令三百万德军进攻苏联，德国人又一次欺骗了日本人。松冈想要组成“四国协约”的梦想，随着苏德战争的爆发，彻底破灭了。

---

1 日本外務省編：《日本外交年表竝主要文書》（下），491—492 頁。

四十四　日美开战前夜

1937年侵华战争爆发后，日本与美国的矛盾深化。1939年9月“二战”爆发后，日本积极向德国靠拢。1940年，日本加入三国同盟，并签订《日苏中立条约》，日本希望通过外交上的合纵连横，组成“四国协约”来威慑美国。

日本的一系列举动，让美国感到非常紧张。美国对日本禁运，以《租借法案》援助中国，并允许现役飞行员退役，以志愿军的名义帮助中国抗战。随着1941年6月苏德战争的爆发，日本通过组建“四国协约”围堵美国的计划破产，美国于是采取更强硬的措施来制裁日本。

“关特演”

1941年6月苏德战争爆发后，陆军省内部议论纷纷。有人主张，应立即北进，从背后攻击苏联。也有人主张，趁着世界的焦点聚焦在北方时，迅速南进。7月2日的御前会议决定，陆海军“南北齐头并进”。[1]

苏德战争之初，战局呈现一边倒的态势，德军的闪电攻击势如破竹，苏军则连战连败。日军跃跃欲试，准备在形势有利时对苏开战。苏德开战后第二个月，关东军实施了陆军史上规模最大的一次演习——关东军特别演习，简称“关特演”，但这实际上是打着演习的幌子进行动员，准备进攻苏联。

1　日本外務省編：《日本外交年表竝主要文書》（下），531—532頁。

从 7 月 7 日到 8 月 9 日，陆军调兵遣将，使关东军总兵力增加一倍，达到 70 万人，此外还调集了 15 万匹军马和 1100 架飞机。[1] 关东军整装待发，准备进攻苏联。参谋本部于 6 月 26 日决定，如果远东红军的总兵力减少一半，即 30 个师减少至 15 个师，2800 架飞机和 2700 辆坦克减少至三分之一时，日军即可发动进攻。[2]8 月中上旬时机成熟，9 月即可开战。

不过，尽管苏德战场战局不利，远东红军仍未见大规模的调动。至 1941 年末，远东红军仍保持 80 万人的兵力。[3] 另外，又因苏军的顽强抵抗，苏德战场呈现胶着态势，战争走势并不明朗。在这种情况下，大本营于 8 月 9 日决定：放弃年内进攻苏联的计划，而以 11 月底为目标，准备在南方对英美开战。[4]

南进

此时，围绕着是否与苏开战和对美强硬的问题，外相松冈与首相近卫之间产生了深刻对立。松冈主张立即对苏开战，在与德国联手击败苏联后，转而南进。到那时，德国和日本都会非常强大，美国不可能进行干预。与之相对，近卫则认为，对苏开战的时机仍未成熟，不宜贸然北上，集中力量南进的风险较小。近卫希望松冈辞职，但又不能直接罢免他，最终以内阁总辞职的方式迫使

1 芳井研一：《関特演の実像》，《環東アジア研究センター年報》(6)，2011 年。

2 日本防卫厅战史室编，天津市政协编译委员会译：《日本军国主义侵华资料长编（上）大本营陆军部摘译》，第 646 页。

3 林三郎著，高书全、金太相译：《关东军和苏联远东军》，第 145 页。

4 日本防卫厅战史室编，天津市政协编译委员会译：《日本军国主义侵华资料长编（上）大本营陆军部摘译》，第 654、661 页。

松冈辞职。[1]

近卫辞职后，重臣会议一致推荐近卫再次组织内阁。1941 年 7 月，第三次近卫内阁成立（到同年 10 月），除了更换外相，其他阁僚没有变动。这届内阁成立后，近卫和军部立即派兵入侵法属印度支那南部（即今日越南南部、老挝和柬埔寨）。近卫未曾料想，这一决定招致美国的致命反击。美国政府立即宣布：冻结日本在美国的资产，并禁止向日本出口石油。

日本此时入侵法属印度支那南部有以下几点理由：第一，侵华战争长期化，大量日军被牵制在中国战场，日本希望能从外部取得进展；第二，美国废除《日美通商航海条约》后，日本面临资源紧缺的问题；第三，“二战”爆发后，法国和荷兰投降德国，造成东南亚的权力真空，日本急于接管法国和荷兰的殖民地；第四，随着苏德战争的爆发，全球的注意力聚焦于北方，日本想要趁机南进，掠夺东南亚的资源。

在急剧变动的国际形势下，这些因素错综复杂地纠缠在一起，让日本统帅部晕头转向，从而做出了入侵的决定。日本政府原以为美国会漠然视之，但事态却急转直下，进驻法属印度支那南部四个多月后，太平洋战争便爆发了。

美国禁运石油

七七事变以来，美国已多次警告日本，但并未奏效。为了以经济手段制裁日本，1940 年 1 月，美国宣布废弃《日美通商航海

1　松岡洋右伝記刊行会編：《松岡洋右——その人と生涯》，1066—1075 頁。

条约》，并逐步对日本实施禁运。同年6月，法国战败，与德国签署停战协定，维希政府成立。9月，日军向维希政府发出最后通牒，入侵法属印度支那北部，切断英美的援华路线。作为反制，美国决定禁止向日本出口废钢、铜、镍等资源，但不包括石油。尽管美国国内有强硬派主张禁运石油，但美国总统和国务卿却持谨慎态度。由于日本90%的进口石油都来自美国，如果实行石油禁运，日本或将孤注一掷对美开战。但在1941年7月，日军入侵法属印度支那南部之后，美国不得不采取最严厉的制裁措施：石油禁运。

美国之所以此时决心禁运石油，一是因为日军进驻法属印度支那南部，直接威胁到印度尼西亚（荷属）、马来西亚和缅甸（英属）以及菲律宾（美属）。英荷是美国的盟友，菲律宾与美国关系密切，所以美国不会坐视不管。二是因为苏德战争已经爆发，松冈洋右试图利用苏联和三国同盟来压制美国的计划宣告失败，美国没有必要继续迁就日本。

日本的长期准备

众所周知，如果没有石油，飞机、坦克、卡车和军舰形同废铁。美国一宣布石油禁运，陆海军内部立即响起了对美开战的声音。海军军令部总长永野修身告诉天皇：日本的石油储藏量只有两年，如果开战，一年半后就会耗尽，与其坐以待毙，不如先发制人。此后，陆海军以“一滴油就是一滴血”和“拖延一天就浪费一天的石油”为口号，迫使政府尽快对美国开战。

陆海军积极鼓吹与美国开战，其实也是因为他们蓄谋已久。

自1937年的七七事变以来，军部在侵略中国的同时，一直在秘密准备与美国和苏联的战争。为此，陆海军囤积了大量名义上用于侵华战争的军费。1939年，军部制订了100亿日元的三年军备扩充计划，在这笔款项中，40%用于侵华战争，其余60%用于对美和对苏的战备。至1941年对美开战前，日本的军需生产能力是1937年的5倍。这不仅弥补了侵华战争的损耗，而且还积累了大批对美国和苏联作战的军需物资。

经过四年的准备，1941年正是日美军力对比的顶峰。1941年，日本可以年产陆军飞机3500架、坦克1200辆，以及可供43个师团会战的弹药基数。至1943年，陆军飞机年产量增加到1万架，坦克增至1800辆，弹药基数可供50个师团会战（均为理论最高产量）。[1]在1941年，日本海军还是西太平洋地区最强大的力量，共拥有10艘航母、10艘战列舰和38艘巡洋舰，而美国太平洋舰队仅有3艘航母、9艘战列舰和30艘巡洋舰。[2]

虽说日本在军事力量上占优，但在国力对比上，日本根本不是美国的对手。同样是1941年的数据，美国的国民生产总值是日本的近12倍，钢铁产量是12倍，石油产量是776倍，汽车数量是160倍，人口是1.86倍。[3]从国力差距上来看，日本对美开战简直就是自取灭亡，可尽管如此，已经准备四年之久的陆海军想要赌上一把。

1　服部卓四郎著，张玉祥等译：《大东亚战争全史》，商务印书馆，1984年，第336—338页。

2　日本读卖新闻战争责任检证委员会著，郑钧等译：《检证战争责任：从九一八事变到太平洋战争》，第184页。

3　吉田裕：《アジア・太平洋戦争》，岩波書店，2007年，30頁。

日美交涉

尽管军部积极准备对美国开战，但近卫内阁却显得信心不足。近卫希望通过谈判解决争端，使美国解除制裁，恢复石油供应。在日美开战之前，双方经历了长时间的谈判和交涉，有望达成妥协的机会共有三次。

第一次是在1940年年底至1941年4月，起初是非正式的民间接触，由两名美国牧师和日本陆军官员进行磋商，后来升格为了政府间的外交谈判。谈判一开始进展顺利，美国提供的条件对日本相对有利。时值日军深陷中国战场，内政外交穷途末路之际，陆海军和近卫都赞成以这种方式结束侵华战争。但在关键时刻，由于松冈洋右的反对，这次谈判无果而终。

松冈之所以反对，首先因为这不是自己的方案，而且此时他刚刚结束对欧洲卓有成效的访问。松冈准备以《德意日三国同盟条约》和《日苏中立条约》来迫使美国屈服，于是认为没有必要对美国妥协。[1]

第二次是在1941年8月，日军进驻法属印度支那南部后，美国宣布石油禁运。为了打开局面，近卫文麿立即向美国保证：日军的行动到此为止，不会继续南进。随后，近卫还提议与罗斯福总统直接会谈。美国尽管也赞成首脑会谈，但提出了会面的四项前提原则：一、尊重所有国家的领土和主权完整；二、不干涉他国内政；三、在通商上的机会均等；四、放弃以武力改变太平洋地区的现状。

1 信夫清三郎编，天津社会科学院日本问题研究所译：《日本外交史》，第671—672页。

这四条原则的潜台词是：日本应从中国撤军并归还侵占的领土；取消汪精卫傀儡政权；恢复“门户开放”原则和《九国公约》。如果同意这四条原则，日本在1937年后对中国的侵略便徒劳无功了。陆相东条英机坚决反对撤军，他说：“撤军就是失败。我们出动了百万大军，付出了十多万人阵亡的代价，死者家属和伤者经历了四年的苦难，并付出了数百亿的军费开支。如果我们撤军，这些努力将付诸东流。”[1]在陆军的强烈反对下，近卫内阁不敢答应。由于日美谈判再次陷入僵局，主战论的气势高涨起来。陆海军制订了以1941年10月上旬为最后期限的开战预案，如果届时对美谈判仍无进展，那么就立即开战。

9月6日的御前会议

1941年9月5日，即御前会议的前一天，天皇召见陆军参谋总长杉山元和海军军令部总长永野修身，询问作战计划和作战准备。这次对话在开篇已有描述，此处略过不叙。

9月6日上午10点，日本召开御前会议，磋商对美交涉是以谈判为主还是以备战为主。昭和天皇从怀里取出明治天皇的和歌念了起来：“四海之内皆兄弟，何以风波乱世间。”陆相东条听后脸色煞白，喃喃自语道：“陛下还是希望和平。”其实，如果昭和天皇明令禁止开战，那么不管陆军和海军的态度如何，他们都无法开战。但昭和天皇念了首和歌，似乎是反对开战，又似乎是感叹除了开战别无他法。由于对美开战已是大势所趋（话虽如此，

1　参謀本部編：《杉山メモ》第一巻，原書房，1989年，408頁。

但最高指导者的职责往往就在于抵御大势），昭和天皇的暧昧举动并没有改变历史的进程。

最终，9月6日的御前会议决定：外交谈判的期限定为10月上旬，如果届时仍无法达成协议，日本就决心开战。9月20日，日本向美国通报了谅解方案。10月2日，美国的回应是坚持之前的“四原则”。换言之，日本只有先从中国和法属印度支那撤军，才可与美国谈判。

由于陆军坚决反对撤军，近卫无法与美国达成妥协，而近卫又没有勇气发动对美战争，处于两难之境的近卫内阁只得于10月16日辞职。近卫上台之前，一直吵着要挑战美国主导的亚太秩序，上台之后，又一步步加深了日美之间的对立。但在决定开战的关头，近卫却退缩了。[1]

近卫辞职后，重臣会议推荐东条英机为首相（1941年10月—1944年7月）。天皇知道东条其实是主战派，但现在也只有他能控制陆军，于是讲了句“不入虎穴，焉得虎子”。[2]任命东条为首相确是深入虎穴之举，然而日本非但没有逮住小老虎，反而激怒了美国这只大老虎，并最终命丧虎口。

四十五　偷袭珍珠港

东条英机一上任，天皇就下令，不必拘泥于9月6日御前会

1　日本防卫厅战史室编，天津市政协编译委员会译：《日本军国主义侵华资料长编（上）大本营陆军部摘译》，第670—700页。

2　井上清著，吉林大学日本研究所译：《天皇的战争责任》，第130—131页。

议的决定，可以审时度势，重新考虑和战问题。因此，东条内阁继续与美国交涉，并制订了最后的谈判方案。不过，由于军部已经敲定了开战方案，与美国的谈判此时已经成为烟雾弹。

东条内阁的最终提案如下：一、承认在中国商业机会均等的原则，前提是该原则能在世界范围内实现；二、限制《德意日三国同盟条约》的解释范围，即使美国参加欧战，日本也不对美开战；三、中日停战后两年内撤出日本军队，但华北、东部内蒙古和海南岛等地除外，日军计划在这些地方驻扎25年；四、中日停战后，日军从法属印度支那撤军。[1]

东条于11月4日将谈判方案发给驻美大使，同时告诉他，这是日本最后的努力，国家的命运取决于此，谈判的期限是11月底。事实上，由于美国人已经破译了日本的外交电报密码，东条的这份电报立即就被美国人截获。

美国的妥协方案

截获东条电报后，美国国务院和军方心烦意乱，不知如何是好。东条的意思很明确：如果谈判仍然不成功，日本将对美国开战。美国国务院的一些官员认为，不值得为了中国与日本开战。美国军方也认为，除非日本进攻与美国利益攸关的地区，否则美军不愿开战。总统罗斯福和国务卿赫尔考虑暂时对日妥协，放松经济封锁，以避免决裂。于是，他们草拟了一个为期3个月的临时协议：向日本提供一定数量的石油；允许日本继续在法属印度支那驻兵；

1　日本外務省編：《日本外交年表竝主要文書》（下），第555—558页。

修改冻结日本资产的命令；恢复从日本进口生丝等。

但是，美国政府的妥协倾向，立即遭到中国领导人蒋介石的强烈反对。蒋介石告诫美英：如果放松对日本的经济封锁，那么中国的抗战将不可避免地崩溃。美国也要担忧，如果被中国牵制住的百万日军腾出手来，北上夹攻苏联，或者南下进攻东南亚和太平洋，这个压力将是美国无法承受的。因此，在蒋介石的强烈反对下，罗斯福放弃对日妥协方案，决定继续采取高压威慑，希望日本知难而退。但罗斯福心里也很清楚，继续采取高压，很可能导致全面冲突，但为了维护世界反法西斯同盟的团结，罗斯福准备放手一搏。[1]

《赫尔备忘录》

11 月 26 日，美国国务卿赫尔向日本大使递交了答复案，即《赫尔备忘录》。该答复案空前严厉地提出如下要求：一、无条件从中国全境和法属印度支那撤军，归还侵占的中国领土；二、取消伪满洲国和汪伪国民政府等傀儡政权；三、放弃在中国的各项权益；四、实质上废弃三国同盟。[2]

如果日本同意该方案，那么不仅 1937 年之后的侵略利益荡然无存，就连 1931 年九一八事变之后，乃至 1901 年《辛丑条约》之后的侵略利益也不复存在。日本政府认为，《赫尔备忘录》是最

1 入江昭、孔华润编：《巨大的转变：美国与东亚 1931—1949》，第 158—160 页。杨天石著：《珍珠港事变前夜的中美交涉》，《近代史研究》，2015 年第 2 期。齐锡生著：《从舞台边缘走向中央：美国在中国抗战初期外交视野的转变（1937—1941）》，社会科学文献出版社，2018 年，第 9 章。

2 日本外務省編：《日本外交年表竝主要文書》（下），563—564 頁。

后通牒，谈判业已失败，必须发动进攻。

之前提过，日本军部自 1937 年以来积极准备对美战争。经过四年多的准备，日本积攒了大量的飞机、舰艇和军事预算。在侵华战场上，日本还培养了战术娴熟的陆军和航空兵。而且，日本新研发的零式战机的速度和机动性能也远超美军飞机。日军在西太平洋不仅拥有更多的航空母舰和飞机，还有一条充足的后勤供应链。但军部高层也很清楚，这种军事优势仅是短暂现象，最多只能维持一到两年，由于国力悬殊，时间一长，日军的优势就会消失。因此，军部决定，要趁着飞机和舰船的数量相对充裕的时机，立即发动战争。

山本五十六的计划

联合舰队司令长官山本五十六主张，使用航母部队突袭珍珠港，打美国个措手不及。

山本的计划分为三步。首先，利用航母和舰载机突袭珍珠港，一举击沉太平洋舰队的航母和战列舰。在当时，新建一艘战列舰或者航空母舰需要花费 1 到 2 年。日军要趁着美国建造新舰的时机，执行第二步计划，即在东南亚放手出击，攻占资源丰富的战略要地，尤其是要占领印度尼西亚的巨港油田。与此同时，日军还要攻占马来西亚、菲律宾、东印度群岛，并夺取美国和英国在太平洋上的军事基地，如关岛、中途岛、威克岛和新加坡。加上日本列岛、朝鲜半岛和中国台湾岛的军事基地，日本将建成一条长长的太平洋防线。在这条防线中，既有军事基地、能源基地，又有战略空间。如果日本短时间内无法击败美国，那么凭借着东南亚的石油、橡胶、锡矿，中国华北的煤矿、铁矿，“满洲”和朝鲜的大米以及中国台湾的蔗糖，日本可以在军事和经济上与美国长期对抗。此外，一旦占据东南亚的锡矿和橡胶产地，日本还可以对英美实施经济封锁。因为飞机和舰船离不开石油，大炮和卡车同样离不开轮胎。[1]

由上可知，日军偷袭珍珠港，不仅是为了袭击太平洋舰队，更是为了建立一条稳固的太平洋防线。有了这条防线，日本可以将势力扩张至印度洋。待德军打通了苏伊士运河，日军和德军就能在印度洋和中东会师。这样的话，轴心国集团就有可能获得最后的胜利。

寄希望于美国的懦弱

山本五十六是新潟人，与北一辉是同乡，之所以名叫“五十六”，是因为父亲在56岁时才生了他。他是海军大学培养的高材生，曾在哈佛大学留过学，在华盛顿担任过驻外武官。按理说，山本对美国人的性格和美国的实力应有充分了解。的确，他也曾反对对美开战，但态度并不坚决。他认为，作为一名军人，应想方设法战胜强敌，不能总想着消极避战。近卫文麿曾经问他：“能否与美国开战？”山本的回答就有些暧昧。他说：“如果开战，必须在前半年或一年内大打特打，一上来就痛击美国，除此之外，别无他法。如果拖到第二年或第三年，日本就很难获胜了。签订《德意日三国同盟条约》后，日美冲突已成定局，但我还是希望能极力避免

1 江口圭一著，杨栋梁译：《日本十五年侵略战争史（1931—1945）》，第158—159页。加藤阳子著，章霖译：《日本人为何选择了战争》，第5章。

开战。”[1]山本认为，一旦开战，必须立即摧毁珍珠港的太平洋舰队，让美国人丧失斗志。他幻想美军的伤亡达到一定规模后，美国人便会求和，然后会解除对日本的制裁，并放弃对蒋介石的支持。

在“一战”后，美国确立了“光荣孤立”的外交政策。许多日本人都认为，美国人是唯利是图的商人，他们不会积极参加战争，因为打仗无利可图，还会造成人员伤亡。当时日本的民族主义者和右翼学者宣称：西方文明已经没落，由于受到自由主义的毒害，美国人和英国人贪图享乐、自私自利，不愿为国献身；尽管在国力上有差距，但日本人拥有强大的精神力量，愿意付出和牺牲。一旦美军遭受沉重打击，美国国内马上就会产生厌恶战争、希求和平的舆论。

但是，日本社会这种对美国的认识只是一种主观的猜测和幻想。美国是个奉行自由主义和孤立主义的国家，那么美国人的战斗意志就一定薄弱吗？事实证明并非如此。山本希望通过突袭打击美国人的战斗意志，然而珍珠港事件之后，美国人的敌忾心反而空前高涨起来。[2]

偷袭珍珠港

1941 年 11 月 15 日，山本五十六向天皇正式报告了包括攻击珍珠港在内的海军作战计划。12 月 1 日，御前会议通过了对美国和英国的开战决议。日本时间 12 月 2 日下午 5 点 30 分，大本营

1　田中宏巳：《山本五十六》，吉川弘文館，2010 年，168—169 頁。

2　同上，182—186 頁。

向陆海军司令部下达了“ニイタカヤマノボレ 1208（攀登新高峰，12 月 8 日）”的电报命令。收到命令后，日军于 12 月 8 日（夏威夷时间 12 月 7 日）早上 7 点 49 分，对珍珠港发起了突然袭击。

日本联合舰队的“赤城”号、“加贺”号、“苍龙”号、“飞龙”号、“翔鹤”号和“瑞鹤”号等六艘航空母舰，搭载 360 架舰载飞机，并在巡洋舰、护卫舰、油轮等辅助舰艇的护卫下，早已于 11 月 26 日，即美国向日本提出《赫尔备忘录》的当天，从日本领土最北端的千岛群岛出发，横穿半个太平洋。12 月 6 日，联合舰队抵达距离珍珠港 400 公里的海域。8 日，舰队指挥官南云忠一下达攻击命令。

日军鱼雷轰炸机分 4 次从甲板起飞，经过 1 小时 45 分钟的飞行，抵达珍珠港上空。第一波进攻机队的指挥官发现珍珠港毫无防备后，得知偷袭大功告成，于是用无线电向南云忠一发出了代号为“Tora！ Tora！ Tora！（虎！虎！虎！）”的电报。日军以迅雷不及掩耳之势猛攻珍珠港，整个空袭持续了不到 2 个小时，太平洋舰队遭到重创。

当天停泊在珍珠港的 8 艘战列舰，4 艘被击沉，4 艘受重伤，其他吨位较小的巡洋舰和驱逐舰也受损严重。另有 188 架飞机被摧毁，近 3000 名士兵丧生。较幸运的是，太平洋舰队的两艘航母和一些大型巡洋舰当天不在珍珠港，逃过一劫。

日本对珍珠港的偷袭根本就不是一场战斗，而是一场屠杀。因为在偷袭发生一个小时后，日本驻美大使才向美国政府递交了开战通告。日军的偷袭激起了美国上下的一致愤慨，美国长期奉行的“孤立主义”政策顷刻间土崩瓦解。罗斯福总统发表“国耻演讲”，斥责日本人的卑鄙无耻。在罗斯福的呼吁下，美国两院几乎一致通过了对日本宣战的决议。在舆论的强力支持下，罗斯福立刻签署了宣战书，加强军事动员，准备对日本复仇。

事件影响

就军事行动而言，日军对珍珠港的偷袭大获全胜。但从政治上来讲，却是大错特错，因为日本招惹了美国这个可怕的对手，并将欧洲战场与亚洲战场结合起来。珍珠港事件直接促成了世界反法西斯同盟的成立，同盟国对决轴心国的力量构图更加鲜明。

珍珠港事件发生后，日本向美国和英国宣战，德国和意大利也对美国宣战。在另外一方，美国和英国对日本宣战，中国政府也对日宣战（1930 年代，美国国会通过一系列《中立法》，禁止对交战国输出军火以及给予贷款。为了免遭该法案的制裁，中日之间四年来一直未正式宣战），并向德国和意大利宣战。日本、德国、意大利的同盟更加牢固，而美国、英国、苏联和中国的关系也更加紧密。

此外，日美开战也对中国局势产生了巨大影响。首先，日本的侵华战争扩大为太平洋战争，中国的抗日战争构成世界反法西斯战争重要的一环。1942 年 1 月 1 日，世界反法西斯联盟成立，包括美、英、中、苏在内的二十六国代表，在华盛顿签订了《联合国家宣言》。同盟国随后成立了中缅印战区，蒋介石成为该战区的总司令。

其次，中国军民的长期奋战，赢得了西方世界的尊重和支持。1943 年，英国和美国发表联合声明，宣布废除所有对华不平等条约，中国恢复完全独立的主权国家地位。此外，美国还不顾英国和苏联的反对，坚持让中国成为四大国之一，从而使中国奠定了战后联合国安理会常任理事国的地位。美国增加对华援助，提供贷款和武器，并直接派遣空军参战。1942 年，日军占领缅甸后，中国对外的陆路和海路交通全部被切断，美国于是派出空军开辟“驼峰航线”，从印度经喜马拉雅山脉将援华物资送抵云南。中国人民经过四年多的浴血奋战，终于迎来了重要的帮手，也迎来了抗战胜利的曙光。

四十六　转折

太平洋战争共持续了三年零八个月，可分为四个阶段。

第一阶段从 1941 年 12 月至 1942 年 5 月，这是日军战略进攻和盟军被动防御的阶段。日军主动出击，势如破竹，在六个月内数次击败英美军队，占领东南亚和太平洋的广大地域。第二阶段从 1942 年 6 月至 1943 年 2 月，这一时期盟军由战略防御转为反攻，主要战役包括 1942 年 6 月打响的中途岛海战和 1943 年 2 月结束的瓜岛战役。在此期间，日军逐步丧失主动权，从攻势转为守势。第三阶段从 1943 年 3 月至 1944 年 6、7 月份，是盟军战略进攻阶段。1944 年 6 月的菲律宾海海战和 7 月塞班岛陷落后，日本苦心经营的太平洋防线崩溃，航空部队和地面部队损失惨重。第四阶段从 1944 年 8 月到 1945 年 8 月，在这一年里，太平洋战场上胜负已分，但日军仍在做无益的顽抗，最终迎来了战败投降。

本节介绍前两个阶段，即日军从所向披靡的第一阶段，经过中途岛海战后，逐步转为防御的过程。

《宣战诏书》

偷袭珍珠港后，12月8日上午，日本广播电台播放了昭和天皇的《宣战诏书》[1]，阐述与美英开战的理由。

这份诏书先说："中华民国政府不解帝国之真意，妄自滋事，扰乱东亚之和平，终使帝国操执干戈，于兹已四年有余。"意思是说，由于国民政府不理解日本的"良苦用心"，在东亚寻衅滋事、扰乱和平，日本被迫采取行动，至今已有四年了。"幸有国民政府之更新，帝国与其结善邻之谊，相互合作。"幸运的是，汪精卫投降帝国，建立傀儡政权，这才是日本的好邻居。"而残存的重庆之政权，恃美英之庇荫，兄弟阋墙而不悔。"逃到重庆的蒋介石，不思悔改，胳膊肘往外拐，中国和日本是同文同种的兄弟，"兄弟阋于墙，外御其侮"这老祖宗的教诲，蒋介石你怎么就忘了呢？"美、英两国支援残存之政权，助长东亚之祸乱，假和平之美名，逞称霸东洋之野心。"美英两国包藏祸心，向蒋介石提供武器，支持他顽抗到底，推动战争升级，助长东亚的祸乱。美英实际是为了入侵和剥削东亚，但蒋介石却无法"醒悟"。"任由其发展，帝国多年稳定东亚的努力将悉归泡影，帝国之存立也濒临危殆。事已至此，帝国为自存自卫，只有奋起反抗，打破一切障碍。"

毫无疑问，《宣战诏书》是为了正当化太平洋战争。四年多的侵华战争尚未结束，日本已经伤亡了数百万人，现在又发动了对英美的战争，怎样才能让国民继续奉献他们的父兄、丈夫和子孙的生命呢？只有继续煽动和制造对外危机，宣扬仇恨和憎恶。因

1　日本外務省編：《日本外交年表竝主要文書》（下），573—574頁。

此这份诏书说道：中国、美国和英国都在威胁和侮辱日本，如不抵抗，便会亡国。英美是自私自利的帝国主义者，他们想主宰世界，而中国政府则是不明智的，任凭西方人驱使。所有冲突都源于他人的阴险卑鄙，只有日本才是正义的和道德的，这便是日本发动战争时自欺欺人的说辞。

英国远东舰队的覆灭

日军偷袭珍珠港的同时，还重创了英国的远东舰队。在日军偷袭珍珠港之前，丘吉尔为加强英国在太平洋的海军力量，于是派了战列舰“威尔士亲王”号和战列巡洋舰“反击”号组成远东舰队，驶向新加坡。远东舰队本应有一艘航母和一定数量的舰载飞机护航，但航母出海时发生了意外，所以无法赶来。“威尔士亲王”号和“反击”号没有任何空中掩护，便“光溜溜”地开了过来。

长期以来，英国是海上霸主，因而对日军有些轻视。而且，“威尔士亲王”号是刚下水10个月的新锐战列舰，排水量高达3.5万吨。当时的日本海军中除了旗舰“长门”号，没有任何舰船能与之匹敌。另一艘战列巡洋舰“反击”号舰龄较老，但也是一艘大船，而且速度也不慢。丘吉尔以为，有了这两艘大舰，日军就不敢轻举妄动了。然而丘吉尔不知道的是，此时海战的主力已不再是战列舰，而是战斗机了。

“威尔士亲王”号与“反击”号抵达新加坡后，计划拦截日军的登陆舰队。但它们在出击过程中被日军的潜艇和侦察机发现，潜艇和侦察机召集来约80架战机。由于没有空中掩护，“威尔士亲王”号和“反击”号简直成了海上的靶标。日军战机蜂拥而至，从各个方向向它们发射鱼雷。没多久，这两艘英国战舰就带着800多名海军官兵葬身海底了，而日本仅损失了3架飞机。[1]

珍珠港事件证明飞机可以击沉静止的战舰；英国远东舰队的覆灭则证明，除非有空中保护，战舰在运动过程中同样容易受到攻击。这两次战役正式宣告坚船利炮主宰海洋的时代一去不复返，飞机作为空中打击力量，成为决定海战胜负的最关键因素。

马来半岛战役

珍珠港事件后，日本陆军在东南亚各地展开猛攻。

山下奉文指挥第25军，以一个半师团3.5万人，进攻英属马来西亚和新加坡，对手是两倍于己的英军。虽然英军的人数更多，装备更好，但指挥混乱，士气低落。这支英军不仅包括英国人，还包括澳大利亚人和印度人。由于殖民问题，英印士兵之间缺乏信任。日军拥有10年的中国战场经验，战斗力更强，战术更灵活，尤其擅长侧翼包抄。在战场上，日军经常分兵绕到英军防线背后，试图前后夹击。英军一旦发现日军出现在后方，就会急忙撤退。由于英军退得太快，日军不得不骑着自行车追赶。

山下奉文的军队以“单车闪电战”的形式，在不到两个月内，将英军赶出近1000公里。众所周知，德军的闪电战横扫欧洲，依靠的是飞机、坦克和卡车。日军的装备简陋，又受水文地理的限制，所以这一版的闪电战依靠的是自行车。英军在日军的追击下

1　辻政信著，谢永湉译：《日军新加坡作战之回顾》，黎明文化事业公司，1987年，第87—92页。伊恩·托尔著，徐彬等译：《燃烧的大洋：1941—1942，从突袭珍珠港到中途岛战役》，中信出版集团，2020年，第2章。

一路南撤，最后退守新加坡要塞，但也仅坚持了 10 天。1942 年 2 月 15 日，近 10 万英军向 3.5 万日军投降。对于曾经不可一世的“日不落帝国”而言，这是个极大的羞辱。山下奉文一战成名，被誉为“马来之虎”。

菲律宾战役

在山下奉文横扫马来半岛的同时，本间雅晴指挥第 14 军 4 万余人进攻美军驻守的菲律宾。此时的美军指挥官正是战后日本的太上皇——麦克阿瑟。战斗打响后，日军航空部队立即打掉了菲律宾美军一半的空军力量。获得制空权和制海权之后，本间雅晴的第 14 军开始登陆，麦克阿瑟试图在海滩上组织抵抗，但最终失败。

日军势如破竹，迅速向菲律宾首府马尼拉逼近。1942 年 1 月，美菲军队放弃马尼拉，退守巴丹半岛的科雷希多岛要塞。日军进攻巴丹半岛时遭到美菲军队的猛烈抵抗，损失惨重。直到 5 月 7 日，日军才攻陷科雷希多岛要塞。要塞陷落前，麦克阿瑟与家人逃到了澳大利亚。抵达澳大利亚后，麦克阿瑟留下一句名言：“I Shall Return.”——我会回去的。

在整个菲律宾战役中，数以万计的盟军士兵被俘。这些战俘在日军刺刀的威逼下，被押送到 120 公里外的战俘营。途中，约有 1 万人死于饥渴和日军的虐待。[1]

1　伊恩·托尔著，徐彬等译，《燃烧的大洋：1941—1942，从突袭珍珠港到中途岛战役》，第 7 章。

日本扩张的顶峰

在马来战役和菲律宾战役期间，日军还占领了香港，太平洋上的关岛和威克岛，并用伞兵占领了巨港油田。在不到六个月内，日军俘虏了25万盟军士兵，击沉105艘军舰，重伤91艘；而日军仅战死7000人，战伤1.4万人，损失飞机562架、舰船27艘。[1]

日军的进展如此顺利，首先是因为精心策划和充分准备。其次是因为日军的战斗力更强，陆军擅长侧翼包抄，海军飞行员善于投掷炸弹和鱼雷。最后，通过偷袭美军太平洋舰队并歼灭英军远东舰队，日军夺得了制空权和制海权。陆海军相互配合，有效保护运兵船和海上的补给线。

与日军相比，盟军准备严重不足，防御系统松散，士气低落。在日军的突袭下，他们仓促迎战。许多士兵第一次上战场，面对日军凶猛的攻势手足无措。另外，由于丧失了制空权和制海权，后援容易被切断，盟军屡屡陷入孤立无援的困境。此外，英国人、美国人、荷兰人在东南亚是殖民者，他们的军队通常也得不到殖民地人民的支持。

在这些因素的影响下，日军几乎按照原计划顺利占领了西起缅甸和马来半岛，中经印度尼西亚和菲律宾，东至澳大利亚西部海域所罗门群岛的广大领地。加上甲午战争之后相继占领的中国台湾岛、朝鲜半岛、南洋群岛，九一八事变后占领的中国东北，七七事变之后侵占的华北、华东和华南地区，日本帝国的版图扩张达到有史以来的最高峰，但也到了马上就要破裂的时刻。

1　中村隆英：《昭和史（上）1926—45》，397頁。

盟军的反击

尽管日军顺利实现了第一阶段的作战计划，但由于无法短期内让英美屈服，战争必将长期化。围绕下一阶段的作战目标，陆海军之间存在分歧。

陆军主张，应该巩固已经取得的战果，在东南亚开采石油，然后强化防线，准备与英美的长期对抗。南方作战告一段落后，陆军计划将部队北调，策应德军进攻苏联，同时伺机进攻重庆。与陆军不同，海军对长期作战没有信心。山本五十六等海军首脑认为，除了保持攻势、迫使美军尽早决战外，别无他法。美国的国力雄厚，一旦有喘息之机，便会组织更大规模的力量进行反击。为迫使美国尽快屈服，日军只能进攻再进攻。[1]

因此，在山本五十六的主张下，联合舰队 1942 年 4 月西征印度洋，5 月南下澳大利亚。日本海军和美国海军在珊瑚海附近激战，美军航母“列克星敦”号被击沉、“约克城”号受伤，太平洋舰队进一步被削弱。日军航母“翔鹤”号和“瑞鹤”号也受损严重，缺席了一个月后的中途岛海战。

空袭东京

经历了最初的一系列失败之后，美军逐渐站稳脚跟并开始反击。1942 年 4 月，美军航母“大黄蜂”号悄悄接近日本东部海域，

---

1 日本历史学研究会编，金锋等译 :《太平洋战争史》第三卷，商务印书馆，1961 年，第 183—184 页。

放飞一支由16架B-25轰炸机组成的中队。该中队经过长途奔袭，空袭东京、横滨、名古屋和神户后，在中国和苏联迫降。这次空袭对日本造成的损失微乎其微，但是在精神层面上打击巨大。

日本一直吹嘘本国是神国，受到太阳神的保佑，未曾被外敌入侵。但这次空袭警告日本，东京已不再安全，连天皇也要躲进防空洞。由于这次空袭，军部震动，海军颜面尽失。为了阻止美军再次空袭，海军计划在中途岛附近海域发起战役。[1]

日本计划派出第一机动部队（包括4艘航母、2艘战舰）抵达附近海域后，对中途岛发起强攻。消灭美军航空力量后，陆军登陆，将中途岛变为日军基地。这样一来，日军可以在此拦截任何试图穿越太平洋直指日本本土的舰队。同时，当航母编队攻击中途岛时，如果美军太平洋舰队从夏威夷赶来增援，山本五十六将率领主力部队（包括7艘战舰、1艘小型航母）趁机聚而歼之。这个围点打援的战术虽然设计得不错，可是美军已破译了日军的无线电通信，对该计划了如指掌。

准备

在中途岛战役中，日军在兵力上占有优势，而美军在战术上有优势。联合舰队共有6艘重型航母，其中4艘投入战斗，另2艘在一个月前的珊瑚海海战中受损，这使得日军的空中力量减少了三分之一。日军统帅部相信太平洋舰队的2艘航母在珊瑚海海战中被击沉（实际上只有1艘），4艘航母对付中途岛和美军残

1　吉田裕：《アジア · 太平洋戦争》，88頁。

部绰绰有余。在另一方面，美军投入太平洋舰队全部兵力迎敌，包括“约克城”号、“大黄蜂”号和“企业”号等三艘航母。“约克城”号虽在珊瑚海海战中严重受损，但经过火速抢修后又重回战场。

在中途岛海战中，日军共有4艘航母和290架舰载机，而美军只有3艘航母和180架飞机。美军在数量对比和飞机性能上都没有优势，但美军的优势在于准确的情报和充分的准备。由于掌握了日军的进攻计划，太平洋舰队以中途岛为诱饵，坐等联合舰队自投罗网。

战斗打响

6月4日，战役打响。日军战机飞抵中途岛后发现，岛上除了猛烈的防空炮火外，没有任何重要的军事设施、战机和舰船。

其实在日军发起进攻之前，美军侦察机就已发现了日军航母编队。此时，中途岛的航空兵力早已升空，朝向日军航母编队飞去。就在日军轰炸中途岛的同时，美军的鱼雷机和轰炸机也开始对日军舰队发起进攻。然而，由于性能落后，这批从中途岛起飞的美军飞机不是被零式战机击落，就是被防空炮火击伤，而日军航母毫发无损。

获悉第一波攻击徒劳无果后，指挥官南云忠一决定发起第二波攻击。他命令“赤城”号和“加贺”号甲板上的鱼雷攻击机卸掉鱼雷，挂上对地炸弹，准备摧毁中途岛上的机场和跑道。但就在这时，日军侦察机发现了美军的航母编队。

收到这条情报后，南云大吃一惊，他未料到美军航母竟然就在附近。为了防备美军的空袭，零式战机需要升空防卫；为了攻击美军航母，鱼雷攻击机需要重新挂载鱼雷，并从甲板上起飞；同时，第一波轰炸中途岛的100多架战机正在返航，燃料即将耗尽,需要清空航母甲板来回收它们。正当这4艘航母忙碌不堪之时，美军“企业”号和“大黄蜂”号的鱼雷机编队飞了过来。

但是，美军鱼雷机要么未能锁定目标，要么由于速度缓慢而被零式战机和防空炮火击落，几乎全军覆没。可尽管鱼雷机编队损失惨重，却成功吸引了日军的注意力。由于鱼雷机进攻时处于低空，零式战机和防空炮火的注意力也在低空，因而对于来自高空的俯冲轰炸机准备不足。

就在这个关键时刻，“企业”号和“约克城”号的俯冲轰炸机编队从天而降，在短短六分钟内，重创了“赤城”号、“加贺”号和“苍龙”号三艘航母。唯一幸存的“飞龙”号组织反击，派出舰载机重创美军“约克城”号。可即便如此，美军轰炸机编队返航后，重新加油挂弹，随后发动第二波攻击，摧毁了“飞龙”号。

中途岛战役以美军的大获全胜宣告结束，日军航母舰队全军覆没，损失了4艘重型航母、290架舰载机以及众多有经验的飞行员。中途岛海战是太平洋战争的重要转折，标志着日军的行动开始走下坡路。[1]

1　戸部良一、寺本義也、鎌田伸一、杉之尾孝生、村井友秀、野中郁次郎：《失敗の本質——日本軍の組織論的研究》，中公文庫，1991年，第1章。

四十七 胜负已分

1942 年 6 月，日军在中途岛海战中遭遇惨败。即便如此，在太平洋战场，日军仍有 6 艘航母，而美军只有 3 艘。不过，在随后的瓜岛战役中，日军终于丧失了全部优势。在这场战役中，日本不仅损耗了大量的战舰、运输船，还损失了许多战机、飞行员和地面部队，盟军由此转入战略反攻。可以说，太平洋战争真正的转折点，不在中途岛，而在瓜岛。

瓜岛成为焦点

太平洋战争爆发后，盟军在日军的攻势下节节败退，战败的英美军队撤到了澳大利亚。美国向澳大利亚派遣援军，运送武器弹药和军需物资，澳大利亚于是成了盟军准备反攻的大本营。因此，日军统帅部决定占领澳大利亚周围的岛屿，以切断美国和澳大利亚之间的运输航线。

为实现该目标，日军在巴布亚新几内亚拉包尔建立了太平洋上最大的航空基地，以控制澳大利亚周边的制空权和制海权。然而，由于澳大利亚幅员辽阔，仅占领拉包尔难以进行围堵，日军又看中了澳大利亚东北方所罗门群岛中的瓜岛（全称为瓜达尔卡纳尔岛）。1942 年 7 月，日军在瓜岛登陆，共有 2800 多人，主要是工兵。他们登岛后立即着手建设飞机场和跑道，准备把瓜岛建成围困澳大利亚的另一座桥头堡。

美军获悉日军占领瓜岛后，立即识破了日军的战略意图。8 月，美军海军陆战队在飞机和舰船的掩护下登陆，瞬间占领了瓜岛。美军航母运送来一批飞机，由此，瓜岛未变成日军的航空基地，反倒变成了美军的航空基地。

瓜岛战役

得知美军登陆的消息后，拉包尔的航空部队立即出动。但拉包尔距离瓜岛太远，足足1000公里，途中又无中转基地。零式21型战机已是航程最远的战斗机，也只够到瓜岛一个来回。零式战机飞了几个小时，好不容易飞到瓜岛上空，飞行员已经疲惫，燃油也消耗了一半，结果只能盘旋15分钟，就必须折返。在短短15分钟里，日军根本不可能建立空中优势。由于没有空中优势，日军必须依靠驱逐舰和运输船，将部队分批运送到瓜岛上。

日本大本营最初估计，瓜岛上只有2000至3000名美军（实际超过万人），夺回失地并非难事。8月18日，日军用舰船将900人组成的一木支队送上了瓜岛。这支部队登陆后，马上遭到美军的猛烈阻击，日军的三次冲锋都被击退，几乎全军覆没。此后，日军又派出多支部队登陆增援，前后共计3万多人。为了给这3万多人提供后勤补给，日军依靠运输船、驱逐舰和潜艇在夜间增援瓜岛。

从1942年8月到10月，美军和日军一直在玩猫捉老鼠的游戏。美军控制了机场，他们在白天就有制空权。但到了晚上，日本的舰队和运输船会悄悄出动，趁着夜色向瓜岛增援。在此过程中，双方爆发了多次海战。

瓜岛海战

瓜岛战役持续了6个月，双方不仅投入了10多万地面部队厮杀，还有上千架飞机在空中缠斗，数百艘舰船在海上交火。为了争夺制海权，日军舰队与美军舰队展开了殊死搏斗。

战役初期，日本海军实力更强，擅长夜战，美军舰队损失惨重。后来，美军改进了雷达作战系统和火控系统，炮火命中率显著提升。可尽管如此，美军曾经空袭东京的航母“大黄蜂”号被击沉，“企业”号也多次负伤。另一方面，日军的损失更加惨重，不仅两艘主力航母受损，还损失了大量舰载机和飞行员。由于不掌握制海权，日军舰载机被击落后，飞行员难以获救。在6个月的战斗中，日军失去大量经验丰富的机组人员。

据统计，在瓜岛海战中，日军共损失了24艘舰船，总计13万吨；美军也损失了24艘舰船，合计12万吨。日军损失了620多架战机，美军也损失了614架战机。就损失的飞机和舰船数量而言，双方打成平手。然而，日军累计损失超过2300名飞行员，这才是最惨痛的损失。[1] 因为飞机可以重造，但训练一个合格的飞行员要困难得多。

此外，日军投入了3.3万人的地面兵力，战死2.1万人。但其中死于战火的不足6000人，另外1.5万人均死于疾病和饥饿。从11月中旬起，由于在海战中损失惨重，日军的武器、弹药、口粮和药品已经无法运送上岸。坚守在热带雨林中的日军，饱受饥饿、

1 半藤一利著，林铮顗译：《昭和史第一部（下）1926—1945》，第140—142页。

疟疾和赤痢的折磨，最后出现大量死亡。[1]

瓜岛战役后，由于丧失了大量的运输船、飞机和飞行员，日本海军逐步失去了在太平洋地区的制空权和制海权。而一旦丧失了制空权和制海权，遍布太平洋各地的日军进退维谷，往往会被困死在孤岛上。

“玉碎”与《战阵训》

在这一时期，外援断绝、走投无路的日军，会屡屡发起自杀式攻击。他们利用人海战术，白刃冲锋，企图给盟军造成杀伤。但因火力上的差距太大，日军的自杀式进攻往往收效甚微。自杀式进攻本是最凄惨、最悲哀、最血腥、最不负责的作战形式，日本政府反而给它取了个美丽的名字——“玉碎作战”。

日军的首次“玉碎”发生在美国阿拉斯加州的阿图岛。1942 年 6 月，日军占领该岛，并在岛上修建机场和跑道。为了夺回该岛，美军于 1943 年 5 月登陆，展开反击。美军投入了 1 万多人的兵力，而日军只有 2600 人，双方力量悬殊，日军必败无疑。然而大本营既不增援，也不撤军，由于路途遥远，他们决定放弃这支孤军。

尽管大本营放弃了阿图岛上的孤军，却不允许这支孤军放弃阵地。大本营要求他们不能投降，要战至最后一兵一卒。2600 多名日军经过两个星期的战斗，只剩下 1000 余人。部队指挥官将手榴弹分给轻伤员让他们自裁，重伤员无法自裁，由军医帮忙结束

1　半藤一利著，林铮顗译:《昭和史第一部（下）1926—1945》，第 13 章。戸部良一、寺本義也、鎌田伸一、杉之尾孝生、村井友秀、野中郁次郎 :《失敗の本質——日本軍の組織論的研究》，第 1 章。

生命，其余的士兵全部投入战斗。他们利用夜色的掩护进攻美军阵地，子弹打光了，便端起刺刀，高喊着“天皇陛下万岁”，向美军发起冲锋。美军从未见过这样的战斗，一时间被冲得七零八落。不过美军稳住阵脚后，便凭借着优势火力，全歼了这支日军。这是日军的首次“玉碎作战”，类似情况在接下来的两年中还会反复出现。[1]

为什么英美军队在战败后可以当俘虏，而日军必须“玉碎”呢？除了以被俘为耻的武士文化影响外，《战阵训》的束缚也是重要原因。

1941 年 1 月，时任陆相东条英机颁布了《战阵训》，明文禁止日军投降，要求士兵在危急时刻毫不犹豫地为国捐躯。《战阵训》中写道：“知耻而后强，要时刻想着乡党和家门的颜面，勿受生擒为俘虏的耻辱。”其潜台词是，如果一个人当了俘虏，整个家族都会蒙羞，如果一个人战死了，那么整个家族都会获得荣誉。在人类历史上，以家人的安危荣辱相要挟的“株连”手法，向来是最高明的整人技术。绝望的日军在这样的压力下，为了不累及家人，只能选择顽抗到底。

但讽刺的是，那些口口声声要“以死报国”的高级军官尽管不允许士兵投降，却对自己宽容得多。日本投降后，除了少数军官以自裁逃避审判外，绝大多数高级军官都厚着脸皮活到了战败，乖乖当了俘虏，例如颁布《战阵训》的东条英机。按照《战阵训》的要求，他应该在日本投降当天为国捐躯，结果根本就没有。东

1 日本读卖新闻战争责任检证委员会著，郑钧等译：《检证战争责任：从九一八事变到太平洋战争》，第 14 章，第 209—211 页。

条这样的陆军大学毕业生精明得很，他们才不会用要求别人的标准来要求自己。

军事力量的变化

在1942年的瓜岛战役中，日美双方都损失惨重。此时，谁能更快地补充航母和飞机，谁就能赢得最后的胜利。

日本的工业基础薄弱，资源匮乏，新建舰船难以弥补战场上的损耗，而美国的强大工业实力使其能大量建造舰船和战机。据统计，1943年，美军下水了15艘航母，而日本只下水了1艘。[1]1943年5月，美军"埃塞克斯级"航母开始服役，该型号航母威力强大，可以搭载上百架舰载机。美军在太平洋一口气布置了8艘埃塞克斯级航母，外加30多艘护航航母。此后，联合舰队再也难以与之抗衡。

美军不仅在海军力量上稳步建立优势，在空军力量上也在与日军拉开差距。从偷袭珍珠港到瓜岛战役，日军共损失了2500多架战机，美军损失的战机只多不少。但美国有能力生产和部署更多的新型战机，而日军战机的补充速度和规模则远远不足。据统计，1943年，美国的飞机月产量超过3000架，而日本同期的月产量刚刚达到300架。[2]特别是美军新装备的"地狱猫"战斗机，在火力、速度、高度、航程和装甲等各个方面都优于零式战机。"地狱猫"登场之后，零式战机称霸太平洋的时代便一去不复返了。

1　吉田裕：《アジア · 太平洋戦争》，92頁。
2　藤原彰著，张冬等译：《日本军事史》，第172—173页。

美军在与日军的反复交手中积累了经验，并锻炼出夜间作战的能力。而且，美军还拥有情报方面的优势。1943 年 4 月，因为提前截获情报，美军战机击落了联合舰队司令山本五十六的座机。其实正如山本所料，日军的优势只能维持半年到一年，在美国调动国力充实军力后，日本的处境便越来越不妙了。

被饿死的日军

太平洋战争爆发时，日本政府征用了半数的民间船只来运输军需物资和军队，这支强大的后勤力量有效地支援了日军前期的胜利。但是，日本没有足够的护航力量来保护这支庞大的运输船队。在美军“狼群战术”的袭击下，至 1944 年，日本的运输船队损失过半，从而迅速丧失了战争能力。[1]

由于运输船队的沉没，来自东南亚的石油、橡胶和锡矿石，来自中国华北、华中的煤炭和铁矿石都无法运到日本，这进而影响飞机、舰船、大炮和卡车的生产。同时，国内生产的口粮、武器弹药、医疗用品等军需物资也无法运往前线，这便形成一个恶性循环。由于盟军掌握制空权和制海权，太平洋战场各地的日军补给都出现困难。无论日军多么善战，如果缺乏食物、枪支和弹药，战斗力终将大打折扣。举个例子，那就是 1944 年 3 月至 7 月，由牟田口廉也指挥的英帕尔战役。

牟田口正是点燃七七事变导火索之人。七七事变之后，他稳步升至中将，在缅甸任第 15 军总司令。1944 年春，为了化解中

1 加藤阳子著，章霖译：《日本人为何选择了战争》，第 270—271 页。

国远征军和英印军队在缅甸的攻势，切断盟军的援华路线，牟田口指挥3个师团约10万日军，计划跨越喜马拉雅山脊的印缅国界，从背后突袭英印军队。

由于行军路线交通不便，后勤补给困难，加之山势陡峭，人烟稀少，日军无法通过掠夺"以战养战"，牟田口决定效仿成吉思汗，赶着数万头牲畜行军。他以为，在崇山峻岭的羊肠小道上，驮牛和驮马可以驮运物资，当物资匮乏时，又可将牛羊宰杀食用。但牟田口没料到的是，在翻山过河时损失了不少牲畜，后来遭到英国空军轰炸，又损失了一批。日军还没来得及吃上牛、马肉，牛、马便带着弹药和军粮潜逃了。

后来，尽管日军攻到了英帕尔，但英印军凭借火力优势和强大的空中支援击碎了日军"速战速决"的迷梦。6月，日军战线开始崩溃。此时，又值雨季来临，道路泥泞，枪支弹药、口粮、药品的补给断绝，疟疾、痢疾等流行病蔓延。7月，日军全线退却。在英印军的猛烈追击下，10万日军在瓢泼大雨中翻山越岭，跨江渡河，惶惶然如丧家之犬。在撤退途中，约5万人死于饥饿和疾病，只有不到5万人回到后方。[1]

跳岛作战

瓜岛战役胜利后，美军逐步掌握主动权。1943年上半年，美军兵分两路：一路由尼米兹上将指挥太平洋舰队，从东往西进逼

1　吉田裕：《アジア・太平洋戦争》，142—145頁。戸部良一、寺本義也、鎌田伸一、杉之尾孝生、村井友秀、野中郁次郎：《失敗の本質——日本軍の組織論的研究》，第1章。

日本本土；另一路由麦克阿瑟上将指挥陆军，从南向北挺进。

之前提过，初战胜利后，日军利用太平洋上的岛链构筑了一条长长的太平洋防线。这条防线撑得很大，其中包括无数大大小小的岛屿。麦克阿瑟认为，逐一攻占这些岛屿效率太低，要使日本尽快屈服，应尽早攻击日本本土。为了加快进军速度，美军发明了“跳岛战术”，即占领一个岛屿后，立即修建机场和跑道，然后以该岛为圆心，以战斗机的作战半径为界，再占领另一个岛屿。在这两个岛屿之间，即使有其他岛屿，也无须登陆，只需派飞机和舰船进行封锁。由此，美军就可以在空军的保护下，步步逼近日本本土。

据统计，日军在太平洋防线的 25 个岛屿上布置了守军，但美军登陆占领的只有 8 个，其余 17 个岛上的 16 万日军，都被美军轻巧地跳过了。

塞班岛战役

1944 年 6 月，美军“跳”到了塞班岛。在 B-29 超级堡垒轰炸机量产后，塞班岛的位置变得至关重要。从塞班岛出发，B-29 可以直接轰炸日本本土。

美军在塞班岛上遭到日军的顽强抵抗，伤亡惨重。经过三周苦战，日军伤亡殆尽。最后，残余部队“玉碎”，指挥官南云忠一自杀。据统计，在塞班岛战役中，除 4.4 万日军外，还有 1.2 万平民丧生。遇难平民中有些是被卷入战火中，有些则是自杀。在日本政府的洗脑下，这些平民相信，美军都是无恶不作的禽兽，他们杀死父母后才有资格参军，如被美军俘虏，将会被残酷处死。

在这种宣传下，塞班岛上的许多居民面对美军时纷纷跳崖自杀。这种情况后来在冲绳战役中也有上演。[1]

为了支援陆军登陆，美军舰队大举出动。为了遏阻美军反攻的势头，并确保来自南洋的输油路线，联合舰队计划与美军舰队进行决战。由此，日美双方在菲律宾海展开激战。

菲律宾海海战

在这场海战中，联合舰队派出 3 艘大型航母和 6 艘小型航母，美军则派出 7 艘大型航母和 8 艘小型航母，双方举行史无前例的航母大对决。6 月 19 日，联合舰队首先发现了美军航母编队，放飞数百架舰载机发起进攻。美军尽管慢了一步，但利用雷达马上锁定来袭敌机。美军战斗机立刻升空防御，占据有利位置准备伏击。联合舰队发起的四次进攻全部失败，近 400 架战机被击落，而美军只损失了 30 余架战机。

双方战绩如此悬殊，一是因为日军中老练的飞行员都已阵亡，新手飞行员的战斗力不足；二是因为日军飞机性能开始落后，“零战”难敌“地狱猫”；三是美军使用了秘密武器“近炸引信”。在此之前，防空炮火必须直接击中敌机才能造成杀伤。但“近炸引信”却利用了无线电感应原理，炮弹无须直接击中，只要接近敌机便会引爆。在“近炸引信”的帮助下，美军防空炮火的效力提高了三倍。那么，即使零式战机突破拦截飞抵美军舰船上空，面对配

1　约翰 · W. 道尔著，韩华译：《无情之战：太平洋战争中的种族与强权》，中信出版集团，2018 年，第 47—48、65 页。吉田裕：《アジア · 太平洋戦争》，146—147 頁。

备有“近炸引信”的防空火力，也是凶多吉少。

除了击落大量舰载机外，美军还击沉了日军 2 艘大型航母和 1 艘小型航母。此战之后，联合舰队丧失了一半的作战能力，损耗了三分之一的舰载机和大批飞行员。塞班岛的陷落和菲律宾海海战的战败，标志着日本的太平洋防线已经不复存在，太平洋战争自此决出胜负。美军 B-29 轰炸机可以从塞班岛起飞，轰炸日本任何一座城市。军部为了扭转战局费尽心思，但也无力阻止日本帝国崩坏的进程。

四十八　玉音放送与日本投降

上一节介绍了日军在太平洋战场上的节节败退，下面来看日本最后的挣扎和战败投降。

国际形势的变迁

1943 年，同盟国在欧洲和亚洲全线反击。1943 年 2 月，苏军在斯大林格勒战役中击溃德军，转入战略反攻。在北非战场，艾森豪威尔指挥英美联军击败隆美尔，也转入反攻。7 月，盟军在意大利西西里岛登陆，墨索里尼政权垮台。9 月，意大利投降，法西斯轴心同盟开始瓦解。

在盟军的攻势下，美、英、中领导人罗斯福、丘吉尔、蒋介石在开罗会面，讨论战后处理和对日作战的问题。由于仍受《日苏中立条约》约束，斯大林没有出席。

关于远东问题，主要是罗斯福和蒋介石在谈。双方约定：中国与美国、英国、苏联一起参与对战后国际事务的管理，中国由此确立联合国四大国之一的地位；日本需要归还从中国攫取的各项利权和领土，包括中国东北、中国台湾岛和澎湖列岛；日本在华所有公私财产均由中国接收；朝鲜独立。罗斯福建议，战后对日占领应该由中国主导。蒋介石婉拒称，中国能力有限，应以美国为主，中国为辅。据说，罗斯福还询问中国是否愿意得到冲绳。蒋介石称，中国愿将冲绳由中美共同占领，共同管理。[1]

在开罗会议上，美国极力扶持中国。这首先是因为中国对太平洋战争贡献巨大，另一方面也是因为美国希望中国成为其盟友，以压制日本，牵制苏联。1943 年 12 月 1 日，《开罗宣言》发布，明确要求日本无条件投降并归还侵占的中国领土。开罗会议的召开，标志着盟军在 1943 年尚未结束时，就计划惩罚日本了。进入 1944 年后，盟军在太平洋上的攻势更加猛烈，日本的败相也愈加明显。

东条的集权

为挽回不断恶化的战局，东条英机想要采取非常手段：将国务权和统帅权集中起来。

之前讲过，内阁中的各位大臣都直属天皇。因此，即便作为首相，东条无权指挥各位大臣。为强化对经济和生产的管理权，东条英机确立了在钢铁、煤炭、造船、有色金属、飞机制造等五大行业内对各位内阁大臣的指挥权。1943 年 11 月，东条还成立

1　梁敬錞著：《开罗会议》，商务印书馆（台北），1973 年，第 108—113 页。

了军需省，并亲自兼任军需相，以规范陆海军对飞机、钢铁和石油等军需物资的竞争。但仅在政治上集权仍不够，东条还必须在军事上集权。

战争期间，日军的最高统帅机构是“大本营会议”。然而，东条作为首相，却没有资格出席大本营会议。由于统帅权独立，只有天皇和陆军参谋本部、海军军令部的骨干干部（总长、次长、作战部部长和作战课课长）才可出席大本营会议。内阁首相身为文官无法干涉军事事务。东条作为首相，无法参加大本营会议，作为陆相，虽然可以列席大本营会议，但没有发言权。因此，为了在大本营拥有发言权，东条必须兼任参谋总长。由此一来，东条英机最后就身兼首相、陆相和参谋总长三项要职。另外，他还让亲信岛田繁太郎兼任海相和军令部部长。东条这样做是为了统一用兵作战的权限。但是，这也将军事指挥权与政治指导权混淆起来，从而违背了《明治宪法》的基本精神。[1]

此外，为了统一战场作战和指挥，消除陆海军之间的分歧和对立，陆军多次提议陆海军合并成立国防省，组织统一的作战指挥中心。由于担心被陆军吞并，海军表示坚决反对。这一提案最终不了了之。[2]

东条下台

日军连战皆捷时，东条的声望极高，实施独裁问题不大，但

1 信夫清三郎著，周启乾译：《日本政治史》第四卷，412 页。
2 吉田裕：《アジア · 太平洋戦争》，150—151 頁。

到了连战连败的阶段，独裁的东条逐渐成为众矢之的。

由前首相近卫文麿、冈田启介、若槻礼次郎、平沼骐一郎、米内光政组成的重臣集团，认为日本的战败已不可避免，只有尽快收拾战争残局，才能避免更大的损失。为了收拾残局，首先要让东条下台。因此，重臣联合陆海军中的反主流派以及以木户幸一为代表的宫廷势力，策划倒阁。东条是个顽固的军人，他不愿辞职，一心要将战争进行下去。为安抚这些反对者，他做出一些让步，如放弃兼任参谋总长，更换了海相和军令部部长，并邀请重臣入阁。但这些让步无济于事，重臣们决心无论如何都要把他拉下马。东条不死心，准备辞掉首相后留任陆相，以继续影响战局。为了防止他卷土重来，重臣们迫使他退出现役。在军部大臣现役武官制的规定下，东条彻底丧失了再任陆相的可能性。

内外交迫的东条英机，终于在1944年7月18日递交辞呈。据说，在去找天皇辞职的路上，他还在念叨：我不是搞政治的料，子孙后代都不能让他们搞政治。

莱特湾战役

东条下台后，陆军大将小矶国昭继任首相（1944年7月—1945年4月）。小矶内阁并非近卫文麿等人期望的停战内阁，而是一个过渡内阁。尽管近卫希望尽快停战，但此人优柔寡断，不愿主动承担责任。近卫不敢发动战争，同样也不敢停止战争。重臣之中无人愿接手这个烫手的山芋，只得把小矶国昭推上了前台。

其实，任何战争一旦发动，想停下来都不容易，日本军队更是如此。东条英机曾说，如果没有获胜就停战，对不起为国捐躯的数十万“英灵”。但他不肯去想的是，正因这个“对不起”，却让更多的人变成“英灵”。此时，日军的“本钱”还没有输光，巨型战舰“武藏”和“大和”尚未派上用场，陆军还有500万人的兵力（且不管其兵源质量如何），日本高层还想继续赌一把。

这一阶段，关于战争走势有三种声音，分别是“立即和谈”、“一战和谈”和“作战到底”。“一战和谈论”占主流。所谓“一战和谈”，是指在取得一场大胜后，通过谈判达成停战协议。以这种方式，日本能够争取有利的谈判条件。为了准备这最后的大战，日军统帅部决定在菲律宾与美军决战。此时，麦克阿瑟正带领美军反攻菲律宾，以兑现“I Shall Return”的诺言。美军计划在莱特岛登陆，而日本计划在莱特湾重创麦克阿瑟。

1944年10月，美军在莱特岛登陆，拉开了菲律宾战役的序幕。10月下旬，史上最大规模的海战在莱特湾爆发。联合舰队倾巢而出，派出9艘战列舰、4艘航母、13艘重巡洋舰、6艘轻巡洋舰、31艘驱逐舰，共计63艘军舰和716架战机。美军的兵力更为强盛，共投入了170艘军舰、近900艘登陆舰船和1280架战机。整个海战战场东西长600海里，南北宽200海里，战斗持续了四昼夜。

日军的计划是以最后的航母部队为诱饵，将美军航母舰队从主战场引开，然后以战列舰和重巡洋舰突入莱特湾，集中火力攻击登陆中的美军。联合舰队摧毁支援登陆的运输船队，陆军负责歼灭已登陆的美军。由于美军的3个航母群都被调虎离山，联合舰队的作战计划几乎成功。联合舰队闯入莱特湾后，发现支援美军登陆的舰队非常弱小。但即便这样，美军还是泰然自若地击退了联合舰队的进攻。由于作战受挫，又因信息沟通不畅，不知美军航母已被调离，联合舰队指挥官担忧陷入包围，于是下令撤退。

日军的作战最终失败。

在这次海战中，联合舰队不仅损失了最后的4艘航母和航空兵力，还损失了包括“武藏”在内的多数舰船。莱特湾战役的失败，标志着明治以来精心建设的日本海军——西太平洋上不可一世的海上力量，已不复存在。

神风特攻与学徒出阵

航空母舰没了，舰载机没了，战列舰没了，巡洋舰没了，战斗机也不够用了，接下来怎么办？日军的一些高级将领便提出了“特攻”的构想。

所谓“特攻”，是指飞行员驾驶满载炸弹和燃油的飞机，低空飞向大海，以避开雷达侦查，发现美军舰队之后，高速冲撞美军舰船。由于特攻飞机没有任何救生装置，一旦发起进攻，飞行员必死无疑。从本质上讲，这是一种寄希望于以精神力量和人的生命来弥补物质力量差距的作战方式。为了美化这一自杀式攻击方式，日本称之为“神风特攻”。特攻队成立之初，很少有正规军校毕业的职业军官自愿参加，大多数成员是刚入伍的学生兵。

在当时的日本社会，大学生和高中生十分珍贵，只占同龄人的2%～3%。尽管日本实施征兵制，但政府为照顾他们，暂缓他们的兵役期限。不过，从1943年年底，日本开始动员在校的大学生和高中生参军，以补充兵源。明明是拉夫征兵，日本政府又给它取了个好听的名字，叫“学徒出阵”，似乎像古代武士首次奔赴战场一样威武。

据统计，“二战”结束前，有超过10万名在校生参军。由于他们受过高等教育，在军队中多被当作候补军官，但那些毕业于正规军校的职业军官往往歧视他们。因为在当时能读高中和大学的人，多来自家境比较富裕的城市中产，而职业军人多来自社会中下层，两者之间存在阶层隔阂。职业军人往往拿学生兵当作炮灰，因此特攻队员以学生兵居多。据统计，陆海军共出动特攻机 2393 架，战死 4000 余人。日本军方估计多达 400 艘美军舰船被击沉，而实际上美军只损失了 36 艘舰船，而且航空母舰、战列舰和巡洋舰等主力舰无一沉没。[1]

冲绳战役

无论是“神风特攻”还是“学徒出阵”，都无法挽救日本的败局。随着美军对菲律宾的占领，日军赖以生存的南洋输油路线接近断绝。1945 年 2 月，近卫文麿奏请天皇考虑投降交涉，但天皇以“如果不能再赢得一场战争，交涉会很困难”为由加以拒绝。[2]战争是个无底洞，不停吞噬成千上万鲜活的生命，但统治者为了自己的利益，毫不吝惜地牺牲国民的生命。天皇幻想着获取一场大胜，日军统帅部于是继续部署在冲绳和本土的战役。

1945 年 4 月 1 日，美军进攻冲绳。18 万美军登陆，加上支援登陆的海军，规模达到 55 万人。防守冲绳的日军为 10 万人，经过三个月的激烈战斗，伤亡殆尽。至 6 月底，美军占领冲绳。据统计，在这场战役中，日军守军死亡 9.4 万人，冲绳平民死亡 9.4 万人。为何普通人也会大量死亡？那是由于日军歧视冲绳居民，认为他

---

1 江口圭一著，杨栋梁译 :《日本十五年侵略战争史（1931——1945）》，第 210 页。
2 森武麿 :《アジア · 太平洋戦争》，《日本の歴史》第二十巻，1993 年，289 頁。

们心怀二意，里通外国。为此，日军常常以内奸的罪名处死冲绳居民。此外，许多日军还抢占冲绳居民的防空洞，迫使冲绳人暴露在美军的火力攻击下。他们甚至向冲绳人分发手榴弹和掺了氯化钾的牛奶，让他们集体自杀。[1]

冲绳守军不关心冲绳人民的死活，其实，统帅部也不关心冲绳守军的死活。对于日军高层而言，冲绳只是一个弃子，其作用在于尽量拖住美军，为本土防卫赢得时间。

在冲绳战役中，美军也付出了高达 4.9 万人的惨重伤亡，这是由于日军改变了作战方式。自硫磺岛战役后，日军放弃“万岁冲锋”的玉碎作战，而改成“洞穴战法”，即利用险峻的地势，隐蔽在洞穴和纵横交错的坑道中，对登陆的美军进行狙击。这样一来，美军的优势火力便难以发挥作用。

为了歼灭日军，美军士兵不得不放弃飞机、坦克的掩护，使用火焰喷射器、炸药、手榴弹和汽油，逐个清理躲在洞穴里的日军。在此过程中，美军遭遇日军的顽强抵抗。在整个太平洋战争期间，冲绳战役是美军伤亡人数最多的一场。巨大的伤亡也让美国军方开始考虑在日本本土作战的困难性，并开始考虑使用更有效的方式来促使日本投降，那便是原子弹。

铃木内阁

1945 年 4 月，冲绳战役进行的同时，小矶内阁换成了铃木贯太郎内阁（至同年 8 月）。之前提过，铃木是海军大将，担任过天

1　日本读卖新闻战争责任检证委员会著，郑钧等译：《检证战争责任：从九一八到太平洋战争》，第 220—223 页。

皇的侍从长，二二六兵变时身负重伤。他也是命不该绝，承担起日本投降的重任。

铃木上台后处境困难，重臣们希望他尽快结束战争，但是陆军却要求本土抗战。如果铃木不答应，陆军将拒绝推荐陆相以破坏组阁。对于陆军的要求，铃木一边爽快答应，一边准备和谈。

4月28日，墨索里尼被枪毙，并被暴尸示众。2天后，希特勒在地下防空洞服毒自杀。5月7日，德国宣布投降。轴心三国此时只剩日本一国，虽然军部嚷嚷着要战斗到最后一兵一卒，但在美军B-29轰炸机的日夜轰炸下，日本人民早已食不果腹，衣不蔽体，神经兮兮，疲惫不堪了。

从1944年6月到1945年8月，美军在14个月内对日本进行了超过3万次的空袭，将东京、大阪、神户、横滨和名古屋的半数城区夷为平地，让近千万人流离失所十万余人被烧死。九一八事变之后，外相内田康哉叫嚣，即使日本变成焦土也要维护伪满洲国，真可谓“求仁得仁”。九一八事变引发了七七事变，七七事变又扩大为了太平洋战争，为了维护邪恶的侵略成果，日本化为了满目疮痍的一片焦土。

《波茨坦公告》

7月26日，同盟国发表《波茨坦公告》，敦促日本无条件投降，归还侵占的海外领土，惩治战犯，保障自由和尊重人权，并确立人民主权原则（即让人民成为权力来源，从而否定了天皇主权原则）。在陆军的压力下，同时也因为看到苏联尚未表态，首相铃木告诉记者，对《波茨坦公告》“不予理睬”。

此时的日本高层对苏联的调停寄予厚望。在德国和意大利投降后，苏联是唯一与日本有外交关系的大国。又因《日苏中立条约》，苏联至今保持中立。日本千方百计拉拢苏联，期待苏联能出面调停。当然，日本不会让苏联白白帮忙，日本计划派遣近卫文麿访苏，并准备归还从沙俄手中夺取的南部库页岛、南满铁路以及旅顺和大连的租借权。

尽管日本满怀希望，但他们不知道的是，斯大林在 1945 年 2 月的雅尔塔会议上与美英秘密商定，在德国投降三个月后，苏联将加入对日战争。日苏是几十年的敌人，日本高层幻想着在败局已定的情况下，通过谈判拉拢苏联，那是既幼稚又可笑的想法。

投降与“玉音放送”

8 月 6 日上午 8 点 15 分，第一颗原子弹在广岛上空爆炸。爆炸形成了巨大的蘑菇云，广岛瞬间湮灭，十多万人丧命。8 月 8 日，苏联对日宣战，日本失去了最后一根救命稻草。9 日，150 万苏军向盘踞在伪满洲国的关东军发起进攻。同一天，第二颗原子弹在长崎被引爆，又有 7 万人到 8 万人死亡。日本连遭三次重击后，天皇表示，无法继续作战了。

在天皇的授意下，日本政府高层召开会议。可尽管事态严重，他们仍然不愿意无条件投降。首相铃木贯太郎、海相米内光政以及外相东乡茂德主张，日本可以接受《波茨坦公告》，但有一个附加条件，即保留天皇制。陆相阿南惟几、参谋总长梅津美治郎和军令部部长丰田副武则认为，除此之外还要增加几个条件。双方僵持不下，最后，铃木请求天皇“圣断”。天皇表态支持外相，即只附加一个条件：不变更天皇统治权。

8月10日上午6点45分，日本电告盟国：“在不改变天皇制的前提下，日本接受《波茨坦公告》。”收到答复后，美国犹豫不决，因为这并非无条件投降，但出于要在苏军打到日本本土前结束战争的考虑，美国准备接受日本的条件。美国征求英、苏、中等盟国的同意后，于11日回复日本：基本同意日方意见，但天皇的统治权隶属于盟军总司令。换句话说，天皇还是天皇，但盟军总司令要当“太上皇”。

收到盟国的答复后，天皇和日本高层的态度又有反复。但大势所趋，日本别无他择，只能决定投降。为了安抚军队和人民，并命令他们放下武器，天皇亲自录制了《终战诏书》，并计划于8月15日向全国发布，这便是“玉音放送”。此时，陆军省的一些军官反对投降，要求本土决战。他们相信天佑日本，如果盟军在日本本土登陆，“神风”会将他们吹得七零八落。他们还发动兵变，占领了广播电台和部分皇宫。他们试图找到并且摧毁“玉音放送”的录音盘，推翻投降的决定，但最终没能成功。

1945年8月15日正午，天皇的“玉音”如约播放，宣布投降。8月30日，麦克阿瑟的专机降落在神奈川厚木机场。9月2日，日本代表团在东京湾的“密苏里”号战舰上签署投降书。这场由日本发动的残害了数以千万计生命的战争，终于结束了。大日本帝国的荣光全然消退，剩下的只有无尽的伤痛、耻辱和滔天的罪责。[1]

---

1 江口圭一著，杨栋梁译：《日本十五年侵略战争史（1931—1945）》，第223—229页。

四十九　战争责任

本书至此介绍了日本战前50年的历史，重点谈了战前日本“是什么”和“做过什么”。最后两节我们来讨论“为什么”和“怎么做”的问题，即战前日本“为什么”会成为一个法西斯国家，而战后日本究竟“做对了什么”，才能从废墟中迅速崛起？

日本的战后处理

1945年8月15日正午，日本广播电台播放昭和天皇录制的《终战诏书》，宣布接受《波茨坦公告》，向盟国投降。同日，铃木贯太郎内阁总辞职。铃木首相利用天皇的权威，使日本宣布投降，成功完成了“终战内阁”的任务。不过，从宣布投降到实现投降，还有很长的路要走。日本在本土有300万军队，海外也有300万军队，而美军远在冲绳，怎样才能让这600万日军放下武器？这是个艰巨的课题。

铃木辞职后，重臣集团推荐东久迩宫担任首相。东久迩宫是皇族，东久迩内阁也是日本历史上唯一的皇族内阁。此时成立皇族内阁，为的是借助皇室权威来收拾残局。东久迩宫一上台，便竭力控制军队，向各条战线派出使节，传达天皇的投降命令。同时，还要努力维持国内秩序。因为前一天政府还在呼吁“一亿人总玉碎”，但转眼间就变成了“一亿人总投降”。如何让民众忘记他们被政府和军部背叛的事实，而主动分担战败的责任，这也是个难题。

为了敦促国民保持团结，并防止政府和军部成为“众矢之的”，东久迩内阁提出了“一亿人总忏悔”的口号。“一亿人总忏悔”并不是说全体国民要对侵略战争进行忏悔，而是要对战败的原因进行反思。政府呼吁全体国民反思：最终的战败是否是由于缺乏努力、心存邪念和道德败坏？政府还要求国民忏悔：为什么天皇如此英明，如此希望和平，但国民却不理解天皇的真意，执意发动了战争？说白了，“一亿人总忏悔”实际上是要全体日本人向天皇忏悔。日本国民作为天皇的臣民，在天皇面前罪孽深重，为了洗心革面，他们要听从天皇的教诲，团结一致，克服困难，结束战争。

丸山真男说，“一亿人总忏悔”的口号就像乌贼在拼命逃生时喷射出的黑烟，其目的在于模糊战争责任。这是因为，它没有触及发动战争导致国内民众受苦的政府责任，更没有反思导致中国和亚洲人民饱受侵略之苦的国家责任。“一亿人总忏悔”表面上号召全体国民忏悔，但实际上却是和稀泥，到头来无人忏悔。一个在深山老林里种地的文盲老农能够与陆海军的高官承担同样的战争责任吗？这当然是讲不通的。

而且，“一亿人总忏悔”更是要回避天皇和政府的战争责任。因为该口号的潜台词是：天皇是维护和平的英明圣主，发动战争的责任在于国民，如果盟军要追究，那就追究一亿人的责任，但天皇是无辜的。这样一来，天皇就巧妙地从首要加害者转变成了主要受害者，而前政府和军部高层官僚、支持战争的财界领袖、鼓吹战争的知识分子和右翼团体的责任也被无限淡化了。但是，昭和天皇在内政、外交和军事方面是最高主权者，太平洋战争也是一场由他宣战并结束的战争，天皇怎么可能没有责任？他无疑是第一责任人。

日军投降

在东久迩内阁的主导下，日本顺利实现了投降，在海外的日军解除武装，向各个战区的盟军总司令投降。在此过程中，日本也丧失了多年以来处心积虑侵占的海外殖民地。

首先，“满洲”、北纬三八线以北的朝鲜、南部库页岛和千岛群岛的日军，向苏联远东军最高统帅投降。由此，日本失去了在甲午战争、日俄战争和九一八事变中夺得的殖民地。其次，在除“满洲”之外的中国各地，包括中国台湾岛，以及北纬 16 度线以北的法属印度支那的日军，向蒋介石投降。日本又丢掉了七七事变以及入侵法属印支后掠夺的领土。第三，缅甸和北纬 16 度线以南的印度支那、马来半岛、印度尼西亚等地的日军，向东南亚盟军最高统帅蒙巴顿将军投降。新几内亚的日军向澳大利亚陆军最高司令官投降。太平洋战争爆发后，日本在东南亚和南亚白忙了一场。第四，太平洋各岛屿和小笠原群岛上的日军，要向美军太平洋舰队最高统帅尼米兹将军投降。而日本本土、北纬三八线以南的朝鲜、冲绳岛和菲律宾的日军，向美国太平洋陆军最高统帅麦克阿瑟将军投降。

在这个过程中，日军丧失了以往的威风，几乎没有任何抵抗便弃械投降了。这是因为长时间无望的战斗早已消磨了他们的士气，而到处盛行的欺骗和伪善也暴露了天皇制国家的虚伪：高呼着“灭私奉公”的各级官员倒卖、侵吞军需物资；计划“为国捐躯”的神风特攻队员满载着日用品返回家乡；在前线，最诚实勇敢的人成了炮灰，而最卑劣无耻的人活了下来；在后方，热衷于宣讲道义的“忠臣”们，却往往被证明是最没有道义之人。在对天皇和军队的信任坍塌后，疲惫的日本人在内心深处欢迎着战败和投降。[1]

8 月 29 日，美军先遣队抵达神奈川厚木机场。所有日本飞机解除武装，严禁升空。第二天，麦克阿瑟飞抵厚木机场。经过一个月的紧张工作，40 万美军抵达日本各地，于 10 月初完成占领。此后，日本进入了长达六年零八个月的被占领期。

9 月 2 日，《日本投降书》的签字仪式在东京湾的“密苏里”号军舰上举行。明治维新后的第 77 年，不可一世的日本帝国一举被瓦解，几代人努力积攒的基业化为乌有。日本在称霸世界的野心驱使下进行的侵略战争，不仅让自己付出了惨重的代价，也给亚洲人民带来了空前的灾难。对中国而言，抗日战争的胜利则是一个重要转折点。经过不屈不挠的浴血奋战，中国人民终于迎来了近代反侵略战争的首次全面胜利，同时也向民族解放和国民解放迈出了关键的一步。

战争的损害

据统计，从 1937 年七七事变至 1945 年日本投降的 8 年期间，日军在各个战场上死亡 230 万人，普通民众死亡 80 万人，共计超过 310 万人。在太平洋战场上，盟军战死的人数是美军 10 万、英军 3 万、荷兰军队 2.7 万、苏军 2.2 万 (包括诺门罕战役)。[2]

---

1 约翰·W·道尔著，胡博译:《拥抱战败:第二次世界大战后的日本》，生活·读书·新知三联书店，2015 年，第 1 章。小熊英二著，黄大慧等译 :《“民主”与“爱国”：战后日本的民族主义与公共性》(上)，第 1 章。

2 吉田裕 :《アジア · 太平洋戦争》，220—221 頁。

然而，承受最严重损害的并非日本，而是中国。因为侵华战争和太平洋战争的主战场不在日本本土，而是在中国。中国是遭受日本侵略最深、损失最惨重的国家。从九一八事变开始，日本侵略者在 14 年间屠杀中国军民，压迫人民，掠夺劳工，残害妇女，进行细菌战和化学战，还制造了南京大屠杀。据不完全统计，中国军民伤亡超过 3500 万人，这是一个相当于日本本土半数人口的数字。

日本发动侵略战争，犯下了空前的罪行。如何追究日本的战争责任，便成为战后审判需要处理的关键问题。日本的战争罪行，并非仅指在战场上的罪行，不是说用刀枪屠杀平民、用酷刑虐待战俘才算有罪，那些策划、准备、发动和实施侵略战争的人同样有罪，而且罪责更重。例如，东条英机或许没有亲手杀过一个人，但在他的领导和命令下，日军在中国和亚洲各地残害了数以千万计的民众。那么，如何给东条定罪，如何追究日本政府高层的战争责任，这便成了“东京审判”的主要课题。

东京审判

《波茨坦公告》开列的投降条件之一是“惩治战犯”。因此，麦克阿瑟在神奈川一下飞机，就指示逮捕日美开战时的首相东条英机，并命令下属尽快拟定战犯嫌疑人名单。从 11 月到 12 月，盟军司令部连续发出命令，拘捕了约 100 名甲级战犯嫌疑人。

东条得知即将被逮捕后，用手枪自杀。尽管东条掌权时凶狠无比，但一旦要沦为阶下囚，却变得异常懦弱和卑怯。东条从军 40 余年，推动侵华战争和太平洋战争，害死了数百万人。他还要求绝境中的日军宁可“玉碎”，不可投降。但轮到自己的时候，情况就不同了。因为不敢切腹，东条用手枪自杀。自杀之前，他特意要求医生画出心脏的位置。可尽管如此，子弹还是打偏了。东条自杀未遂，沦为笑柄。为了抢救东条，有美军士兵为他献血。东条这个狂热的军国主义者、自大的民族主义者，到头来竟然成了日美“混血儿”。

经过数月准备，东京审判于1946年5月3日开庭，持续了31个月，直到1948年11月12日宣判。25名甲级战犯被判有罪，东条英机、广田弘毅、土肥原贤二、板垣征四郎、木村兵太郎、松井石根和武藤章等7人被判处绞刑。在审判过程中，松冈洋右和永野修身因为病死，大川周明因为“精神失常”而被免于起诉。另外，荒木贞夫、桥本欣五郎和木户幸一等被判处无期徒刑。七七事变时的陆相、日美开战时的参谋总长杉山元以及三届首相近卫文麿在被捕前自杀。

东京审判处理的甲级战犯大多是政府高官，罪名是“危害和平罪”，即参与侵略战争的计划、准备和实行。他们是战争的指导者，战阵的主要责任当然主要由他们承担。除甲级战犯之外，盟军还在各地审判乙级和丙级战犯。这些战犯被指控犯有“战争罪”和“反人道罪”，主要涉及屠杀、灭绝、奴役俘虏和平民。他们多是前线部队里的军官和士兵，超过5700多人被起诉，约1000人被判刑。其中，指挥部队实施南京大屠杀的松井石根和谷寿夫，以及“百人斩”的主犯向井敏明和野田毅均被判决死刑。不过，七三一部队和毒气战的相关责任人却逃脱了审判。

东京审判尽管取得一定效果，但追究力度仍远远不够。因为尽管少数政府高官和军事官员被处置，但那些配合战争的政界官僚、财阀巨头以及煽动民族主义、军国主义的知识分子却逃脱了惩罚。而且，日本作为一个国家整体，对其他国家和民族犯下的罪行也被忽视了。另外还有一个更大的问题：昭和天皇未被追责。

未被追责的天皇

昭和天皇很清楚，他才是最大的责任人，所以他在拜访麦克阿瑟时曾坦言：自己负有最高责任，准备接受惩罚。那么，盟军为什么没有追究天皇的责任呢？

首先，麦克阿瑟和他的手下认为，如果天皇被起诉，可能引发日本国民的骚乱。天皇是日本国民的最高精神领袖，相当于西方人心目中的耶稣。如果天皇被绞死，所有的日本人都会像蚂蚁一样奋战到死，军国主义也将被无限巩固。其次，前面提过，日本并非无条件接受《波茨坦公告》，“保留天皇制”是日本提出的投降条件，而且盟军也基本同意了。如果还要审判天皇的话，有出尔反尔、背信弃义之嫌。第三，为了顺利占领日本，美国人还想利用天皇和他的官僚机构。昭和天皇一声令下，600 万日军乖乖投降，这种强大的权威让美国人吃了一惊。因此，美国人还想继续利用天皇的权威，来服务他们的占领政策。

由此可知，盟军不起诉天皇的决定，根本不是出于法律原因，而是出于政治考量。可如果不起诉天皇，那么盟军对战争责任的追究就非常不彻底。因为一个拥有外交和内政大权长达 20 年之久的国家元首，一个将数以百万计的青年送到战场上进行杀戮的陆海军统帅，一个给数以千万计的亚洲人民带来灾难的日本主权者，都无须承担政治和法律责任，甚至不用承担道义责任的话，怎么能指望官员和普通人去担责呢？

无责任体系

在东京审判中，日本官员逃避责任、推脱责任的问题一再浮现。许多甲级战犯嫌疑人口口声声地说，他们怀抱着和平的意愿，但结果事与愿违。也有人声称，他们是反对战争的，但因是国家的决定，只能奉命行事。

这种说辞无疑是在逃避罪责，因为政治责任“论迹不论心”。也就是说，认定政治责任的关键，不在于动机或意愿，而在于结果。政治家内心的善良意愿、美好动机或伟大信念，在其外在的实际行为后果面前微不足道。无论这些官员怀有怎样美好的意愿（假使真有），也无法一毫一厘正当化侵略战争的罪责。但在另一方面，官员逃避责任的事实，也生动地反映出日本权力构造“无责任”的特点。而且，战前日本政坛山头并立、割据纷争的结构特征，也使得政治家更加倾向于推卸责任。在讨论这一问题时，丸山真男举了个非常形象的例子进行说明，那就是“抬神轿”。

所谓“抬神轿”，是指人们在某些节日，把供奉在庙里的神像“请进”神轿，然后抬着神轿游街。丸山说，日本滑向战争深渊的过程类似于“抬神轿”。一开始，一群人抬起神轿，但走了一段路后，他们就累了，于是把神轿从肩上卸下来，换了另一群人继续抬。但是这群人走了一段路后，同样卸下神轿，由第三群人继续抬。接下来“抬神轿”的人不断更换，最后，神轿稀里糊涂就被抬到了悬崖边上。当它再次被抬起来的时候，便坠入了深渊。在这个过程中，究竟由谁承担神轿坠入深渊的责任呢？

最初抬轿的人不愿承担责任，他们会说："我们并没把神轿抬到悬崖上。"后来抬轿的人不愿意承担责任，他们会说："我们抬的时候，神轿已在悬崖边上。"轿子里的"神像"也不愿意承担责任，他会说："我坐在轿子里，什么都不知道。"这样一来，最终无人肯承担责任。丸山真男的比喻非常形象。日本一步步走向战争的过程，正像"抬神轿"。在九一八事变爆发后的14年里，日本换了13个首相、19个陆相和15个海相。他们可能持有不同的观点，属于不同的党派和政治势力，奉行着不同的政策，但就是这么一拨一拨的人，似乎在不知不觉中，将日本推进了战争的深渊。[1]

为什么无人负责？

日本为何会形成无责任体系？要回答这个问题，我们还要回到《明治宪法》那里去。

本书一开始就提到，《明治宪法》有几个特征：首先，天皇掌握国家主权，是唯一的正统性来源；其次，天皇只有权力，而不承担任何责任；最后，国民对天皇和国家负有无限的责任，却无权判定权力体系的正当性。

在这样的规定下，日本人民无权质疑天皇制。日本这个国家

1 由于日本政府为掩盖罪行销毁了大量证据，东京审判在起诉甲级战犯时面临取证困难的问题。为此，东京审判重申了"共同谋划"的原则，"即在整体的犯罪过程中，对单独的个人的犯罪行为，不必从主观的角度予以考虑，只要与整体的犯罪有关，就应视为犯罪"。这样，即使在只有间接证据的情况下，也可以对被告进行立证。参见步平著：《跨越战后：日本的战争责任认识》第二部分，社会科学文献出版社，2011年。

的一切，包括国土和国民，都属于天皇家族。而且就日本官方意识形态而言，天皇制是人类有史以来最优越的制度，天皇是真、善、美的化身和完美的道德典范。生为日本国民，已经是人之为人的最高荣幸。日本国民对于天皇，要像对待父亲或活神一样，感恩戴德，俯首称臣。任何对于天皇的怀疑，都是大逆不道的行为。因此，日本社会的各个方面，无论是政治、经济、教育还是文化，都必须为天皇服务。在这样的政治体制下，天皇只有权力没有责任，而国民只有责任没有权利。权利和责任的极度不匹配，最后造成了责任归宿不明的问题。

而且，本书第一章还谈过，日本天皇有绝对君主的一面，又有立宪君主的一面。尽管天皇享有绝对的权力，并是统治的唯一正统性来源，但在国政运营层面，他却往往是“沉默”的，如同神轿里的神像一般（需要再次提醒的是，在军事事务中，天皇作为大元帅并不“沉默”）。可如果天皇不说话，日本的政治要如何运营呢？

答案是：只有元老、重臣、首相和内阁成员把“神轿”抬起来，日本政府才能运作起来。这些政治家一边揣摩着天皇的“圣意”，一边通过向天皇进言来运营国政。但在此过程中，他们要努力将决断主体模糊化，不能让民众发现是谁在拍板、谁在做决定。比方说，一个决策明明是首相做出的，但它仍要被说成特别符合天皇的意愿，以避免架空和篡夺天皇大权的嫌疑。这样一来，日本的决策过程就变得非常暧昧和模糊，从而构成了“无责任体系”的一个主观因素。

卑微的“抬轿人”

造成无责任体系的还有一个客观因素，那便是我们一开始谈过的日本政权构造“多头一身”的属性。

在战前的日本，元老、重臣、内阁、官僚、议会和军部，各自分享一定的权力。最开始，元老的权力最大，他们可以决定“神轿”的前进方向。元老们死后，原敬和加藤高明等强势政治家也可以决定“神轿”的行进方向。可再到后来，由于政党争斗、议会腐败和军部专横，权力又分散开来。“抬神轿”的过程，变成了各方势力不断的斗争，而所有的政治决定都成了各方角力的结果。由此，“抬轿人”的责任意识变得更加淡薄。

由此可见，日本的无责任体系，归根结底是天皇制造就的。那些“抬神轿”的政治和军事精英，如首相、大臣、高级外交官、陆海军将领，看起来权势熏天，但就天皇制国家的构造原理而言，他们只不过是天皇的奴仆而已。他们尽管掌握国家权力，但绝对不会产生像希特勒那种掌控国家命运的独裁者的感觉。因为他们享有的一切权力，既不来自宪法，也不来自人民的授权，而只来自天皇的授命。换言之，他们的荣耀，只不过是“抬神轿”的荣耀，他们的骄傲，只不过是“恃宠”的骄傲。例如，东条英机作为战前最有权势的首相之一就曾说过，他只是一介草莽之臣而已，像石头一样卑贱，天皇的光芒照耀在他身上，他才能发光闪亮。

可以说，在战争期间，日本没有真正的政治家，有的只是谨小慎微、奴颜婢膝的官僚。这些官僚掌控着行政机构，掌控着大工业和军队，掌控着亿万民众的身家性命，但他们却没有自己的理念，也没有为实现理念付出行动的勇气和责任。他们作为天皇的奴才，不求有功，但求无过。他们深陷形式主义的泥沼，毫无抵抗时流的勇气。一个由一群缺乏主见的奴才所构成的政治体制，必然是一个无人负责的体制。一个由一群没有责任感的奴才所引领的国家，迟早会在历史的迷雾中步入歧途。

五十 丸山真男的赌注

1945年8月15日，日本投降。从明治维新以来，经甲午战争、日俄战争、“一战”和“二战”，耗费70余年的精力建立起来的日本帝国轰然倒塌。50年来，日本掠夺的中国台湾岛、朝鲜、“满洲”、南部库页岛和南洋各岛等地全部被剥夺。日本的国土缩小至顶峰时期的52%。此外，310万军民死于战争，四分之一至三分之一的国家财富毁于战火。日本发动的侵略战争，不仅让数十年的国家建设化为乌有，还在亚洲各地犯下了弥天大罪。

那么，日本为什么会发动这场战争？在战后，日本人要如何思考和生活才能避免重蹈覆辙？这些都是丸山真男最为关心的问题。

神轿、官僚、无法者

丸山真男说，战前天皇制的基本特征是“无责任”，这是日本滑向战争深渊的重要原因。天皇制之所以会导致“无人负责”，上节已经谈过。概而言之，包括以下四点。

第一，天皇拥有无限的权力，却在《明治宪法》的庇护下不承担任何责任。同时，虽然天皇拥有绝对君主的权力，但还要保持“统而不治”的立宪君主姿态。由于作为最高权力的天皇，除了极少数情况外不做任何决断（仅限于内政，不包括军事），也不负任何责任，这就为整个政治体系“无责任”的局面奠定了基础。

第二，天皇制既包含立宪君主制又包含绝对君主制的“双重性格”，导致日本形成了“多头一身”的政权构造。元老、重臣、宫廷、内阁、官僚、议会和军部各自分享一定的权力，但往往缺乏统合与协调。权力的多元并立和相互掣肘，导致了责任意识的淡薄。

第三，在战前的日本，天皇垄断了所有政治权力和精神权威。天皇不仅是最高权力的所在，还是真、善、美的伦理化身。在天皇制之下，包括文武百官在内的所有人，都是微不足道的。他们没有独立的人格，也就不会形成健全的责任感。

第四，日本的文武百官在本质上，不是政治家，而只是官僚，而官僚最擅长的就是推卸责任。官僚没有自己的理念，只会揣摩圣意、察言观色、争权夺利，并见风使舵地“抬轿子”。

但话说回来，如果只是由谨小慎微的官僚“抬轿子”，这轿子也不会坠入深渊。在日本走向战争的过程中，除了官僚的不负责任，还有另一股非合理的力量在兴风作浪，那便是以右翼和青年军官为代表的不法之徒。

不法之徒没权力、没资格“抬神轿”。又因不学无术，没有具体的政治构想和行动纲领，他们只有盲目的愤怒，只满足于横行霸道。他们虽然人数不多，但却心狠手辣、行动坚决。他们制造混乱和恐怖，以发泄情绪和自我陶醉。他们实施暗杀和恐怖袭击，为的就是破坏旧有体制，并震撼一盘散沙的多数人。至于接下来怎么办，他们或许并不关心。可就是这种横冲直撞往往会使“神轿”改变行进方向。不法之徒从未控制过日本，但他们却是对外战争的直接纵火者。

所以，丸山真男讲的无责任体系由三种力量组成：代表权威的“神轿”、代表权力的官僚和代表暴力的不法之徒。

压力的转嫁与下克上

然而，不法之徒没有权力，他们顶多只有几把刀、几把手枪，为何能够改变国家政权的走向呢？即使像二二六兵变那样规模的政变，也并非毫无征兆。掌握着警察和军队的高官们，为何不能约束这些不法之徒呢？

丸山真男为了回答这个问题提出了另外两个概念：压力转嫁和下克上。

前面提过，天皇享有无限的权力，却不承担任何责任。那么由谁承担责任呢？首先是政府高层。然而，政府高层在责任的重压下，会将压力转嫁给他们的下属，即中层官僚。中层官僚在高层的压力下，会先把压力加码，然后继续转移给他们的下属，即更下层的官僚。下层官僚承受着来自中层的压力，还会把压力继续向下传递，直至官僚系统的末端组织。这种压力自上而下层层加码，最终落在底层民众身上。

在一个法理型权威社会中，下位者可以诉诸法律或舆论，以抵抗上位者的不当压迫。而在一个传统型权威主导的金字塔社会中，下位者对于上位者的压迫只能默然承受，并将这些压力转嫁至更下位者。最底层的人承受着最大的压力，却无法向下转嫁。他们能找到的出路有两条，一是向外的“排外主义”，二是向上的“下克上”。“排外主义”即通过歧视和仇恨其他民族来获得心理补偿，或者期待战争能带来社会的重组和平准化。虽然性情懦弱的底层不敢向上反抗，只敢向外宣泄，但那些性情蛮横的底层，往往可以通过暴力手段进行“下克上”。

官僚的权力并非来自人民，而是由天皇赐予。因此，掌权者在面对下属和人民时总有些底气不足。一方面，他们不得不防备民众的反抗；另一方面，他们始终保持谨慎，担心因犯错而被追责。如果官僚碰到的是懦弱的下属和民众，他们可以作威作福。但如果他们碰到的是难缠的下属和蛮横的民众，他们只会战战兢兢、缩手缩脚。如果不法之徒把事情闹大，官僚一方面想着的是平息事态，另一方面又因担心被追责，所以会选择事后默认。因此，在日本近代史上，“下克上”的行动屡屡获得成功。

主体性与良心的自由

丸山真男说，在整个无责任体系中，无论是“神轿”、官僚还是不法之徒，他们的共同点在于缺少主体性。而没有主体性，便不会产生责任意识。

那么，什么是“主体性”？简单地说，主体性是独立人格，也就是每个人都作为自由的、有独立判断的个体，对自我行为承担责任的意识。当然，仅这样还不够。还要以这种态度来面对他人，理解他人。所有人都将彼此视为自由的、独立的个体，对彼此人格持同样的尊重和理解的同时，勇于承担自己的责任，不推诿、不逃避，只有这样才能形成健全的主体性。但凡只尊重自己的判断和人格，不尊重他人的判断和人格；只要权利，不要责任；不愿接受强加而来的价值判断，反而要把自己的价值判断强加给他人的做法，都不会形成健全的主体性。

按照丸山真男的理解，近代国民的精神基础是主体性，近代文明的底色也是主体性。遗憾的是，尽管日本在明治维新后实现了经济、工业和制度上的近代化，但却未能在社会上形成独立的人格意识。之所以会这样，一个关键因素在于不存在“良心的自由”。

良心自由，即以不同方式思考的自由。在人类历史上，良心自由并非凭空出现，而是经历了多年的血腥战争后才确立的。在16世纪和17世纪，欧洲发生了残酷的宗教战争，基督教各教派因信仰不同而打得血流成河。各教派争来争去，发现彼此只能互相伤害，谁也不能改变谁。欧洲人于是意识到，他们必须确保相互宽容，才能共同生存下去。在这种认识的基础上，政治制度开始区分公共领域和私人领域。国家权力被定义为“中性”的公共权力，只处理公共领域的事务，如安全、外交和司法事务。对于个人的精神生活，公共权力要采取超然的中立立场。

可在战前的日本，情况却截然不同。在战前，天皇制不仅是所有政治制度和社会秩序的核心，也是所有道德伦理的依据。在此情形下，充当社会纽带的并非平等公民之间合作的横向关系，而是从最末端的臣民到最顶端的天皇之间递次依附的纵向关系。一个人与最高权威者天皇的距离远近，决定了他的社会价值的高低。天皇本身成为真、善、美的化身，对于天皇制的无限拥护，变成了最大的美德；而对天皇制的怀疑和反抗，就不仅违反了法律，还违反了道德。由于天皇制同时垄断了权力和伦理，这就导致了整个社会道德的外在化。

可问题在于，道德本质上是内在的，没有人能够钻进别人脑子里看他究竟在想什么。因此，公权力强行要求社会承认某种道德，只能鼓励社会的不诚实和道貌岸然。也就是说，一个人是否真心拥护天皇制并不重要，只要表现得像是拥护天皇制就可以了。在没有“良心的自由”的社会里，人们只会说违心的话，做违心的事，而不会有对自己言行负责的意识。

法西斯主义

此外，战前日本社会缺乏良心自由，也是法西斯主义滋生的重要原因。因为每个人作为个体都是软弱无力的，当脱离了法律、社会和团体的保护时，每个人的生存状态都是极度脆弱的。在一个没有“良心自由”的社会里，个人为了自我保护，会选择顺从于社会上最强大的力量和声音。

这种倾向在遭到价值剥夺最多的底层民众中最为明显，由于他们的生存手段最为匮乏，在奉行丛林法则的社会中，他们仅有劳动力可供出售。他们既可以有最具反抗强权的精神，也有可能主动向强大的权威靠拢，期待以效忠来获得庇护。他们在精神上和行动上与强者合而为一，以此来获取安全感，并通过将自己埋没于强大的力量之中，以消除生活中种种的挫折感。如果经济形势良好，国际环境稳定，生活水平不断提高，他们可能会埋头于赚钱和自己的私人生活。但如果经济下滑，贫富差距拉大，很多人会因贫困和绝望，选择支持法西斯主义。他们对内要求以暴力重塑社会，实现“专制下的平等”[1]，对外则要求武力扩张以蹂躏更

1　参见托克维尔著，冯棠译：《旧制度与大革命》，商务印书馆，1997年，第34—36页。

为弱小的民族，并寻求心理补偿。

法西斯主义是对19世纪国家和社会组织原理的根本反动，它既反对资本主义又反对社会主义。当然，这只是在原则上的表现。在实践中，法西斯主义往往打着社会主义的旗号，又与资本主义沆瀣一气。法西斯主义鼓吹“集体利益高于个人利益”，但实际上却可以为了当权者的个人利益，不断牺牲国民大众的集体利益（正如希特勒和昭和天皇的行为）。法西斯主义对内否定议会制度和政党政治，以树立暴力独裁，对外否认现有的国际秩序，主张重新瓜分世界。为了实现该目的，法西斯主义不断制造国内外危机，从而为强制性的一体化开辟道路。

日本、德国和意大利，是战前的三大法西斯国家，它们之间虽然彼此不同，但都有法西斯主义的一般特征，即倡导国家主义、极权主义、极端民族主义和军国主义。

法西斯主义主张国家至上、民族至上。在国家和民族面前，一切的善与恶、真与假、公正与不公都丧失了原有的意义。但凡有关民族的或国家的，无条件就是好的，国际的或者个人的，大概率就是坏的。法西斯主义敌视自由主义的文化和教育，要求实现民众对政权的排他性忠诚。法西斯主义无法容忍不同的利益诉求，对异见分子进行残酷镇压，并掩盖和压抑一切社会对立。法西斯主义强调领袖的绝对权威。领袖即国家，领袖高于一切，领导一切。法西斯主义鼓吹本民族的独特性和优越性，认为本民族有权力和责任去支配其他民族。各民族之间不平等，因此民族之间也不可能有和平。国家和民族的意义，在于夺取更大的权力和更高的权威，而个人的意义在于协助实现这一目标。和平只是偶然的，战争才是必然的。在这种意识形态引导下，法西斯主义大力推崇军国主义，美化暴力，鼓吹战争。

民主化改革与《日本国宪法》

丸山真男指出，天皇制、无责任体系、下克上和法西斯主义是导致日本走向毁灭的根本病因。事实上，这些问题不仅被丸山真男发现了，也被驻日美军深刻地意识到了。美军占领日本之后，以麦克阿瑟为首的驻日盟军总司令部立即着手推进日本的民主化改革。他们实施了许多措施，包括土地改革、地方自治、解散财阀、保护劳工组织等，以清除法西斯主义和军国主义。这其中最重要的一项措施，是对宪法的修订。

1946 年 2 月，麦克阿瑟和他的部下“用旧瓶装新酒”，将英美的民主理念填充入《明治宪法》的旧壳，制定了一部新宪法。该宪法草案于 3 月 7 日公布，11 月 3 日正式颁布，这就是沿用至今的《日本国宪法》。

新宪法有三大基本原则：主权在民，保障人权以及和平主义。首先，主权在民意味着日本的国家主权属于全体人民。议会由人民选举产生，是国家的最高权力机构。内阁对议会负责，政府的权力来自人民的委托。新宪法将天皇的主权移交给了人民，这是对《明治宪法》的根本颠覆。虽然日本保留了天皇制，但是天皇已经成为没有任何实权的“象征”。

其次，新宪法保护国民的基本人权不受公共权力的压制，国民享有言论自由、信仰自由、免于匮乏和免于恐惧的自由，这就保障国民在思想和良心上的自由。战前的《明治宪法》尽管也保护国民的基本权利，但这些权利并不是至高无上的。因为从本质上讲，《明治宪法》是天皇恩赐给臣民的“礼物”。在《明治宪法》的规定下，国民的人权被视为天皇仁慈的结果，而不是与生俱来的自然权利。1911 年，河上肇曾就此分析道：近代日本的政治原则是“天赋国权，国赋民权”[1]。国家是目的，个人是手段，而法律只是官僚用来管理社会的工具。只有等到新宪法颁布后，“天赋人权，民赋国权”的政治理念才开始在日本扎根。

最后，新宪法第 9 条规定，日本放弃使用武力作为解决国际争端的手段，不再拥有陆海空军。这条规定非常有名，使得整部新宪法被誉为“和平宪法”。通过制定新宪法，日本得以确立了新的基本价值和最高原则。

当然，后来由于冷战和朝鲜战争，美国改变了要求日本非军事化的既定方针，反而要求日本重整军备。在美国的支持下，日本于 1954 年成立了自卫队，这便与新宪法第 9 条发生了冲突。由此，自卫队的存在事实上一直处于违宪状态。后来，保守政治家想要通过修订新宪法第 9 条来消除自卫队的违宪性，但是因在政界和民间的阻力太大，迄今未能成功。

战后民主主义的“虚妄”

美军占领日本后推进了各种民主化改革，在制度上清除法西斯主义和军国主义。在同一时期，以丸山真男为代表的知识分子，努力剖析战前日本的各种病理，从精神上清理天皇制的毒害。通

1　河上肇：《日本独特の国家主義》，载《河上肇評論集》，岩波書店，1987 年，35—37 頁。

过这内外的努力，日本社会迅速摆脱了法西斯主义的束缚，逐步复苏过来。

1952年，美国结束对日占领，并将日本扶持为盟国。1950年朝鲜战争爆发后，日本作为美军的大后方，获得了大量的军需订单、商业许可和技术专利，日本经济迅速腾飞，出现了多次繁荣。至1956年，日本政府甚至发表经济白皮书，宣布“战后时期”结束。从1954年至1970年的16年间，日本进入经济高速增长时期。

随着日本经济的繁荣和对战争记忆的淡化，政界、财界、官界和舆论界逐步忘记战前的悲剧，反倒质疑起战后的“民主主义”的正当性。这种声音在战后出生的年轻人中尤其明显。由于他们不曾经历战争，又怀抱强烈的“革新精神”，所以更容易将过去和未来理想化，以贬低和抨击现状。

在这种思潮中，有人提出了战后民主主义是“虚妄”的论点。因为这些东西并非日本人自己争取到的，而是美军强加而来的。因此，与其说它是“战后民主主义”，不如说是“占领民主主义”。而且，民主政治尽管鼓吹人民主权，可实际上，民主政治与专制政治一样，不都是少数人在统治多数人吗？由此可见，这也是个骗人的东西。

丸山真男的“赌注”

针对这种声音，丸山在1964年讲过一句非常有名的话：“与战前大日本帝国的‘实在’相比，我更愿意在战后民主主义的‘虚妄’上赌上一切。”这句话讲得掷地有声，非常提气，但并不好理解。我想，这句话大概包含这样几层含义。

第一，任何制度都是虚妄的，都是人的主观能动性的产物。但是，战前的天皇制无法认识到这点。它把自己视为一种不可动摇的、不可置疑的自然之物。在这种思维模式下，日本社会缺少良心自由，缺少主体性，反而容易滋生法西斯主义。因此，战前日本的那种“实在”并不可取。

第二，将“虚妄”作为虚构之物的同时，以虚构为手段，来改变这个活生生的、乱糟糟的、混混沌沌的现实世界，赋予它一个形状，使其更好地符合人类的需求，这正是近代精神的基本要义。作为黑格尔的“信徒”，丸山深信辩证法法则：只有通过不断的自我运动，否定才能变成肯定，“实在”才能从“虚妄”中浮现出来。

第三，战后民主主义无疑也是一种“虚妄”的形式，但其优势在于，它对该点有着清醒的认识。而且，正因其是“虚妄”的，才是可以运动和变换的。制度一旦成为“实体”，便会陷入僵化和固化。因此，民主主义仅有制度还不够，还要有理念和运动。理念高于现实，只有高于现实，才能驱动现实。运动则是促使现实不断向理念靠拢的努力。只有在制度、理念、运动三者不断的、无限的交互作用中，战后民主主义才能有真正的生命。

第四，战后民主主义是丸山的“赌局”，而他的“赌注”是拥有主体性的现代人。因为制度是“虚妄”的，无法执行自身，只有现代人才能使它运作起来。那么丸山所谓的现代人有哪些品格呢？我想，至少有以下品格吧：

他们拥有理性的精神，拥有批判和怀疑的精神，但又知道理性不能解决一切问题；他们拥有独立自主的精神，不屈从权威，同时也能尊重他人的独立自主，不将个人意志强加于他人；他们知道自己是国家的主人、社会的一分子，知道自己享有的权利和相伴而来的义务；他们相互尊重，相互信任，拒绝虚伪与堕落，卑屈与阿谀；他们知道“自由”并不是随心所欲，也不是“遗世独立”，而是与他人不断的协调、合作和自我约束；他们尊重人，爱护人，相信人是最终的目的，而不是达成目的的手段。

现实主义者会批评这是一种“虚妄”的人格，在任何地方都无法实现。但正如丸山真男所示，“虚妄”能够帮助我们脱离现实、塑造现实，从而思考另一个可能的世界。只有人们在不断成为“现代人”的努力过程中，公正、公平、道德、和平才能呈现出来，社会才能成熟，国家才能进步。

经由当下之门，重返往昔之地，我们一同见识了日本帝国 50 年的成就与挫折，光明与黑暗。正如柯林伍德所言，历史的价值在于告诉我们人做过什么，从而告诉我们人是什么。以这句话来反思战前的世界，我们将不禁再次对人类的愚昧、盲目、自大、贪婪和残忍感到悲观。以这句话来理解战后的世界，我们或能重拾对人类智慧、勇气、谦逊、节制和友爱的信心。1945 年 8 月 15 日，日本帝国轰然倒塌，但这段历史的意义不会随之消解。因为对于人性的思索要求我们以历史的凝重为参照，而对于现实的关怀则要求我们向历史的富饶寻求教诲。